AF484331

TEORÍA DE LA INTERPRETACIÓN JURÍDICA

EDICIONES UNIVERSIDAD CATÓLICA DE CHILE
Vicerrectoría de Comunicaciones
Av. Libertador Bernardo O'Higgins 390, Santiago Chile

editorialedicionesuc@uc.cl
www.ediciones.uc.cl

TEORÍA DE LA INTERPRETACIÓN JURÍDICA
Emilio Betti

Compilación, traducción y estudio preliminar
de Alejandro Vergara Blanco

© Inscripción Nº 184.449
Derechos reservados
2019
ISBN Nº 978-956-14-2475-3

Diseño: Francisca Galilea
Impresor: Salesianos Impresores S.A.

CIP-Pontificia Universidad Católica de Chile
Betti, Emilio, n. 1890, autor.
Teoría de la interpretación jurídica / Emilio Betti; compilación, traducción y estudio preliminar de Alejandro Vergara
Blanco.
Incluye notas bibliográficas.
1.   Betti, Emilio, n. 1890.
2.   Interpretación del derecho.
3.   Metodología jurídica.
I.   t.
2019   340.1 DCC23   RDA

Esta edición de TEORÍA DE LA INTERPRETACIÓN
JURÍDICA está enteramente revisada, reordenada según
la cronología de los textos, y contiene un nuevo aparato
bibliográfico preliminar en cada una de las tres partes en
que se divide el libro.

TEORÍA DE LA INTERPRETACIÓN JURÍDICA

EMILIO BETTI

Compilación, traducción y estudio preliminar
de Alejandro Vergara Blanco

EDICIONES UC

Índice general

PRÓLOGO   *Giuliano Crifò* 11

ESTUDIO PRELIMINAR: LA BATALLA DE BETTI PARA SITUAR
LA HERMENÉUTICA EN MEDIO DEL MÉTODO JURÍDICO
Alejandro Vergara Blanco 13

    I. El método jurídico o los temas del fenómeno jurídico 14

    II. Betti y el lugar de la interpretación en el método jurídico 16

    III. La batalla por el método jurídico: Betti de frente a Gadamer, Kelsen
    y Bobbio. La actualidad de su pensamiento 21

VIDA Y OBRA DE EMILIO BETTI 25

    I. Breve biografía de Emilio Betti 25

    II. Cuadro cronológico de la vida y obra de Emilio Betti 32

    III. Bibliografía de y sobre Emilio Betti 44

CONTENIDO DE LA COMPILACIÓN 61

    1. Sedes en que se encuentra la sustancia de la obra hermenéutica de
    Emilio Betti 61

    2. Motivación de la presente compilación y traducción 63

    Agradecimientos 65

    Coda: el espíritu de abnegación 66

PRIMERA PARTE:
MANIFIESTO HERMENÉUTICO [1948]
Emilio Betti 67

    § 1. Las categorías jurídicas de la interpretación 74

        Introducción 74

I. Objeto del entender. Concepto de forma representativa 76

II. El proceso del entender 78

III. Cánones hermenéuticos fundamentales del derecho 84

A) Cánones atinentes al objeto 86

    1. Autonomía e inmanencia del criterio hermenéutico 86

    2. Totalidad y coherencia de la consideración hermenéutica................. 88

B) Cánones atinentes al sujeto 93

    3. Canon de la actualidad del entender 95

    4. Canon de la adecuación del entender 97

IV. Diferencias entre la interpretación histórica y la jurídica 100

V. Tipos de interpretación 115

VI. Interpretación técnica en función histórica 119

VII. Beneficio moral de la teoría de la interpretación 131

SEGUNDA PARTE:
TEORÍA DE LA INTERPRETACIÓN JURÍDICA [1955]
Emilio Betti 137

A. Prolegómenos a una teoría general de la interpretación 146

§ 2. Posición del espíritu respecto a la objetividad 146

I. Objetividad real 146

II. Objetividad ideal. Respectiva posición del espíritu. Rechazo de la
concepción subjetivista y relativista 150

§ 3. El problema epistemológico del entender como aspecto del problema
general del conocer 158

I. Objeto del entender. Concepto de forma representativa 158

II. El proceso del entender: su carácter triádico 165

B. Metodología de la hermenéutica jurídica 172

§ 4. Cánones cuya observancia garantizan el éxito epistemológico de
la interpretación 172

A) Cánones atinentes al objeto 173

I. Autonomía del objeto e inmanencia del criterio hermenéutico........... 173

II. Totalidad y coherencia de la apreciación hermenéutica 176

B) Cánones atinentes al sujeto intérprete 185

III. Actualidad del entender 186

IV. Adecuación del entender: correspondencia de sentido
y consonancia hermenéutica 190

§ 5. Fundamento, valor e interferencia entre cánones hermenéuticos 195

    I. Fundamento de la correspondencia hermenéutica, y su valor 195

    II. Interferencia entre el criterio de la autonomía y el criterio
de la actualidad hermenéutica 199

§ 6. Interpretación técnico-jurídica en función histórica................................... 204

    I. Nexo entre reconocimiento teórico de un derecho de interés histórico e
interpretación normativa de un derecho en vigor. Distinción entre derecho
positivo y sistematización doctrinal debido a la jurisprudencia coetánea 204

    II. Legitimidad y utilidad de la dogmática jurídica en función histórica en
la reconstrucción de las soluciones dadas a problemas de convivencia según
las exigencias y la lógica interna de las instituciones 209

C. La interpretación de las normas 220

§ 7. La teoría de la interpretación jurídica 220

    I. Problema del entender para decidir (ejecutar), respecto de preceptos para
observar. Problemática común a la interpretación jurídica y a la teológica .. 221

    II. Nexo dialéctico entre lenguaje y pensamiento, entre expresión y autor:
exigencia de tenerlo presente también en la interpretación en función
normativa 224

    III. Antinomia entre vínculo de subordinación y exigencia de iniciativa.
Heterogénesis de significados en orientación dogmática: diferenciarse de
un significado más conforme a la orientación valorativa en la actualidad
del hacer 232

§ 8. La interpretación en la vida del derecho 237

    I. Función normativa de la interpretación de un derecho en vigor................ 237

    II. Interpretación y aplicación 243

    III. Interpretación y calificación jurídica 248

    IV. Interpretación y construcción dogmática 252

TERCERA PARTE:
POTENCIA EVOLUTIVA DE LA INTERPRETACIÓN Y PRINCIPIOS
GENERALES DEL DERECHO [1955 Y 1959]
Emilio Betti 259

A. Adaptación y potencia evolutiva 266

§ 9. Nexo entre reconocimiento histórico y desarrollo integrador de la norma .. 266

    I. Exigencias de mantener la intrínseca coherencia del orden jurídico en la
sucesión de normas o en el concurso con otros ordenamientos 266

    II. Nexo intercesor entre reconocimiento histórico y desarrollo integrador
de la norma jurídica. Tarea de adaptación de la interpretación jurídica.
Fenomenología del proceso hermenéutico 277

§ 10. Interpretación de la ley y su potencia evolutiva 292

    I. Cuestión de la potencia evolutiva de la interpretación jurídica 292

    II. Interpretación de la ley y su potencia evolutiva 296

B. Principios generales del derecho y lagunas jurídicas 326

§ 11. Deficiencia de la regulación legislativa. Criterios de integración.
Analogía *iuris*. Función hermenéutica de los principios generales del derecho.
Laguna y "caso dudoso" 326

§ 12. Los principios generales del derecho 333

    I. Del modo de concebir los principios generales del derecho 333

    II. De la competencia para identificar los principios generales del derecho .. 345

    III. De la tarea de la jurisprudencia como órgano de la conciencia social 352

ÍNDICE DE CONCEPTOS 363

ÍNDICE ONOMÁSTICO 367

Prólogo

Hace algunos años, en 1991, en el Congreso *Emilio Betti e l'interpretazione*, delineando un cuadro de la difusión internacional del pensamiento bettiano, pude notar la profunda recepción en el área ibérica de Betti como romanista y civilista.

Tal difusión ha sido favorecida *in specie* por las traducciones de los trabajos fundamentales sobre el negocio jurídico, sobre las obligaciones en derecho civil y sobre la interpretación de la ley y de los actos jurídicos; además, a partir de una serie de ensayos de Betti publicados en revistas españolas, portuguesas y latinoamericanas; y, en fin, como resultado de la persistente actividad de enseñanza en tantas universidades de aquellos países, lo que continuaba Betti con el magisterio impartido en la *Università di Roma*, con resguardo a un numeroso grupo de valiosos jóvenes que, al retorno a su patria, eran destinados a menudo a prestigiosas carreras académicas.

Y es apenas necesario destacar cómo, junto a aquella de jurista haya también aflorado fuertemente la relevancia del gran estudioso de la hermenéutica, cuyo pensamiento, por otra parte, ha sido necesariamente tomado y estudiado en el italiano original (y en las igualmente originales versiones alemanas).

Por lo tanto, solo ahora, gracias a la bien organizada antología fundada en el apasionado cuidado de Alejandro Vergara es posible acercarse también en español, a la hermenéutica jurídica bettiana en su mayor contexto teórico, garantizándole una difusión más amplia, pero sobre todo una eficaz puesta en marcha por su destinación académica y por la evidente participación intelectual que esta traducción demuestra.

De la cual podré decir que esta se trata de una traducción exitosa; pues:

> "…una traducción *exitosa* —enseña Betti— *no es aquella en la cual haya sólo adherencia a las palabras, lo que se suele confundir con 'fidelidad'… sino una correspondencia de sentidos entre la nueva forma representativa y aquella original*";
>
> "…*es exitosa cuando el esfuerzo del intérprete traductor haya estado dirigido a reexpresar el sentido del discurso*";
>
> "… *en modo análogo como a un resultado promovedor, pues no ya a una abstracta y rigurosa conformidad a la llamada ley ética está dirigido el esfuerzo de la acción moral*".
>
> ["Traduzione e interpretazione", en: *Responsabilità del sapere*, 81, 1967, 19.]

De ahí que, luego de haber escuchado infinitas veces las lecciones de Betti, a partir de lo cual siento un conocimiento y familiaridad con sus escritos que dura ya más de medio siglo, y además por no ser del todo ignorante de la lengua a la cual Alejandro Vergara traduce ahora su pensamiento, pienso pues que legítimamente puedo afirmar que esta es una traducción bettianamente exitosa.

Roma, marzo de 2006.

Giuliano Crifò

Catedrático de Derecho Romano Facultad de Jurisprudencia

Università degli Studi di Roma *La Sapienza* (Italia)

Estudio preliminar:
La batalla de Betti para situar la hermenéutica en medio del método jurídico

Como *introducción* a la cuarta edición (2019) de la compilación y edición castellana de los más relevantes escritos de Emilio Betti relativos a la hermenéutica, interpretación jurídica y principios generales del derecho (de 1948, 1955 y 1959), ofrezco algunos breves desarrollos que acaso sirvan para captar la relevancia de estos aportes de Betti a la Teoría del derecho, al conectar el movimiento romántico de la hermenéutica con las técnicas propias de la ciencia jurídica. Muestro así los perdurables resultados de esos aportes suyos aún para el actual debate sobre el método jurídico, uniendo su nombre a otros que parecieran más familiares al debate actual, como Gadamer, Kelsen y Bobbio, y reconectándolo con otros nombres de la tradición hermenéutica, como Savigny y Dworkin.

Emilio Betti (1890-1968) constituyó sin lugar a dudas el más notable y famoso jurista italiano del siglo XX, cuya huella en la batalla por el método jurídico ha quedado marcada por tres esenciales aportes: el primero, y el más significativo, fue su teorización de la hermenéutica general; luego, su esfuerzo por introducir esa teorización general dentro del método jurídico; y en fin, sus posiciones dirigidas a observar la construcción histórica de un derecho vivo, en permanente construcción por las sociedades de su tiempo, las que le causaron vivas polémicas con autores contemporáneos. Esos tres aspectos aparecen destacados especialmente en los textos recogidos en esta compilación.

I. El método jurídico
o los temas del fenómeno jurídico

Es que el fenómeno jurídico, para ser comprendido, requiere de una metodología, como toda ciencia; en el caso del derecho, es necesario enfrentarse científicamente a la realidad y a las normas; pues el derecho no está compuesto solo de normas; ellas cumplen una función primordial en el sistema, y cabe operar con ellas; incluso podemos decir que el fenómeno jurídico se inicia con ellas (como *forma representativa*, en la terminología de Betti), pero no termina en ellas. Las leyes, en verdad, se nos presentan como un primer presupuesto.

El método jurídico describe el fenómeno jurídico, el que está conformado por temas esenciales, nucleares e imprescindibles, los cuales nos permiten comprender su naturaleza, estructura y funciones. Es que un jurista debe operar primero con un método y solo después de ello quedará habilitado para analizar los conceptos de cada disciplina.

1. *Tres temas esenciales en el método.* Podemos observar brevemente tres temas esenciales abordados por Betti en los textos aquí recopilados: el sistema normativo, los hechos jurídicos y la interpretación jurídica.

    i)   Un primer tema teórico nos lleva a observar la estructura del sistema normativo. Pero no siempre son solo normas; también la ausencia de normas: las llamadas lagunas legales; o incluso eso que llamamos "costumbre", lo consuetudinario, que es muy relevante en el derecho. A las normas dirigimos nuestra primera mirada, pero no la única.

    ii) Un segundo tema teórico escruta los hechos, para comprender la realidad; la que es analizada por el jurista desde una doble perspectiva: primero, el supuesto de hecho que establece cada norma (que puede ser incluso mal formulado; o de manera ambigua), y los hechos reales. Con su mirada a los hechos, el jurista podrá saber si tales hechos reales se corresponden con la hipótesis del dato normativo, y a partir de ahí, con sus contextos.

iii) Un tercer tema, muy relevante en materia de metodología jurídica, es el relativo a la interpretación. Es, en verdad, el gozne que permite conectar ese dato representativo (las normas) con la realidad a la cual se debe aplicar ese mandato imperativo (los hechos, cada hecho). La interpretación no es la sola lectura de las leyes, ni de parte de ellas; es un proceso más complejo, que hoy es ineludible adscribir a las modernas teorías de la hermenéutica.

2. *De la hermenéutica a los principios jurídicos.* Solo después de un análisis de las normas, hechos, una interpretación racional y resistematizando los criterios jurisprudenciales, los juristas, en comunidad cultural con los jueces, pueden ofrecer lo más propio de su tarea: los «principios jurídicos», también llamados «principios generales del derecho», que son el producto jurídico más depurado que jueces y juristas ofrecen a la sociedad.

Una vez formulado un principio jurídico, ya todo parece simple, pues todos nos quedamos con él como con un patrimonio colectivo. Pero el juez que con arte y prudencia formula un principio, o el jurista que utiliza su ciencia para ofrecer un principio, solo pudieron hacerlo después de recorrer un camino hermenéutico cuidadoso; un tropiezo en el método y ya desaparecen esos dos productos culturales maravillosos para una sociedad: una plausible interpretación de las normas democráticas; o, en su lugar, los principios jurídicos, en caso de lagunas (en la terminología savignyana o bettiana) o de "casos difíciles" (en la terminología dworkiniana). En una interpretación rigurosa de las normas o en la formulación de unos principios plausibles se basa la paz, la justicia, la seguridad, la certeza, en fin, la vida misma de las sociedades.

En la comprensión de estos temas esenciales del método jurídico, el aporte de Betti es de gran relevancia. En especial para el caso de la interpretación de las normas.

II. Betti y el lugar de la interpretación en el método jurídico

La obra de Betti en cuanto al método resalta especialmente por dos razones. Primero, constituye una sofisticada elaboración de una teoría general de la hermenéutica, basada en un espíritu o valor objetivos, alejándose de las tendencias subjetivistas o relativistas. Y, segundo, por haber situado la hermenéutica en medio del método jurídico. Y ello, para guiar los pasos del intérprete democrático de las normas, sujeto extraordinariamente relevante, como intento mostrar a través de una síntesis de los supuestos más básicos de la teoría de la interpretación que propone Betti.

1. *La forma representativa como objeto de toda interpretación*

Para establecer un objeto de lo interpretado, y alejarse de las posiciones subjetivistas y relativistas de la hermenéutica, Betti construye toda su teoría a partir de la idea de la objetividad ideal, de una especie de cosmos de valores, y transforma el espíritu objetivado en una técnica de la interpretación, en especial, la jurídica, señalando que la objetivación del espíritu se produce en una *forma representativa*. Y que ese sería el contexto de la objetividad. Es la forma a través de la cual otro espíritu diverso al nuestro se nos hace reconocible. En la interpretación jurídica, esa *forma* son las normas.

Es, entonces, la norma la base de toda interpretación, desde el punto de vista de la hermenéutica. Con ello, al mismo tiempo, ofrece Betti una explicación plausible, dado su valor, de lo ineludibles que resultan ser todas las normas en medio de una democracia. Son ellas la forma representativa y el objeto de toda interpretación. Pero sin caer en el exceso de considerarlas la única fuente del derecho, como queda en evidencia en sus páginas relativas a los principios generales del derecho.

2. Los cánones hermenéuticos como base del éxito de toda interpretación

La interpretación, desde el punto de vista del método (siguiendo la propuesta de Emilio Betti en los escritos que aquí compilamos), ha de cubrir, al menos cuatro cánones, o cuatro combinaciones metodológicas. Estos cánones hermenéuticos son desarrollados ampliamente por Betti en las páginas escogidas que ofrece esta traducción castellana. De la utilización o no de estos cánones depende en realidad el éxito de toda interpretación. Estos cánones son de dos tipos: objetivos y subjetivos.

i) *Cánones hermenéuticos objetivos.* Reconoce y propone Betti, a través de los dos primeros cánones interpretativos, una mirada al objeto a interpretar: al texto, normativo, en nuestro caso; este texto es, siempre, un llamado a nuestra inteligencia; a nuestra comprensión, pues la interpretación responde al problema epistemológico del entender.

    1º) Un *primer canon* de la interpretación nos hace comprender que no es lo mismo el tenor que el sentido de una ley; a pesar de un inadecuado uso general, es el sentido de las leyes lo que importa, no su mera textualidad gramatical, que poco dice en sí misma.

    2º) El *segundo canon*, es el de la totalidad del entender: no podemos despreciar los contextos; a la parte también la hace el todo; es lo que llamamos el método sistemático. Es en su virtud que podemos llegar a descubrir que un texto normativo, más allá de su textualidad gramatical, más allá de su sentido, pero respetando por método su dato textual y su sentido, puede llegar a ser racionalmente deformado por sus contextos.

ii) *Cánones hermenéuticos subjetivos.* Los dos siguientes cánones son más complejos, pues dicen relación ya no con el objeto, sino con los sujetos que interpretan: no podemos olvidar que en el derecho, la tarea interpretativa tiene una complejidad inusitada para otras ciencias o tipos de interpretación.

Jueces y juristas no interpretan las leyes solo para conocer, por ejemplo, con fines estéticos, como sería, por ejemplo, la interpretación literaria; tampoco interpretan para comprender cómo se desencadenaron los hechos del pasado, como en la interpretación histórica. El juez y el jurista, y he ahí su drama, interpretan para, primero, comprender ese texto y, luego, para aplicar dicho texto a una realidad prefigurada en las hipótesis de hecho de tal norma. Ese llamado a nuestra inteligencia está dirigido a producir, en la *praxis*, un resultado impositivo, normativo; su tarea es: «*interpretar para aplicar*». De ahí que no solo es importante el objeto interpretado (el texto normativo, su sentido y sus contextos, que son otros textos), sino que también la subjetividad, pues el sujeto que interpreta cumple una función relevante, y es un sujeto que coopera con el texto-objeto, dado que aporta su inteligencia.

Para que, metodológicamente, el proceso interpretativo se desenvuelva de un modo racional en medio de esta alteridad, tenemos dos cánones adicionales que propone Betti:

3º)	Un *tercer canon* es el de la actualidad del entender, según el cual el intérprete es llamado a recorrer en sí mismo el proceso creativo de la norma, e introducirlo en su propia experiencia, a través de una especie de transposición, de reconstrucción del modo en que fue pensado el texto respectivo.

4º)	En fin, un *cuarto canon* es el de la adecuación del entender, esto es, de la correspondencia o de la consonancia con el objeto, de modo que haya una especie de vibración en perfecto unísono entre ese camino y la realidad.

Todo esto, la verdad, usualmente es un difícil camino que recorrer para el propio jurista y, por tal razón, tanto aquellos dos cánones del objeto como estos dos relativos al sujeto, ayudan a jueces y juristas a ofrecer interpretaciones más racionales que una mera lectura al ras de las leyes, del mero y desnudo texto de las mismas.

3. Relevancia e inspiración de la teoría hermenéutica de Betti

A riesgo de destacar nuevamente algo ya obvio de la cultura jurídica del siglo XX, recordaré la relevancia de la obra bettiana, pues no cabe olvidar su lugar en la batalla sobre el método jurídico y su polémica con autores relevantes en materia de hermenéutica y método, como es el caso de Gadamer y de Kelsen. Ello solo lo enuncio aquí pues podrá comprobarse de la lectura de los escritos de Betti aquí compilados y traducidos.

1. Incorporación de la hermenéutica en la ciencia jurídica

Como ha dicho Giuliano Crifò en sus múltiples escritos, extensos o breves, dedicados a la obra de Betti, la profundidad y confiabilidad de la reflexión bettiana está ligada a la centralidad que en ella asume la interpretación del derecho. Betti, como fluye a cada paso de los escritos aquí compilados, postula la interpretación como un fenómeno histórico del entender, cuyo fin es reconstruir en su íntima razón y como positiva valoración, la normativa destinada a resolver problemas concretos de la convivencia. Los resultados alcanzados por el Betti romanista, civilista, procesalista e internacionalista hallan su fundamento en sus intereses culturales y filosóficos, en la fuerza especulativa y en el rigor con el cual afrontó el problema del método.

De aquí nace entonces la perspectiva hermenéutica de su obra, que lo conducirá a su propuesta de una teoría general de la interpretación, a la cual es debida especialmente la difusión internacional de su pensamiento y el reconocimiento de su magisterio. Tal éxito científico tiene una naturaleza que, por declaración del mismo Betti, no siempre ha sido notado:

i) de un lado, en efecto, su propuesta hermenéutica conectó a la ciencia jurídica con aquel conjunto operativo y problemático que a la filología y a la historia le habían garantizado el grandioso estatuto de ser consideradas como ciencias del espíritu; y,

ii) de otro lado, el mismo fundamento de tal conjunto deviene, si no añadidura igualadora, en una mejor comprensión gracias a la aplicación que de la hermenéutica se ha realizado, desde esa época, y con una intensidad inusitada, en el campo jurídico.

Todo ello se debe, en una medida inmensa, a la obra del propio Betti.

En la teoría general de la interpretación que ofrece Betti, el problema de la interpretación puede desplegarse en toda su fecundidad y en toda su unidad. Ello queda en evidencia tanto por la valoración funcional de la interpretación, como, además, por su relación fundamental con la teoría del conocimiento. Los escritos aquí compilados ofrecen un significativo testimonio de todo ello.

Es por esa razón que Emilio Betti ha dejado una huella tan profunda en la ciencia jurídica y en la teoría de la interpretación contemporánea.

2. Patrimonio de la hermenéutica

La compilación de los escritos de Betti aquí presentados es, no obstante, reducida e insuficiente para dar cuenta de todo lo que la obra de este gran jurista ha significado para la cultura jurídica.

Son dos los momentos y obras suyas más significativas en el terreno de la hermenéutica: i) la aparición de su tratado general de la interpretación en 1955 [su monumental *Teoria generale dell'interpretazione*], y ii) su previo manifiesto hermenéutico de 1948 (que es un impresionante y profundo desahogo personal y filosófico). Con ambos textos, Betti se anticipó al movimiento filosófico hermenéutico gadameriano; de ahí que quisimos ofrecer una versión castellana de estos textos, no solo por su enorme utilidad para todo juez y todo jurista, sino por su valor cultural, pues esos dos textos de Betti forman parte del patrimonio de la hermenéutica del siglo XX.

3. Autores que influyeron en Betti

Betti ofrece una hermenéutica influida especialmente por autores románticos alemanes del siglo XIX, como Schleiermacher, W. Humbold (a ambos, Betti los califica como "gigantes del pensamiento hermenéutico"), Dilthey, Simmel, Max Weber y Hartmann. Basta observar el índice de autores citados que hemos incluido al final de esta compilación para verificar sus principales fuentes y su número de citaciones.

La hermenéutica ofrecida por Betti, inspirada especialmente en Schleiermacher y Dilthey, se sitúa lejos de una inspiración heideggeriana (a quien cita solo una vez, de manera indirecta y crítica en estos escritos), lo que pronto le traería una viva polémica con uno de los grandes discípulos de Heidegger: Hans-Georg Gadamer.

Betti se distancia tanto del subjetivismo kantiano como del relativismo (como queda en evidencia en los escritos iniciales que aquí compilamos). En efecto, comienza observando y describiendo el subjetivismo trascendental kantiano, y de sus seguidores, y aunque califica de revolución copernicana la propuesta gnoseológica moderna instaurada por Kant, cree que las dudas que plantea la deducción subjetivista kantiana son resueltas razonablemente por Hartmann, de quien se declara seguidor, a través de su propuesta de objetividad ideal.

A raíz de lo anterior, las polémicas no tardarían en llegar.

III. La batalla por el método jurídico:
Betti de frente a Gadamer, Kelsen y Bobbio.
La actualidad de su pensamiento

Estos textos de Betti resultan así ineludibles para la comprensión de la evolución y discusión de la hermenéutica jurídica, en la que Betti no solo fue un autor relevante más, sino que sostuvo vivas polémicas con autores tan significativos como Gadamer (en cuanto a la hermenéutica filosófica), Kelsen (en cuanto a la hermenéutica jurídica), y Bobbio (en cuanto a principios jurídicos), entre otros, en la génesis misma de esa batalla.

1. Betti de frente a Kelsen

Las consecuencias teóricas de su propuesta, en seguida lo llevaron a enfrentarse con las propuestas positivistas de Hans Kelsen, en especial por el lugar que Betti le asignó a los principios generales del derecho. A pesar del juvenil acercamiento de Betti a las ideas de Kelsen, "enfermedad" de la que luego se curaría, como confiesa en 1944 en sus *Notazioni autobiografiche*, calificará luego de artificiosa su construcción positivista. Para Kelsen, el derecho es directa y orgánicamente expresión del poder del legislador, única fuente aceptable del mismo; mientras que para Betti el derecho es parte de la conciencia social, en la que intervienen otras fuentes, como es el caso de los principios generales del derecho; llegando a postular una especie de socialización del derecho a través de los jueces; esto es, un "derecho vivo" y no confinado únicamente en las normas. Esta contraposición de ideas resulta notoria en las páginas que se incorporan en esta compilación.

2. Betti de frente a Bobbio

Bobbio, como seguidor de Kelsen en este aspecto, no podía sino enfrentarse a lo que plantea Betti. Y, en buena parte, la exposición de Betti es una respuesta a las posiciones anteriores de Bobbio, pues, este se refería a una suerte de completitud y autosuficiencia del ordenamiento jurídico normativo, y postulaba que solo dentro de ese fenómeno estrictamente normativo cabía situar los distintos tipos de principios generales; Betti, en cambio, comprendía por principios un complemento a las normas formuladas, fundado en una dimensión ética y hermenéutica, incluso dinámica, del derecho. Para Betti, la finalidad de estos principios generales del derecho es mantener el ordenamiento jurídico con una "articulación elástica", y su logro es uno de los motivos fundamentales de la interpretación.

3. Betti de frente a Gadamer

Betti sostiene con Gadamer una de las más significativas discusiones filosóficas del siglo XX, un verdadero debate hermenéutico exegético, el que tuvo al menos los siguientes instantes: el primer intercambio se produce luego de la traducción del manifiesto hermenéutico de Betti de 1948 al alemán, en 1954 (*Zur Grundelegung...*, Tubinga, Mohr), lo que contestó Gadamer en su *Wahrheit und Methode (Verdad y Método)* de 1960. El segundo momento es de Betti, el que a su vez, contesta en un escrito publicado originalmente en alemán, de 1962, *Die Hermeneutik als allgemeine Methodik del Geisteswissenschaften* (La hermenéutica como método general de las ciencias del espíritu) [traducido al inglés en 1980, y al italiano solo en 1990]. El tercer momento es de Gadamer, quien reaccionó de manera crítica con su escrito *Hermeneutik und Historismus* (Hermenéutica e historicismo) en 1962, publicado luego como postfacio a su *Wahrheit und Methode* 2 (1965: 483 ss.) traducción al español: *Verdad y Método* I, pp. 599-640)]. Luego, como cuarto momento, Betti respondería nuevamente a Gadamer, en 1967, aprovechando la traducción al alemán de su Teoría general de la interpretación (como *Allgemeine Auslegungslehre als Methodik...*, Tubinga, Mohr), en la que se contienen desarrollos que no estaban en la edición original de 1955 (y que, por lo tanto, lamentablemente, no constan en la versión que tuvimos a la vista para esta traducción). Y ello porque la versión alemana de la teoría general de la interpretación de 1967, en este aspecto, es más avanzada que la italiana de 1955.

4. La actualidad de su pensamiento

De ahí que el nombre de Betti y sus desarrollos son siempre actuales e iluminadores para todos los debates más relevantes de la teoría del derecho. Además Betti se conecta con el origen de la tradición hermenéutica; son frecuentes sus referencias a Karl Friedrich von Savigny (1779-1861), y no niega la huella que deja en su teorización el jurista alemán). Incluso ahora podemos conectarlo con el actual debate de los continuadores de la tradición hermenéutica, cuyo máximo exponente es Ronald Dworkin (1931-2013).

Por ejemplo, en el tema de los principios generales del derecho, tan actual aún hoy, cabe recordar que Betti ya había anticipado esa temática, siguiendo a Savigny, y polemizó con Kelsen y Bobbio al respecto; pero todos sabemos que es Dworkin quien, posteriormente, solo a partir de 1967, haría famosa tal temática y su propio nombre. Pero ya en 1940, 1949, 1955 y 1959 Betti había publicado relevantes contribuciones sobre la legitimidad, oportunidad y contenido de los principios generales del derecho, lo que continuó desarrollando hasta los últimos años de su vida, en especial en su *Teoría general de la interpretación*, en textos que aquí compilamos. No obstante que, seguramente, Betti no leyó nunca a Dworkin, ni viceversa.

De ahí que la oportunidad de la obra de Betti relativa al método y a la hermenéutica es permanente en todo sistema jurídico basado en normas generadas democráticamente, en especial por la gran necesidad de observar una hermenéutica rigurosa de esas normas, que dirijan la labor y búsqueda de racionalidad de jueces y juristas.

Vida y obra de Emilio Betti

I. Breve biografía de Emilio Betti

Maestro de la hermenéutica y una de las personalidades más significativas de la ciencia jurídica europea del siglo XX, Emilio Betti (1890-1968) emerge ante todo como jurista que domina completamente la fenomenología jurídica, en el origen y desarrollo histórico de los institutos, en la identificación y valoración de los principios, en la técnica de la argumentación y del juicio y en el método, en la sistemática del Derecho vigente, en su crítica y en las propuestas de reforma; todo ello con respecto a las más variadas disciplinas específicas, del Derecho romano al Derecho civil, del Derecho procesal al internacional, del Derecho agrario al Derecho comparado, enseñadas en Italia y en el extranjero.

"Inducido por la meditación filosófica a apreciar cada vez más el valor de la Historia, sea de las ideas o de las instituciones, y a buscar un sólido fundamento a la meditación en una larga cultura histórica" (*Notazioni autobiografiche*, Padua, 1953, págs. 10 ss.) decidió, en efecto, "no recluirse en el campo de su especialidad y no proceder con anteojeras", para así poder "conservar el contacto con la historia del Derecho y la historia general de la civilización y de las ideas".

Gracias a esta fuerte dimensión histórica y filosófica de su formación intelectual, Betti pudo elaborar aquella *Teoría generale dell' interpretazione* (1955), un replanteamiento filosófico de la interpretación articulado en torno a los problemas del Derecho y del método, en los que se advierte la plenitud de su ser como jurista.

Es de hecho, en la experiencia histórica del Derecho romano, donde se han descubierto "cánones hermenéuticos fundamentales que, elaborados por primera vez como categorías del Derecho Civil romano, vinieron a ser reconocidos posteriormente como idóneos para gobernar la interpretación también en otras ramas y, más justamente, se han atribuido en época reciente a la teoría general de la interpretación (*Le categorie civilistiche dell' interpretazione*, 1948). Tales cánones rigen la metodología hermenéutica.

Sus formulaciones originarias –nutridas por la cultura retórico-dialéctica clásica, potentemente argumentadas por la jurisprudencia romana, acogidas en el *Corpus Iuris* justinianeo– constituyeron un núcleo fuerte de pensamiento, cuyo afianzamiento como ciencia autónoma ha acompañado a un fenómeno de distanciamiento entre el Derecho y las otras ciencias sociales, con la consecuencia de que a la Hermenéutica jurídica se le negaba conciencia filosófica y no se hablaba de ella en la Historia de la Hermenéutica. Betti, en cambio, en la línea de Vico, llegó al reconocimiento de la centralidad de la Hermenéutica jurídica en el desarrollo general del pensamiento y mostró su fecundidad (un número de problemas, de la polivalencia de significados del texto al conflicto entre los intérpretes, a la relación pregunta-respuesta, etc., encuentra ahí solución) y su carácter de instrumento principal para el trabajo hermenéutico general.

Emilio Betti nació en Camerino, Italia, el 10 de agosto de 1890, en el seno de una buena familia de las Marcas, como primogénito de Tullio Betti (médico, hijo a su vez de Leopardo, patólogo general y rector de la Universidad de Camerino) y de Emilia Mannucci. A la memoria de su madre, "símbolo perenne de todo cuanto me es querido", dedicará la segunda edición de la *Teoría generale del negozio giuridico* (1950) e intensas páginas de las *Notazioni autobiografiche*; a su hermano menor, Ugo, célebre poeta y comediógrafo, dedicaría la *Teoria generale dell' interpretazione*. Crecido y educado hasta los diecisiete años en Camerino junto a su abuela materna, Betti se inscribió en 1907 en la Universidad de Parma (donde su padre dirigía el Hospital Civil), y atraído por las lecciones de Gino Segrè, el maestro a quien será siempre fiel, especialmente en el momento de la legislación racial, escribió la innovadora tesis sobre *Il "contrahere" e le "obligationes" da "contrahere" nei giuristi romani*, con la que se doctorará en 1911; en 1913 se licencia en la Universidad de Bolonia en Ciencias Históricas con un trabajo sobre *La crisi della costituzione repubblicana in Roma e la genesi del Principato*, también parcialmente publicado (su edición íntegra aparecerá en 1982 a cargo de Giuliano Crifò). En 1914 sigue primeramente en Viena los cursos y *privatissima* de Wlassak, Jörs, Wessely, Brasslof, Kretschmar, y, después, en Friburgo de Brisgovia, las lecciones de Partsch, Lenel y Fabricius, afrontando el estudio de "vastos y difíciles temas de orígenes" y desarrollando el estudio de los variados tipos de fórmulas procesales.

Cuando vuelve con dificultades a Italia al comienzo de la guerra, Betti obtiene la docencia en Parma en julio de 1915, gracias a los trabajos extractados de su tesis de licenciatura y a muchos otros de Derecho procesal y procesal-sustancial (1913: *Sulla opposizione della "exceptio" all' "actio"; Su la formola del processo civile romno*; 1914-1915: *Le "actiones ex responsione in iure"; Le "actiones ex confessione in iure"; L' effetto della "confessio" e della "infitiatio certae pecuniac"*; 1915: *La "vindicatio" romana primitiva; La "vindicatio" quale atto del processo reale legitimo; L'antitesi storica tra "iudicare" e "damnare"; Studi sulla "litis aestimatio". I. Il litis aestimationem suffere, II. Le "actiones quibus et rem et poenam persequimur"*; 1915-1916: *La "condictio pretii" del processo civile giustinianeo; Responsabiltà nossale e peculiare del "pater" {"dominus"}*). Se recogen reflexiones sobre el concepto de responsabilidad, de mandato, de ley, sobre la relación entre dogma de fe y dogma jurídico, sobre el delito y la herejía, con la crítica de una concepción abstracta y trascendente del Derecho y la sustitución del concepto de responsabilidad por el concepto de coacción, como momento característico del Derecho. También profundizó entonces en el estudio de la génesis lógica y de la función normativa de la sentencia.

Catedrático de la Universidad de Camerino (1917) por decisión de Fadda, Riccobono y Segrè, la enseñanza del Derecho romano y del Derecho procesal civil permitirá a Betti captar "la unidad del fenómeno jurídico en las diversas disciplinas", apreciar "el valor científico de la dogmática jurídica", extender "el interés hacia una conciencia profunda del Derecho vigente, tanto público como privado", superar "la tendencia a hacer el estudio romanístico un *hortus conclusus*, apartado del estudio de las otras disciplinas" (*Notazioni*). Es del 1 de noviembre de 1918 la *prolusione* sobre la estructura de la obligación romana, obra clásica de la romanística, suscitadora, entre otras cosas, de la intensa discusión con Hägerström y vértice de uno de los más importantes logros de la ciencia jurídica que, desde la definición savignyana de la obligación como señorío del acreedor sobre un acto singular del deudor hasta la crítica fundamental de Brinz y su ulterior definición de la obligación como derecho sobre la persona del deudor, y poco a poco, a través de la formulación e implicaciones de la teoría del *Schuld und Haftung*, iba mucho más allá de la conceptualización de Windscheid: esto sucedió gracias a su inmersión en el estudio de las fuentes romanas del proceso. Así lo muestra su escrito *Concetto dell' obbligazione costruito dal punto di vista dell' azione* (1920), en el cual Betti profundizó en los conceptos fundamentales del derecho subjetivo privado y de la acción de condena y de ejecución, subyaciendo en el nuevo análisis crítico los conceptos de la responsabilidad y la deuda, y en el cual toda la parte dogmática está apoyada en una meditación profunda sobre la historia del problema. Seguirá en 1922 el monumental *Trattato dei limiti soggettivi della cosa giudicata in diritto romano*.

En sus sucesivas sedes universitarias (Macerata, 1920; Mesina, 1923; Parma y después Florencia, 1925; Milán, 1927; Roma, 1946), además de en los cursos desarrollados en el extranjero (Fráncfort, Colonia, Bonn, Marburgo, Hamburgo, Caracas, Porto Alegre, El Cairo...)

y en la Universidad Lateranense como sucesor de Riccobono, Betti enseñaría siempre no solo Derecho romano, sino también Derecho positivo y teoría de la interpretación, construyendo —especialmente en los seminarios del Instituto de Teoría de la Interpretación fundado por él en la Universidad de Roma y frecuentado por maestros y discípulos de varios países—, aquel diálogo que podía superar la opacidad del ambiente académico en la confrontación de voces no conformistas e innovadoras. En efecto, la situación general era la del positivismo jurídico y la pureza del Derecho, caracterizada por el agnosticismo cultural y por cierta suerte de a-historicidad. A ello se contraponía toda la obra y la enseñanza de Betti, anticipándose a su propio tiempo y encontrando por ello resistencia, como demostrará de modo ejemplar el caso de la recepción de la *Teoria generale dell'interpretazione*, inicialmente ausente en Italia y tenida después solo por vía refleja (no pocos consideraban entonces a Betti como un autor alemán) a consecuencia de la recepción hallada en Alemania (*Hermeneutisches Manifest*, 1954; *Die Hermeneutik als allgemeine Methodik der Geisteswissenschaften*, 1962; *Allgemeine Auslegungslehre*, 1967), a pesar de ser evidente que dicha doctrina nacía de decenios de una preparación plasmada en una serie de obras altamente significativas. Estas se pusieron en marcha con la prolusión florentina de la *Creazione del diritto* (1927) y de la milanesa de *Diritto romano e dogmatica odierna* (1928). Este último manifiesto metodológico de una romanística y una civilística pospandectistas suscitó un debate que se extendió a todas las disciplinas jurídicas e ilumina de manera más justa el problema de la dogmática.

"Es claro que a profundizar en los problemas de convivencia resueltos en el ordenamiento estudiado, y a penetrar en el pensamiento y en el desarrollo histórico del Derecho, [el jurista] no podría llegar sin un instrumental de conceptos y de criterios interpretativos con los que todo Derecho, también el primitivo, opera, conscientemente o no, los cuales responden a su propia lógica: categorías que, para el historiador jurista, se trata de descubrir y de desarrollar en su íntima correlación y coherencia, en su sistema interior" (*Istituzioni* II, prefacio).

La aplicación de tal método histórico-dogmático en toda una serie de obras –de Derecho romano (1929, 1930, 1935, 1942), Derecho procesal civil (1933, 1936), Derecho civil (1943)–, así como en la participación en los trabajos para el nuevo Código Civil, vino a significar un vuelco revolucionario de la relación entre Derecho romano y Derecho positivo y la neta superación de la pandectística, como aparece especialmente en la *Teoria generale del negozio giuridico*, quizá la obra más incisiva de Betti (el negocio jurídico no como declaración de voluntad, sino como precepto de la autonomía privada, autorregulación vinculante de los intereses propios) y en la *Teoria generale delle obbligazioni in diritto civile* (1953-1955), fundada sobre la idea de la cooperación entre *consociati* e inspirada por la consideración teleológica de las relaciones y la valoración comparativa de los intereses en juego.

Aquí parece más intensamente aquella maduración hermenéutica –declarada también en la *Problemática del diritto internazionale* (1956), en las *Lezioni di diritto civile sui contratti agrari* (1957), en los cursos de Derecho comparado y más especialmente en el segundo volumen (1960-1962) de las *Istituzioni di diritto romano*– que había encontrado en el curso del Derecho civil de 1948 sobre la *Interpretazione della legge e degli atti giuridici* (1949) el modelo ejemplar de una teoría general y de una dogmática de la interpretación jurídica, "lugar clásico del que no podríamos prescindir los civilistas, los publicistas, los filósofos del Derecho, los hermeneutas" (Alpa, 330).

Betti, maestro por excelencia de generaciones de juristas, no creó en sentido estricto una escuela propia. La modernidad, y también la persistente y creciente actualidad de su pensamiento, convertido en gran medida en patrimonio común y, por ello, no siempre reconocido en su paternidad, es resultado de un acercamiento que aparece caracterizado por una concepción cultural de la historia y una concepción social del Derecho: una relación entre Historia y Derecho como plenitud práctica de la relación entre cultura y sociedad (lo histórico es aquello que lleva la historia consigo, reconociéndola por medio de la Filología y haciendo uso de ella como un instrumento problemático).

En cuanto al Derecho, es solución de problemas de convivencia. La solución es vinculante sobre el plano práctico (para el sistema, para el poder), pero son los problemas los que han de llevar al jurista a reconocerlos en su historicidad. Por ello viene asignada al jurista (y a la doctrina), en todas las épocas, una función política, una tarea, una misión social, en definitiva, una actividad de crítica de la sociedad.

Emilio Betti murió en Camerino, su ciudad natal, el 11 de agosto de 1968.

Giuliano Crifò

[El texto anterior, sobre la vida y, parcialmente, la obra de Betti, fue escrito por Giuliano Crifò y está contenido en: Rafael Domingo (ed.), *Juristas universales* (Madrid, Marcial Pons, 2004) tomo IV, pp. 217-222, cuya reproducción cuenta con las autorizaciones correspondientes, tanto del autor como del editor mencionados.]

II. Cuadro cronológico de la vida y obra de Emilio Betti

Año	Edad	Aspectos de la vida de Betti	Obras de Betti	Obras de autores contemporáneos	Contexto Histórico (Acontecimientos y personajes importantes)
1890	0	20 de agosto: nace Emilio Betti, Camerino, Italia.			Época en que reinaba Humberto I en Italia.
1899	9			Sigmund Freud publica *La interpretación de los sueños.*	
1900	10			Nace Hans-Georg Gadamer. Fallece Friedrich Nietzsche.	
1905	15			Max Weber publica la *Ética protestante y el espíritu del capitalismo.*	
1907	17	Inscripción de Betti en la Universidad de Parma.			
1910	20	Disertación de Licenciatura sobre *Historia de la teoría política medieval*, bajo la guía de la obra de Gierke.			

1911	21	Se doctora en Giuri-prudenza (Derecho) en la Universidad de Parma.	*Il "contrahere" e le "obliga-tiones" da "contrahere" nei giuristi romani* (Tesis para su doctorado).		Se instaura la Repú-blica China.
1913	23	Licenciatura en Ciencias Históricas en la Universidad de Bolonia.	*Sulla opposizione dell'exceptio sull'actio e sulla concorrenza tra loro.*		
1914	24				Inicio de la Primera Guerra Mundial.
1915	25	Betti vuelve a Italia y obtiene la libre Docencia en Parma. Realiza diversos encargos como bibliotecario.	*La vendicatio romana primi-tiva e il suo svolgimiento storico nel diritto privato e nel processo.* *L' antitesi storica tra iudicare (pronuntiatio) e damnare (con-denatio) nello svolgimiento del processo romano.*		Un año desde que la Primera Guerra Mun-dial había comenzado.
1916	26	Frecuenta la biblio-teca de Chiovenda en Roma.	*Sul valore dogmatico della categoria contahere en giuristi proculiana e sabiniani.* *La restaurazione sullana e il suo esito.*		

Año	Edad	Aspectos de la vida de Betti	Obras de Betti	Obras de autores contemporáneos	Contexto Histórico
1917	27	Es nombrado catedrático (*professore ordinario*) de la Universidad de Camerino en Derecho Romano y Derecho Procesal civil.	Inicia una intensa actividad docente en Derecho civil, Procedimiento civil, Historia del derecho griego y romano, Derecho internacional y otros.		Revolución Rusa.
1918	28		Juvenil acercamiento a la obra de Hans Kelsen ["enfermedad" de la que luego se curará, como confiesa en sus *Notazioni*, 19].	Oswald Spengler publica *La decadencia de Occidente*.	Fin de la Primera Guerra Mundial Inicio de la República de Weimar, en Alemania.
1919	29	Actividad docente en la Universidad de Macerata.	*La struttura dell'obbligazione romana e il problema della sua genesi.*		Firma Tratado de Versalles, en la Conferencia de Paz de París.
1920	30		*Il concetto della obbligazione construito dal punto di vista dell'azione.*		
1921	31		*Efficacia delle sentenze determinative in tema di legati di alimenti. Contributo alla dottrina dei limiti oggetivi della cosa giudicata.*	Wittgenstein publica su *Tractatus logico-philosophicus.*	

1922	32		D. 42, 1, 63. *Trattato dei limiti soggettivi della cosa giudicata in diritto romano* (Macerata).	Se funda el Círculo de Viena. Se publica, de manera póstuma, *Economía y sociedad* de Max Weber.	Marcha sobre Roma, organizada por Benito Mussolini. Creación URSS.
1923	33	Actividad docente en la Universidad de Messina.	Confiesa que se "cura" de su juvenil acercamiento a la obra de Kelsen, y se apercibe de lo artificiosa de su construcción teórica (*Notazioni*, 23).		
1924	34		*La tradizione nel diritto romano classico e giustinianeo.*		
1925	35	Actividad docente en la Universidad de Parma.			Inicio de la dictadura fascista de Benito Mussolini en Italia.
1926	36	Actividad docente en la Universidad de Florencia.	Nutrida correspondencia con su discípulo Giorgio La Pira [vid. *Il carteggio Betti-La Pira*].		
1927	37	Comienza a escribir un *Diario de vida*.	La creazione del diritto nella "iurisdictio" del pretore romano", en *Studi G. Chiovenda* (Padua) 67 ss.	Martin Heidegger publica *Ser y tiempo*.	

Año	Edad	Aspectos de la vida de Betti	Obras de Betti	Obras de autores contemporáneos	Contexto Histórico
1928	38	Actividad docente en la Universidad de Milán.	*Diritto romano e dogmatica odierna* en *Archivio giuridico* 99 (1928) 129 ss.; 100 (1928) 26 ss. en *Diritto. Metodo. Ermeneutica. Scritti scelti).*		
1929	39			José Ortega y Gasset publica *La rebelión de las masas.*	*Crack* de la bolsa de Nueva York; comienzo de la Gran Depresión.
1930	40		*Essercitazioni romanistiche su casi pratici. I. Anormalità del negozio giuridico* (Padua).		
1932	42	Comienza a realizar diversos viajes al extranjero.			
1933	43	Viaje a Alemania.		Nicolai Hartmann publica *El problema del ser espiritual.*	Hitler es nombrado Canciller de Alemania y asume plenos poderes. Incendio del *Reichstag* (Parlamento).

1934	44	Viaje a Francia e Inglaterra.		Hans Kelsen publica *Teoría pura del derecho.* Karl Popper publica *La lógica de la investigación científica.*	Hitler se otorga el título de *Führer* (Líder).
1935	45	Viaje a Bélgica y Holanda.	*Diritto romano I. Parte generale* (Padua).		Italia realiza la campaña de Etiopía.
1936	46	Diversas conferencias en Suiza, Alemania, Holanda y Austria para defender la posición de Italia en el terreno de la política internacional (a raíz de la Campaña de Etiopía).	*Diritto processuale civile italiano* (2.ª ed., Roma).		
1937	47	Recomenzó a escribir su *Diario de vida*, en alemán ("por ejercicio de intimidad", *Notazioni*, 33).			
1938	48				Austria es incorporada a la Alemania nazi.

Año	Edad	Aspectos de la vida de Betti	Obras de Betti	Obras de autores contemporáneos	Contexto Histórico
1939	49	Se traslada a vivir a Roma.	Forma parte de la comisión ministerial que redacta el Código Civil de 1942 (4º libro: de las obligaciones y contratos.		Inicio de la Segunda Guerra Mundial. Italia ingresa a la Segunda Guerra Mundial.
1942	52		*Istituzioni di diritto romano* I (Padua, 1942); II.1 (Padua, 1960-1962).		
1943	53	Comienza a meditar y diseñar los prolegómenos de la que será su teoría de la interpretación.	Reconoce su cercanía con la obra de Nietzsche y Hartmann. Libro: *Teoria generale del negozio giuridico* (Turín, 1943; trad. esp. A. Martín Pérez, Madrid, 1949; 2.ª ed., 1950; 3.ª reimpr., 1960; reimpresión corregida y ampliada a cargo de Giuliano Crifò, introducción de G. B. Ferri, Nápoles, 1994).		

1944	54		Escribe en junio sus *Notazioni autobiografiche*, las que serán editadas en 1953 ("un examen de conciencia". Dice que "lo embargaba si no la penosa certeza, la duda de que su misión educativa se hubiese terminado y que una suerte de preclusión hubiese sobrevenido entonces", *Notazioni*, 41). En la *postilla* de 1953 agrega que en esa época dudó de sobrevivir.		
1945	55	Betti es arrestado, y permanece en prisión un mes, por su aporte intelectual al fascismo. Fue presentado ante las cortes. Es absuelto de toda acusación. En agosto se le suspende de su cátedra y se lo priva de su remuneración.	Encuentro con la obra de Schleiermacher y W. Humbold ("esos dos grandes del pensamiento hermeneútico"), de Droysen, Dilthey, Simmel, Max Weber. Valoración del pensamiento hermenéutico (*Notazioni*, 51).		Fin de la Segunda Guerra Mundial.
1946	56	Contrae matrimonio.			

Año	Edad	Aspectos de la vida de Betti	Obras de Betti	Obras de autores contemporáneos	Contexto Histórico
1947	57	Reinicia su actividad docente de la Universidad de Roma "La Sapienza".	Cuenta en su Diario que comienza a trabajar en la teoría general de la interpretación.		
1948	58	Da un curso sobre la interpretación de la ley.	*Manifiesto hermenéutico* ["Categorías civilisticas de la interpretación"].		
1949	59		Libro: *Interpretación de la ley y de los actos jurídicos.*		Creación de la OTAN. Separación de la RFA y la RDA.
1950	60	Diversas conferencias en Alemania, en donde se encuentra con Wieacker, Wolf, Coing, Koschaker, Kaser y otros.			
1951	61			De Francisci P.: "Emilio Betti e i suoi studi intorno all'interpretazione".	
1953a	63		Libro: *Il concetto dell' obbligazione costruito dal punto di vista dell' azione* (Pavía; 2.ª ed., Milán).		

1953b	63		Se editan sus: *Notazioni autobiografiche* [pero fueron escritas en 1944].		
1953c	63		Libro: *Teoria generale delle obbligazioni in diritto civile I. Prolegomeni: funzione econo-mico-sociale dei rapporti d' obbligazione* (Milán).		
1953d	63		Libro: *Teoria generale delle obbligazioni in diritto civile II. Struttura dei rapporti d'obbli-gazione* (Milán).		
1954a	64		Libro: *Teoria generale delle obbligazioni in diritto civile III.1. Fonti dell' obbligazione* (Milán).		
1954b	64		Libro: *Zur Grundlegung einer allgemeinen* Auslegungslehre: ein hermeneutisches Mani-fest", en *Festschrift für Ernst Rabel II* (Tubinga).		

Año	Edad	Aspectos de la vida de Betti	Obras de Betti	Obras de autores contemporáneos	Contexto Histórico
1955	65	Funda en la Universidad de Roma "La Sapienza", el *Instituto de Teoría de la interpretación*.	Libro: *Teoria generale della interpretazione* (Milán) 2 vol. Libro: *La struttura dell' obbligazione romana e il problema della sua genesi* (Milán).	CAIANI, L.: *La filosofía dei giuristi italiani* (Padua). GUARINO, A.: "Una teoría generale dell'interpretazione".	Comienza movimiento de los derechos civiles en Estados Unidos.
1956	66		Libro: *Problematica del diritto internazionale* (Milán)		
1958	68		Libro: *Cours de droit comparé des obligations* (Milán).		
1959	69				Comienza la Guerra de Vietnam.
1960	70	Actividad docente en la Pontifica Universidad Lateranense.		Hans-Georg Gadamer publica *Verdad y método* [*Hermeneutik*] [debate con Betti].	
1961	71			H.-G Gadamer.: *Hermeneutik und Historismus*.	Construcción del Muro de Berlín.

1962	72		*Istituzioni di diritto romano* I (Padua, 1942); II.1 (Padua, 1960-1962). *Die Hermeneutik als allgemeine Methodik: zugleich ein Beitrag zum Unterschied zwischen Anslegung und Sinngebung* (Tubinga).	Thomas Kuhn, publica *La estructura de las revoluciones científicas.* CRIFÒ, G.: "Onoranze a Emilio Betti". RIGH.: "L'opera principale di Emilio Betti e la cultura italiana nel nostro secolo".	Crisis de los Misiles en Cuba.
1965	75		*Cours de droit civil comparé des obligations. II. Étude d'un système juridique. Système du Code Civil allemand* (Milán).		
1967	77		*Allgemeine Auslegungslehre als Methodik der Geisteswissenschaften* (Tubinga) [edición alemana, reducida, de su *Teoria generale della interpretazione*].		
1968	78	Muere Emilio Betti en Camorciano, cerca de Camerino, Italia.			

III. Bibliografía de y sobre Emilio Betti

A. Obras de Emilio Betti en materia de interpretación

a) Obras originales de Betti (libros y artículos de revistas científicas)

1. En italiano

BETTI, EMILIO (1916): *Addenda allo scritto: Sul valore dogmatico della categoria contrahere etc* (Roma, Tip Del Senato).

BETTI, EMILIO ([1928]1997): "Diritto romano e dogmatica odierna", en: *Questioni di Metodo. Diritto romano e dogmatica odierna* (2ª edición, Como, Edizioni New Press) pp. 25-83. [Originalmente en BETTI, Emilio (1928): "Diritto romano e dogmatica odierna", *Archivo giuridico "Filippo Serafini"*, 99, pp. 129-150 y 100, pp. 26-66.].

BETTI, EMILIO ([1933]1997): "Questioni di metodo", en: LURASCHI, Giorgio y NEGRI, Giovanni (eds.) (1997): *Questioni di Metodo. Diritto romano e dogmatica odierna* (2ª edición, Como, Edizioni New Press) pp. 105-113 [Originalmente en BETTI, Emilio (1933): "Questioni di metodo", *Bullettino dell'Istituto di diritto romano*, 41, pp. 271-281 (apéndice del artículo "La attuazione di due raporti causali attraverso un único atto di tradizione")].

BETTI, EMILIO (1948): "Le categorie civilistiche dell'interpretazione", en: *Rivista italiana per le scienze giuridiche*, vol. 55 (Milán, 1948) pp. 34-86. [también en *Interpretazione della legge e degli atti giuridici. Teoria generale e dogmatica* (2.ª ed. ampliada a cargo de G. Crifò, Milán, 1971 [1.ª ed., 1949])].

BETTI, EMILIO (1949): "Posizione dello spirito rispeto all'oggettivita: prolegomini ad una teoria generale dell'interpretazione", en *Rivista internazionale di filosofia del dirito* (26): 1-38.

BETTI, EMILIO ([1949]1971): *Interpretazione della legge e degli atti guiridici (Teoria generale e dogmatica)* (2ª edición a cargo de Giuliano Crifò, Milán, Giuffrè Editore) 500 pp. + XX pp.

BETTI, EMILIO (1953): *Notazioni autobiografiche* (Padua, Cedam) 57 pp. [Republicado bajo la edición de Eloisa Mura, *Notazioni autobiografiche* (Padua, Cedam, 2014) 137 pp.].

BETTI, EMILIO ([1955]1990): *Teoria generale della interpretazione* (edición de Giuliano Crifò, Milán, Giuffrè Editore), 2 Tomos, 1113 pp. + XXV pp.

BETTI, EMILIO (1991): *Diritto, metodo, ermeneutica. Scritti scelti* (edición de Giuliano Crifò, Milán, Giuffrè Editore) 614 pp. + XVIII pp.

2. En alemán

BETTI, EMILIO (1954): "Zur Grundlegung einer allgemeinen Auslegungslehre: ein hermeneutisches Manifest", en *Festschrift für Ernst Rabel II* (Tubinga, J.C.B. Mohr. Paul Siebeck), pp. 89-168.

[Es la traducción alemana del manifiesto hermenéutico de 1948]

BETTI, EMILIO (1962): *Die Hermeneutik als allgemeine Methodik: zugleich ein Beitrag zum Unterschied zwischen Anslegung und Sinngebung* (Tubinga, J.C.B. Mohr. Paul Siebeck).

BETTI, EMILIO (1967): *Allgemeine Auslegungslehre als Methodik der Geisteswissenschaften* (Tubinga, J.C.B. Mohr. Paul Siebeck).

[Es la traducción de la *Teoria generale della interpretazione*, reducida a un tercio]

BETTI, EMILIO (1972): *Die Hermeneutik als allgemeine Methodik der Geisteswissenschaften* (Tubinga, J.C.B. Mohr).

BETTI, EMILIO (1988): *Zur Grundlegung einer allgemeinen Auslegungslehre* (Tubinga, J.C.B. Mohr) 98 pp.

[En una reedición de la traducción del manifiesto hermenéutico de 1954, ahora en un libro separado, per con un epílogo (*nachwort*) de Hans-Georg Gadamer: "Emilio Betti und das idealistische Erbe", pp. 91-98, publicado también en los *Quaderni fiorentini per la storia del pensiero giuridico moderno,* 1978, 7, pp. 5-11.]

b) Traducciones de las obras de Betti

1. Al italiano

BETTI, EMILIO (1986[1972]): "L'ermeneutica come metódica generale delle scienze dello spirito", en: BLEICHER (1986): *L'ermeneutica contemporanea* (Bolonia, Il Mulino) pp. 75-115.

[Originalmente publicado en alemán como BETTI, Emilio (1972): *Die Hermeneutik als allgemeine Methodik der Geisteswissenschaften* (Tubinga, C.B. Mohr)].

2. Al inglés

BETTI, EMILIO (1988): "The epistemological Problem of the Understanding as an Aspect of the General Problem of Knowing", en SHAPIRO, Gary y SICA, Alan (ed.) (1988): *Hermeneutics: Questions and*

Problems (trad. Susan Noakes, Estados Unidos, University of Massachusetts Press) pp. 25-53.

BETTI, EMILIO (2015): *General Theory of Interpretation* (traducción y edición de Giorgio A. Pinton, CreateSpace Independent Publishing Platform) 8T., 1157 pp. [T. 1, 145 pp.; T.2, 176 pp.; T.3, 106 pp.; T.4, 208 pp.; T.5, 84 pp.; T.6, 110 pp.; T.7, 162 pp.; T.8, 166 pp.].

3. Al español

BETTI, EMILIO (1975): *Interpretación de la ley y de los actos jurídicos* (traducción de José Luis de los Mozos, Madrid, Editorial Revista de Derecho Privado - Editoriales de Derecho Reunidas) 435 pp.

BETTI, EMILIO (2006): *La interpretación jurídica* (traducción y edición de Alejandro Vergara Blanco, 1ª edición, Santiago, LexisNexis) 217 pp. + XXVII pp.

[2ª edición, en 2009 como *La interpretación jurídica* (traducción y edición de Alejandro Vergara Blanco, Santiago, Legal Publishing) 217 pp. + XXIX pp.] [3ª edición en 2015 como *Teoría de la interpretación jurídica* (traducción y edición de Alejandro Vergara Blanco, Santiago, Ediciones UC) 238 pp. + XXXIX pp.].

4. Al portugués

BETTI, EMILIO (2007): *Interpretação da lei e dos atos jurídicos* (Brasil, WMF Martins Fontes) 616 pp.

B. Obras sobre Emilio Betti en materia de interpretación

1. En italiano

a. Artículos y monografías

AMENDOLA, ADALGISIO (2011): "Emilio Betti: l'ermeneutica tra crisi e riaffermazione della mediazione giuridica", *Democrazia e diritto*, 1-2, pp. 210-224.

ARGIROFFI, ALESSANDRO (1994): *Valori, prassi, ermeneutica. Emilio Betti a confronto con Nicolai Hartmann e Hans Georg Gadamer* (Turín, G. Giappichelli Editore) 231 pp.

BASILE, RAFFAELE (2015): "Emilio Betti, Giorgio La Pira: In ordine a un rapporto epistolare", *Studia et documenta historiae et iuris*, 81, pp. 339-360.

BENEDETTI, GIUSEPPE (1991): "Eticità dell'atto ermeneutico. Una testimonianza sulla teoria di Emilio Betti", en: RIZZO (ed.) (1991): *Emilio Betti e l'interpretazione* (Nápoles, Edizioni Scientifiche Italiane) pp. 127-153.

BENEDETTI, GIUSEPPE (1994): "L'interpretazione dell'atto di autonomía privata tra teoria generale e dogmatica nel pensiero di E. Betti. Un paradosso", en: FROSINI y RICCOBONO (eds.) (1994): *L'ermeneutica giuridica di Emilio Betti* (Milán, Giuffrè Editore) pp. 7-22.

BIANCO, FRANCO (1978): "Oggettività dell'interpretazione e dimensioni del comprendere: Un'analisi critica dell'ermeneutica di Emilio Betti", *Quaderni fiorentini per la storia del pensiero giuridico moderno*, 7, 1, pp. 13-78.

BIANCO, FRANCO (1991): *Pensare l' interpretazione. Temi e figure dell' ermeneutica contemporanea* (Roma).

BIANCO, FRANCO (1994): "La *Teoria generale della interpretazione* nel dibattito ermeneutico contemporaneo", en: FROSINI y RICCOBONO (eds.) (1994): *L'ermeneutica giuridica di Emilio Betti* (Milán, Giuffrè Editore) pp. 23-34.

BLEICHER, JOSEF (1986): "La teoria ermeneutica di Emilio Betti", en: BLEICHER (1986): *L'ermeneutica contemporanea* (Bolonia, Il Mulino) pp 43-73.

BRUTTI, MASSIMO (2013): *Vittorio Scialoja, Emilio Betti. Due visioni del diritto civile* (Turín, G. Giappichelli Editore) 190 pp.

CATANIA, ALFONSO (1994): "La definizione generale di diritto nel pensiero di Emilio Betti", en: FROSINI y RICCOBONO (eds.) (1994): *L'ermeneutica giuridica di Emilio Betti* (Milán, Giuffrè Editore) pp. 35-45.

CRIFÒ, GIULIANO (1971): "Nota del curatore", en: BETTI, Emilio (1971): *Interpretazione della legge e degli atti guiridici (Teoria generale e dogmatica)* (2ª edición a cargo de Giuliano Crifò, Milán, Giuffrè Editore) pp. XI-XIII.

CRIFÒ, GIULIANO (1979): "Interpretazione giuridica di testi non giuridici (esemplificata con nun aspetto dei rapporti tra Cicerone e il diritto romano)": en *Interpretazioni e contesto* (Turín) pp. 63-76.

CRIFÒ, GIULIANO (1986): "Approccio sistemico all'interpretazione testuale", en: *Interpretazione ed epistemologia* (Turín) pp. 322-342.

CRIFÒ, GIULIANO (1988): "Il Problema dell' Interpretatio", en: *Labeo: Rassegna di diritto Romano*, 34, 2, pp. 213-219.

CRIFÒ, GIULIANO (1990): "Nota del curatore", en: BETTI, Emilio (1990): *Teoria Generale della Interpretazione* (edición de Giuliano Crifò, Milán, Giuffrè Editore), T. I, pp. IX-X.

CRIFÒ, GIULIANO (1991a): "Presentazione", en: BETTI, Emilio (1991): *Diritto, metodo, ermeneutica* (edición de Giuliano Crifò, Milán, Giuffrè Editore) pp. V-XVIII.

CRIFÒ, GIULIANO (1991b): "Sulla diffusione internazionale del pensiero ermeneutico bettiano", en: RIZZO (ed.) (1991): *Emilio Betti e l'interpretazione* (Nápoles, Edizioni Scientifiche Italiane) pp. 21-44.

CRIFÒ, GIULIANO (1991c): "Segnalazione di E. Betti", *Diritto Metodo Ermeneutica* (edición a cargo de CRIFÒ, en: *Panorami*, 3, p. 298.).

CRIFÒ, GIULIANO (1991d): "La "teoria generale dell'interpretazione" di Emilio Betti", en: *Lettera dall'Italia*, VI, 23, p. 60.

CRIFÒ, GIULIANO (1994a): "Problemi dell'interpretazione", en: *L'unità del diritto. M.S. Giannini e la teoria giuridica*, al cuidado de S. Cassese, G. Carcaterra, M. d'Alberti, A. Bixio (Bolonia) 315-328.

CRIFÒ, GIULIANO (1994b): "Sulla genesi della *Teoria generale della interpretazione* (un diario e altri inediti)", en: FROSINI y RICCOBONO (eds.) (1994): *L'ermeneutica giuridica di Emilio Betti* (Milán, Giuffrè Editore) pp. 47-66.

CRIFÒ, GIULIANO (1997[1967]): "Emilio Betti", en: LURASCHI, Giorgio y NEGRI, Giovanni (eds.) (1997): *Questioni di Metodo. Diritto romano e dogmatica odierna* (2ª edición, Como, Edizioni New Press) pp. 163-182. [Originalmente en CRIFÒ, Giuliano (1967): "Emilio Betti", *Bullettino dell'Istituto di diritto romano*, 70, pp.293-308].

CRIFÒ, GIULIANO (2001): "L'interpretazione della legge alle soglie del XXI secolo. Tavola rotonda", en *L'interpretazione della legge alle soglie del XXI secolo*, al cuidado de A. Palazzo (ESI Nápoles) 435-441.

CRIFÒ, GIULIANO (2004a): "L'aspro compagno", en: GIACOBBE, GIOVANNI & GUZZETTA, LIA [eds.], *Ermeneutica letteraria ed ermeneutica giuridica: Ugo ed Emilio Betti*, 77-79.

CRIFÒ, GIULIANO (2004b): "Per la conoscenza di Emilio Betti", en: GIACOBBE y GUZZETTA (eds.): *Ermeneutica letteraria ed ermeneutica giuridica: Ugo ed Emilio Betti*, pp. 85-98.

CRIFÒ, GIULIANO (dir.) (2005): *"Le idee forme la loro strada". La Teorie generalle dell'interpretazione di Emilio Betti cinquant'anni dopo* (Roma).

CRIFÒ, GIULIANO (2010): *Le idee camminano. Cinquantanni dopo la Teoria generale dell'interpretazione* (Roma).

CRIFÒ, GIULIANO (ed.) (2014): *Il carteggio Betti – La Pira* (Florencia, Edizioni Polistampa) 468 pp.

DANANI, CARLA (1998): *La questione dell'oggettività nell'ermeneutica di Emilio Betti* (Milán, Vita e Pensiero) 296 pp.

DE FRANCISCI P. (1951): "Emilio Betti e i suoi studi intorno all'interpretazione", in *Rivista italiana per le scienze giuridiche*, 58, 1-4, pp. 1-49.

DE GENNARO, ANTONIO (1978): "Emilio Betti: dallo storicismo idealistico al'ermeneutica", *Quaderni fiorentini per la storia del pensiero giuridico moderno*, 7, pp. 79-111.

DI CARO, ALESSANDRO (1981): "Metodo e significato nell'ermeneutica di E. Betti", en: *Hermeneutica*, 1, pp. 217-230.

DONATO, VALERIO (1991): "L'efficienza evolutiva dell'interpretazione ed il negozio giuridico: il pensiero di Emilio Betti", en: RIZZO (ed.) (1991): *Emilio Betti e l'interpretazione* (Nápoles, Edizioni Scientifiche Italiane) pp. 103-117.

FERRARIS, MAURIZIO (1997[1988]): "L'ermeneutica metodica di Emilio Betti", en: *Storia dell'ermeneutica* (4ª edición, Milán, Bompiani) 363-369 pp. [Traducción de Jorge Pérez de Tudela, "La hermenéutica metódica de Emilio Betti", en: *Historia de la hermenéutica* (Madrid, Ediciones Akal, 2000) pp.324-330].

FERRETI, G. (1995): "Ermeneutica filosófica ed ermeneutica teologica", *Filosofia e Teologia*, 9, pp. 3-8.

FROSINI, VITTORIO (1990): "Presentazione", en: BETTI, Emilio (1990): *Teoria Generale della Interpretazione* (edición de Giuliano Crifò, Milán, Giuffrè Editore), T. I, pp. V-VIII.

FROSINI, VITTORIO (1991): "Emilio Betti e la teoria generale del diritto", en: RIZZO (ed.) (1991): *Emilio Betti e l'interpretazione* (Nápoles, Edizioni Scientifiche Italiane) pp. 13-19.

FROSINI, VITTORIO (1994): "Parole di saluto all'inizio delle «Giornate di studio sulla *Teoria generale della interpretazione* di Emilio Betti»", en: FROSINI y RICCOBONO (eds.) (1994): *L'ermeneutica giuridica di Emilio Betti* (Milán, Giuffrè Editore) pp. 3-6.

FROSINI, VITTORIO (1994): "Traduzione e interpretazione dei testi giuridici nel pensiero di Emilio Betti", en: FROSINI y RICCOBONO (eds.) (1994): *L'ermeneutica giuridica di Emilio Betti* (Milán, Giuffrè Editore) pp. 67-85.

GADAMER HANS-GEORG. (2000): *Hermeneutica I. Verità e metodo. Elementi di una ermeneutica filosófica* (edición de G. Vattimo, Milán, Bompiani).

GALEAZZI, UMBERTO (1993): *Ermeneutica e storia in Vico. Morale, diritto e società nella "Scienza Nuova"* (Japadre, L'Aquila) 232 pp.

GELDSETZER, Lutz (1983): "Che cos'è l'ermeneutica?", *Rivista di filosofia neoscolastica*, 75, 4, pp. 494-622.

GIACOBBE, GIOVANNI y GUZZETTA, Lia (eds.) (2004): *Ermeneutica letteraria ed Ermeneutica giuridica: Ugo ed Emilio Betti* (Roma).

GRIFFERO, TONINO (1985): "Ermeneutica e canonicità dei testi", *Rivista di estetica*, 26 (1985), pp. 93-111.

GRIFFERO, TONINO (1988): *Interpretare. La teoría di Emilio Betti e il suo contesto* (1ª edición, Turín, Rosenberg & Sellier) 240 pp.

GRIFFERO, TONINO (1989): "L'ermeneutica di Emilio Betti e la sua ricesione", *Cultura e scuola*, 28, 1, pp. 97-115.

GRIFFERO, TONINO (1991): "Interpretazione e astuzia del dogma. A partire da Emilio Betti", en: RIZZO (ed.) (1991): *Emilio Betti e l'interpretazione* (Nápoles, Edizioni Scientifiche Italiane) pp. 73-101.

GRIFFERO, TONINO (1994): "Elogio dell'incompiutezza. L'eccedenza simbolica nell'ermeneutica di Emilio Betti", en: FROSINI y RICCOBONO (eds.) (1994): *L'ermeneutica giuridica di Emilio Betti* (Milán, Giuffrè Editore) pp. 87-107.

GROSSI, PAOLO (2002): "Le certezze speculative di Emilio Betti", en: *La cultura del civilista italiano. Un profilo storico* (Milán, Giuffrè Editore) pp. 85-93.

GUARINO, A. (1955): "Una teoría generale dell'interpretazione", *Labeo*, 1, 3, pp. 301-313.

GUERVOS, S. (1985): "La hermenéutica metódica. Comprensión y objetividad en las hermenéuticas metódicas de F. Schleiermacher, W. Dilthey y E. Betti", *Estudios Filosóficos*, 1, pp. 15-53.

IRTI, NATALINO (1991): *Letture bettiane sul negocio giuridico* (Milán, Giuffrè Editore) 90 pp.

LURASCHI, GIORGIO y NEGRI, GIOVANNI (eds.) (1997): *Questioni di Metodo. Diritto romano e dogmatica odierna* (2ª edición, Como, Edizioni New Press) 242 pp.

LURASCHI, GIORGIO (1997[1988]): "Emilio Betti e la crisi della costituzione repubblicana", en: LURASCHI, Giorgio y NEGRI, Giovanni (eds.) (1997): *Questioni di Metodo. Diritto romano e dogmatica odierna* (2ª edición, Como, Edizioni New Press) pp. 183-240. [Originalmente en: Luraschi, Giorgio (1988): "Emilio Betti e la crisi della costituzione repubblicana", *Studia et Documenta Historiae et Iuris*, 54, pp. 333-374].

MARINO, GIOVANNI (1991): "Principî generali del diritto, ordine giuridico e interpretazione", en: Rizzo (ed.) (1991): Emilio Betti e l'interpretazione (Nápoles, Edizioni Scientifiche Italiane) pp. 45-71. [Publicado también en Danani, C. (1993): *Temi di teoría dell'interpretazione giuridica* (Nápoles, E.S.I.) pp. 87-120. [También en Danani C. (1990): *Diritto, principi, giurisprudenza. Persorsi nella cultura giuridica italiana tra Otto e Novecento* (Nápoles, E.S.I.) pp. 185ss.; y en Rizzo V. [dir.] (1991): *Emilio Betti e L'interpretazione* (Nápoles, E.S.I.) pp. 45-72.]

MARINO, GIOVANNI (1994): "Principi, processualità, ermeneutica. Note su Capograssi e Betti", en: FROSINI y RICCOBONO (eds.) (1994): *L'ermeneutica giuridica di Emilio Betti* (Milán, Giuffrè Editore) pp. 131-151.

MENGONI, LUIGI (1978): "La polémica di Betti con Gadamer", *Quaderni fiorentini per la storia del pensiero giuridico moderno*, 7, pp. 125-152.

MENGONI, LUIGI (1990): "Saggio introduttivo: la «Teoria ermeneutica» di Emilio Betti", en: BETTI E., *L'ermeneutica come metodica generale delle scienze dello spirito* (Città Nuova, Roma) pp. 5-47.

MENGONI, LUIGI (1994): "A proposito della *Teoria generale della interpretazione* di Emilio Betti", en: FROSINI y RICCOBONO (eds.) (1994): *L'ermeneutica giuridica di Emilio Betti* (Milán, Giuffrè Editore) pp. 153-157.

NASI, ANTONIO (1991): "La via di Emilio Betti nello studio del proceso civile", en: RIZZO (ed.) (1991): *Emilio Betti e l'interpretazione* (Nápoles, Edizioni Scientifiche Italiane) pp. 155-181.

PERLINGIERI, PIETRO (1991): "Emilio Betti e l'interpretazione", en: RIZZO (ed.) (1991): *Emilio Betti e l'interpretazione* (Nápoles, Edizioni Scientifiche Italiane) pp. 119-125.

PETRILLO, FRANCESO (1991): "L'equità nell'ermeneutica giuridica di E. Betti", *Rivista internazionale di filosofía del diritto*, 68, 2, pp. 348-375.

PETRILLO, FRANCESCO (2005): *La decisione giurica. Política, ermeneutica e giurisprudenza nella teoría del diritto di Emilio Betti* (Turín, G. Giappichelli Editore) 178 pp.

PETRILLO, FRANCESCO (2011): *Interpretazione degli atti giuridici e correzione ermeneutica* (Turín, G. Giappichelli Editore) 229 pp.

PLACHY, A. (1962): "Basi classiche e problemi attuali dell'epistemologia ermeneutica", en: *Studi in onore di Emilio Betti*, I (Milán, Giuffrè) pp. 193-219.

Pinton, Giorgio A. (2013): *Giovan Battista Vico & Emilio Betti: Hermeneutics* (Gran Bretaña, Amazon.co.uk).

Ricci, Fiammetta (2006): *Parola, Verità, Diritto. Sulla teoria dell'interpretazione di Emilio Betti* (Nápoles, Edizioni Scientifiche Italiane) 148 pp.

Riccobono, Francesco (1994): "Emilio Betti e la «malattia kelseniana»", en: Frosini y Riccobono (eds.) (1994): *L'ermeneutica giuridica di Emilio Betti* (Milán, Giuffrè Editore) pp. 159-183.

Righi, G. (1962): "L'opera principale di Emilio Betti e la cultura italiana nel nostro secolo", en: *Studi in onore di Emilio Betti*, I (Milán, Giuffrè) pp. 429-474.

Rizzo, Vito (ed.) (1991): "Emilio Betti e l'interpretazione", en: *Università degli studi di camerino; Scuola di speccializzazione in diritto civile; Lezione recolte da Pietro Perlingieri*, 14, pp. 22-44.

Rizzo, Vito (1991): "Sull' «attualità» del pensiero ermeneutico di E. Betti", en: Rizzo (ed.) (1991): *Emilio Betti e l'interpretazione* (Nápoles, Edizioni Scientifiche Italiane) pp. 7-11.

Schiavone, Aldo (1980): "Un caso ejemplar. La historiografía de Emilio Betti", en su: *Historiografía y crítica del Derecho* (traducc. Castellana, Madrid, Edersa) pp. 133-162.

Vergara Blanco, Alejandro (2010): "Los temas de la teoría del derecho y la interpretación rigurosa. En el sendero de Betti y Larenz", en: *Anuario de Filosofía Jurídica y Social*, 28, pp. 205-213.

Vergara Blanco, Alejandro (2015): "Presentación del traductor", en: Betti, Emilio (2015): *Teoría de la Interpretación Jurídica* (traducción y edición de Alejandro Vergara Blanco, 3ª edición, Santiago, Ediciones UC) pp. XIII-XXVI.

Wieacker, Franz (1970): "Dalla storia del diritto alla teoría dell'interpretazione", *Rivista di diritto civile*, 16, 1, pp. 301-308.

Wojciech Korzeniowski, Ireneusz (2010): *L'ermeneutica di Emilio Betti* (Roma, Città Nuova) 93 pp.

Zaccaria, Giuseppe (1984): *Ermeneutica e giurisprudenza. I fondamenti filosofici nella teoría di Hans Georg Gadamer* (Milán, Giuffrè).

Zaccaria, Giuseppe (1994): "Creatività dell'interpretazione e principi generali nell'ermeneutica giuridica di Emilio Betti", en: Frosini y Riccobono (eds.) (1994): L'ermeneutica giuridica di Emilio Betti (Milán, Giuffrè Editore) pp. 185-204. [Traducido al castellano como "Creatividad en la hermenéutica de Emilio Betti" en

Razón e interpretación jurídica (Madrid, Civitas Ediciones, 2004), pp. 303-352].

b. Colectáneas sobre la obra de Emilio Betti

AUTORES VARIOS (1978): "Emilio Betti e la scienza giuridica del Novecento", *Quaderni fiorentini per la storia del pensiero giuridico moderno*, 7.

FROSINI, VITTORIO y RICCOBONO, FRANCESCO (eds.) (1994): *L'ermeneutica giuridica di Emilio Betti* (Milán, Giuffrè Editore) 211 pp.

NASI, ANTONIO y ZANCHINI, FRANCESCO (eds.) (1999): *Dalla legge al diritto. Nuovi studi in onore di Emilio Betti* I (Milán, Giuffrè Editore) 243 pp.

RIZZO, VITO (ed.) (1991): *Emilio Betti e l'interpretazione* (Nápoles, Edizioni Scientifiche Italiane) 184 pp.

2. En alemán

CRIFÒ, GIULIANO (1994): "Emilio Betti und die juristische Hermeneutik", en: *Fremdheit und Vertrautheit. Hermeneutik im europäischen Kontext,* Hendrik J. Adriansse R. Enskat Hrsg. [Leuven 2000] pp. 365-378.

ESSMANN, VERENA (1992): "Emilio Betti "Allegemeine Auslegunglebre als Methodik der Geisteswissenschaften", en: *Zur Relevanz und Sicherung von Objektivität im Auslegungsprozess* (Frankfurt am Main, R.G. Fischer) 84 pp.

FUNKE, GERHARD (1962): "Problem und Theorie der Hermeneitik auslegen, deuten, verstehen in Emilio Betti *Teoria generale dell interpretazione*", en *Studi in onore di Emilio Betti*, I (Milán, Guiffrè) pp. 127-150.

GADAMER, HANS-GEORG (1961): "Hermeneutik und Historismus", en: *Philosophische Rundschau*, 9, 4, pp. 141.276.

GADAMER, HANS-GEORG (1978): "Emilio Betti und das idealistische Erbe", *Quaderni fiorentini per la storia del pensiero giuridico moderno*, 7, pp. 5-11.

GADAMER HANS-GEORG (1990): *Wahrheit und Methode*, (Tubinga, J.C.B. Mohr) [Traducido al italiano por Di G. Vattimo como *Verità e metodo* (Milán, Bompiani, 1º edición de 1983, 2º edición de 1986].

3. En español

CRIFÒ, GIULIANO (2007): "Emilio Betti y la cultura jurídica: a propósito de la edición chilena de la interpretación jurídica", en: *Revista Chilena de Derecho*, 34, 1, pp.163-179.

FERRARIS, MAURIZIO (2002): "La hermenéutica metódica de Emilio Betti", en *Historia de la Hermenéutica* (Buenos Aires, Editorial Siglo XXI) pp. 274-280.

GRONDIN, JEAN (2011): "La hermenéutia como ciencia rigurosa según Emilio Betti (1890-1968)", en: *Co-herencia: revista de humanidades*, 8, 15, pp.15-44.

OSUNA FERNÁNDEZ-LARGO, ANTONIO (1995): "La Hermenéutica de las objetivaciones del espíritu. El pensamiento de Emilio Betti en contraste con Gadamer", en: *El debate filosófico sobre hermenéutica jurídica* (Valladolid, Secretariado de Publicaciones Universidad de Valladolid) pp. 69-76.

ORTIZ-OSÉS Y LANCEROS, ANDRÉS (2005): "La hermenéutica posterior a Gadamer" en *Claves de hermenéutica: Para la filosofía, la cultura y la sociedad* (Bilbao, Universidad del Deusto) pp. 178-211.

PICONTÓ, MARÍA TERESA (1993): "Teoría de la interpretación de E. Betti", *Revista de derecho privado*, 77, 3, pp. 226-246.

RABBI-BALDI, RODRIGO (2005): "La teoría de la interpretación judicial en Cossio y Betti: Coincidencias y actualidad de dos perspectivas contemporáneas", en: *Revista Chilena de Derecho*, 32, 1, pp. 139-168.

SCHIAVONE, ALDO (1982[1980]): "Un caso ejemplar. La historiografía de Emilio Betti", en: *Historiografía y crítica del Derecho* (traducción de F. Belza Sagardoy, Madrid, Editorial Revista de Derecho Privado - Editoriales de Derecho Reunidas) pp. 133-162.

VERGARA, ALEJANDRO (2010): "Los temas de la teoría del derecho y la interpretación rigurosa. En el sendero de Betti y Larenz", en: *Anuario de Filosofía Jurídica y Social*, 28, pp. 205-2013

VERGARA BLANCO, ALEJANDRO (2015): "Presentación del traductor", en: BETTI, EMILIO (2015): *Teoría de la Interpretación Jurídica* (traducción y edición de Alejandro Vergara Blanco, 3ª edición, Santiago, Ediciones UC) pp. XIII-XXVI.

4. En francés

GRONDIN, JEAN (1994): "L'universalité de l'hermeneutique selon Emilio Betti", en: FROSINI y RICCOBONO (eds.) (1994): *L'ermeneutica giuridica di Emilio Betti* (Milán, Giuffrè Editore) pp. 109-129.

5. En inglés

NOAKES, SUSAN (1988): "Emilio Betti's Debt to Vico", *New Vico Studies*, 6, pp. 51-57.

PINTON, GIORIGIO A. (1973): *Emilio Betti's (1890-1969). Theory of General Interpretation: its Genesis in Giambattista Vico (1668-1744) with its Relevance to Contemporary Dialogue on Hermeneutic*, (University Microfilm, Ann Arbor, Michigan).

PINTON, GIORGIO A. (ed.) (2014): *Emilio Betti y Giovan Battista Vico: Hermeneutics* (CreateSpace Independent Publishing Platform) 176 pp.

PRESSLER, CHARLES y DASILVA, FABIO (1996): "Positivist Interpretation: Emilio Betti" en: *Sociology and Interpretation* (Albany, SUNY Press) pp. 89-98.

MOOTZ, FRANCIS (2017): "On a general theory of interpretation: The Betti-Gadamer despute in legal hermeneutics" en: *Gadamer and Law* (Nueva York, Routledge, segunda edición) pp. 57-338.

6. En portugués

PESSÔA, LEONEL C. (2002): *A Teoria da Interpretação Jurídica de Emílio Betti* (Porto Alegre, Brasil, Sergio Antonio Fabris Editor) 119 pp.

THEMUNDO, MARÍA DO ROSÁRIO (2002): "A propósito da hermeneutica: o testemunho de Emilio Bétti", *Biblos: Revista da Faculdade de Letras da Universidade de Coimbra*, 78, pp.245-252.

C. Otros

Bibliografías de Betti, pueden consultarse en *Studi in onore di Emilio Betti* I-V (Milán, 1962); G. Crifo, en: *BIDR* 70 (1967) 309 ss., y en *IVRA* 20 (1969) 697 ss.

Voces relativas a Betti en varias enciclopedias filosóficas: *Enciclopedia Italiana Treccani, Novissimo Digesto Italiano, Dizionario biografico degli italiani Juristen. Ein biographisches Lexikon* (2.ª ed., Múnich, 2001).

D. Biografías y semblanzas de Emilio Betti

CIOCCHETTI, MARIO (1998): *Emilio Betti: giureconsulto e umanista* (Belforte del Chienti, Tip S Giuseppe).

COSTA, PIETRO (1978): "Emilio Betti: dogmatica, politica, storiorafia", *Quaderni fiorentini per la storia del pensiero giuridico moderno*, 7,1, pp. 311-393.

CRIFÒ, GIULIANO (1962): "Onoranze a Emilio Betti", en: *Studia, Documenta, Historiae et Iuris*, 28, 520-525.

CRIFÒ, GIULIANO (1967) "Emilio Betti *in memoriam*", en: *Bullettino dell'Istituto di Diritto Romano* 70, (publicado en 1968), 293-320 [incluye un completo apéndice de los escritos de Betti: pp. 309-320].

CRIFÒ, GIULIANO (1969): "Emilio Betti (1890-1968)", en: *IURA*, XX, 697-700.

CRIFÒ, GIULIANO (1971): "Appunti sull'insegnamento maceratese di Emilio Betti", en: *Annali de la Facoltá di Giurisprudenza di Macerata*, XXX, I, 45-89.

CRIFÒ, GIULIANO (1978): "Emilio Betti. Note per una ricerca", en: *Quaderni fiorentini per la storia del pensiero giuridico moderno*, 7, pp. 165-292.

CRIFÒ, GIULIANO (2000): "Betti e i giuristi nazisti", en: *Diritto Romano Attuale*, 4, pp. 29-36.

CRIFÒ, GIULIANO (1995): "Betti, Emilio" en: *Juristen. Ein biographisches Lexikon, hrg. v. Michael Stolleis*, (München) pp. 84-85.

CRIFÒ, GIULIANO (2004): "Emilio Betti", en: *Juristas universales*, 4 (Madrid) 217-222

GAZZOLO, TOMMASO (2011): "Betti politico", en: *Politica del diritto*, 42, 1, pp.153-176.

NASI, ANTONIO E ZANCHINI, FRANCESCO (1999) *Dalla Legge al Diritto. Nuovi Studi in onore di Emilio Betti*. (Giuffrè, Milano).

PASTORE, BALDASSARE (2013): "Betti, Emilio (1890-1968)", en: BERRY, Christopher (ed.): *The Philosophy of Law: an encyclopedia* (2ª edición, Nueva York, Routledge) pp. 81-83.

VARGIU, LUCA (1996-1997): "Debiti e affinità tra l'estetica di Emilio Betti e la poética di Ugo Betti", en: *Annali della Facoltà di Lettere e Filosofia dell'Università degli studi di Cagliari*, 15, pp. 343-376.

E. Obras de Emilio Betti en otras ramas del Derecho (selección)

a) Derecho Romano – Derecho Civil

BETTI, EMILIO (1915): *Sul valore dogmatico della categoria "contrahere" in giuristi proculiani e sabiniani* (Roma, Istituto di diritto romano presso la Facoltà giuridica della R. Università) 96 pp.

BETTI, EMILIO (1915): *L'antitesi di iudicare (pronuntiatio) e damnare (condemnatio) nello svolgimento del processo romano* (Roma, Athenaeum) 116 pp.

BETTI, EMILIO (1915): *La vindicatio romana primitiva e il suo svolgimento storico nel diritto privato e nel processo* (Milán, Società Editrice Libraría) 50 pp.

BETTI, EMILIO (1915): *Le actiones ex confessione in iure del processo romano classico* (Venecia, Tip. C. Ferrari).

BETTI, EMILIO (1915): *Le actiones ex responsione in iure del processo civile romano* (Turín, Tip. V. Bona).

BETTI, EMILIO (1915): *Studi sulla litis aestimatio nel processo civile romano: I. Il litis aestimatio sufferre e il ius iurandum in litem* (Pavía, Scuola Tip. Artigianelli) y II. *Le actiones quibus et rem et poenam persequimur del processo classico* (Città di Castello, Soc. Tip. Leonardo da Vinci).

BETTI, EMILIO (1920): *Il concetto della obbligazione costruito dal punto di vista dell'azione* (Pavía).

BETTI, EMILIO (1921): *Efficacia delle sentenze determinative in tema di legati di alimenti. Contributo alla dottrina dei limiti oggetivi della cosa giudicata* (Camerino).

BETTI, EMILIO (1922): *D. 42, 1, 63. Trattato dei limiti soggettivi della cosa giudicata in diritto romano* (Macerata).

BETTI, EMILIO (1922): *Trattato dei limiti soggettivi della cosa giudicata en diritto romano* (Macerata, Stab. Tip. Bianchini) 532 pp.

BETTI, EMILIO (1927): "La creazione del diritto nella "iurisdictio" del pretore romano", en *Studi G. Chiovenda* (Padua) 67 ss.

BETTI, EMILIO (1930): *Essercitazioni romanistiche su casi pratici. I. Anormalità del negozio giuridico* (Padua).

BETTI, EMILIO (1931): *Diritti reali e d'obbligazione* (Padua).

BETTI, EMILIO (1935): *Diritto romano I. Parte generale* (Padua).

BETTI, EMILIO (1936): *Diritto processuale civile italiano* (2.ª ed., Roma).

BETTI, EMILIO (1942): *Istituzioni di diritto romano* (Padua, CEDAM)

BETTI, EMILIO (1953-1954 [1969]) *Teoria generale delle obbligazioni in diritto civile I. Prolegomeni: funzione economico-sociale dei rapporti d' obbligazione* (Milán, 1953), II. *Struttura dei rapporti d'obbligazione* (Milán, 1953), III.1. *Fonti dell' obbligazione* (Milán, 1954), III.2. *Vicende dell' obbligazione, IV. Difesa preventiva e successiva dell' obbligazione* (Milán, 1975) [Traducido y anotado conforme al Derecho español por J. L. de los Mozos, I-II (Madrid, 1969) y traducido al portugués por Leonardo Pantaleao como *Teoria geral das obrigacoes* (2005, MANOLE)].

BETTI, EMILIO (1953a): *Il concetto dell' obbligazione costruito dal punto di vista dell' azione* (Pavía; 2.ª ed., Milán).

BETTI, EMILIO (1955 [1919]): *La struttura dell' obbligazione romana e il problema della sua genesi* (2ª edición, Milán, Camerino).

BETTI, EMILIO (1955): *La struttura dell'obbligazione romana e il problema della sua genesi* (Milán, Guiffrè Editore) 226 pp.

BETTI, EMILIO (1957): *Lezioni di diritto civile sui contratti agrari* (Milán, Guiffrè Editore).

BETTI, EMILIO (1958): *Cours de droit comparé des obligations* (Milán).

BETTI, EMILIO (1960-1962) *Istituzioni di diritto romano* I (Padua, 1942); II (Padua, 1960-1962).

BETTI, EMILIO (1965): *Cours de droit civil comparé des obligations. II. Étude d'un système juridique. Système du Code Civil allemand* (Milán).

BETTI, EMILIO (1982): *La crisi della repubblica e la genesi del Principato in Roma* (edición al cuidado de Giuliano Crifò, Roma).

b) Teoría del Negocio Jurídico:

BETTI, EMILIO (1943): *Teoria generale del negozio giuridico* (Turín, 1943).
[Traducida al español por A. Martín Pérez como *Teoría general del negocio jurídico* (Madrid, 1949; 2ª edición, 1950; 3ª reimpresión, 1960; reimpresión corregida y ampliada a cargo de Giuliano Crifò con introducción de G. B. Ferri, Nápoles, 1994; Granada, Comares, 2000, 530 pp. + XLIV pp.)].
[Traducida al portugués como *Teoria Geral do Negócio Jurídico* (Editorial Servanda). Disponible en: https://books.google.cl/books?id=VVH_swEACAAJ.].

c) Derecho Internacional

BETTI, EMILIO (1956): *Problematica del diritto internazionale* (Milán).

F. Obras sobre Emilio Betti en otras ramas del Derecho (selección)

a) Derecho Romano – Derecho Civil

1. En italiano

CRIFÒ, GIULIANO. "'Romano, dunque italiano'. Una polemica memorabile: Betti-Scialoia".

CRIFÒ, GIULIANO (dir.) (1986): *Costituzione romana e crisi della repubblica. Atti del convegno su Emilio Betti* (Nápoles).

CRIFÒ, GIULIANO (1986): "Precisioni su 'La crisi della repubblica e la genesi del principato' di Emilio Betti", en CRIFÒ (1986): *Costituzione romana e crisi della repubblica. Atti del convegno su Emilio Betti*, pp. 127-155.

CRIFÒ, GIULIANO (1987): "Una lezione di Emilio Betti", en *Estudios de derecho romano en honor de Alvaro D'Ors* (Pamplona) pp. 381-400.

CRIFÒ, GIULIANO (1992): "Il perdono per il romanista", en: *Interpretazione e perdono* (Génova) 232 ss.

CRIFÒ, GIULIANO (1999): "Pandettisti e storicisti nel diritto romano oggi", en *Diritto Romano Attuale*, 1, pp. 9-26.

CRIFÒ, GIULIANO (2010): "Betti e Calamandrei, atto secondo", *Rivista trimestrale di diritto e procedura civile*, 64, 3, pp. 903-916.

FANIZZA, LUCIA (2009): "Emilio Betti e la procedura civile", *Rivista trimestrale di diritto e procedura civile*, 63, 2, pp. 733-744.

GROSSI, PAOLO (2002): "Le certezze speculative di Emilio Betti", en GROSSI (2002): *La cultura del civilista italiano. Un profilo storico* (Milán, Giuffrè Editore) pp. 85-93.

SCHIAVONE, A. (1978): "«Il Nome» e «la Cosa». Appunti sulla romanistica di Emilio Betti", *Quaderni fiorentini per la storia del pensiero giuridico moderno*, 7, 1, pp. 293-310.

2. En alemán

BEYER, CLAUDIA Y FUSCO, SANDRO ANGELO (2009): "Emilio Betti. Probleme der römischen Volks- und Staatsverfassung", *Rivista di diritto romano*, 9, p.1.

b) Derecho moderno

BRETONE, MARIO (1978): "Il paradosso di una polemica", *Quaderni fiorentini per la storia del pensiero giuridico moderno*, 7, 1, pp. 113-124.

CRIFÒ, GIULIANO (1985): "Ovvio e meno ovvio su interpretazione e cambiamento nel diritto", en *Interpretazione e cambiamento* (Turín) pp. 49-65.

CRIFÒ, GIULIANO (1988): "Bonfante a Betti (una lettera del 1927)", *Quaderni fiorentini per la storia del pensiero giuridico moderno*, 17, pp. 507-516.

GADAMER, HANS-GEORG (1978): "Emilio Betti und das idealistische Erbe", *Quaderni fiorentini per la storia del pensiero giuridico modern*, 7, pp. 5-11. [También como postfacio en BETTI Emilio (1988): *Zur Grundlegung einer allgemeinen Auslegungslehre* (Tubinga, J.C.B. Mohr)].

c) Derecho italiano

Caiani, Luigi (1955): *La filosofía dei giuristi italiani* (Padua, CEDAM) 209 pp.

d) Negocio jurídico

De Los Mozos, José Luis (1978): "La renovación dogmática del concepto de "causa" del negocio en Emilio Betti y su recepción en la doctrina española", *Quaderni fiorentini per la storia del pensiero giuridico moderno*, 7, 1, pp. 421-452.

Irti, Natalino (1991): *Letture bettiane sul negocio giuridico* (Milán, Giuffrè Editore) 90 pp.

e) Filosofía – Teología

Ferreti G. (1990): "Filosofia e teologia: alla ricerca di un nuovo raporto", en: Muratore Saturnino (ed.) (1990): *Teologia e filosofía. Alla ricerca di un nuovo rapporto* (Roma, Ave) pp. 15-55.

Seifert, Josef (2011): "Análisis lingüístico", en *Discurso de los métodos de la filosofía y la fenomenología realista* (traducción de Rogelio Rovira, España, Ediciones Encuentro) pp. 117-138.

Thiselton, Anthony (1998): "Los estudios bíblicos y la teoría hermenéutica", en Barton, John (ed.): *La interpretación bíblica, hoy* (traducción de José Pedro Tosaus, España, Editorial Sal Terrae) pp. 120-139.

Contenido de la compilación

Cabe señalar, en fin, algunos datos sobre el contenido de la compilación y su motivación. Igualmente, no puedo olvidar de consignar los agradecimientos que debo.

Este libro contiene una selección de escritos de Emilio Betti, referidos básicamente a la interpretación jurídica y a los principios generales del derecho, cuyas sedes originales de edición cabe mostrar; como asimismo la motivación a la hora de elegirlos.

1. Sedes en que se encuentra la sustancia de la obra hermenéutica de Emilio Betti

a) Una compilación que muestra a Betti en tres tiempos

Pareciera que en los tres grupos de textos que compilamos en este libro se condensa lo más sustancioso de la obra de Emilio Betti sobre hermenéutica jurídica. Hemos dividido la selección de esos escritos en las siguientes tres partes:

i)   la primera parte de esta compilación corresponde al más famoso texto de Betti, llamado originalmente por su autor "Las categorías civilísticas de la interpretación", de 1948, el cual es renombrado por nosotros como *Manifiesto hermenéutico*, aludiendo así a las expresiones que el mismo Betti utiliza en el prefacio de su *Teoría General de la Interpretación*. Este texto es sin duda alguna el documento más importante del desarrollo de la teoría hermenéutica de Betti, ya que contiene las bases y fundamentos de la interpretación jurídica; y ahí explica Betti cuáles son las formas y los respectivos métodos de interpretación.

ii) en la segunda parte del libro se reúnen y traducen escritos bajo el título que he llamado "Teoría de la interpretación jurídica", todos de 1955. Comienza con unos prolegómenos teóricos relativos a toda interpretación, que reúnen escritos de la teoría bettiana sobre epistemología, o, como él mismo lo diría, *"de la posición del espíritu respecto de la objetividad"*. Luego, se ofrecen las claves con las cuales –según Betti– es posible hallar el éxito epistemológico en la interpretación, tanto desde el objeto del cual queremos conocer como desde el sujeto cognoscente.

iii) finalmente, en la tercera parte se recopilan textos de 1955 y 1959, bajo el título "Potencia evolutiva de la interpretación y principios generales del derecho", los que versan, como su nombre lo indica, sobre relevantes elementos y conceptos que rodean el estudio de la interpretación. Nos encontramos aquí con desarrollos esenciales de toda teoría del derecho, como los relativos a las lagunas legales, a la construcción dogmática, al lugar de la moral y la capacidad de vinculación directa del texto normativo a la vida jurídica, y al tema asaz relevante desde entonces, de los principios generales del derecho.

b) Obras de Betti de donde se han extraído los textos que componen esta compilación

Los escritos que componen esta edición castellana los he extraído desde las sedes en que consta su texto original italiano. La cita de la parte más específica en que se encuentra cada texto compilado y traducido la ofrezco al inicio de cada una de las tres partes en que he dividido esta edición.

Esas sedes originales constituyen, al mismo tiempo las tres obras o recopilaciones más significativas de la obra de Betti dedicadas a la hermenéutica. Son las siguientes:

i) *Interpretazione della legge e degli atti giuridici (Teoria generale e dogmatica)* (2ª ed., Milán, Giuffrè, 1971). De este libro proviene el § 1 de esta compilación.

ii) *Teoria generale della interpretazione* (2ª ed., Milán, Giuffrè, 1990), 2 vol., 1.113 pp. De este libro provienen los §§ 2, 3, 4, 5, 6, 7, 8, 9, 11 y 12 de esta compilación.

iii) *Diritto, Metodo, Ermeneutica. Scritti scelti* (Milán, Giuffrè, 1991), 614 pp., es una reunión de diversos escritos bettianos. De este libro proviene el § 10 de esta compilación.

Cabe destacar que todas estas ediciones de libros de Betti son póstumos, y han sido editados bajo el cuidado de Giuliano Crifò.

2. Motivación de la presente compilación y traducción

Esta selección tiene por objetivo primordial ofrecer al lector de lengua castellana una sistematización del fundamental aporte bettiano a la teoría de la interpretación jurídica.

Me he abocado a esta tarea, que queda expuesta al escrutinio del público, motivado por el deseo de ofrecer en castellano este magnífico desarrollo bettiano a alumnos, juristas, jueces y a todos quienes deban enfrentarse habitualmente a la tarea de comprender los textos normativos. Creo igualmente que por la relevancia de Emilio Betti en la historia de la hermenéutica, estos textos pueden interesar también a filósofos generales y a filósofos jurídicos.

Todas las dificultades propias de un trabajo de esta índole, dada la necesidad no solo de ofrecer una versión fiel al pensamiento de su autor, sino de buscar soluciones a múltiples detalles de edición, quedan compensadas con la inigualable experiencia de penetrar en los escritos de un gran maestro de la ciencia del derecho: que mi nombre se haya unido al de Betti, para ponerme al servicio de su pensamiento y de los lectores de lengua castellana, es un privilegio que compensa largamente todas las horas dedicadas a esta tarea.

Y eso es lo que importa en definitiva en este tipo de tareas académicas: el que, luego de haberme apercibido del papel que tuvo Betti en la historia del pensamiento hermenéutico, haya podido de alguna manera transmitir a alumnos y colegas su pensamiento a la lengua castellana, y así mantener la ilusión de que sirva para avivar la llama entre nosotros para acrecentar el interés en el método jurídico. Yo he sido simplemente el instrumento, cuya fortuna en su operación deberán decidir los lectores. He estado preocupado de que conozcamos más la teorización de Betti. Es que pareciera que su conocimiento hace mucha falta en medio de nuestra cultura que ha estado durante tanto tiempo tan alicaída en temas de método.

Los textos aquí compilados han sido publicados en Italia por la casa editorial Giuffrè, de Milán, la que a instancias del curador de la obra bettiana, Giuliano Crifò, ha autorizado esta traducción y edición castellana, lo que agradecemos profundamente; en especial, por su confianza en que nuestra versión no traicionara el pensamiento de ese insigne autor.

Esta traducción la ofrecí [en su primera edición, en 2006] como un homenaje a Betti, al cumplirse en esa fecha 50 años de la aparición de la monumental *Teoría generale dell'interpretazione* (editada en 1955), de donde provienen la gran mayoría de los textos compilados. En esta cuarta edición hemos alterado el orden de la presentación de esos textos, anteponiendo el trascendental *manifiesto* de 1948 (que en las ediciones anteriores de esta compilación aparecía al final del libro) y destacando ahora los aportes de Betti al tema de los principios generales del derecho.

Para mostrar aún mejor el pensamiento de Betti sobre la teoría de la hermenéutica, como ciencia rigurosa, y dar un contexto más explicativo de los textos jurídicos aquí traducidos de su *Teoría general*, me habría gustado incorporar además otros textos de tal libro, varios de ellos no solo el fruto de una profunda inspiración, la suya, sino además preciosos teóricamente y de una usualmente gran belleza expositiva. Pero no me han alcanzado las fuerzas por ahora para ello.

Como complemento a esta compilación, en que hemos intentado mostrar el desarrollo más propiamente jurídico de su teoría hermenéutica, conocidamente más general, el lector interesado puede consultar con interés las páginas sobre hermenéutica bettiana, que indicamos en las notas preliminares a cada una de las tres partes en que distribuimos los textos compilados.

En esta presentación he considerado pertinente desarrollar un breve contexto de la interpretación en la metodología jurídica y mostrar la relevancia de los textos contenidos en esta compilación. En fin, copio un bellísimo fragmento poético sobre el espíritu de abnegación, y consigno unos agradecimientos.

Las notas a la traducción pueden consultarse, como notas preliminares, al inicio de cada una de las tres partes en que distribuyo los textos.

Agradecimientos

Estoy muy agradecido de la colaboración de Ana María Vandini en la versión preliminar en castellano de algunos de estos textos y sus notas; y de Claudia Valenzuela Arellano, por su ayuda en la corrección de errores y a absolver muchas dudas de traducción en la versión final; ambas facilitaron el inicio y término de mi tarea; y de Carolina Roa Muñoz, quien realizó el pesadísimo trabajo de trascripción de los originales y de sus múltiples correcciones con enorme paciencia y gran eficacia. En la tercera edición, debo agradecer además la inestimable ayuda de Diego Morales para la revisión y mejora de las citas al pie de página, y una primera versión de los índices de materia y personas citadas. En la cuarta edición agradezco ahora, además, a Claudia Andresen Vásquez, por su labor en la actualización de la bibliografía y en especial a Joaquín Granados Castañeda en la reestructuración de las diversas partes del libro y una segunda versión de los índices de materia y personas citadas. Pero el responsable de cualquier deficiencia en el resultado final, esto es, el *traduttore, traditore*, es eventualmente el suscrito.

Coda: el espíritu de abnegación

Cierra Betti su *Teoria generale* con un bellísimo fragmento poético de su también famoso hermano, el poeta Ugo Betti (a quien está dedicada la obra completa)[1]:

"… En la aflicción de los días
a veces, en medio de ácidas palabras, aquel eco de aquellas lejanías me vuelve,
y me llena el corazón como un agua florecida. Callo entonces; en seguida otra se
{hace mi voz.
Me agradaría decir al áspero compañero que tal vez, en nuestro sueño pasa un
{remoto
anuncio nocturno de fiesta, desde allende la colina".

Cree ver el autor, me parece, inmerso el espíritu de abnegación en la tarea hermenéutica toda.

Alejandro Vergara Blanco

---

1 El texto que incluyo arriba es muy arriesgado, y es solo un intento de posible traducción del original italiano, a cuya belleza no puedo seguramente acercarme:

"… Nell'affanno dei giorni
talvolta, a mezzo d'acri parole, quell'eco da quelle lontananze mi torna,
e m'empie il cuore come un'acqua fiorita. Taccio allora; poi altra si fa la mia voce.
Mi piacerebbe dire all'aspro compagno che forse passa sul nostro sonno un remoto
nocturno annuncio di festa da oltre la collina".

Manifiesto Hermenéutico [1948]
Emilio Betti

Índice

§ 1. **Las categorías jurídicas de la interpretación** 74

Introducción 74

I. Objeto del entender. Concepto de forma representativa 76

II. El proceso del entender 78

III. Cánones hermenéuticos fundamentales del derecho 84

A) Cánones atinentes al objeto 86

    1. Autonomía e inmanencia del criterio hermenéutico 86

    2. Totalidad y coherencia de la consideración hermenéutica 88

B) Cánones atinentes al sujeto 93

    3. Canon de la actualidad del entender 95

    4. Canon de la adecuación del entender 97

IV. Diferencias entre la interpretación histórica y la jurídica 100

V. Tipos de interpretación 115

VI. Interpretación técnica en función histórica 119

VII. Beneficio moral de la teoría de la interpretación 131

NOTA PRELIMINAR AL § 1

1. Obras y sedes originales del texto bettiano aquí traducido.

Este texto está tomado de la versión italiana contenida en: BETTI, Emilio ([1949]1971): *Interpretazione della legge e degli atti guiridici (Teoria generale e dogmatica)* (2ª edición a cargo de Giuliano Crifò, Milán, Giuffrè Editore) 500 pp. + XX pp., específicamente de sus pp.1-56.

Es un trabajo que cabe considerar un verdadero *"mito"* de la ciencia jurídica del siglo XX (mito, en el sentido de "cosa rodeada de extraordinaria estima"), publicado originalmente por Betti como: "Le categorie civilistiche dell'interpretazione", en la *Rivista italiana per le scienze giuridiche*, vol. 55 (Milán, 1948) pp. 34-86, y también en edición separada. En el prefacio a la *Teoria generale della interpretazione*, Milán, 1955, p. XIII, Betti califica a este texto como *"una suerte de manifiesto hermenéutico"*, pues en su traducción al alemán lo había subtitulado: "un manifiesto hermeneútico" (*ein hermeneustisches Manifest*); ello seguramente pues le interesaba llamar la atención no solo de los juristas sino también de los filósofos. Y ello ocurrió así, pues pronto a raíz de este trabajo se instaló una conocida polémica con Hans-Georg Gadamer.

Véase igualmente la versión del "manifiesto hermenéutico", muy ampliada por referencias y testimonios nuevos, en el ensayo publicado como: *Zur Grundlegung einer allgemeinen Auslegungslebre: ein hermeneutisches Manifest*, en *Festschrift Rabel II, Geschichte der Antiken Rechte und Allgemeine Rechtslehre*, Hrsg. Von Wolfgan Kunkel und Hans Julius Wolff, 1954, 79-168; nuevamente publicado, en edición autónoma y corregida, con un

Nachwort de Gadamer: *Zur Grundlegung einer allgemeinen Auslegungslehre mit einem Nachwort von Hans Georg Gadamer*, Tübingen Mohr, 1988.

El Manifiesto fue fruto de meditación y diseño, como prolegómeno de toda su reflexión en la materia, ya desde los años 1943-1946; aunque sus primeros escritos son de 1948 y 1949, según lo confiesa Betti en 1952, en una apostilla a sus *Notazioni autobiografiche*, Padua, Cedam, 1953, p.49.

La 1ª edición (*Interpretazione della legge*, Giuffrè, 1949, pp. 1-51) fue realizada bajo el cuidado directo de Betti, pero la 2ª edición (*Interpretazione della legge,* Giuffrè, 1971, pp. 3-56, que seguimos), fue "revisada y ampliada" por Giuliano Crifò. Incorporó Betti este manifiesto al inicio mismo de su libro, lo que es bien significativo. Este libro ha sido íntegramente traducido al castellano por el profesor José Luis de los Mozos, de España, bajo el título: *Interpretación de la ley y de los actos jurídicos* (Madrid, Edersa, 1975), 435 pp. La traducción la he realizado directamente del texto italiano de 1949 reeditado en 1971, sin perjuicio que he tenido a la vista, obviamente, en especial para comparar criterios de traducción, esa excelente versión castellana, pero nuestra traducción innova no solo en aspectos de estilo, sintaxis o de significados de palabras, sino que altera el propio título del trabajo allí contenido. Esa ed. castellana de 1975 contiene entonces el manifiesto en sus pp. 23-68 y, siguiendo la literalidad del título italiano, fue traducido y editado bajo el título: "Las categorías civilísticas de la interpretación".

2. Decisión de un subtítulo: "manifiesto hermenéutico"
Una explicación adicional merece el título de este famoso *"manifiesto hermenéutico"*, pues he tomado la decisión editorial de intitularlo como tal siguiendo la citada nota de Betti, contenida en otro sitio posterior de su obra. El fundamental texto se ofrece *in integrum*, pero ahora recuperando el título con que Betti lo rebautizó en la edición alemana, y luego en sus referencias posteriores: *"un manifiesto hermenéutico"*. No me parecía suficientemente expresivo ni indicativo de su contenido el título "categorías civilísticas de la interpretación", bajo el cual se editó por vez primera en 1948, pues al ser así trasladado a nuestra cultura, no muestra el sentido

ni su novedosa propuesta. No obstante, para evitar confusiones, dada la amplia difusión de esa versión antigua, la he dejado como subtítulo.

Por otra parte, en su primera publicación, en 1948, Betti se refiere a las "categorías *civilísticas*"; título que el autor alteró en su *Teoria generale*, por "Cánones, cuya observancia garantizan el éxito epistemológico de la interpretación". Nosotros hemos ampliado su alcance al derecho todo, titulándolo ahora como "categorías *jurídicas*", para evitar el reduccionismo de estos cánones solo al derecho civil, que es una de las disciplinas que forman el cosmos de la ciencia del derecho, pues en realidad la propuesta de Betti está dirigida a la interpretación de toda norma jurídica de general aplicación, de cualquier naturaleza y jerarquía: tanto para la interpretación de la Constitución, como de las leyes y de los reglamentos; y de cualquier disciplina jurídica de que se trate. En todo caso, el subtítulo que ofrecemos al apartado respectivo ("cánones hermenéuticos fundamentales", agregando: *del derecho*) surge de una expresión utilizada por el mismo Betti en el cuerpo de su trabajo (vid. *Interpretazione della legge*, p. 10 edición italiana de 1949; p. 13 edición italiana de 1971), y da una idea de su contenido y de la intención de "manifiesto", como él mismo recalca.

El texto que ahora ofrezco es entonces una nueva versión castellana, con un nuevo título y con subtítulos agregados.

§ 1. Las categorías jurídicas de la interpretación[2]

Introducción

Señores,

Al ascender a esta Cátedra, ilustrada por la sabiduría de un gran predecesor, Giuseppe Messina, cumplo ante todo el grato deber de tributar un respetuoso saludo al digno representante de la Universidad, Prof. Cardinali, quien fuera ya mi maestro en la Universidad de Bolonia, y de expresar mi profundo reconocimiento a aquellos insignes colegas que me llamaron a esta Cátedra, por el voto sereno y exento de preocupaciones extrañas que formularan el 30 de noviembre de 1946. Con estos colegas siento tener en común el ideal de los hombres de estudio, no siempre compartido con los hombres de acción, ideal por el cual me sea lícito, hoy, hacer una solemne profesión de fe.

Reivindicamos para el enseñante y para el educador la libertad de manifestar el propio pensamiento: libertad que aquí, como en otro lugar, entendemos con Montesquieu (*Esprit*, XI, 3), como el poder de hacer aquello que nuestra conciencia moral nos indica como deber, y ausencia de toda coacción para hacer lo que nuestra conciencia reprueba. Deber de quien enseña y del educador es decir la *verdad* de acuerdo a su ciencia y convicción. La libertad que nosotros reivindicamos es, precisamente, la libertad que corresponde a tal deber, la cual constituye su misión. Ni acusaciones de herejía, ni denuncias o persecuciones por los poderosos (así lo creemos) deben conseguir desanimarnos en el honesto ánimo de decir la verdad así como la entendemos, y, de ese modo, hacernos desviar de la línea recta de conducta y de responsabilidad a nosotros atribuida por nuestra misión. Seamos, por otra parte, bien conscientes de que la verdad no es un ni un dato natural, que se trate solo de percibir y de registrar *ab extra*, ni una moneda acuñada que se

---

2   Prolusión a un curso de derecho civil pronunciado el 15 de mayo de 1948.

trate de contar y de poner en circulación[3] sino un valor que nuestra mente es llamada a descubrir y a construir en su sublime objetividad[4].

Seamos, en consecuencia, muy conscientes de poder fallar, con nuestros medios, en el cumplimiento de la ardua tarea, muy conscientes de que la verdad no puede ser una posesión definitiva, y mucho menos ser del monopolio o de la exclusividad de alguno, sino que es la meta de una aspiración, que es perenne, porque nunca queda plenamente colmada; que es común, porque de ella ningún ser humano, por ninguna razón, debe ser excluido. Conscientes de todo esto, rechazamos como absurda y ultrajante, venga de donde venga, toda pretensión de monopolizar para sí la verdad, lo mismo que la moral. Rechazamos como inmoral, toda forma de intolerancia, que niegue a los demás la libertad de manifestar una idea diferente e incluso opuesta. Bien lejos de levantar la voz, acusando de ceguera mental o moral a quien sostiene puntos de vista opuestos a los nuestros, rehusamos todo supino o farisaico conformismo y creemos firmemente en el beneficio de la discusión objetiva y de la serena polémica, como instrumento de recíproca inspiración en todos los campos del pensamiento y, sobre todo, en el proceso dialéctico del conocimiento científico[5]. Esta es nuestra profesión de fe.

Una teoría particularmente apropiada para educar en los jóvenes el hábito de la tolerancia y el sentido del respeto hacia las opiniones de los demás, es la teoría de la interpretación, que hemos escogido como objeto del breve curso de este año. Intentaremos ahora señalar aquellas

---

3   HEGEL, *Phänomenologie d. Geistes* (Lasson), 26.

4   KANT, *Kritik d. reinem Vernunft*, 2ª ed., 82, define la verdad como correspondencia, concordancia o congruencia (*vebereinstimmung*) del conocimiento con su objeto. Si, por consiguiente, no es el contenido el que constituye por sí la verdad, sino la concordancia de nuestro concepto con él, no se deberá desconocer la íntima relación de la verdad con la síntesis *a priori*, de la que Kant es el descubridor (de aquí la crítica dirigida a él por HEGEL, *Logik*, III, 27-28; A. MEUSEL, *Hegel u. d. Problem d. Phil. Polemik*, 1942, 169-71).

5   Sobre ello el citado libro de MEUSEL, especialmente 56, 60 s., 185 s.; HEGEL, *Phänom.*, 26 s.

categorías jurídicas que nos parecen más instructivas al respecto y de ofrecer el cuadro de una teoría general.

I. Objeto del entender. Concepto de forma representativa

En todas partes nos encontramos en presencia de manifestaciones objetivas, a través de las cuales otro espíritu habla al nuestro haciendo llamado a nuestra inteligencia, y aquí entra en movimiento nuestra actividad interpretativa para entender qué sentido tengan aquellas manifestaciones, qué es lo que nos quieren decir.

Del vivo y frágil discurso hablado al inmóvil documento y monumento, de la escritura al signo convencional, a la cifra y al símbolo artístico, del lenguaje articulado, poético, narrativo, deductivo, al lenguaje no articulado, como aquel figurado o el musical; de la declaración al comportamiento particular, de la fisonomía a la línea de conducta general; en suma, todo cuanto provenga del espíritu de los demás seres, supone una llamada o un reclamo a nuestra sensibilidad e inteligencia para ser entendido.

Ciertamente que no deberemos confundir los varios planos y las diversas dimensiones, en las cuales estas objetivaciones del espíritu se presentan. Deberemos, al contrario, tener cuidadosamente diferenciado el lenguaje de los sonidos que lo encarnan y de los signos que lo fijan, como se considera distinta, entre nosotros los juristas, la declaración del documento que sirve para representarla y para identificarla, sea en orden a la comunicación o a la certificación. Deberemos, en general, estar atentos a no confundir el sustentáculo o instrumento material perceptible que –por frágil o durable que sea– pertenece a la dimensión del mundo físico de la dotación espiritual de la que se halla provisto, como vehículo, en el que está, por así decirlo, retenida, incorporada y fijada: dotación que por su contenido espiritual y de pensamiento pertenece a una dimensión radicalmente diversa a aquella del mundo físico[6].

---

6   Puede parecer superfluo insistir en una distinción tan elemental si no fuese porque un recurrente prejuicio materialista induce todavía a algunos a

Pero por otra parte, mantendremos siempre decididamente –contra una prevención opuesta que resurge en cada momento– el siguiente punto firme: que no puede darse interpretación sino en presencia de una forma representativa donde la palabra "forma" es entendida en el sentido amplísimo –delineado por mi querido y llorado amigo Adelchi Baratono[7]– de relación unitaria de elementos sensibles, idónea a mostrar la impronta de quien la ha creado, y donde la calificación o función "representativa" es entendida en el sentido que a través de la forma deba manifestarse a nosotros, haciendo un llamado a nuestra inteligencia, un espíritu diverso al nuestro y, sin embargo, íntimamente afín al nuestro. Solo a través de formas representativas, así concebidas, los hombres llegan a entenderse entre sí y a constituir, en las relaciones recíprocas, comuniones de espíritu. Sería, sin embargo, volver a caer en el prejuicio materialista antes condenado concebir aquellas formas, en la especie, las declaraciones, como un tipo de envoltorio o de embalaje, con cuyo intercambio se realizara cualquier cosa como una transmisión y recepción del pensamiento que en aquellas estuviera contenido[8]. En verdad los hombres no llegan a entenderse con el intercambiarse signos materiales de las cosas ni con el determinarse por un cambiante automatismo tendente a la producción de la misma idea, sino que con el poner en movimiento cada uno y recíprocamente, el mismo anillo de la cadena respecto de las propias representaciones y concepciones,

---

confundir, p. ej., la declaración con el documento en el cual aquella queda incorporada: así, SCHLOSSMANN, *Irrtum*, 33, que caracteriza la declaración legislativa como "Kombination von Papier und Druckerschwärze" (cfr. HECK, *Gesetzesausleg.*, 135); SACCO, *Concetto di interpretaz.*, 1947, 59, "obviamente" (!); FRIEDRICHS, *D. allgemeine Teil d. Rechts*, 1927, 123-89, que habla siempre de "Urkunde".

7   *Il mio paradosso*, en el vol. *Filosofi italiani comtemporanei*, 1947, sep. 24 y ss. Cfr., p. ej., HANSLICK, *Vom Musikalisch-Schönem*, 6ª ed., 1881, 64, 78. En el campo del derecho, es mérito de CARNELUTTI, *Sistema d. dir. proc. civ.*, II (1938), n. 456-58, pp. 159-68, haber elaborado la noción de la forma como categoría general; vid. también nuestra *Teoria gener. d. negozio giur.*, n. 10: 81 s.

8   Cfr. CARNELUTTI, *Teoría gener. d. dir.*, 1ª ed., n. 150: 386; 2ª ed., n. 119: 268.

y –diremos con G. Humboldt[9]– con el tocar en cada uno la misma cuerda del propio instrumento espiritual como para entonar un acorde, de manera de suscitar o despertar en los otros ideas equivalentes a aquellas de quien habla. En suma (bien fue dicho)[10] las puertas de la mente no se abren sino que desde dentro, por espontaneidad interna, y lo que se recibe es solo la incitación a vibrar en armonía con el estímulo en función de su valor semántico.

II. *El proceso del entender*

Por otra parte, la interpretación no presupone necesariamente que el pensamiento se haya manifestado con un fin representativo o con un interés dependiente de la vida de relación. También una manifestación libre de tal interés y un comportamiento no dirigido de por sí a manifestar un pensamiento[11] pueden ser objeto de interpretación, en cuanto se trata de recabar de aquella manifestación el valor expresivo que le es propio, su estilo de arte o de vida, o respectivamente se trate de extraer de este comportamiento una toma de posición o una orientación, es decir, el modo de concebir o de valorar lo que se muestra objetivamente informado. En particular, en toda forma de actividad práctica va inserto un valor representativo implícito, es decir, sintomático, en cuanto se puede deducir, por ilación indirecta, un índice de la personalidad agente, su modo de concebir y de entender, que –para el intérprete– se trate de representar explícitamente reflejándolo. Una ilación de tal género podrá resultar difícil, si no imposible, por un acto práctico singular, cuando no se conozcan las circunstancias, ni los

---

9   "Werken", ed. Leitzmann, VII, 170; cfr. HEGEL, "Werke" (ed. 1841), V,187; MEUSEL, *H.u.Probl.d.phil. Polemik*, 1942; 40; JHERING, *Geist*, II, 444 y ss.; STEINTHAL, *Einleitung in d.Sprachwiss.*, 1971, I, n. 512; DEGNI, *Interpr.*, 2ª ed., 242 y ss.

10   Por CARNELUTTI, *Teoría gener. d. dir.*, 1ª ed., 148: 376; cfr. 2ª ed., 116, 264 y ss.

11   Cfr. WACH, *Verstehem*, II, 16, que distingue bajo este aspecto entre "Ausdruckssinn" y "Bedeutungssinn"; LITT, *Individuum und Gemeinschaft*, 3ª, 182 y ss.; HARTMANN, *Problem d. geist. Seins*, 216 y ss.

antecedentes ni los actos consiguientes con los que se forma el anillo de una cadena; en cambio, cuando éstos se conocen, entonces puede presentarse posible una referencia a aquel todo que constituye la personalidad del autor.

El interés en indagar el implícito valor representativo de los comportamientos prácticos surge con particular intensidad en el jurista y en el historiador, naturalmente con una diferente orientación que es determinada por el diverso oficio de uno y otro. En el jurista el interés surge sobre todo en relación con la interpretación de los usos y de las costumbres, de las prácticas constitucionales y administrativas[12], de negocios jurídicos, de los cuales los comportamientos en cuestión constituyan el supuesto de hecho o los elementos integrantes o clarificadores, es decir, los índices de un modo de ver, y por tanto de una interpretación auténtica, que los autores califican como el hecho mismo de la creación del precepto[13]. En el historiador, un interés análogo, pero diversamente orientado, nace del hecho de que las actitudes prácticas, por la misma ausencia de una consciente finalidad representativa, son los indicios o síntomas más genuinos y sinceros que denuncian la mentalidad de los autores: en él nace el interés en orden al objetivo de reconstruir desde la línea de conducta efectivamente habida, el real modo de concebir y de entender los problemas, cuya enunciación teórica puede ser anulada por la interferencia de tendencias deformantes y por un interés por la insinceridad. Nótese, sin embargo, que también en los casos indicados, es objeto de interpretación la manifestación objetiva de un pensamiento que se manifiesta en una actitud práctica: ya que esto viene valorado como representación indirecta, o sea implí-

---

12 Cfr. HATSCHEK, *Englisches Staatsrecht*, II, 1906, 638 y ss.; SAVEKOULS, *Das englische Kabinettsystem*, 1934.

13 Sobre este carácter de los usos interpretativos, OPPO, *Profili di interpretazione oggettiva*, 82 y ss. Digna de atención es la norma del art. 1362 del Código Civil. Igualmente, en los comportamientos ilícitos en cuanto que representan una orientación mental o moral, son objeto de una interpretación psicológica que interesa al jurista (SCHREIER, *Die Interpr. der Ges. u. Rechtsgesch.*, 1927, 84-85).

cita, de un modo dado de pensar; donde dicha actitud, considerada bajo la línea de este su valor sintomático, puede bien calificarse como una forma representativa en el amplio significado de la objetivación del espíritu, por nosotros acogido. Así encontramos que (en el campo hermenéutico) en una distinción basada sobre el criterio del carácter directo o indirecto, explícito o implícito, de la función representativa atribuida a la forma: distinción que por la identidad del criterio reaparece en términos perfectamente análogos en otros campos. Así, en el campo de los negocios y actos jurídicos se ha intuido desde hace largo tiempo por los civilistas la distinción entre declaración y comportamiento concluyente[14]; en el campo la prueba se ha intuido por los procesalistas análoga distinción, entre prueba representativa (histórica) y prueba crítica (indiciaria); en el material que es fuente del conocimiento histórico ha sido delineada por los historiadores la diferencia entre fuentes representativas transmitidas por la tradición escrita, oral o figurativa y supervivencias, vestigios o nociones sobrevivientes de la edad estudiada, caracterizados éstos por la ausencia de una consciente destinación a la función representativa y, además, por la correlación que liga el fragmento al todo de la edad pretérita de la que es índice de reconocimiento[15].

Contra un equívoco bastante difundido en especial entre nosotros los juristas, no se insistirá nunca lo suficiente sobre el punto que en los comportamientos prácticos, no menos que en las declaraciones, el objeto de interpretación no es la "voluntad" como tal, sino siempre

---

14   Nuestra *Teoría d. negozio giuridico*, n. 14; n. 11 y 3, cfr. *Diritto processuale civile it.*, 434, n. 32; MANIGK, *Willenserklärung u. Willensgeschäft*, 425: SCHREIER, *Interpr.*, cit., 56-57, 88.

15   DROYSEN, *Historik*, 1937, 37 y ss.; 62, 65; BERNHEIM, *Lehrb. D. histor. Methode*, 6ª Ed., 1908, 25558, 466-67, 470-71, 503-4, 569; ALBERS, *Man. d. propedeut. stor.*, 1909, 62 y ss., 81-82. Más bien confusa es la noción genérica de "documentos" que propone CROCE, *Storia come pens. e come azione*, 1938, 109110. Ilustrativa es la sintética enunciación de GOETHE en la carta de 3 de abril de 1818: "alles was geschieht, ist Symbol, und indem es vollkommen sich selbst darstellt, deutet es auf das übrige". Cfr. DILTHEY, "Schriften", VII, 232 y ss. (Bedeutung).

y solamente la forma en la que aquella viene explicitada y efectuada: lo que se ha hecho o lo que se ha dicho[16].

La "voluntad" podrá ser y será, como el sentido lógico o estético, lo que viene recabado de la conducta práctica por medio de la interpretación, por consiguiente, no ya el objeto de esta sino su resultado, o sea, una meta de la verificación hermenéutica. Cuando, por esto, se habla como a menudo sucede, de interpretar la "voluntad", o se alude al resultado del proceso interpretativo y se usa una frase que es impropia, porque confunde la acción con el evento, o se alude al objeto, y se adopta una fórmula que es equívoca, porque en vez de a la voluntad alude elípticamente a sus explicaciones objetivas en la vida social, o, si por "voluntad" se entiende, en sentido propio, una pura entidad psicológica interna, induce a pensar que la interpretación pueda actuar a falta de otra forma representativa: lo que es absurdo.

Más difícil es que un equívoco análogo surja en otros campos diversos de aquel del derecho, donde la interpretación es llamada a desarrollar su actividad. Las obras de arte o de poesía que el espíritu humano ha creado o concebido, las variadísimas formas que el pensamiento y la mano del hombre han forjado o modelado –una especie de *aerugo nobilis*, que se ha difundido sobre esta tierra–, las supervivencias y los residuos elementales del pasado de la humanidad, son todas objetivaciones del espíritu, las cuales, como vienen desde su origen impresas o configuradas por un espíritu viviente y pensante con esta impronta actúan sobre el espíritu que es capaz de entenderles el sentido, cuando en el presente las encuentre, las reconozca y las resucite, animándolas de su misma vida[17].

---

16 Contra el prejuicio voluntarista véase, por último, Titze, en "Zchr. f. ausländisches u. internat. Privatrecht", XIII, 1941, 980, en la recensión a Grassetti, *Interpr.*, 1938; Schreier, *Interpr.*, 56; cfr. Bülow, *Geständnisrecht*, 128 y ss.; Friedrichs, *D. allgemeine Teil d. R.*, 162-63, 177.

17 Cfr. Droysen, *Historik*, 7, 328; 51, 374; cfr. J. Wach, *Verstehen*, III, 162, n. 2.

Que después la objetivación del espíritu haya impreso su impronta sobre una materia duradera por medio de la cual haya sido conservada, o que –frágil de por sí, como son en general los comportamientos prácticos– sobreviva solo en el recuerdo o en la tradición, no comporta una diferencia esencial: en ambas hipótesis el intérprete se encuentra siempre frente a formas representativas directas o indirectas, inmediatas o mediatas, de primero o de segundo grado. Con semejante diferencia no hacemos más que llamar la atención sobre cuanto hay de común en el proceso interpretativo, sobre los rasgos constantes que este proceso presenta, a pesar de la variedad de posturas y matices que este asume y debe asumir, conforme a las exigencias del objeto a interpretar y en función de los fines y problemas que debe proponerse.

El proceso interpretativo, en general, responde al *problema epistemológico del entender*. Utilizando aquí la notable distinción entre acción y evento, podemos provisoriamente caracterizar la interpretación como la acción en la cual el resultado o evento útil es el entender. Para comprender la unidad del proceso interpretativo, es preciso acudir al fenómeno elemental del entender que se efectúa a través del lenguaje. Este fenómeno –analizado con insuperable claridad por G. Humboldt[18]– nos muestra que el lenguaje utilizado por otros no puede ser recibido por nosotros, así sin más, como algo corporal, sino acogido como un llamamiento o una incitación a nuestra inteligencia, como una exigencia a traducir, recrear desde dentro y volver a expresar en nosotros, con nuestras categorías mentales, la idea que eso suscita y representa. Pues bien, consideramos que la observación de Humboldt puede ser generalizada. El proceso interpretativo, en cuanto responde al problema del entender (como es planteado por Humboldt) es único e idéntico en sus elementos fundamentales, no obstante las necesarias diferencias de sus diversas aplicaciones. Se trata siempre de una exigencia que reclama

---

18 *Ueber die Verschiedenheit d. menschl. Sprachbaues*, 1827-29, en "Werke", ed. Leitzmann, VI, 121 y ss.

la espontaneidad espiritual de quien es llamado a entender y que no puede ser satisfecha sin su activa colaboración[19].

Exigencia que parte de un *objeto*, constituido de formas representativas, en las cuales el espíritu se ha objetivado, y que se dirige a un *sujeto*, que es espíritu actual, viviente y pensante, dispuesto y puesto a entender según los intereses de la vida presente que pueden ser orientados en sentidos distintos. Estos dos términos del proceso, sujeto y objeto, son los mismos dos términos que se vuelven a encontrar en todo proceso cognoscitivo; pero aquí ellos aparecen caracterizados por particulares calificaciones derivadas del hecho que no se trata de un objeto cualquiera, sino, precisamente, de una objetivación del espíritu, y que la tarea del sujeto consiste en volver a conocer, en el reconocer en aquellas objetivaciones, el pensamiento animador, en repensar la concepción, o en reconstruir la intuición que allí se revela[20].

Aquí, en suma, el conocer es un *reconocer* y *reconstruir* el espíritu que, a través de las formas de su objetivación, habla al espíritu pensante, el cual se siente a ello afín en la común humanidad: es un reconducir y reunir nuevamente aquellas formas a la interioridad que las ha generado y de la cual se han separado, un interiorizarlas, transponiendo sin embargo el contenido en una subjetividad diversa de las suyas originarias[21]. De este modo, tiene lugar *una inversión* del proceso creativo en el proceso interpretativo: una inversión por la cual en el *iter*

---

19 Cfr. por último Carnelutti, *Teor. gen. dir.*, 1ª ed., n. 148, 376; 2ª ed., n. 171, 356.

20 Cfr. Boeckh, *Encykl. u. Method. d. philolog. Wiss.*, 2ª ed., 1886, 10, 20, donde, sin embargo, el *Wissen* (10 y ss., 16, 56, 257), que es objeto del reconocer, se ha de entender como actividad teorética del concebir y del representar, lo que se ha explicado en la creación de la forma representativa. Cfr. Steinthal, en un escrito de 1880 aludido en Bernardini-Righi, *Concetto e sc. di filologia*, 554; Blas, en "Hand b. d. Klass. Alt. Wiss", I, 1892, 165; Bernardini-Righi, ibíd. 608.

21 Dilthey, *Beiträge zum Studium d. Individualität*, en "Ges. Schr.", V. 263-65, además VII, 136, 193, 224 y ss.; Simmel, *Probleme d. Geschichtsphil.*, 4ª ed., 1922, 39-41; N. Hartmann, *Problem d. geist. Seins*, 1933, 393 y ss., 415 y ss., Croce, *La poesia*, 1936, 2ª ed., 1937, 72, 260, 83 y ss.

hermenéutico el intérprete debe volver a recorrer en sentido retrospectivo el *iter* genético y realizar en sí el *repensamiento*[22]. Ahora el punto delicado de semejante inversión está en la indicada transposición en una subjetividad diversa de la originaria. De aquí, en verdad, nace la antinomia de dos exigencias a las que el intérprete debe obedecer por igual. De un lado, se impone al intérprete una exigencia de *objetividad*, en cuanto la reproducción, el repensamiento, debe ser lo más apegado y fiel que sea posible al valor expresivo de la forma representativa que se trata de entender: una exigencia, por tanto, de subordinación. Pero como tal objetividad no es realizable sino a través de la *subjetividad* del intérprete, depende de su sensibilidad, de que el valor expresivo y su capacidad de remontarse a un grado de conciencia que a ella se adecuen. Es decir: el intérprete es llamado a renovar y a reproducir el pensamiento ajeno desde su interior, como algo que se vuelve propio; pero, si bien se ha tornado propio, debe al mismo tiempo enfrentarse con ello, como con algo que es objetivo y ajeno[23]. En la antinomia están, de un lado, la subjetividad inseparable de la *espontaneidad* del entender; y, del otro, la objetividad, por así decir, la *alteridad* del sentido que se trata de obtener. Se verá {en el curso} más adelante, cómo de esta antinomia deriva toda la dialéctica del proceso interpretativo y cómo en base a ella pueda construirse una teoría general de la interpretación.

III. *Cánones hermenéuticos fundamentales del derecho*

Entre tanto, tenemos la obligación de rechazar como impropio el hablar de "interpretación" cuando se trata de fenómenos naturales, que se someten a las leyes de la naturaleza y se explican con la categoría de la causalidad: por eso, en verdad, no debería hablarse en ellos

---

22 SCHLEIERMACHER, *Hermeneutik und Krittik,* in "Werke", I Abt.; VII, 10; BOECKH, Enc. u. *Method.*, 144; J. WACH, *Verstehen*, I, 217; DE SANCTIS, *Letteratura ital, nel sec. XIX*, I (1931), 277; CIONE, *B. Croce*, 1944, 67; CROCE, *Poesia*, 72, 65; *Estetica,* 5ª ed., 105-6; CARNELUTTI, *Sistema*, I, n. 190, c. 500; *Teoría gen. d. dir.*, 2ª ed., 269; DENTI, *Interpr. d. sent.*, 4.

23 BOECKH, *Enc. u. Method.* 20.

de interpretación sino de diagnosis causal. Del mismo modo resulta impropio hablar de "interpretación" en toda explicación especulativa de la vida y del mundo. Porque el curso y los resultados de la interpretación propiamente dicha son controlables en cuanto a su exactitud, según la observancia obligada de ciertos cánones hermenéuticos; la explicación especulativa, no: esta queda abandonada a la intuición y a la coherencia del sistema elegido. Solo en la verdadera interpretación la observancia de criterios metódicos, unida a la constante conciencia del depender de una prospectiva condicionante, garantiza el control, y en este sentido, una relativa objetividad de entender[24].

El terreno más fértil en cuestiones interpretativas viene siendo, desde antiguo, el derecho civil y no sin una profunda razón. En ningún otro sector, ciertamente, resulta tan intenso el intercambio de relaciones entre sujetos de derecho situados en el plano de recíproca igualdad. En ningún otro se advierte la imperiosa exigencia de encontrar los criterios necesarios para una justa composición de los intereses en conflicto, tanto a través de la recta comprensión del precepto legal o consuetudinario relacionado con la materia, como a través del recto entendimiento de las variadísimas explicaciones de la autonomía individual. Los peculiares caracteres de este campo nos dan también razón del hecho de que precisamente en el derecho civil hayan sido descubiertos por primera vez, habiendo así encontrado aquello que, con Ihering[25], llamaremos su punto de "emersión" histórica, *cánones* hermenéuticos *fundamentales,* que elaborados por primera vez como categorías civilis-

---

24   Cfr. WACH, en "Histor. Zschr.", 142, 1930, 13; *Das Verstehen*, II, 9-15, 86; BERNHEIM, *Hist. Methode*, 6ª ed., 763, 766, 768 y ss.

      Contra la intrusión de la categoría de la casualidad en el campo de las ciencias del espíritu, al que la interpretación debe quedar limitada, v. ROTHACKER, *Logik u. System. d. Geisteswiss.*, 1926, 119-131; MÜNSTERBERG, *Grundzüge der Phychologie*, I, 1900 (al cual, equivocadamente, contradice BERNHEIM, *Hist. Methode*, 6ª ed., 110, n. 3); STAMMLER, *Theorie d. Rechtswiss.*, 2ª ed., 1923, IV A, n. 9 y 15, 179 y ss., 19799; OERTMANN, *Rechtsordn. u. Verkerssitte*, 1914, 229-33; MANIGK, *Rechtswirks. Verhalten, 1939*, 1 y ss.; nuestra *Teoría d. neg. giur.*, 3 y "Nuova riv. di dir. comm.", 1947, 71 y ss.

25   *Geist.*, 7ª ed., II, 338.

tas en esta rama del derecho, vendrán en adelante reconocidos como idóneos para gobernar la interpretación también en otras ramas y, más justamente, han sido atribuidos en los últimos tiempos a la teoría general de la interpretación. Habíamos dicho que toda la dialéctica del proceso interpretativo surge de la antinomia entre la subjetividad del entender y la objetividad del sentido a atribuir, cómo, por otra parte, de la antinomia entre la actualidad del sujeto y la alteridad del objeto brota la dialéctica de todo proceso cognoscitivo. Pues bien, de los cánones hermenéuticos descubiertos por la jurisprudencia los unos son atinentes al *objeto*, y los otros son más bien atinentes al *sujeto* de la interpretación.

A) Cánones atinentes al objeto

1. *Autonomía e inmanencia del criterio hermenéutico*

En cuanto a los primeros, el jurista Juvencio Celso (Pal. 219: D, 1, 3, 17)[26], tratando de la interpretación de las *leges* (probablemente de las *leges stipulationis*), enuncia el criterio según el cual no se debe atender a la pura letra (*verba*), sino a la "*vis ac potestas*"; y tratando de la interpretación de los negocios *mortis causa*, mientras reafirma la necesidad de fundarse sobre la declaración (Pal. 168: D, 33, 10:7, 2: *nemo sine voce dixisse existimatur*) enuncia el criterio de la preeminencia y superioridad hermenéutica de la "*mens dicentis*" respecto a la "*vox (dicentis)*"; es decir, superioridad del pensamiento inmanente a la declaración respecto de la letra abstractamente considerada. En tales enunciaciones de Celso, que reclaman la atención del intérprete sobre la *mens dicentis*, es decir, sobre el valor de expresión del pensamiento; y sobre la *vis ac potestas*, es decir, sobre el valor normativo de la declaración —enunciaciones que, en un examen superficial pueden parecer obvias, cuando

---

26   "Pal.", indica la "Palingenesia iuris civilis" (Lipsia, 1889), de LENEL, en la cual los fragmentos de varios juristas romanos contenidos en los Digestos justinianeos o en otros fragmentos menores vienen —en cuanto es posible una reconstrucción conjetural intentada bajo la dirección del autor, de la obra y del libro— recolocados en su presumible contexto originario.

no banales– aflora, para el que trata de profundizar en su sentido, la conciencia de un fundamental canon hermenéutico atinente al objeto a interpretar.

Veamos de dar cuenta del canon en comento en términos de una teoría general. Si las formas representativas que constituyen el objeto de la interpretación son esencialmente objetivaciones del espíritu y, en particular, manifestaciones del pensamiento, es claro que estas deben ser entendidas según aquel espíritu que en aquellas se ha objetivado, según el pensamiento que en ellas se ha manifestado, no ya según un espíritu o un pensamiento diversos, y ni siquiera según el significado que puede venir atribuido a la nuda forma, cuando se haga abstracción de la función representativa a la que ella sirve respecto de aquel espíritu y de aquel pensamiento. En épocas más recientes a nosotros, los teóricos de la hermenéutica han dado al canon de la *mens dicentis* una formulación más incisiva afirmando: *"sensus non est inferendus, sed efferendus"*: es decir, que el sentido de lo que se trata no se debe introducir indebida o subrepticiamente, sino que se debe, al contrario, extraer, recabar de la forma representativa. Proponemos calificar este primer canon directivo de toda interpretación como canon de la *autonomía* hermenéutica o canon de la *inmanencia* del criterio hermenéutico. Con ello pretendemos decir que la forma representativa debe ser entendida en su autonomía, según su propia ley de formación, según su interior necesidad, coherencia y racionalidad: debe ser, por tanto, apreciada en la medida inmanente de la exigencia a la que la obra debía responder por el autor al acto de la creación; no ya según su idoneidad para servir a este o aquel fin extrínseco, que al intérprete pueda parecer más próximo, o según un deber o valor objetivo, sino, siempre preferido *ab extra*, con el que aquel pueda abstractamente ponerse en confrontación: que será, de todas maneras, una medida de valoración accidental y de carácter heterónomo[27].

---

27   La exigencia de la autonomía hermenéutica y de la inmanencia del criterio hermenéutico es advertida por RANKE, *Ueber die Epochen der neueren Geschichte*, ed. Rothacker, 61-62 (WACH, *Verstehen*, III, 98; ROTHACKER, *Logik*

2. Totalidad y coherencia de la consideración hermenéutica

Otra fundamental categoría jurídica referente al objeto a interpretar viene advertida con ejemplar lucidez y afirmada en modo singularmente incisivo por el mismo jurista Celso, en un célebre texto (Pal. 86: Dig. 1, 3, 24; cfr. Dig. 32, 79 y 50, 16, 93: Pal. 159-61), que dice: *"incivile est, nisi tota lege perspecta, una aliqua particula eius proposita iudicare vel respondere"*. Donde es evidente la espina polémica dirigida contra las atomizantes cavilaciones de los retóricos defensores, interesados en arrancar todo sentido plausible a la cláusula contractual (*lex*), o en hacerla decir cosas diferentes de su espíritu y sentido global en la órbita del contrato[28]. El texto que, en su origen se refería a la interpretación de los negocios jurídicos, ha sido oportunamente colocado en el título *"de legibus"* de los digestos justinianeos, donde de este modo asume un alcance y un significado más generales, referibles a la interpretación de cualquier precepto jurídico; integrándose con otros textos como aquel de Pablo (Dig. 1, 3, 29: Pal. 920; cfr. Dig. 49, 14, 40, pr.: Pal. 1412) que define el *"agere in fraudem legis"* como el obrar de quien *"salvis verbis legis, sententiam eius circumvenit"*. El canon hermenéutico afirmado en este célebre texto se podría calificar como el canon de la *totalidad* y *coherencia* de la consideración hermenéutica. Con él se hace presente la correlación existente entre las partes constitutivas del discurso, como de cada manifestación del pensamiento, y su común

---

u. Systematik d. Geisteswiss., 114, 118 y ss.), y anteriormente por HERDER, *Ideen zur Phil. d. Gesch. d. Menschheit*, XV, 3; IX, 1; XII, 6; posteriormente, DROYSEN, *Historik*, 156, 178, 341 (WACH, *Verstehen*, III, 173; I, 192, n. 2); TROELTSCH, *Historismus u. seine Probleme* ("Schriften", III, 1922), 188; W. HUMBOLDT, *Das XVIII Jahrhundert*, en "Werke", ed. Leitzm, II, 69 (WACH, *Verstehen*, I, 245); M. WEBER, *Wirtschaft und Gesellschaft*, 9; FREYER, *Soziologie als Wirklichkeitswiss.*, 176; BERNHEIM, *Hist. Methode*, 6ª ed., 514 y n. 1; ROTHACKER, *Logik u. Systematik*, 129; CAPOGRASSI, *Problema d. scienza d. dir.*, 105 (*mens spectanda*); a propósito de HEGEL, *Phil. d. Rechts*, introducción Vorr. 14 (ed. Lasson); MEUSEL, *Hegel u. d. Problem der phil. Polemik*, 1942, 171; cfr. de RUGGIERO, *Hegel*, 15, 264, 268; sobre HERDER, ver KAERST, en "Histor. Zschr.", 106, 1911, 512.

28   Cfr. QUINTIL, *inst.* or. II, 17, 18, 21, 23, 26 y ss.; SCHULZ, *Prinzipien*, 88, n. 114.

referencia al todo del que forman parte: correlación y referencia, que hacen posible la recíproca iluminación de significado entre el todo y sus elementos constitutivos.

La correlación entre las partes y el todo, cuando la coherencia y la síntesis responden a una necesidad del espíritu —necesidad común al autor y a quien es llamado a entenderlo—[29] se puede dar también por admitida conforme al sentido común. Si luego se da una mirada a la moderna hermenéutica filológica, la exigencia de la totalidad se encuentra afirmada con particular insistencia y energía por uno de los grandes teóricos de la interpretación, el teólogo Federico Schleiermacher[30]. El cual pone de relieve el círculo de reciprocidad hermenéutica que corre entre la unidad del todo y los elementos singulares de una obra: reciprocidad tal que permite articular la interpretación, sea asumiendo el entender la unidad del todo por medio de las partes singulares, sea asumiendo el entender el valor de las partes singulares en virtud de la unidad del todo. Ciertamente, de la premisa de que

---

29 GOETHE, *Faust*, I, 424-25; 447-48.

30 *Hermeneutik und Kritik*, en "Werke", I, Abt., VII, 33, n. 20; 37, 39, n. 1; 144, 158 y ss., y con referencia crítica a la teoría de AST, en una comunicación presentada en la Academia de Berlín el 22 de octubre de 1829, recogida en sus "Werke", III, Abt., III, 365-386; cfr. J. WACH, *Das Verstehen*, I, 40-44, 98-109, 131 y ss. 139; BERNARDINI-RIGHI, *Concetto e scopo di filolog.class.*, 1948, 438-40. Advierten la exigencia de la totalidad W. HUMBOLDT, "Werke", ed. Leitzm., VII, 173, 178-180, HEGEL, *Gesch. D. Phil.*, I ("Werke", XIII), 69; *Phänomen. d. Geist.* (Lass.), 14, 438 (W., II, 496;) *Phil. d. Rechts, Vorrede*, 15 (Lasson); DILTHEY, "Ges. Schriften", V, 325; VII, 119, 138, 155; TROELTSCH, *Historismus u. seine Probleme* ("Schriften", III, 1922), 32 y ss., 42 (donde se califica la categoría de la totalidad individual como la fundamental categoría histórica); HÖFFDING, *Der Totalitätsbegriff, eine erkenntnistheoretische Untersuchung*, 1917, 35 y ss., 89 y ss., 103 y ss., 109 y ss. En el campo de la interpretación teológica es ya advertida por FLACIUS, *Clavis*, 1567 (DILTHEY, "Schr.", V, 325). En el campo de la interpretación dramática presenta una interesante ilación por la unidad y coherencia estilística de la representación CRAIG, *L'art du théâtre*, 1916, 247-263 (a propósito de los espectros en las tragedias de Shakespeare). En la interpretación filológica insiste sobre el círculo de reciprocidad hermenéutica entre partes y todo, BOECKH, *Enc. u. Method.*, 2ª ed., 54, 84, 102, 125, 139, 151, 264; cfr. BIRT, *Hermeneutik u. Kritik*, 167 (círculo de las obras al carácter de la personalidad).

el todo del discurso, como de cada manifestación del pensamiento, es generado por un único y a un único espíritu y sentido tiende a volver y a reducirse, si trae una ilación fundada sobre la señalada correspondencia entre *iter* genético e *iter* hermenéutico: es decir, el criterio de recabar de los elementos singulares el sentido del todo y de entender el elemento singular en función del todo del que es parte integrante. Lo mismo que el significado, la intensidad o el matiz de una palabra no pueden ser entendidos si no es en el contexto en el que fue dicha, o se encuentra, de ese modo también el significado y valor de una proposición y de aquellas que con ella están ligadas, no pueden comprenderse sino del nexo recíproco y del complejo orgánico del discurso al que pertenecen[31]. Así, puede decirse que desde el inicio del proceso interpretativo tiene lugar un progreso gradual hacia la comprensión, de los elementos singulares a los núcleos en los cuales se organizan, hasta el todo que en ellos se articula. La comprensión, en primer término provisoria, se va perfeccionando, corrigiendo e integrando con el creciente extenderse del discurso del que el intérprete toma posesión, de modo que únicamente al final los elementos singulares, todos conjuntamente abarcados, resultan casi de golpe puestos a plena luz y representados en precisos y claros contornos[32].

Pero el criterio de la iluminación recíproca entre las partes y el todo supone un desarrollo ulterior en el sentido de que cada discurso, cada obra expresiva se puede y se debe considerar a su vez, como una parte a subordinar y a encuadrar en una totalidad más elevada y comprensiva. Totalidad que debe ser entendida, con Schleiermacher[33], sea como referencia subjetiva a la vida del autor, constituyendo cada acto un momento espiritual coligado al complejo de los otros actos en la medida de la recíproca influencia y afinidad; sea como referencia objetiva a la esfera de espiritualidad a la que la obra en cuestión pertenece,

---

31   Cfr. Litt, *Individuum u. Gemeinschaft*, 3ª ed., 313 y ss., 326.

32   Scheleiermacher, "Werke", III, Abt., III, 369. Cfr. Grundmann, *Joachim v. Floris*, 148.

33   "Werke", I-VII, 13, 148; III-III, 373 y ss.

constituyendo entonces un anillo en la concatenación ideal que entrelaza obras de semejante contenido y género. Por esto, también desde este punto de vista, al inicio del proceso interpretativo la comprensión tendrá carácter provisional y se irá progresivamente consolidando y enriqueciendo, inspirada, como es debido, por el ideal de construir una atendible caracterización psicológica de la personalidad del autor en base al conjunto de sus manifestaciones o, respectivamente, de construir una caracterización morfológica o técnica de aquel tipo o género de producciones espirituales, al que la obra pertenezca, en base a una comparación de grupos enteros de obras en las que estas puedan clasificarse[34].

En el campo del derecho, el canon hermenéutico de la totalidad se aplica hoy sea para la interpretación de declaraciones y de comportamientos, sea en relación con la de las normas y preceptos jurídicos. Es bien conocido que a ello se refiere el Código Civil (en el art. 1.363, como ya el precedente código en el art. 1.136) al regular la interpretación de los negocios jurídicos. Aunque la aplicación que encuentra sea mucho más amplia. Por ejemplo: tal vez no obedece a la exigencia de una referencia al todo el tratamiento penal del delincuente según el postulado de la escuela positiva de remontarse desde la acción delictiva singular apreciada en su valor sintomático a la personalidad que en

---

34 Cfr. también para las diferencias que separan nuestro punto de vista del de CROCE, *La poesia*, 2ª ed., 1937, 123-27; *La storia come pensiero e come azione*, 1938, 262-64; *Carattere d. fi mod.*, 1941, 213-15; para su crítica, CIONE, *B. Croce*, 1944, 68-69, 237 y ss., en el sentido de nuestro punto de vista: SCHLEIERMACHER, *Hermen.*, 143 y ss., en "Werke", III-III, 374 y ss.; BOECKH, *Enc. u. Method.*, 2ª ed., 140 y ss.; DROYSEN, *Historik*, 25, 156; SIMMEL, *Probleme d. Gesch. phil.*, 4ª ed., 36 y ss., en notra; HARTMANN, *Problem. d. geist. Seins*, 201 y ss.; LITT, *Indiv u. Gemein.*, 3ª ed., 320 y ss. 230, donde se acentúa la referencia objetiva al todo en la esfera de la espiritualidad; entre otros precedentes; LAZARUS, en "Zeitschr. f. Völkerpsych.", II, 1862, 413, 418 y ss.; *Leben der Seele*, I, 2ª ed., 1876, 358, 364 y ss. La exigencia de la referencia al todo que es el hombre como individuo es advertida en la idea griega de la paideia: JÄGER, *Antike und Humanismus* (1925), en "Human. Reden u. Vortr.", 115 y ss.

ella se ha manifestado[35]. En la interpretación de las normas, juristas y legos apelan, conscientemente o no, al canon de la totalidad, especialmente cuando se trata de eliminar interpretaciones que aparecen en contraste con la lógica del sistema elaborado con los instrumentos de la dogmática jurídica –sistema, del que es parte integrante la norma en discusión–[36], o bien cuando se trata de excluir el reclamo de normas extranjeras contrarias al espíritu de la legislación en la que se deberían insertar según los criterios del derecho internacional privado[37]. Pero también prescindiendo de específicas preocupaciones de índole práctica, se recaba del concepto mismo de orden jurídico elaborado por la moderna dogmática la idea que cada norma que forma o entra a formar parte integrante del mismo, ha de ser necesariamente referida al todo y que este todo constituye –para usar una expresión de Dilthey[38]– una operante concatenación productiva, y crea una orgánica correlación, interdependencia y armónica coherencia no solo entre normas de un mismo grupo o sector, sino también entre normas de grupos o sectores diversos, en la medida en que llegue a manifestarse en ellos las partes o ramificaciones de un único sistema coherente[39].

---

35 RAINERI, *Colpevolezza e personalità del reo*, 1933, 77 y ss.; "Scuola positiva", 1947, 370 y ss.; GRISPIGNI, *Dir. pen. it.*, I, 1947, pref. 13, 207 y ss. No cabe duda que aquí se trata de interpretación psicológica (SCHREIER, *Interpr.*, 84 y ss.).

36 WACH, *Handb. deut. Civilprozessrechts*, I, 1895, 257, 269; cfr. SAVIGNY, *System*, I, 214, 292.

37 Es justa en este sentido la fórmula del código argentino de 1871, art. 14, n. 2; para esto, ZITELMANN, *Internat. Privatrecht*, I, 371; cfr. ROMANO, *Ord. giur.*, 2ª ed., 141; 151; nuestras consideraciones en "Riv. dir. internaz.", 1925, 53-57; CANSACHI, *Scelta e adattamento di norme straniere richiamate*, en "Memorie ist. Torino", 42, 1939.

38 *Der Aufbau d. geschichtl. Welt in den Geistewiss.*, en "Ges. Schr.", VII, 119, 138, 153 y ss.

39 Cfr. ROMANO, *Ord. giur.*, 34-42; *Frammenti di dizion. giur.*, 1947, 119-25; PUGLIATTI, *Istit. dir. civ.*, 2ª ed., 1935, III, 232 y ss.; particularmente GRISPIGNI, *Dir. pen. it.*, 2ª ed., n. 47, 232-257 y literatura allí citada, especialmente CARNELUTTI, *Danno e reato*, 1926, n. 39, 82-90.

Ciertamente que entre los ordenamientos actualmente vigentes no todos son igualmente sostenidos por juristas conscientes de semejante totalidad del orden jurídico; baste recordar a los anglosajones, con su proceder empírico por máximas judiciarias y con su repugnancia a las ideas y a los principios generales[40], por tener ante los ojos el ejemplo típico de una interpretación en la que el canon de la totalidad es menos observado, o al menos, la totalidad viene advertida de forma más relativa, esporádica y circunscrita.

B) Cánones atinentes al sujeto

Una tercera categoría jurídica encontramos afirmada en textos colocados en el mismo título de los digestos justinianeos (1, 3, 13-14-15) pertenecientes a jurisconsultos ilustres, como Sexto Pedio (Pal. 42), Juliano (Pal. 402) y Paulo (Pal. 657): textos en los cuales se afirma legítima una interpretación supletoria (*interpretatione suppleri*) de una disciplina legal lagunosa, donde se dé la *"eadem utilitas"* y al mismo tiempo se niega que se pueda *"producere ad consequentias"* un precepto jurídico que haya sido establecido o acogido *"contra rationem iuris"*. Aquí se trata, no ya de referir la parte a la totalidad, sino de *integrar* la valoración normativa en su racionalidad, desarrollando ulteriores consecuencias a ella coherentes o, por el contrario, en caso de falta de racionalidad, limitando su aplicación. Orientada con esta finalidad, la interpretación de los juristas viene elevada al mismo nivel que la *iurisdictio* del pretor, a la que Pedio (42: D, 1, 3, 13), Pomponio (235: D, 19, 5, 11) y Papiniano (46: D, 1, 1, 7, 1) reconocen el mismo papel de *"suplir"* a la deficiencia de las normas del *ius civile* y, eventualmente, de corregir la aplicación en base a una apreciación de la *"utilitas legis"* o de la *"utilitas publica"*. Apreciación, esta, que evoca las

---

40   CAPOGRASSI, en "Riv. intern. fil. dir.", 1941, 112; cfr. p. ej., STEPHEN, *Commentaries on the law of England* (ed. 17ª, Jenks), III, 78-81; ODGERS, *The construction of deeds and statutes*, 1939 y otros escritos referidos por GIANNINI, *Interpr. d. atto ammin*, 60, nota 53.

consideraciones que, en un conocido texto de Gelio[41], el jurista Sexto Cecilio expone a Favorino a propósito del necesario variar y adaptarse que las valoraciones de oportunidad y las previsiones legislativas deben hacer *"pro temporum moribus et pro rerum publicarum generibus ac pro utilitatum praesentium rationibus"*. Inmediatamente advertimos que tanto la integración, como la limitación que se postula –y que hoy se llama analogía e interpretación extensiva o restrictiva–, introducen en el proceso interpretativo un elemento que va más allá de la simple finalidad de aclaración, por contener en sí mismo una ulterior finalidad de *adaptación* y de *adecuación* de la norma jurídica[42].

Ahora bien, mientras, de una parte, debemos tener bien claro –contra un tenaz y recurrente prejuicio intelectualista– que esta ulterior finalidad pertenece esencialmente a la interpretación en el campo del derecho y que sin ella faltaría a su oficio[43]; de otra parte, debemos también reconocer, con base en esta ulterior finalidad, un canon perteneciente no ya al objeto, sino al sujeto de la interpretación. Vamos a ver ahora en qué consiste el canon en discusión, encuadrándolo en el sistema de una teoría hermenéutica general.

Junto a los cánones de la autonomía y de la totalidad hermenéutica, que obedecen a la exigencia de una medida inmanente al objeto a

---

41   *Noctes atticae*, **XX**, 1: sobre esto HEGEL, *Phil. d. Rechts.* §3; LENEL, *Pal.* I, 35, n. 3. Cfr. TERTUL, 5, Dig. 1, 3, 27; QUINTIL, *inst. or.*, I, 6.

42   Cfr. BOBBIO, *L'analogia nella logica del Diritto, 1938*; "Memorie ist. Torino", 36, 137-138. En contra, ASCOLI, *Interpr. d. legge*, 1928, § 24, p. 135.

43   Cfr. MERKL, *Zum Interpretationsproblem*, en "Zeitschr. f. d. Privat u. öffentl. Recht. d. Gegenw." de Grünhut, 42, 1916, en particular 544-55; KELSEN, *Zur Theorie der Interpretation*, en "Revue inter. de théorie gén. du droit", 8 (1934), 1-17 y contra su punto de vista, nuestras consideraciones en "Festschrift für Leo Raape", 1948. Prejuicio todavía largamente difundido: p. ej. GENY, *Méthode d'interpretation et sources*, 2ª ed., 1919, I, n. 107: 312-14; M.S. GIANNINI, *Interpretaz. d. atto amministrativo*, 1939, n. 21, 86-91; G. MIELE, *Principi d. dir. ammin.*, 1945, §29: 282. Exactamente al contrario, ROMANO, *L'interpretaz. d. leggi d. dir. pubbl.* (1889), reimp. en "Prolusioni e disc. Accad." (pubbl. Modena, 50), 8-10, 19, reconoce carácter de verdadera interpretación aquella que califica de "interpretación de segundo grado" y que, según nuestro criterio, se encuentra también en el derecho privado: p. ej. 2373 (cfr. 1394) cod. civ.

interpretar considerado en su interior coherencia, y por tanto responden al momento de la objetividad del sentido que se ha de captar en el proceso interpretativo, la reflexión nos descubre otros cánones a observar en toda interpretación: cánones éstos que obedecen, en cambio, a la exigencia de una eficiente colaboración por parte del sujeto llamado a entender, y que por ello responden al momento, anteriormente señalado, de la subjetividad inseparable de la espontaneidad del entender.

3. Canon de la actualidad del entender

Un tercer canon a observarse, ante todo, en la interpretación, es aquel que se podría llamar el canon de la *actualidad del entender*, por el cual el intérprete es llamado a recorrer por sí mismo el proceso creativo, y de este modo a revivir desde dentro y a resolver cada vez en la propia actualidad un pensamiento, una experiencia de vida, que pertenece al pasado, es decir, a introducirlo como hecho de experiencia propia, a través de una especie de transposición, en el círculo de la propia vida espiritual, en virtud de la misma síntesis con que lo reconoce y reconstruye[44].

Absurda parece, por tanto, la aspiración expuesta por algún historiador, de despojarse de la propia subjetividad: ya que, privado de esta, el intérprete perdería los ojos para ver, como perdería el medio donde moverse la paloma que fuese privada del aire, en el cual (como ponía de relieve Kant) se puede ser proclive a reconocer solo un obstáculo para el vuelo[45]. Análogamente, la subjetividad del reproducir interiormente, lejos de ser un obstáculo a la interpretación, es la indispensable condición de su posibilidad (en el sentido de la gnoseología kantiana). Precisamente en materia de interpretación histórica es ingenuo considerar que el historiador haya conseguido su finalidad con

---

44 DILTHEY, en "Ges. Schr.", V, 263-65; VII, 120, 136, 193, 224 y ss.; cfr. GRAZIOSI, en "Rassegna musicale", 1938, 197-98; PUGLIATTI, *Interpr. music.*, 1940, 38; CARNELUTTI, *Meditazioni*, 1942, 143; HARTMANN, *Problem. d. geist. Seins,* 412 y ss. 418, 420, 443, 448, 453, 467, 475.

45 SIMMEL, *Probleme der Geschichtsphil.*, 4ª ed., 1922, 77 y ss. Criticando a RANKE; contra semejante aspiración ver también DROYSEN, *Historik*, 286-87; BERNHEIM, *Hist. Methode*, 759, 762, 770 y ss.

referir puramente cuanto está contenido en las fuentes, en la creencia que la verdadera historia sea únicamente la que en aquellas se encuentra contenida[46]. Hace juego con esto la ingenuidad del jurista, que creyese haber resuelto su cometido hermenéutico y didáctico con dar lectura de los artículos de la ley. Quien así piensa, olvida que todo aquello de que se apodera nuestra mente, entra por ello mismo en la totalidad orgánica del mundo de representaciones y de conceptos que llevamos dentro de nosotros, y que deviene, por una especie de asimilación, parte viva, sujeta a su mismo desarrollo y a su misma suerte[47]. Bien es verdad que el oficio del intérprete es únicamente el de investigar y entender el sentido de las ajenas (pretéritas) manifestaciones del pensamiento, el modo de concebir y de representar que en ellas se revela. Pero tal sentido y modo no es algo que la forma representativa le ofrece ya listo y dispuesto, restando solamente trasvasar en él, como en un inanimado recipiente con una operación pasiva y mecánica: sino, al contrario, es algo que el intérprete debe reconstruir y reproducir en sí mismo con su sensibilidad e inteligencia, con las categorías de su mente, con su intuición y con la fuerza inventiva de su educación[48]. La actividad interpretativa tiene origen y toma su impulso en un específico interés por entender, en un vínculo que une las manifestaciones del pensamiento ajenas —aunque se trate de una realidad acaecida hace largo tiempo— con un *interés actual de nuestra vida presente* y que hace vibrar en nuestro ánimo de intérpretes una cuerda que le responde[49].

---

46 DROYSEN, *Historik*, 134, 182, 286.

47 DROYSEN, *Historik*, 62, 275, 287; cfr. LAZARUS, *Ueber die Ideen in der Geschichte*, en "Zeitschr. f. Völkerpsych.", III, 1865, 403 y ss.; STEINTHAL, II, 1862, 169 y ss.; BERNHEIM, *Hist. Method*, 6ª ed., 484 y ss., 496 y ss., 587 y ss., 593; LITT, *Indiv. u. Gemein.*, 3ª ed., 254-56, 191 y ss.; HEUSSI, *Krisis d. Historismus* (1932), 51 y ss.; CROCE, *Storia come pensiero e come azione*, 265, 115.

48 "Arch. giur.", 99, 147; "Bull. dir. rom.", 39, 53.

49 DILTHEY, "Ges. Schr.", V, 263, 265; VII, 136, 147 y ss., 193; LITT, *Indiv. U. Gemein.*, 3ª ed., 121, 401 y ss.; SIMMEL, *Probleme d. Gesch, phil.* 4ª ed., 175 y ss., 179, 187; BELOW, *Deutsche Gesch. Schreibung*, 2ª ed., 116; BERNHEIM, *Methode*, 6ª ed., 758, 760 y ss., 768 y ss.; SPRANGER, *Lebensformen*, 7ª ed.,

Se puede decir, al contrario[50], que cuanto más vivo es el interés actual por entender, tanto más alto será, en igualdad de otras condiciones, el grado de comprensión: donde el interés languidece o es escaso, la comprensión será igualmente deficiente o limitada; donde el interés es más intenso y comprensivo, el intérprete logrará vivificar y animar el objeto de su propia vida y alma, como experiencia presente y actual. Con esto, en verdad, no se quiere desconocer la propia autonomía del objeto a interpretar, su historicidad, su alteridad respecto del sujeto: lo que estaría en contraste con los cánones hermenéuticos enunciados en primer y segundo lugar. Se trata únicamente de reconocer la espontaneidad del sujeto que interpreta, su historicidad y, digamos también, su totalidad espiritual, estando bien conscientes de la esencial *contribución* que aporta y deben aportar al proceso interpretativo, sin perjuicio de la autonomía del objeto, la espiritualidad viviente y las categorías mentales del sujeto. Solo así se explica la mutable vicisitud histórica de las concepciones interpretativas de un mismo objeto[51].

4. Canon de la adecuación del entender

Pero con esto el examen de los cánones hermenéuticos relativos al sujeto no queda agotado. Ciertamente que es indispensable la espontaneidad del intérprete; pero esto no debe sobreponerse e imponerse desde fuera al objeto a interpretar: pues esto conllevaría a sacar de quicio la autonomía y a prejuzgar el conocimiento de lo que es

---

446; *Bildungsideal*, 66 y ss.; CROCE, *Teoría e st. d. storiografia,* 2ª ed., 4; *Storia come pensiero*, 128 y ss., 265 (cfr. CIONE, *B. Croce*, 1944, 233 y ss.); "Bull. dir. rom.", 39, 41; HARTMANN, *Problem d. geist. Seins*, 479-81.

50   DILTHEY, "Ges. Schr.", V, 319; cfr. NIETZSCHE, *Morgenr.*, 460, 195.

51   Sobre esta mutante vicisitud, E. UTITZ, *Grundleg. d. allgem. Kunstwiss.*, I (1914), 244, 258; TIELZE, *Die Methode der Kunstgesch*, Leipzig, 1913, 417 y ss., 352, 372; CROCE, *Estet.*, 5ª ed., 136 y ss.; en relación a la interpretación histórica, LOEBELL, en "Histor. Zschr.", I, 1858, 229 y ss.; BERNHEIM, *Methode*, 772; a la interpretación jurídica, JHERING, *Geist.* I, 8ª ed., 47 y "Arch. Giur.", 99, 132, n. 3; en general, HARTMANN, *Problem*, 414-425.

esencialmente reconocimiento, es decir, asimilación congenial del objeto por parte del sujeto[52].

Si es verdad que solo el espíritu habla al espíritu, es igualmente verdad que solo un espíritu de igual nivel y congenialmente dispuesto está en grado de entender en modo adecuado al espíritu que le habla. No basta un interés actual en entender, por muy intenso que pueda ser; hace falta también una *apertura mental* que permita al intérprete colocarse en la prospectiva justa, más favorable para descubrir y entender[53]. Se trata de una postura, ética y teorética a la vez, que en su aspecto negativo se puede caracterizar como negación de uno mismo y aceptación decidida a prescindir de los propios prejuicios y de los hábitos mentales obstaculizantes; mientras que el aspecto positivo se puede caracterizar como amplitud y capacidad de horizonte, que genera una disposición congenial y fraterna hacia lo que es objeto de interpretación[54]. Si para llegar a entender, el intérprete debe penetrar y *transferirse* en el espíritu que le habla[55], es evidente cuánta intuición de verdad inspira el viejo proverbio de que solo el semejante conoce a su semejante y lo reconoce por una especie de anamnesis platónica, o dicho de otro modo, que el intérprete ve lo que tiene en el corazón, y que no puede encontrar en el objeto lo que no tenga ya virtualmente

---

52 HUMBOLDT, *Aufgabe d. Gesch. Schreib.*, en "Werke", ed. Leitzm., IV, 38; BOECKH, *Enc. u. Method.*, 2ª ed., 20, 26, para la exigencia de sensibilidad, 86, 174, 241; para la exigencia de congenialidad, 119, 168, 260; DROYSEN, *Historik.*, 14, 22 y ss., 302; BERNHEIM, *Methode*, 6ª ed., 575, 589; CROCE, *Poesia*, 2ª ed., 83, 86.

53 NIETZSCHE, *Frl. Wiss.*, 339, 334.

54 Sobre el primer aspecto, NIETZSCHE, *Zarath.*, 224 y ss.; WACH, *Verstehen*, II, 12; sobre el segundo aspecto, NIETZSCHE, *Morgenr.*, 441; *Frl. Wiss.*, 162, 289, 334; HARTMANN, *Ethik*, 446; WACH, *Verstehen*, I, 78, n. 2; II, 183 (a propósito del teólogo OELSHAUSEN); III, 166, n. 1; 236, n. 6 (a propósito de STEINTHAL, *Einletitung*, n. 472, 355); UTITZ, *Grundleg. d. allg, Kunstwiss.*, II, 381 y ss., I, 112-18; LITT, *Indiv. u. Gemein.*, 3ª ed., 185; ROTHACKER, *Logik u. System d. Geisteswiss.*, 127 y ss.; CROCE, *Poesia*, 2ª ed., 80.

55 SIMMEL, *Probleme d. Gesch. phil.*, 80, 83; DILTHEY, "Ges. Schr.", VII, 214 y ss., otros hablan de "sich hineninversetzen".

en sí mismo[56]; es más, cuando al intérprete se le pida ponerse a excesiva distancia de todas sus experiencias interiores, entonces no acertará a entender[57], y lo mismo cuando tenga ánimo pequeño o árido no puede entender al magnánimo o al apasionado, o el que tenga mentalidad miope o de camarera no puede entender al gran hombre que haya admitido en su intimidad[58]. Pues bien, la exigencia ahora señalada se hace valer, precisamente, en un cuarto canon hermenéutico, estrechamente conexo al precedente y, como este, atinente al sujeto del proceso interpretativo: al que proponemos llamar canon de la *adecuación del entender,* o canon de la *correspondencia o congenialidad* hermenéutica, por el cual el intérprete debe esforzarse en poner la propia viviente actualidad en íntima adhesión y *armonía* con la incitación que –según la exacta imagen de Humboldt[59]– le llega del objeto, de modo que una y otro vibren en perfecto *unísono.*

Este canon de la correspondencia se presenta con una evidencia particular en el campo de la interpretación histórica, donde la observación común lo ha advertido por primera vez[60]. Aquí en efecto, el hecho de la individualidad, tal y como se verifica en la personalidad histórica, debe devenir operativo también en la personalidad del que es llamado a conocerla, a fin de que pueda ser por esta reconocida, comprendida y reconstruida[61].

---

56 GOETHE, *Wahrheit u. Dichtung,* XV, "was einer nicht schon mitbringt, kann er nicht erhalten". Cfr. LAZARUS, *Leben d. Seele,* II, 42; 257.

57 SIMMEL, *Probleme,* cit., 38, 83 y ss.; BERNHEIM *Methode,* 767.

58 HEGEL, *Phänomelogie d. Geistes,* ed. Lasson, 430; ed. 1840, 486.

59 Werke", VI, 174, 177; VII, 56 y ss.; cfr. HARTMANN, *Problem,* 207 y ss.

60 Alguno, como BOETKH, *Enc. u. Method.,* 6ª ed., 76, formula el canon como exigencia de "objetividad y receptividad"; igualmente BERNHEIM, *Methode,* 6ª ed., 750-776, como exigencia de "objetividad", que se requiere para la concepción y también para la exposición (796), pero con esto se trata de evitar el malentendido a que pueda dar lugar que el historiador pueda despojarse de su propia subjetividad: DROYSEN, *Historik,* 287; MEINECKE, en "Histor. Zeitschr.", 141, 283; J. WACH, *ibid.,* 142, 14 y ss.; N. HARTMANN, *Ethik,* 45 *in fine.*

61 SIMMEL, *Probleme,* 4ª ed., 78; BOECKH, *Method.,* 260; TROELTSCH, *Historismus,* 52 y ss.; NIETZSCHE, *Menschl.,* I, 149, 621; *Frl. Wiss.,* 334; cfr.

Si la personalidad se manifiesta en el modo y grado en el cual determinadas representaciones se unifican en una conciencia, de modo que la afinidad de semejante modo o grado, es una de las condiciones necesarias al historiador para recrear una personalidad. Pero el canon de la adecuación del entender del que hablamos tiene un alcance general que abraza todo proceso interpretativo[62]. Sin embargo, es preciso destacar que asume, o debe asumir, adaptaciones diversas y matices distintos según la naturaleza del objeto a interpretar y en conformidad a los fines y problemas que la interpretación se proponga. Así se advierte, intuitivamente, que en la interpretación de la ley la adecuación del entender no puede proceder de la misma manera que en la interpretación histórica y que se encuentra fuera del camino quien, como hace Gorla[63], aplica al derecho criterios propuestos por Croce[64] para la interpretación histórico-política e histórico-estética, para querer verla agotada o percibir la fase culminante de un "revivir" y "desplegar en sí" el acto normativo.

IV. Diferencias entre la interpretación histórica y la jurídica

Llegados a este punto, se hace precisa la obligación de dilucidar, ante todo, la diferencia que media entre la interpretación histórica y las varias formas o tipos de interpretación jurídica, ordenándolas según la respectiva función en el cuadro de una teoría general. Ya se ha puesto de relieve que la categoría advertida por los juristas romanos cuando

---

STANISLAWSKI, *An actor prepares*, 1936, 288 (accustom yourself); 289 (find in yourself a responsive cord).

62   Como todo proceso cognoscitivo: KANT, *Kritik d. r. Vern.*, 2ª ed., 82; HEGEL, *Logik,* III, 27 y ss. MEUSEL, *Pr. Phil.*, 169-70, n. 2.

63   GORLA, *Interpr. d. dir.*, 1941, 3 y ss., 20-22, 52 y ss. Se adhiere parcialmente a GORLA, SACCO, *Concetto di interpretaz. del dir.*, 1947 ("Memorie ist. Torino", 60), 23-31, 120 y ss. BIERLING, *Jurist. Prinzipienlehre*, IV, 197 y ss. tiende a equiparar la interpretación de un derecho vigente con la interpretación meramente cognoscitiva (SCHREIER, *Int.*, 62-63).

64   CROCE, *Poesia,* cap. II; *Storia*, 130 y ss.

postulan una integración o una limitación de la regulación legal –categoría que hoy se denomina analogía e interpretación extensiva o restrictiva– inserta en el proceso interpretativo un ulterior propósito de adaptación y de adecuación de la norma jurídica, y que en la base de este propósito debe encontrarse un canon hermenéutico atinente no ya al mero objeto, sino al sujeto de la interpretación. Con este canon, aislado por nosotros, habíamos considerado volver a encontrarlo en la directiva de la actualidad del sujeto pudiéndolo identificar con el canon de la adecuación del entender, o de la correspondencia hermenéutica.

En verdad, la adecuación del entender consiste, según la formulación propuesta, en poner en juego, simultáneamente, en íntima adhesión y armonía los dos términos del proceso interpretativo: es decir, el objeto que en nuestro campo es la norma jurídica y la actualidad del sujeto: actualidad en la que confluyen las palpitantes, múltiples y mudables exigencias de la vida social a cuya regulación el derecho está destinado.

El punto álgido de la diferencia entre interpretación histórica e interpretación jurídica se halla en que en la primera se trata únicamente de evocar en su autonomía, de reconstruir en su totalidad, de integrar en su originaria coherencia, el sentido –en sí concluido– de la forma representativa, y el pensamiento que en ella se expresa; por el contrario, en la interpretación jurídica de un ordenamiento vigente no podemos detenernos a evocar el sentido originario de la norma, sino se debe ir un paso más allá[65], porque la norma, lejos de agotarse en su primitiva formulación, tiene *vigor actual* en relación con el ordenamiento del que forma parte integrante, y está destinada a permanecer y a transfundirse en la vida social, a cuya regulación debe servir.

---

65 CAPOGRASSI, en "Riv. intern. fil. dir.", 21, 1941, 110; *Problema d. scienza d. dir.*, 1937, 104 y ss. Un característico ejemplo de aquellas "construcciones de gabinete" a las que es constreñida a recurrir cierta mentalidad abstractista para ponerse de acuerdo con el dato fenomenológico que repugna a sus esquemas, es la construcción de una "norma general que asume en su contenido los resultados de la interpretación", que GORLA, *Interpr.*, 22, propone para liberarse de aquel fenómeno que denomina "la llamada integración".

Aquí, por tanto, el intérprete no ha acabado todavía de cumplir su tarea cuando ha reconstruido la idea originaria de la fórmula legislativa –cosa que también debe hacer–, sino que debe, después de esto, *poner de acuerdo* aquella idea con la presente actualidad, infundiéndole la vida de esta, porque es precisamente a esta que la valoración normativa debe ser referida. En suma, aquí se trata no solo y no tanto de hacer mover el sujeto contra el objeto, manteniendo firme a este en su puesto, conforme a su primitiva ubicación histórica, sino sobre todo de hacer mover el objeto hacia el sujeto, haciéndole partícipe de la viva actualidad de este y vinculado a la perenne dinámica de la vida histórica del derecho[66].

Una comparación servirá para esclarecer inmediatamente la diferencia en el modo de proceder que el historiador y el jurista adoptan cuando, encontrándose ante lagunas de su respectivo objeto, deben asumir una tarea de integración. Para el historiador que se encuentre ante una narración con lagunas de los acontecimientos transmitidos de varias fuentes de la tradición, se tratará, en primer lugar, de reconstruir como un todo los testimonios[67] y de combinarlos entre sí, interrogándoles en forma confrontacional –como hace, por ejemplo, Niebuhr con las fuentes romanas[68]– y, terminada esta tarea preliminar de naturaleza crítica, se trata sobre todo de integrar la narración y de reconstruir la concatenación objetiva, según la lógica de los acontecimientos: lógica que, teniendo éstos el primordial carácter de comportamientos, es precisamente una lógica y una psicología de la acción. Bajo tal aspecto un autorizado historiador, Droysen[69], califica a esta como "interpretación

---

66 Capograssi, *Problema,* 104 y ss., 114 y ss.; Bobbio, *L'analogia nella logica del Diritto,* 1938, 115 y ss.; 121 y ss.; cfr. Grispigni, *Dir. penale it.,* 2ª ed., I, 27, 250; este proceso no parece haya sido acogido exactamente por Romano, *Frammenti di dizion. giur.,* 1947, 120-122. Vid. más adelante nota 99.

67 Droysen, *Historik,* 25.

68 Droysen, *Historik,* 83; Wach, *Verstehen,* II, 11; Niebuhr, *Röm. Gesch.,* I, 3ª ed., 1829, 55 y ss., 384 y ss., 411 y ss.

69 *Historik,* 156-163; cfr. Hartmann, *Problem. d. geist. Seins,* 425 y ss.

pragmática", a la que asigna su cometido diciendo que por ella las concatenaciones y la homogeneidad, cuyas trazas son reconocibles en las fuentes, vienen integradas en la dirección de tales trazas y de las consecuencias desplegadas, y los motivos en aquellas apuntados, vienen desarrollados en su coherencia y traducidos de la tipicidad abstracta sobre el terreno concreto[70]. Criterio metodológico que en épocas más recientes ha sido retomado y desarrollado por sociólogos como Max Weber[71]. Análogamente procede el arqueólogo al interpretar, reconstruyendo el todo, los fragmentos supervivientes[72].

En cambio, para el jurista que advierta la deficiencia, o la insuficiencia, o la desarmonía de la regulación legislativa de la materia o del caso sometido a su decisión, el problema de la integración se plantea de modo totalmente distinto. A este propósito interesa recordar, en forma preliminar, porque es instructivo en su mismo error, el cambio de planos de valoración, en el que se ha caído cuando, en el laudable intento de mantener la interpretación jurídica entre confines que excluyan el arbitrio, se ha intentado aproximar la tarea del juez al del psicólogo o a aquello que se cree que es el oficio de historiador. Así, por callar otras tentativas de comparación más ingenuas o groseras[73], se aconseja por alguno, como W. Jellinek[74], de argumentar "desde la personalidad del legislador el presumible pensamiento legislativo", o sea, la hipo-

---

70   DROYSEN, *Historik,* 91, 184, 285; cfr. FERYER, *Soziologie,* 196; SIMMEL, *Probleme,* 4ª ed., 181 y ss., 74.

71   *Roscher und Knies u. die logische Probleme der historischen Nationalökonomie,* en "Schmollers Jahrbuch f. Gesetzgeb. Verwaltung u. Volkswirt.", 29, 1905, 1347 y ss., 1369 y ss.; 30, 1906, 96 y ss., 105 y ss.

72   NIETZSCHE, *Menschl. Allzu Menschl.,* I, 274 ("Werke", II, 255); ROTHACKER, *Logik u. System d. Geisteswiss.,* 92; "Bull. dir. rom.", 39, 54, 57, 41, 279; nuestro *Dir. rom.,* I, pref. XIX, citados más adelante nota 130.

73   Como el que hace CALAMANDREI, en "Studi Besta", 1939, II, 353-376, contra la tesis allí sostenida p. 364, para la determinación del hecho, Vid. CARNELUTTI, *Prova civile,* 1915, n. 6, 36; *Sistema,* I, n. 305 d, 745, contra la tesis allí seguida, 367, con inconsecuentes admisiones, 372. Vid. nuestras consideraciones en "Studi Chiovenda", 1927, 69-70.

74   *Gesetz, Gesetzeanwendung u. Zweckmässigkeitserwägung,* 1913, 167-68; por otra parte, 169-70.

tética y "más verosímil respuesta" que el legislador hubiera dado para la decisión buscada, al modo como del carácter de una personalidad histórica manifestándose en su línea de conducta se infiriese, por así decir, la decisión o posición que ella hubiese tomado frente a ciertas situaciones de hecho.

Lo que, es obvio observar, es ya un error —como fue a su tiempo demostrado[75]— creer que sea tarea del historiador una interpretación psicológica individual dirigida a argumentar del carácter y del estado de ánimo de los personajes su modo de comportarse en determinadas ocasiones. Una semejante interpretación psicológica entra, más bien, por cuanto se refiere al campo de la fantasía, en el terreno de los escritores de novelas históricas o en el del dramaturgo[76] o (en sede de interpretación reproductiva) del actor dramático[77]; por cuanto respecta al campo del obrar práctico, entra mejor en aquella representación psicotípica en función práctica, a la que son llamados los hombres de acción —políticos, estrategas, conductores de masas o de ejércitos, educadores, en general, los que tienen una tarea de gobierno de los hombres—, a los que debemos entender, a la vista de las acciones a realizar, caracteres, pasiones y dotes de los instrumentos de los que se sirven o de los obstáculos que han de superar, y, sobre todo, deben prever las presumibles reacciones, con cuyos instrumentos y obstáculos, amigos y enemigos, responderán a sus iniciativas.

Ahora bien, uno puede imaginar a qué resultados se llegaría si el jurista y, en particular, el juez, debiese, con una absurda ficción antropomórfica, ponerse en el lugar del mítico "legislador" a la búsqueda de una voluntad hipotética, del todo irreal[78]. Un primer e infaltable resultado sería que él quedara vinculado también por fórmulas conceptuales y por expedientes desacertados, de ningún modo requeridos por la *ratio*

---

75 Droysen, *Historik*, 174-178.

76 Droysen, *Op. cit.*, 174 y ss.

77 Wach, *Verstehen*, I, 206, n. 3.

78 Enneccerus, *Lehrb.*, I, § 53, n. 17; cfr. Zitelmann, *Internat. Privatr.*, II, 219, también, Bobbio, *Analogía*, 129 y ss.

iuris de la norma en discusión, obteniendo y acaso potenciando consecuencias contrarias a aquella *ratio*[79]. Otro resultado sería que frente a una legislación formada por estratos sucesivos, inspirados por concepciones y valoraciones entre sí divergentes, el jurista no podría adecuar los estratos más viejos a aquellos más recientes y restablecer la coherencia donde hay desarmonía, pero quedaría ligado a la expresión de pasiones hace tiempo aplacadas o a concepciones superadas y consideradas anacrónicas con el progreso de la legislación[80]. Contrariamente, si la hipotética respuesta del legislador se debiese buscar en el punto de vista del estrato más reciente, sucedería con ello que, dada la soberana discrecionalidad legislativa, no estaría llamada a respetar ciertos intereses a la estabilidad y conservación, que el juez debe siempre tener en cuenta, vinculando como lo está a mantener un diseño y una línea de lógica coherencia en todo el conjunto de *ius conditum*[81].

Ciertamente, el juez debe, como todo jurista, prever las reacciones que es de presumir se produzcan al utilizar un determinado modo de entender la valoración normativa de la ley, y así debe tener en cuenta tanto la ventaja que se puede esperar, como el daño eventual que se puede derivar al aplicarla a resolver el conflicto de intereses en cuestión: en el que consistiría el *"legem probare"*, de que habla Leibniz: *"rationem legis veram reddere, non tantum scilicet cum sit lata, sed etiam cur sit tuenda"*[82]. Aunque esta ulterior apreciación debe ser conducida no ya al punto de vista de un ficticio "legislador" de entonces, sino de aquel de la *sociedad contemporánea* al intérprete, en la cual la ley está destinada a desarrollar su función normativa, y, por tanto, tiene un sentido

---

79 HECK, *Gesetzeauslegung*, 240-41; 249, n. 379 *in fine*; COSACK, *Lehrbuch d. bürgel, R.*, I, § 11, in f.

80 Contra este modo de ver, GRISPIGNI, *Dir. pen.*, 2ª ed., I, 27, 349.

81 HECK, *Gesetzeauslegung*, 241-42; cfr. CARNELUTTI, *Sistema*, I, 117.

82 Cit. de LEONI, en "Riv. d. filos.", 1947, 91, cfr. 93; *hae rationes sumuntur ex ethicis vel politicis, et vel etiam nunc subsistunt vel nunc cessat"*; porque se trata de *"probare enuntiationis huiusmodi non veritatem absolutam, sed ipsam probalitatem"*.

totalmente diverso al de una apreciación meramente contemplativa o retrospectiva, como sucede con el oficio del historiador[83].

En suma, el jurista debe considerar el complejo del orden jurídico no ya estáticamente como una osamenta fosilizada o como una formación gradual de cristales, de la que se trate solo de aclarar y de descubrir las sucesivas estratificaciones, sino dinámicamente, como una viva y operante concatenación productiva, por decirlo con Dilthey, como un organismo en perenne movimiento, que, inmerso en el mundo de la actualidad, es capaz de *auto-integrarse* según un diseño de racional *coherencia* y de acuerdo con las mutables circunstancias y con las exigencias vitales de la *sociedad presente* en cuanto se puedan considerar en él contempladas[84]. En la órbita del orden jurídico dinámicamente considerado, se trata de volver a encontrar las *valoraciones inmanentes y latentes* que, aún formando la *ratio iuris* de normas ya formuladas, puedan servir de base o de entramado, del cual recabar y hacer explícitas las máximas adaptadas a la decisión buscada. Lo que no se debe nunca olvidar es que el cambio de las relaciones sociales en el tiempo actúa sobre la *ratio iuris* originaria y madura un resultado social ulterior, en el sentido de añadir el criterio de analogía para resolver el conflicto entre categorías de intereses más allá de las por ellas previstas[85]. Cuando se habla de una presunta "plenitud lógica" del ordenamiento jurídico, se comete una equivocación –por una errónea perspectiva intelectualista e inmovilizante– como si fuese un dato definitivo preconstituido y adquirido de una vez por todas: sin caer en la cuenta que al concebirlo de tal modo, sería imposible el hecho de toda interpretación analógica[86]:

---

83   Para la diferencia, HARTMANN, *Problem d. geist. Seins*, 477-8.

84   CARNELUTTI, *Sistema*, I, 117; GRISPIGNI, *Dir. pen. it.*, 2ª ed., I, 349, salva siempre la posibilidad de una hétero-integración: DEL VECCHIO, *Riforma del cod. civ. e prinicipi generali di dir.*, 2ª ed., 1938, 7 y ss.

85   BRÜTT, *Kunst der Rechtsanwendung,* 1907, 58, 65; HECK, *Gesetzesauslegung*, 39 y ss., 230-238; cfr, HELLWIG, *Lehrb. d. deut. Civilproz.*, II, 1907,§ 93: 169 y ss. RIEZLER, *Venire contra factum proprium*, 1912, 126 y ss.

86   Cfr. por ejemplo los puntos de vista críticos de JUNG, *Von der "logischen Geschlossenheit" des Rechts,* en "Festgabe d. Giess. Jur Fak. F. Dernburg",

realmente una plenitud semejante va referida no como un presupuesto y un punto de partida, sino más bien, como un punto de llegada ideal y una meta, nunca alcanzada definitivamente, del proceso interpretativo. El complejo unitario del orden jurídico debe ser reelaborado y profundizado continuamente o con ocasión de cada norma jurídica particular: porque reportar la norma a la totalidad del sistema significa ya rehacer la unidad y renovar la integración, volviendo a encontrar en cada norma la razón suficiente y removiendo la desarmonía[87]. En particular –y así fue ya observado por Heck[88] y por Grispigni[89]–, el sobrevenir de nuevas leyes, que completan o modifican la precedente regulación, pone al jurista en la situación de tener que ponerlas de acuerdo adecuadamente, lo que no debe quedar en los efectos próximos o más destacados de la materia regulada, sino abrazar también otros efectos más remotos o reflejos, y las repercusiones desarrolladas en las diversas instituciones, a los que pueda alcanzar encuadrando las nuevas normas en todo el sistema.

La diferencia esencial ahora manifestada entre interpretación histórica y jurídica, aunque vale a poner en guardia contra el equívoco, que solo una estática visión intelectualista puede generar, entre el plano interpretativo del jurista y el del historiador, no encuentra una explicación suficiente en la diversa cualidad del respectivo objeto, sino en una diferencia más profunda que con ella se conecta y que concierne a la respectiva función hermenéutica de una y otra.

Que en la interpretación jurídica la adecuación del entender se obtenga ante todo haciendo mover el objeto hacia el sujeto para hacerle partícipe de la actualidad de este, se demuestra no solo por el hecho de la interpretación integradora de la que venimos hablando,

---

1900, 14 y ss., 20, 22; y los nuestros en "Riv. int. fil. dir.", 1925, 56-63. En contra, DONATI, *Lacune*, 168-71.

87 CAPOGRASSI, *Problema della scienza del Diritto*, 104; DEL VECCHIO, *Il problema delle fonti del dir. posit.*, 2ª, ed., 1938, 15 y ss.

88 *Gesetzesauslegung*, 179, 189-191, cfr. 230, 232.

89 *Dir. pen. it.*, 2ª ed., I, 27, 350, y ya anteriormente en otros trabajos.

sino también con otros hechos de los cuales es rica la fenomenología del derecho. Así, en este sentido, se observa cómo en el traspaso histórico de una legislación precedente a una posterior en siglos, orientada en sentido sustancialmente diverso, conforme a un ambiente social distinto y a un distinto clima cultural, textos de leyes conservados inmutables en cuanto a la letra, adquieren por una *duplex interpretatio* un *significado* distinto del primitivo[90]. Se observa igualmente cómo en la recepción de un código que haya sido puesto en vigor en un país diverso del de origen suceden fenómenos de asimilación positiva y de refractariedad, por los cuales, en el trasplante de las instituciones allí disciplinadas, algunas toman raíces y se revelan vitales, mientras que otras, al contrario, no se desarrollan y se vuelven inoperantes[91].

El texto literal del código funciona como una urdimbre o armazón, que no se reanima si no es en contacto con la vida de la sociedad a la que es destinado, y se reanima solo en la medida en que responda a las formas interiores del viviente sentido jurídico[92]. De ahí que cuanto más amplia sea la apreciación integradora consentida al juez, tanto más se puede prever que las divergentes concepciones éticas, religiosas, económico-sociales y en general el diferente clima cultural, conducirán a elaborar un derecho vivo diverso[93]. Ahora bien, a la vista de estos innegables fenómenos, no se puede admitir salvo que quiera uno ser víctima de una ilusión, que se reduzca la apuntada diferencia de planos

---

90 ROTHENBÜCHER, *Ueber das Wesen des Geschichtlichen und die gesellschaftlichen Gebilde*, 1926, 90 y ss.; por último, RICCOBONO, *Duplex interpret.*, en "Bull. dir. rom.", 1947, 6 y ss.

91 SCHWARZ, *La réception et l'assimilation des droits étrangers*, en *Introduction à l'étude du droit comparé; Recueil en l'honneur de Lambert* (1938), II, parte IV: 581-90, especialmente 585.

92 SCHWARZ, *op. cit.*, 585; HARTMANN, *Problem d. geist. Seins*, 252, 446, en este sentido está en lo cierto KOHLER, *Lehrb. d. bürgerl. R.*, I, 123, 125; cfr. KOSCHAKER, *Europa u. d. röm. Recht*, 1947, 153 y ss., 161 y ss.; cfr. 184-187.

93 SCHWARZ, l. cit., 586; nuestras consideraciones en "Riv. dir. comm.", 1929, 668; "Riv. proc. civ.", 1930, 256; *Dir. proc. civ. it.*, 402 y ss.; JELLINEK, *Gesetzeanw.*, 180-83.

interpretativos a la que solo depende del objeto[94]. Sería como la ilusión geocéntrica del que negase el movimiento de la tierra en torno al sol: negación aún más absurda después de la revolución copernicana. En realidad, la diferencia que hay que añadir a la del objeto es más profunda y concierne a la misma función de la interpretación.

Veamos de dar cuenta de ello. En el campo de un derecho vigente, la tarea de interpretar, que corresponde al jurista, no se agota con volver a conocer una manifestación del pensamiento, sino que va más allá de la mera reproducción del mismo, para integrarlo y realizarlo en la vida de relación en orden a la composición preventiva de conflictos de interés en esta previsibles. La interpretación jurídica contiene, como toda otra interpretación, un momento cognoscitivo; esto es, cognoscitivo del pensamiento (de la ley o de otra fuente de derecho), pero tiene, por otra parte, una *función normativa:* es decir, la función de obtener en definitiva máximas de decisión y de acción práctica (aunque no inmediata), para observar y para aplicar: la función de desarrollar criterios directivos, a los cuales debe conformarse el tomar posición y el obrar en el mundo social, según el orden jurídico que en él se halle vigente. Porque este orden jurídico en tanto tiene, y continúa teniendo, vigor[95]; en cuanto es debidamente integrado y desarrollado por quien lo interpreta, según la máxima de decisión de posibles conflictos y, a través de la máxima, determina el obrar requerido por el derecho en la vida social: razón esta por la que el mismo orden jurídico disciplina la propia actividad interpretativa[96]. Equivale a decir que la interpretación tiene la función de mantener en vida la ley

---

94 Así, por último, ROMANO, *Frammenti di dizion. giur.*, 122, fr. del 1945.

95 ROMANO, *Frammenti,* cit., 124-125.

96 Cfr. C. SCHMITT, *Ueber die drei Arten des rechtswissensch. Denkens*, en "Schriften d. Akad. f. deut. Recht", 1934, 24 y ss. cuyas observaciones críticas adolecen, sin embargo, de una acentuación unilateral de este modo de ver. A la exigencia de disciplinar la interpretación en interés de la certeza y de la uniformidad (igualdad de tratamiento), se vincula también el problema de la interpretación auténtica, como ha advertido certeramente CAMMEO, *Interpretazione autentica*, en "Giurispr. it.", 1907, IV, 310-312.

o las otras fuentes del derecho, mediante el entender, y con ello conservar la perenne eficiencia en la vida de una sociedad preceptos, normas y valoraciones normativas que están destinadas a regularla y a servirle de orientación[97]: tanto que pudiera decirse que, viceversa, las normas no interpretadas acaban por ser letra muerta y pierden, por último, su capacidad de actuarse y de hacerse valer[98].

En suma, que la interpretación, lejos de agotarse en un reconocimiento meramente contemplativo del significado propio de la norma considerada en su abstracción y generalidad[99], va más allá y opera una especificación e integración del precepto a interpretar[100]; esto lleva a establecer una complementariedad concurrente, un círculo de *recíproca y continua correspondencia,* entre el vigor de la ley (o fuente del derecho) donde se contienen las máximas de la decisión, y el proceso interpretativo que se desarrolla por la jurisprudencia y por la ciencia jurídica[101]. Un círculo tal que hace de la jurisprudencia, teórica y práctica, el complemento necesario de la legislación, y la una y la otra constituyen los

---

97 En este sentido, tiene un fondo de verdad la visión de BÜLOW, *Gesetz u. Richteramt*, 1885, 46 y ss.

98 BOBBIO, *Analogia,* 136-37; ya F. SCHREIER, *Die Interpretation der Gesetze und Rechtsgeschäfte*, 1927, 6; para la relevancia del fenómeno en general, BERNHEIM, *Methode*, 6ª ed., 17; SMEND, *Verfassung und Verfassungsrecht*, 18 y ss., para el prejuicio contrario, DE RUGGIERO, *Hegel,* 1948, 178-179; "insuficiente objetivismo" (!). En cambio, MAC-DOUGALL, *The group mind*, 1927, 18, 297.

99 Así, erróneamente, KELSEN, *Zur Theorie d. Interpretation*, en "Revue de théorie génér. du droit", 8, 1934, 11; GORLA, *Interpret.*, 21; SACCO, *Interpr.*, 120 y ss., 124, 129, 135 y ss.

100 SCHLEIERMACHER, "Werke", III-III, 347, nota.

101 SCHEIER, *Interpretation der Gesetze u. Rechtsgesch.*, 6, n. 3. Para la concepción dinámica aquí propugnada, REGELSBERGER, *Pandekten*, I, 158 y ss.; JUNG, *Von der "logischen Geschlossenheit" des Rechts*, en "Fesgabe Dernburg" (1990), 14 y ss.; HELLWIG, *Lb. d. Civil pr.*, II, 169, 173; FERRARA, *Tratato*, I, 210; Degni, *Interpr.,* 2ª ed., n. 134; CARNELUTTI, *Teor. gen. d. dir.*, 1ª ed., 388; 2ª ed., 269. Contrapone una visión, según nosotros, ingenuamente objetivista, ROMANO, *Frammenti*, 122, sin descartar que precisamente en virtud de la interpretación, no es algo bien hecho, sino algo *que se hace continuamente;* MONTAIGNE, *Essais*, II, XII (ed. Garnier, I, 552) por él citado, es en realidad consciente de la eficacia evolutiva de la interpretación.

elementos indefectibles por los que en una sociedad, en un país, el derecho es verdaderamente vivo y vigente.

Al poner esto de relieve nos hemos dado cuenta de la diferencia que existe entre dos posibles funciones de la interpretación —de un lado, la función meramente cognoscitiva o representativa, que cumple la interpretación histórica ya sea de fuentes representativas y de supervivencia, como obras de arte y de pensamiento o de conductas, que pertenecen al pasado; y, de otro, la función normativa a la que es llamada la interpretación jurídica en relación con un derecho vigente—, nos queda ahora dar cuenta de una tercera función, diferente de ambas, que viene vinculada a otros tipos de interpretación (contemplado el cuadro, ordenaremos después, en una breve reseña, las diversas formas de interpretación según cada una de estas tres funciones). Esta tercera función, que proponemos calificar como *reproductiva o representativa*, se caracteriza por la presencia de un intermediario que, interponiéndose entre la manifestación del pensamiento de un autor y un público interesado en entenderla, asume el oficio de *sustituir* a una forma representativa *equivalente*, dotada de una eficacia comunicativa idónea para hacer entender su sentido. Verdaderamente, también en función puramente cognoscitiva, la interpretación, como hecho espiritual del sujeto llamado a entender, consiste en un reproducir interno, en un revivir por dentro, que lleva a repensar la concepción, a volver a evocar la intuición, expresa o implícita en la forma interpretada.

Ya que aquella realidad histórica y social que nos viene dada solo en su exterior apariencia, o como simple producto, o precipitado histórico, o residuo de una vida pretérita, no puede ser entendida sin venir transpuesta y retraducida a la actualidad espiritual de un sujeto, actualidad análoga a aquella en la que se ha generado[102]. Bajo este aspecto no es interpretar lo que no sea reproducir interiormente; resultando accidental que, una vez que se llegue a entender, por propia cuenta el

---

102 Dilthey, "Ges. Schr.", V, 263-265; VII, 120, 224 y ss.; Carnelutti, *Meditazioni*, 1942, 139-43.

intérprete comunique a los demás, con finalidad informativa o didáctica, la caracterización alcanzada, indicándoles su punto de vista, que habrá que tener en cuenta[103]. No es así, por el contrario, en el proceso interpretativo que ahora consideramos: pues este viene precisamente caracterizado por el hecho que el reproducir no es puramente interior, contemplativo y por sí *intransitivo*, y no se agota en un representarse a sí mismo en el sentido indicado, sino que consiste en un reproducir y recrear exterior, por así decir, *transitivo y social*, en cuanto supone un público, visible o invisible, al que dirigirse: un recrear tal que representa el sentido recabado en una dimensión espiritual de aquella en la cual el pensamiento viene originariamente concebido o al menos fijado, para concretarlo u objetivarlo en una nueva manifestación –sea esta una dicción o una traducción a otra lengua, o la realización escénica o sonora de una obra dramática o musical.

El problema interpretativo, que comienza por el reconocimiento del sentido, va de pronto más allá: el problema es –en la traducción– sustituir una forma no comprensible por otra que se haga comprensible a un público distinto al que la obra iba por primera vez destinada; o –en la interpretación dramática– de sustituir una forma esquematizada en símbolos y formulaciones elementales por una forma visible, en movimiento, a aquella equivalente, en la que los símbolos y formulaciones sean reintegrados a su pleno valor expresivo y humano; o, en fin –en la interpretación musical–, de sustituir una forma exánime, despojada de su originario soplo creador cristalizada y reducida a un conjunto de signos convencionales por la exigencia de la objetivación, por una forma auditiva animada: a la cual el soplo vital de origen sea restituido en el lenguaje de los sonidos.

La nueva forma equivalente está ligada a la primera, que sustituye, por un vínculo deontológico, de subordinación, cuya observancia es lo que se llama la *"fidelidad"* de la función representativa. La

---

103 Cfr. CROCE, *Poesia*, 127, que no destaca lo extrínseco de la finalidad didáctica respecto de la actividad interpretativa a la que puede acompañarse.

calificación de fidelidad, que no tiene razón de ser establecida como requisito para la interpretación meramente cognoscitiva (porque es implícita y connatural con ella), es, en cambio, la medida característica a la que va vinculado el valor de toda interpretación reproductiva. Aquella no hace más que aplicar a esta los fundamentales cánones hermenéuticos de la autonomía y de la totalidad del objeto: en consecuencia, va entendida como fidelidad no tanto a la forma verbal como al pensamiento del autor, como adherencia y consonancia a aquella concepción e intuición de este, que se trata de volver a expresar. También en este campo aflora en la conciencia de los intérpretes la antinomia entre la exigencia de fidelidad al pensamiento original y la exigencia de espontaneidad y de renovación que nace de la actualidad del entender.

Siendo interesante hacer notar los síntomas de una fundamental analogía de la problemática interpretativa. Así, por ejemplo, en tema de interpretación dramática, junto a directores que, como Copeau, profesan un culto casi religioso de la rigurosa fidelidad al texto del poema dramático, hay otros que, como Gordon Craig —en obsequio a la unidad de estilo del espectáculo—, quisieran eliminar de la escena el poema, considerando suficiente una idea a la que el artista de teatro puede conferir la forma por él preelegida, o que, como Artaud, quisieran estilizar el espectáculo hasta reducir la función de la palabra al papel de los otros medios expresivos. Junto a directores que, sobre la pista de Diderot, les gustaría asignar al actor el oficio de presentar, despojado de toda sensibilidad propia, solamente la vida exterior del carácter que encarna, hay otros que, como Stanislawski, les proponen la tarea de adaptar las propias cualidades humanas a la vida del personaje y de meterse dentro toda su alma con objeto de revivificarla[104].

---

104 COPEAU, *Mise en scéne*, en "Encyclopédie française", XVII (1935), 1764, 1-5; GORDON CRAIG, *De l'art du théatre*, 1916, 22, 55, 111, 123, 170-171; ARTAUD, *Le théatre et son doublé* (cfr. collection métamorphoses, IV), 1938, 73 y ss., 76-77, 92, 96; DIDEROT, *Paradoxe sur le comédien*, en "Oeuvres choisies" (Clasiques Garnier), II, 259, 261, 263, 265, 269, 289, 303; cfr. "Encyclopédie française", XVII, 1760, 4; STANILAWSKY, *An actor prepares*,

Análogamente, en cuanto a la interpretación musical: junto al que enfatiza la estricta dependencia del intérprete de la página y de sus variaciones en la tarea de traducir estas en actualidad sonora mediante una obra de inteligente penetración, que ve vinculada sobre todo a su apreciación técnica, para otros, y son la mayoría, que sin negar el valor de la fidelidad a la página musical, atribuyen a la interpretación la finalidad de recrear y de integrar la concepción tanto en la idea generadora como en la estructura y coherencia estilística, y en tal tarea ven entrar necesariamente en juego toda la personalidad del intérprete con la inspiración de su sensibilidad y de su gusto, en la tendencia a encontrarse con la personalidad del autor hacia la meta, postulada por Wagner, de una identificación ideal[105]. Ciertamente se halla descaminado el que, como Parente[106], se aferra al preconcepto crociano de que el arte no sea sino creación de absoluta originalidad independiente de todo cauce, tratando de resolver la interpretación como un problema práctico de pura técnica: sin pensar que en la técnica no está sino la base y el elemento preparatorio de la tarea interpretativa, un instrumento para hacer explícito lo que es implícito en la página dramática o musical, o sea, para encontrar en su aparente hermeticidad aquel lirismo que le rodea y que de ella se desliza silenciosamente[107].

Con este lirismo no se trata ya de "resolver", pero sí de acoger congenialmente, fraternalmente, en la actualidad del sujeto, llevándola a su justa prospectiva, como una sustancia que pertenece a otro, como espiritualidad pasada, y que no tanto deviene, cuanto vuelve a

---

New York, 1936, 14, 269, 288 y ss., 294 y ss.; cfr. CROIZA, en "Encyclopédie française", XVII, 1760, 7.

105 Vid. de un lado, PARENTE, *La musica e le arti*, 1936, cap. XV, 213-229; del otro, PUGLIATTI, *L'interpretazione musicale*, 1940, 31 y ss., 26-38, 139 y los escritores por ellos citados; para una visión más de acuerdo con el dato fenomenológico, GRAZIOSI, *Note sull'interpretazione*, en "Rasegna musicale", 1938, 189-214, 193 y ss.; PINCHERLE, *L'interpretation d'instrumentiste*, en "Encyclopédie française", XVII, 1760, 8-10, también noticias en HANSLICK, *Vom Musikalisch- Schönen*, 6ª ed., 1881, 139-41, 14850, 154.

106 *Musica,* cit., 218, 220-223, de acuerdo, CROCE, *Poesia,* 2ª ed., 280.

107 Cfr. LEHMANN, *Droit de l'artiste*, 1935, 167; HANSLICK, *op. cit.*, 112-114.

ser forma viva. El control por parte de los oyentes en tanto es posible, en cuanto el intérprete y el original se revelan en una coincidencia en la cual, aunque perfecta, aquellos pueden reconocer el "doble filo de la única cuerda"[108]. En la interpretación musical, no menos que en la interpretación dramática, la inversión del *iter* creativo en el *iter* interpretativo no puede salir bien sin la iluminación de una conmovida sensibilidad, de una inventiva y de una intuición adivinatoria, puestas al servicio de una finalidad artística, que si no es *creativa ex novo*, es ciertamente "recreativa" y complementaria[109]: la tarea de encontrar una *síntesis expresiva*, o más aún de descubrir una *clave*, y la exacta clave, *espectacular* o, respectivamente, *orquestal* al texto del drama o de la composición musical. Los directores de orquesta, como los directores de teatro, realmente talentosos se distinguen por su singular aptitud de realizar una imagen respondente, consonante, con la obra concebida por el compositor o por el dramaturgo y por su virtud mediadora con la cual saben comunicar y transmitir.

V. Tipos de interpretación

Llegados a este punto, podemos dar una visión panorámica de los varios tipos de interpretación, ordenándolos según su respectiva función en el cuadro de una teoría hermenéutica general. Las tres distintas funciones, de las cuales se ha delineado brevemente la diferencia, se pueden articular en el siguiente orden ideal:

a)   La primera función que tiene lugar en cualquier proceso interpretativo, es aquella que hemos calificado de *meramente cognoscitiva*; las otras dos resultan del desarrollarse, partiendo de esta, una ulterior función que sirve para diferenciarla o especificarla, y son:

---

108 Así, GRAZIOSI, "Rass. Mus", 1938, 198, cfr. 214; MILA, *Capire la musica*, en "Belfagor", 1948, 13.

109 Cfr. CARNELUTTI, *Medit.*, 144 y ss.

b)   La función *reproductiva o representativa*, en la cual el entender no es un fin en sí mismo, sino medio de un fin ulterior, que es el hacer entender a un grupo de destinatarios;

c)   la función *normativa*, en la cual igualmente el entender sirve a un fin ulterior, que es el de preparar la máxima de la decisión o, en general, de la acción, en orden a una toma de posición en la vida social.

Según estas tres funciones, las varias formas de interpretación o tipos de procesos interpretativos se pueden esquemáticamente, clasificar del modo que sigue (nuestro discurso tiene que ser aquí, por necesidad, resumido y esquemático):

a)   Formas de interpretación en función meramente cognoscitiva, son, en primer lugar:

1)   la interpretación *filológica*, que tiene por objeto cualquier texto como instrumento de fijación del pensamiento y que no cumple con un oficio meramente preparatorio –según asegura cierta crítica estética[110], que quisiera limitar la función de la filología a la crítica textual y reivindicar para sí la evocación de la poesía–, bien que tiene su problema central y, por tanto, su culminación, precisamente en evocar el pensamiento, por intuitivo o discursivo que sea, fijado en el texto[111]. En segundo lugar,

2)   la interpretación *histórica* en el doble aspecto que puede asumir, sea en cuanto interpretación de las fuentes de la tradición histórica o de los vestigios, o sea en cuanto

---

110 P. ej., CROCE, *Poesia*, 2ª ed., 70, 72, 77.

111 En este modo de ver parecen concordes los modernos cultivadores de la filología clásica desde WILAMOWITZ-MÖLLENDORF hasta FUNAIOLI (*Studi di letteratura antica*, I, 1946, 1-34 y 2ª parte: *Storia d. filologia moderna*, 355 y ss.) y a ROSTAGNI (en "Riv. d. filologia class.", 1925, 18 y ss.; prefacio a la *Poetica di Aristotele*, 1927, IX). Cfr. BERNARDINI-RIGHI, *Conc. e scopo d. filologia classica nel moderno pensiero europeo*, 1948.

interpretación de los comportamientos, a los cuales –según el propuesto problema historiográfico[112]– se puede reconocer interés histórico en la vida de los individuos o de la comunidad social.

3) Pero aquí, a nuestro parecer, es preciso distinguir, según que la percepción de la vida histórica en cuestión pueda hacerse solamente con las categorías psicológicas y prácticas, éticas o políticas –como sucede en la biografía, en la historia política o en aquellas de las costumbres éticas– o en cambio, en función de su mayor complejidad, un lugar a una problemática de grado superior. Lo que sucede cuando el objeto de la historia es: el arte en sus variadas configuraciones, la literatura en sus diversos géneros, la ciencia en sus varias ramas, el derecho en sus instituciones, o la sociedad en su modo de organizarse en sus estructuras sociales o económicas. Nosotros pensamos que, cuando son objeto de la historia estos valores concretos, que los hombres crean en la viviente espiritualidad de su comunión, el proceso interpretativo de la vida histórica, que es civilización viva, propone una problemática superior que se desarrolla diversamente en la historia del arte, de la literatura, de la ciencia, del derecho o de las estructuras sociales y económicas, pero que confiere a la interpretación en estos diversos campos un trato específico común, tal de diferenciarla de la interpretación genéricamente histórica. Sobre esta tercera forma de interpretación diremos más adelante unas palabras, pero antes conviene completar el cuadro de las diversas formas de interpretación.

b) Formas de interpretación en función reproductiva o representativa. Son, según hemos indicado:

---

112 Droysen, Historik, 19, 31-36; cfr. CROCE, *Storia come pensiero*, 128 y ss. y cuyas consideraciones críticas, por otra parte, surgen de una inexacta comprensión; cfr. DROYSEN, *Historik*, 30-31.

4)   aquella que se lleva a cabo en orden a la *dicción* o a la *traducción* de un texto en otra lengua diferente de la original[113];

5)   la interpretación *dramática*;

6)   la interpretación *musical*.

c)   Formas de interpretación en función normativa. Son, ante todo:

7)   la interpretación *jurídica*, es decir, la interpretación de preceptos jurídicos para observar como máximas de decisión y de acción, y en general como aquellos criterios de valoración de la conducta en la órbita y en la medida de un orden jurídico en vigor. Por otra parte,

8)   la interpretación *teológica*, en la que el objeto constituido por textos sagrados y el vínculo del intérprete a un credo religioso y a un sistema de dogmas y de criterios fijados por una tradición eclesiástica imponen al proceso interpretativo directrices y límites, que guardan relación con las repercusiones de la vida escatológica sobre la conciencia moral y sobre la conducta práctica de la vida.

Sería interesante mostrar, aunque para ello falta tiempo, cómo el vínculo del proceso interpretativo a un sistema preventivamente aceptado, que lo abraza o lo regula, genera una problemática afín para la interpretación jurídica y para la interpretación teológica[114].

---

113 Sobre el problema de traducir, Vid. SCHLEIERMACHER, *Ueber die verschiedenen Arten des Uebersetzens*, comunicación a la Academia de Ciencias de Berlín, en 24 de junio de 1813, en "Werke", III, Abt. II, 207245; GOETHE, *Wahrheit und Dichtung*, lib. XI, a propósito de la traducción de Shakespeare por Wieland; WILAMOWITZ-MÖLLENDORF, *Was is Uebersetzen?* (pref. a *Ippolito*, 1891), en "Reden und Vorträge", 3ª ed., 1913, 1-29; n. *Per una traduz. it. d. logica di Hegel*, en "Rend, ist. lomb.", 1941, 42, fasc. 2; RÜDIGER, *Problemi della traduzione*, 1943; BETTI, *Traduzioni e interpretazione*, en "Respons. d. sapere", 81, 1967 (*n. d. c.*).

114 Cfr. p. ej. WACH, Verstehen, II, 60-61; ERNESTI, *Institutio interpretis* N. T., 5ª ed., 1809, I, 2, cap. 3 53, 107-5; est *analogia doctrinae seu fidei* non in ipsa doctrina universa coetul alicui probata (foret enim multiplex) nec in eius nexu: *sicut nec iuris* analogia est in ipso iure aut legibus aut earum nexu... sed, sicut analogia grammatica est lex dicendi et forma lege constituta, cui

A la función normativa de estas dos formas de interpretación se aproxima, según nuestra opinión, también

9)   la función genéricamente práctica de la interpretación *psicotípica,* que tiene por objeto situaciones psicológicas y valoraciones morales a tener en cuenta en vista de la acción, a la que son llamados sobre todo, como ya se ha hecho notar, los que tienen una misión de gobierno de los hombres, y que cada uno de nosotros experimenta en la cotidiana práctica de la vida de relación.

VI. *Interpretación técnica en función histórica*

Clasificadas así, en un cuadro resumen, que no tiene la pretensión de ser exhaustivo, las nueve formas de interpretación que, desde nuestro punto de vista, tienen mayor importancia para nosotros como juristas, nos queda por desarrollar la reserva hecha anteriormente para la tercera forma de interpretación en función meramente cognoscitiva, que tiene por objeto aquella que, con una denominación colectiva exenta de pretensiones, se llamaría la historia de la civilización en sus múltiples configuraciones. Para llegar a captar el tipo de proceso interpretativo en cuestión, es preciso, según nuestro criterio, acudir a una distinción que en la teoría hermenéutica viene delineada y profundizada por primera vez por el gran Schleiermacher[115].

En el ámbito de la interpretación psicológica, en sentido lato, Schleiermacher distingue la función u objeto psicológico *strictu sensu,* de la función u objeto técnico. La verdad es que él entiende la calificación de "técnico" dada al proceso hermenéutico en el sentido estricto de técnica expresiva propia del lenguaje hablado o escrito —técnica que

---

anomalia opponitur…, sic doctrinae sacrae et fidel analogia est in summa religionis formula et lege, evidenter in scripturis tradita, unde "regula fidei" dicitur.

115 "Werke", I Abt., VII; *Hermeneutik und Kritik*, 143, 155, 200; ed. Meiner, IV, 151, 163, 184.

gobierna la meditación y la composición del discurso– no ya en el sentido amplio de técnica semántica o representativa, atinente a cualquier forma representativa aun diversa del lenguaje escrito; y por consecuencia, no excluye del todo la técnica formativa del contenido espiritual representado, en cuanto este contenido mismo ofrezca la solución de problemas técnicos concernientes a su formación y se trate de entenderlos precisamente en el sentido que allí se encuentra en relación a tales problemas suyos propios.

Es obvio, sin embargo, que la función técnica en el campo de la interpretación comporta y exige una aplicación mucho más vasta de este limitado ámbito, que se podría llamar su punto de emersión en la teoría hermenéutica. Si, en efecto, es de admitir que todo acto del entender procede de la inversión de un acto de "hablar-pensar", en cuanto se trata de desandar retrospectivamente el pensamiento que se halla en la base del discurso y de adquirir conciencia de él, es claro que, de tal inversión puede recabarse un principio general de correspondencia u homología entre el proceso formativo de la obra del pensamiento y el proceso interpretativo. Entonces, se descubre la profunda verdad que intuyera G. B. Vico[116], cuando afirmaba: "que este mundo civil, ciertamente, ha sido hecho por los hombres, en donde se pueden, porque se deben, hallar los principios dentro de las modificaciones de nuestra misma mente humana"[117].

En verdad que las diversas configuraciones típicas que la civilización humana ha creado en el curso de su desarrollo histórico, en las varias esferas de la espiritualidad viva –arte, literatura, ciencia, derecho, estructura económica y social– tienen cada una su propia lógica, su propia ley de formación y desarrollo, que es conjuntamente ley de estructura y de coherencia, a la luz de la cual es también posible una interpretación dirigida a entender su sentido en relación con los

---

116 VICO, *Scienza nuova,* ed. Nicolini, I, 172-3.

117 DROYSEN, *Historik,* 7, 328; cfr. WACH, *Verstehen,* III, 162 y ss. Sobre los límites de aplicación de este principio, vid. UTITZ, *Gr. d. Kunstw.*, I, 79-82; II, 111-113.

problemas respectivos, según los factores típicos que presentan y de acuerdo con los factores individuales, condicionados unos y otros históricamente. De este modo, una interpretación que se conduce con esta orientación, tendente a revisar en las diversas configuraciones de la civilización la solución de un problema morfológico o técnico, aun sin tomar en cuenta quién ha sido su autor, podrá ser calificada, adoptando el criterio descriptivo y la terminología de Schleiermacher, como interpretación *técnica en función histórica*.

Bien es verdad que cuando se habla de técnica en sede histórica, se piensa solamente en el progreso de la civilización material y se excluye de ella a las formas superiores de la espiritualidad colectiva. Pero entonces se trata de una restricción arbitraria, porque en realidad una técnica dirigida a descubrir la peculiar ley de formación de las producciones espirituales más diversas, de las que se alimenta o se enriquece la historia de la civilización humana, puede perfectamente ser puesta al servicio de una interpretación que aquellas producciones quieran reconocer y reproducir por dentro, en su génesis, en su estilo y en la intrínseca coherencia que gobierna su concepción y su composición, lo mismo que su desarrollo histórico. Sin embargo, a propósito de leyes de desarrollo que operan en el plano objetivo de la espiritualidad, no es necesario pensar en leyes inmutables y rígidas por naturaleza, sino únicamente en leyes de tendencia, en las que correlaciones constantes interfieren en los elementos imponderables de la individualidad, aparte de la variabilidad de las condiciones históricas[118].

---

118 Contra el prejuicio eleático de la inmutabilidad, TROELSCH, *Historismus*, 181-183, cfr. 40-41, 566.

De aquí la exigencia de elasticidad y de sensibilidad histórica, puesta por nosotros a los conceptos representativos por utilizar como instrumentos de orientación (BOECKH, *Method.*, 17), en función interpretativa de estructura histórica ("Arch. giur.", 99, 139; "Bull. dir. rom.", 39, 46; 52, 41, 276); exigencia sobreentendida y por ello escarnecida por CROCE (*Storia*, 130) y por GORLA (*Int.*, 52 y ss.; *Storia*, 56, 133; CIONE, *Dal De Sanctis al Novecento*, 1941, 127-139; *B. Croce*, 1944, 178-182, 230.

Si las valoraciones a veces prevalecientes en las sucesivas épocas constituyen un horizonte espiritual comandado por una perspectiva históricamente condicionada y circunscrita, también es obvio admitir el sentir, el concebir y el intuir, no solo en el lenguaje[119], sino también en las otras esferas de la espiritualidad, sean regidas por categorías, no ya extra-temporales, uniformes e inmutables, sino esencialmente variables en función de condiciones históricas determinadas, las cuales se atienen a las relaciones entre humanidad y mundo externo[120]. Ahora bien, el problema que se plantea al historiador es ver si el variar de las concepciones, de los modos de sentir y de intuir, de los dogmas, de las instituciones y de las estructuras, obedece a una normalidad de desarrollo y se halla sometida a tendencias evolutivas, lo que comporta una verificación fenomenológica[121].

Pues bien, es un dato fenomenológico incontestable, a nuestro juicio, que el desarrollo histórico de la espiritualidad en el plano objetivo de las varias esferas en que se articula, presenta analogías con el

---

119 Para lo que HUMBOLDT, *"Werke"*, VII, 52 y ss., 86, descubre la forma interior. El concepto de forma interior es acogido, entre otros, por STEINTHAL, *Ursprung der Sprache*, 3ª ed., 1877, 127 y ss.; *"Zschr. f. Vöolkerpsych"*, 1862, 230-39 (WACH, *Verstehen*, III, 225-32); LAZARUS, *ivi*, II, 57; III, 1865, 81, cfr. 41; *Leben der Seele*, II, 2ª ed., 1878, 138-43, 189-91, 193 y ss.; ROTHACKER, *Logik u. System*, 54 (*Formkaft*); HARTMANN, *Problem*, 187 y ss., 202. Para la historia del concepto, SCHWINGER, *Innere Form; Definition des Begriffs von Shaftesbury bis Humboldt*, Leipz. Diss., 1932, cit. por WACH, III, 225, n. 4. MEINECKE, *Entstehung d. Historismus*, 19 y ss., cfr. 504, 544; BURDACH, *Riforma*, 1935, XIV.

120 DROYSEN, *Historik*, 184 y ss.; 343 y ss.; WACH, *Verstehen*, III, 177, 179; WORRINGER, *Abstraktion u. Einfülhung*, 1911, 9-10, 50-53, *Form probleme der Gothik*, 1922, 11-12. No toma en consideración esta implicación del problema la crítica de GEORGESCO en *"Tijdschr. voor Rechtsgesch."*, 16-24, 1939, 424-425.

121 En sentido afirmativo resuelven el problema: WÖLFFLIN, *Kunstgeschichtl. Grundbegriffe*, 7ª ed., 1929, 247 y ss.; *Das Problem des Stils in der bildenden Kunst*, en *"Abhandlungen der Akademie d. Wiss. Zu Berlin"*, 1912, 572 y ss.; WALZEL, *Gehalt und Gestalt*, en *"Handbuch der Literaturwiss"*, IX, 15, 300322; UTITZ, *Gr. d. Kunstwiss.*, II, 376 y ss., 391 y ss.; WORRINGER, *Formprobleme d. Gothik*, 11 y ss.; NOHL, *Stil u. Weltanschauung*, 1920, 87 y ss.; DILTHEY, *Die Typen der Weltanschauung u. ihre Ausbildung*, 1911 (Nohl, 124), otras referencias en WACH, *Verstehen*, II, 7-8 y nota 2; De Mar 1948, 194.

desarrollo del espíritu en el plano subjetivo de las personalidades individuales[122]. Caracteres comunes del desarrollo sobre uno y otro plano son la continuidad y la coherencia, por las que cada nueva experiencia vital se asimila a las precedentes y se integra, como tendencia (*epidosis eis autò*) en una viviente totalidad que tiene en sí misma su ley de autonomía[123].

También hay que observar que entre uno y otro desarrollo corre un círculo[124] de recíproca dependencia e influencia, aunque no afecte a su respectiva autonomía, con lo que todo intento de reducción a unidad en el sentido de sujetar a ambos a simples leyes de "causalidad psicológica", parece condenado al fracaso[125]. Es cierto que en el plano objetivo de la espiritualidad operan leyes de desarrollo que una simple interpretación psicológica no se halla en grado de reconstruir.

En la historia de las artes, de la literatura, de las ciencias, de las legislaciones, de las estructuras económicas y sociales, el hecho histórico no se limita a ser simplemente un hecho individual de

---

122 Las leyes de desarrollo de la personalidad, ya intuidas por GOETHE (GUNDOLF, *Goethe*, 553, 605; MEINECKE, *Entstehung des Historismus*, 504, 544) han sido después estudiadas por DILTHEY, *"Ges. Schr."*, VII, 138, 153 y por los cultivadores de la psicología diferencial (*Struktur (Geistes) psychologie*), STERN, JAENSCH, KRÜGER, SPRANGER.

Acentúan la homología y la unidad de construcción entre el plano personal y el plano objetivo de la espiritualidad, DILTHEY, *"Ges. Schriften"*, VII, 138, 154-157 y HARTMANN, *Problem d. geist.* Seins, 222, 223 y ss., aunque sin desconocer las respectivas diferencias (HARTMANN, *Ibid.*, 248, 254).

123 Cfr. las diferentes referencias de DROYSEN, *Historik*, 9,10, 12, 14, 20, 24, 27, 32 y ss., 82, 152, 192 y ss., 301, 304, 307, 326, 329 y ss., 362 y ss., 395, 411.

124 BERNHEIM, *Methode*, 17, 140 y ss.; LAZARUS, *"Zschr. f. Völkerpsych"*, I, 33 y ss., III, 53.

125 LAZARUS, en *"Zeitschr. f. Völkerpsychol"*, III, 1865, 86 y ss., 90, 410 y ss., 427, 480 y ss.; *Leben der Seele*, 2ª ed., I, 1876, 337 y ss. De acuerdo con él, BERNHEIM, *Methode*, 6ª ed., ed., 110; WEBER, *Roscher u. Knies u. die logischen Probleme der histor. Nationalökonomie*, en *"Schmollers Jahrbuch"*, 30, 1906, 110113; HÖFFDING, *Totalitätsbegriff*, 1917, 103 y ss.; en contra de la explicación psicológica sostenida por estos autores: TROELTSCH, *Historismus*, 38 y ss.; HARTMANN, *Probleme d. geist. Seins*, 42, 59 y ss.; SIMMEL, *Probleme*, 36 y ss.; LITT, *Indiv. u. Gemein.*, 314.

determinada personalidad, hecho que ocurre en determinadas condiciones de tiempo y de lugar, sino que tiene en sí un *contenido* espiritual, un *valor* cuya *coherencia* intrínseca y *continuidad* con otros valores afines hay que entenderla, ante todo, en sí misma, en su aspecto objetivo, en su estilo característico, con independencia de las contingentes circunstancias históricas en las que se realiza, como también de la pura relación cronológica con el antes y el después. Aquí, con el objeto de precisar la derivación histórica y dar relieve a la línea esencial de desarrollo, se antepone la exigencia de entender la concepción, la obra, la estructura, en su peculiar lógica de la que viene objetivamente informada, y de reconstruir la concatenación ideal en la que se inserta[126].

Con ello, para orientar el conocimiento histórico hacia una contemplación selectiva de los valores de la civilización sirve, precisamente, la interpretación técnica (en función histórica), en cuanto reconoce en las diversas obras de pensamiento y de acción la solución de *problemas,* que en sentido amplio pueden calificarse como *técnicos.* De este modo sirve una interpretación técnico-artística a la historia de las diversas artes bajo el aspecto de los respectivos problemas expresivos; sirve una interpretación técnico-literaria a la historia de la literatura según los varios géneros literarios –géneros que, a despecho de las ásperas críticas a ellas dirigidas, tiene bien una función de orientación en cuanto responden a los diversos tipos de discurso determinados por la orientación y el fin con que se informa la actividad de comunicar a

---

126 Simmel, *Probleme,* 36 y ss. que habla de un *"Zusammenhang des Sinnes",* concepto que viene, después, desarrollado por Litt, *Indiv. u. Gemein,* 3ª ed., 28, 314, 326, 338, 359; también, Utitz, *Gr. d. allg. Kunstw.,* II, 375-85; ya Weber, en *"Schmollers Jahrbuch",* 30, 1906, admite una *"wertbeziehende Interpretation",* la cual no deviene en parte integrante de una representación histórico-empírica, sino más bien construcción de la individualidad histórica mediante juicios de valor: valor que nosotros encontramos realizado, "existenciado" en cualquier dato objetivo (Cfr. Baratono, *Mio paradosso,* 27, 37); Lazarus, en *"Zschr f. Völ-kerpsych.",* III, 1865, 437, había hablado de un *"Vorbilden dessen, was nach ihm gebildet werden soll".*

los demás los propios pensamientos[127]. Sirve, igualmente, una interpretación técnico-científica a la historia del pensamiento científico en las ciencias particulares. Sirve una interpretación técnico-jurídica, que se lleva a cabo con instrumentos conceptuales de la dogmática, para hacer la historia del derecho según la lógica interna de las instituciones y de los principios. Sirve, en fin, una interpretación técnico-sociológica o técnico-económica, en la tarea de reconocer correlaciones tendencialmente constantes entre hechos aún cronológicamente separados, reagrupándolos en torno a específicos problemas organizativos o, en general, morfológicos de la vida social, según puntos de vista que responden a un circunscrito interés histórico o comparativo[128].

En suma, en la interpretación técnica, los cultivadores de las diversas disciplinas elaboran tipos o esquemas interpretativos, que en conjunto sirven para entender la historia en las múltiples configuraciones de la civilización humana, como una historia de los problemas concernientes a su formación y desarrollo[129]. Es obvio que solo una sensibilidad educada de artista, una mente preparada, a la cual sean

---

127 BOECKH, *Enc. u. Method.*, 2ª ed., 82, 130, 140 y ss.; BLASS, *Herm. u. Krit.*, en *"Handb. d. Altertumswiss."*, ed. por MÜLLER, I, 244 y ss. Para una implicación histórica del problema de los géneros, GUNDOLF, *Goethe*, 17-24; para una revisión crítica, ROSTAGNI, *Per la storia d. letterat. greca*, en "Riv. d. fil. class.", 1925, 1-20. Para la posición de CROCE, CIONE, *B. Croce*, 1944, 58-59, 63.

128 M. WEBER, *"Ges. Autsätze zur Wissenschaftslehre"*, 172, 190 en *"Schmollers Jahrbuch"*, 30, 1906, 105 y ss., 111 y ss.; FREYER, *Soziologie als Wirklichkeitswissenschaft; logische Grundlegung des Systems der Soziologie*, 1930, 148-158; 192-199; 222-229, con enérgica acentuación del papel de la sociología para elaborar conceptos interpretativos de la realidad histórica.

129 Sobre la antítesis entre las dos direcciones historiográficas, dirigida la una a los problemas específicos (técnicos) que encontramos resueltos en las obras estudiadas, la otra, al desenvolvimiento complejo de la vida espiritual de una sociedad o de un pueblo. Vid. ROTHACKER, *Logik u. Systematik der Geisteswiss.*, 1926, 27-29, 120, 124; SIMMEL, *Probleme*, 4ª ed., 65-66; LITT, *Indiv. u. Gemein.*, 3ª ed., 363-366; WALZEL, *Gehalt und Gestalt*, 13-15; UTITZ, *Gr. d. allg. Kunstwiss.*, II, 382; cfr. el doble punto de vista desde el que puede considerarse la lengua, revelado por HUMBOLDT, *"Werke"*, ed. Reimer, VI, 128. Combate la segunda orientación en DE SANCTIS, pero también el opuesto, CROCE, *Poesia*, 2ª ed., 138, 143.

familiares por propia experiencia los problemas expresivos que la obra de arte (por ejemplo, musical), conscientemente o no, ha resuelto, se halla en situación de entender el valor representativo de aquella: solo un intelecto de jurista, al que le son familiares los esquemas conceptuales de la dogmática, se halla en situación de proponerse los problemas de formación de las instituciones y de los principios jurídicos, verificando, en aquellas la estructura de la función asumida a lo largo del tiempo, y en éstos, integrando no ya la regulación del precepto, sino la representación conceptual aunque se muestre insuficiente en las normas vigentes[130].

Solo una mente de sociólogo que haya meditado sobre los problemas morfológicos de organización de la vida social, se halla en situación de darse cuenta plenamente de los factores sociales constantes (típicos) recurrentes y de las tendencias de desarrollo que operan en las vicisitudes históricas de las estructuras sociales, y que hacen que una sociedad viviente en un determinado ambiente reaccione normalmente de modo idéntico a idénticas situaciones de hecho[131]. En un sentido análogo, fue postulado por los estudiosos de la antigüedad clásica y, en época más reciente, ha sido también diseñada una hermenéutica (y

---

130 Esta exigencia metódica fue afirmada por nosotros, en "Arch. Giur.", 99, 1928, 129-150; 100, 2667; "Bull. dir. rom.", 39, 337, 41, 145, n. 1; 273-281; "Tijdschrift voor Rechtsgeschiedenis", 15, 1937, 137-174; *Dir. rom.*, I, 1935, prefaz. XII-XXVIII. Esta exigencia viene también mal entendida, entre otros, por GORLA, *L'interpretazione del Diritto*, 1941, 52 y ss. (nuestra, *Istit.*, 2ª ed., prefaz. VIII, n. 5) que contrapone al "conocimiento por conceptos" un "conocimiento individual" de inspiración crociana (CROCE, *Estet.*, 5ª ed., 41; *Poesia,* 2ª ed., 83; *Storia*, 130) que ignora la problemática de orden superior a lo genéricamente histórico, advertida por quien, como nosotros, postula una interpretación técnico-jurídica en función histórica. Contra la orientación de GORLA, vid. también, WEBER, en "Schmollers Jahrbuch", 1906, 86 y ss. y las observaciones hechas en la nota 116. Entiende mal, también, esta exigencia GEORGESCO, en la cit. "Tijdschrift", 16, 423-425 y *en Problemele actuale ale dreptului roman*, 1943, 107-126 (KOSCHAKER, *Europa u. d. röm*, R., 366), donde aparece del mismo modo como impuesta la cuestión del método (supra nota 118).

131 KOSCHAKER, en "Deut. Rechtswiss.", 4, 1939, 69 y ss. y allí otras referencias; UTITZ, *Gr. d. allg. Kunstwiss.*, II, 408; DE FRANCISCI, *Arcana imperii*, I, 1947, 29-37.

crítica) arqueológica, que tiene por objeto representaciones figurativas (esculpidas o pintadas), con las que se reconstruyen y reconocen con la integración explicativa los textos literarios[132]. Se trata siempre de materias de interés histórico a las que no se encuentra una elaboración adecuada y suficiente con las comunes categorías psicológicas o éticas. Respecto a la interpretación técnica aquí propugnada respondiendo a la exigencia de la adecuación del entender o de correspondencia hermenéutica, la que, según lo que queda dicho, constituye un canon fundamental (el 4°) de la interpretación.

Todavía debemos rebatir una objeción que a la orientación de la interpretación técnica en función histórica puede ser puesta por los que piensan que la elaboración de tipos o esquemas interpretativos, fruto de abstracción de la experiencia, pueda importar, en el proceso interpretativo, una indebida intrusión de conceptos extraños, en contraste con otro canon fundamental (el 1°): aquel de la autonomía o inmanencia de la consideración hermenéutica. Para los representantes de cierto historicismo, que nos inclinaremos a llamar atomistas, se discute la legitimidad de toda elaboración conceptual tendente a orientar el dato histórico hacia tipos o esquemas interpretativos, objetando –así en particular Croce[133] que "el que se pone a pensar científicamente ha cesado de contemplar estéticamente" o históricamente.

Y se pretende que una "lógica" naturalista (como sería aquella clasificación) conduce a la posición de una relación entre dos o más abstracciones, y no es un conocer, sino una fórmula del obrar"[134], para concluir que "si el primero y genuino conocimiento es aquel que se llama histórico, el segundo, que toma el nombre de técnica", no es más

---

132 Baste recordar los nombres de WOLFF, WELCKER, LEVEZOW, PIPER, PRELLER, GERHARD, DILTHEY, "Ges. Schr.", V, 319; WACH, *Verstehen*, I, 197, n. 3; II, 28; III, 301, n. 2, 304 nota; 306, n. 3; 310-12; 323-25, y lo tratado por SITTL, en "Hand b. d. klass. Altertumswiss.", VI, 1895, 807-63, y especialmente de ROBERT, *Archäologische Hermeneutik*, 1919.

133 *Estetica*, 5ª ed., 41; *Storia come pensiero*, 130, 132.

134 CROCE, *Carattere della filosofia moderna*, 193 y ss.

que un "pseudo-conocimiento"[135]: con lo que se afirma un contraste insuperable y una diferencia abismal "entre el juicio que es historia y la fórmula que es técnica"[136], mientras se establece, a la inversa, una perfecta ecuación entre la ciencia "que es técnica" y la técnica "que es ciencia"[137]. Por nuestra parte creemos que esta posición de Croce, que no dudamos en calificar de anticientífica, debe ser resueltamente rechazada. Ante todo es de observar que quien argumenta de tal modo cambia y confunde dos planos, que cabe considerar bien distintos el uno del otro: el plano del proceso creativo, en el cual el sujeto es, o puede ser, inconsciente de las leyes a las que obedece en lo que hace; y el plano del proceso interpretativo, en el cual, a la inversa, se trata precisamente de desplegarse sobre aquel primer proceso con una consciente reflexión, para captar las directrices y las leyes de formación y desarrollo[138].

Donde se mantengan diferenciados los dos planos, se descubre inmediatamente el equívoco de la objeción, que se toma del hecho de que "la actividad teorética elemental precede a la práctica y a los conocimientos intelectivos que presuponen la práctica, y que resulta así independiente tanto de una como de otra"[139]. Admitida tal precedencia ideal, esta no excluye propiamente que la obra de arte no obedezca a su propia lógica[140] y que al descubrimiento de ella pueda ofrecer una contribución útil aquel "conocimiento técnico al servicio de la reproducción artística", cuya conciencia pertenece al proceso interpretativo. El que después "el poeta no advierta esta técnica que para él es como

---

135 *Ibíd.,* 195.

136 CROCE, *Conoscenza storica e construzioni technique e scientifiche,* en "Quaderni di critica", 8, 1947, 17-22, especialmente 20.

137 La confusión entre los dos planos es evidente en CROCE, *Poesia,* 2ª ed., 85-86.

138 CROCE, *Estetica,* 5ª ed., 123.

139 BARATONO, *Mio paradosso,* 32.

140 CROCE, *Estetica,* 122 y ss.

inexistente"[141], se puede admitir en muchos casos, pero el punto decisivo es que obedezca objetivamente a ella: de forma suficiente para que pueda advertirlo el intérprete al reproducir, desde dentro, el proceso genético. Nótese que la actividad cognoscitiva del intérprete no puede quedar vinculada ni siquiera por las confesiones que el mismo autor le haya hecho sobre o en torno al modo de llevar a cabo la composición.

En general, es preciso delimitar bien las respectivas esferas de competencia: aquella que se refiere a la peculiaridad del objeto a interpretar (conforme su autonomía) y aquella que alude a la categoría del sujeto (según la actualidad del entender); y al delimitar una de otra, es preciso distinguir entre la forma de arte o de vida a interpretar, considerada en sí misma, según se desenvuelve objetivamente, y la conciencia de que ella puedan tener, reflexivamente, los autores o los contemporáneos, que la crean o la viven, en las formulaciones que ellos, replegándose sobre sí mismos, pueden darnos[142]. De esto modo, el lenguaje hablado no va confundido con aquel complejo de reglas que se elabora en la gramática o en la retórica[143]; la producción literaria difiere de los conceptos de orientación que se abstraen en la poética[144]; los hábitos éticos, efectivamente practicados (*ethos*), son distintos de la ética que encontramos en los moralistas[145]; el derecho vivo y vigente en una sociedad determinada es distinto de la dogmática, con la que los contemporáneos hemos formado del mismo una representación conceptual[146].

---

141 CROCE, en "Quaderni di critica", 8, 1947, 17.

142 Nuestro, *Dir. rom.*, pref. XIV.

143 HUMBOLDT, "*Werke*", VII, 167 y ss.

144 BOECKH, *Enc. u. Method.*, 56, que distingue entre logos implícito y reflexión consciente: cfr. 143 y ss., 240 y ss., poniendo solo la exigencia de que las categorías estéticas modernas sean congruentes con las peculiares leyes de formación de las obras antiguas (156): cfr. CROCE, en "Critica", 1930, 290.

145 SCHELER, *Formalismus in d. Ethik*, 2ª ed., 1921, 218 y ss.; HARTMANN, *Ethik*, 44 y ss., 21 y ss.; *Problem*, 253, 449 y ss.; DROYSEN, *Histor.*, 182.

146 JHERING, *Geist.*, I, 33 y ss., 47; también nuestras precisiones en "Arch. giur", 99, 130 y ss.; "Bull. dir. rom.", 41, 274; *Dir. rom.*, pref., XIV; ROTHACKER, *Logik*, 132, 139.

En suma, el plano formativo no va confundido con el plano interpretativo, sobre el que se opera la inversión o el repensamiento: si al que crea o vive una forma de arte o de vida puede faltarle la clara conciencia de obedecer a ciertas leyes que gobiernan su formación, tal conciencia reflexiva no debe faltar al intérprete que, llamado a reconocer la obra en su propia lógica y en su propio estilo, tiene necesidad de darse cuenta de su intrínseca coherencia y de la concatenación ideal en la que aquella se inserta. Que una interpretación técnica así orientada no deba degenerar en un procedimiento subrepticio, tendente –como teme Croce[147]– a volver a encontrar "en el hecho sustituyente las leyes del hecho sustituido", no es una objeción, sino una simple advertencia, que recae sobre la sensibilidad y sobre el sentido histórico del intérprete.

No puede haber duda que "toda obra está bien interpretada y bien evocada solamente en su adecuado lugar histórico"[148]. Pero la cuestión concierne al método que se debe aplicar para reconocer su adecuada ubicación, lo que concierne a la prospectiva y al criterio que se debe adoptar para determinar la concatenación productiva de la que resulta"[149]. Cuando, a pesar de reconocer que el nexo entre las distintas obras no puede faltar, se afirma, como lo hace Croce[150], que "ello no estriba en una conexión directa de los hechos, ni en una cierta cualidad de los mismos", sino en "toda" la historia precedente de la humanidad, de la que forman parte, se enuncia, no ya un problema solucionable, sino una afirmación hiperbólica metodológicamente absurda, ya que no permite ninguna verificación científica.

---

147 *Estetica*, 5ª ed., 41.

148 CROCE, *Poesia*, 2ª ed., 130.

149 SIMMEL, *Probleme d. Gesch. phil.*, 4ª ed., 67-68, 81, 179-182; DILTHEY, "Ges. Schr.", V, 264-66; VII, 119, 138, 153 y ss.; TROETLSCH, *Historismus*, 33; LITT, *Indiv. u. Gemein.*, 3ª, 312 y ss., 236; cfr. R. MÜLLER-FREIENFELS, *Denken un Phantasie*, 248 y ss., 65, 173, 326, 336.

150 CROCE, *Poesia*, 2ª ed., 131, 130 y 146; *Storia come pensiero*, 290.

Y cuando, por el mismo Croce[151], se tilda por pura "imaginación de los filólogos", una historia de la poesía "que se desarrolla en el ámbito cerrado de sus propios confines" –ya que estos filólogos "en el mostrar abstractas semejanzas y atinencias entre las obras poéticas" se hallarán propicios a imaginarse que "en la cadena por ellos construida tienen plasmada una *vis* generativa que la ha transformado en un orden bíblico de generaciones"– se rechaza con demasiada ligereza, como si fuera ilegítima, la implicación de un problema que puede al menos orientar la investigación histórica hacia fecundos puntos de vista, y se acaba en sustancia por suplantarla con una visión monadista y atomista de las obras particulares o de los distintos autores aisladamente considerados[152]. Análogas observaciones valen para la historia de las instituciones jurídicas y de las estructuras sociales. Por eso, sin descender a la más mínima comprobación, bastan estos datos para justificar el que rechacemos este modo de ver anticientífico, que, mientras menosprecia o desconoce la interpretación técnica, llega a colocar sobre el mismo plano la historia de la economía política y la del "arte del blufeador, del *dandy,* del verdugo y de otros semejantes"[153].

VII. *Beneficio moral de la teoría de la interpretación*

Pasada así reseña de los varios tipos de interpretación, ordenados según las respectivas funciones, en el cuadro de una teoría general, deberemos ahora profundizar en el examen de las categorías jurídicas. Semejante tarea no puede ser, sin embargo, asumida en esta sede, sino a lo largo del curso. Aquí para concluir interesa, más que nada, llamar la atención sobre el beneficio moral que pueda aportar a todos nosotros un estudio iluminado por la teoría de la interpretación. He destacado al principio la ventaja que supone el remover la intolerancia y el acostumbrarnos al hábito de la tolerancia para admitir opiniones diversas de la nuestra.

---

151 CROCE, *Poesia*, 131.

152 CROCE, *Carattere della filosofia moderna*, 213-215; CIONE, *B. Croce*, 1944, 68 y ss.

153 CROCE, en "Quaderni di critica", 8, 1947, 21.

Es preciso destacar, ahora, aparte de esto, que no puede haber estudio que no lleve a hacer problemática la ingenua creencia de que "en este mundo civil hecho por los hombres", acierto y error, bien y mal, puedan ser divididos en forma tajante[154]; ningún estudio es apto como este, en consecuencia, para combatir tendencias a toda especie de engaño violento, que deriva de incomprensión o de personal inmodestia, o para inculcar, por el contrario, el sentido histórico y el gusto por la humana ecuanimidad. Efectivamente, la tarea interpretativa, debiendo siempre recaer sobre la actualidad del entender, no puede nunca considerarse cerrada y completa; ninguna interpretación, por válida y convincente que sea, puede imponerse a la humanidad como definitiva.

Las obras de arte y de pensamiento vienen reevocadas merced a concepciones interpretativas que varían y pasan por muchas vicisitudes históricas, lo que viene a comunicarles o conferirles –como hacía notar Anatole France– una especie de inmortalidad viva y cambiante y por ello una perenne vitalidad[155]. Entre el espíritu actual y las objetivaciones del espíritu conservadas en la tradición se desarrolla una lucha sin reposo que tiene una interna dialéctica, una continua alternancia de atracciones y repulsiones, que viene a influir sobre el mismo proceso interpretativo, modificando los resultados, y que hace pensar en la fórmula mística *"nec tecum vivere possum nec sine te"*. De aquí también las más diversas consecuencias: el periclitar o el resurgir de aquellas objetivaciones sobre el horizonte de la actualidad, el perderse en el olvido, o su renacer, según que en ellas el espíritu actual advierta una cadena

---

154 Cfr. HEGEL, *Gesch. d. Phil.*, II (W. XIV, 1ª ed., 1883), 117-120; (2ª ed., 1840), 100-103, sobre el proceso de Sócrates; MEUSEL, *Polemik*, 107 y ss.; nuestras precisiones sobre los Gracos, en "Studi Fac. giur. Pavia", IV, 1915, 20 y ss. De aquí la máxima, en apariencia paradójica, *"nolite iudicare, et non iudicabimini"* (S. LUCAS, *Evangel.*, VI, 37-38, 41-42).

155 NIETZSCHE, *Menschliches allzu Menschl.*, II, 408; I, 208; cfr. UTITZ, *Gr. d. allg. Kunstwiss.*, I (1914), 244, 258; TITZE, *Die Methode der Kunstgesch.*, Leipzig, 1913, 417 y ss.; 352, 372; STEINTHAL, en "Zeitsch. f. Völkerpsych.", II, 1862, 172 y ss.; HARTMANN, *Problem d. geist. Seins*, 417-418, 448, 453, 467; MEUSEL, *Problem d. phil. Polemik*, 1942, 63 y ss.

que le aprisiona, le pesa y le atenaza, o por el contrario, una potencia que lo promueve, lo eleva y lo enaltece[156].

De esta dialéctica se halla llena de historia del conocimiento científico, lo mismo que la de la creación artística, o la de las creencias morales, religiosas, educativas, de las instituciones jurídicas, de las estructuras sociales: formulaciones, estilos, dogmas, máximas de conducta y de decisión que en su origen reflejan y se refieren a convicciones y valoraciones arraigadas en lo más profundo de la espiritualidad, desaparecen, retornan y vuelven a perder en el transcurso del tiempo su primigenia evidencia persuasiva e intuitiva en relación con el talante del espíritu actual[157].

Por el contrario, ocurre que en una sociedad históricamente determinada, dentro de su autónoma línea de desarrollo, se encuentra por propia virtud el punto de vista justo, en el que en la prospección se descubren y se hacen visibles aquellas creaciones del pasado o de otras culturas afines, que anteriormente no habían aflorado todavía, o que habían desaparecido: esas creaciones se descubren o se redescubren cuando se muestran a la actual sensibilidad idóneas para integrarse en la vida actual, para cumplir sus exigencias y para integrarse en sus propias instituciones[158].

Pero, sea como fuere, ciertamente que en este reino del espíritu rige, en la lucha de las ideas, una verdadera ley de autonomía: ni la violencia o la astucia, ni la llamada "ley de la jungla", son las que confieren la victoria. En la roca fuerte de la conciencia no se penetra sino con la luz de la verdad. Vale aquí plenamente un dicho de profunda sabiduría: *"nemo contra Deum, nisi Deus ipse"*, por tanto, el espíritu abate al espíritu; pero el espíritu que abate es, al mismo tiempo, un espíritu

---

156 Cfr. HARTMANN, *Problem*, 453, 455, 459, 399 y ss., 360 y ss., 475. HEGEL, *Phil. d. Gesch.* Conferencia de DE RUGGIERO, *Hegel*, 207.

157 Cfr. HARTMANN, *Problem*, 252 y ss., 255 y ss., 446 y ss., 449 y ss.

158 Por todos: KOSCHAKER, *Europa und das röm. Recht*, 1947, 142 y ss., 42 y ss., 88 y ss.; BURDACH, *Riforma, rinascimento, umanesimo*, 1935, 11, 8, 69 y ss, 109 y ss.; CARDUCCI, *Lo studio di Bologna*, VII, en "Prose", 1187; DE FRANCISCI, *Arcana imperti*, III, 2, 343 y ss.; "Riv. dir. comm.", 1939, 127.

que suscita *"concussus surgit"*. El producto espiritual que ha sido fer-
mento de lucha, luz de enseñanza e impulso motriz de ulteriores producciones afines, es adquirido por la eternidad: la energía suscitadora
que una vez desplegada en inspirar a otros espíritus fraternos, no queda
perdida[159].[*]

[*] [En apéndice a la prolusión, se indica la siguiente bibliografía que se
considera oportuno transcribir:]

1) F. SCHLEIERMACHER, *Hermemeutik und Kritik mit besonderer Beziehung auf
das Neue Testament,* hgg. v. Fr. Lücke, 1938, en "Sämtl. Werke", I.
Abteilung (Zur Theologie), VII Bd. ÍD., *Ueber den Begriff der Hermeneutik mit Kritik mit besonderer Beziehung auf F. A. Wolfs Andeutungen
und Asts Lehrbuch* (gelesen and der kgl. Akad. d. Wiss. zu Berlin am
13 Aug. und am 22 Okt. 1829), en "Werke", III. Abteilung (Zur
Philosophie), III. Bd., 344-386. ÍD., *Ueber die verschiedenen Methoden
des Uebersetzens* (gelesen an der Akad. d. Wiss. zu Berlin am 24. Juni
1813), en "Werke", III. Abt., II. Bd. 207-245.

2) W. HUMBOLDT, *Ueber die Aufgabe des Geschichtsschreibers,* comunicación
a la kgl. Akad. d. Wiss. zu Berlin, 1820-21, en "Abhandlungen
der historischphilologischen Klasse", 1822, IV, 305-322: reproducido en "Werke", ed. Reimer, I (1841), 1-25, y en "Werke",
ed. Leitzmann, IV (1903), 35-57. ÍD., *Ueber die Veschiedenheint des
menschlichen Sprachbaues* (1827-29), en "Werke", ed. Leitzmann, VI,
111-303. ÍD., *Ueber die Verschiedenheint des menschlichen Sprachbaues
und ihren Einfluss auf die geistige Entwichlung des Menschengeschlechts*
(1830-35), en "Werke", ed. Reimer, VI, 1-425; ed. Leitzmann, VII,
1-344.

3) J. G. DROYSEN, *Historik: Vorlesungen iber Enzyklopädie und Methodologie
der Geschichte,* hgg. v. R. Hübner, 1937 (contiene la *Enzyklopädie und*

---

159 NIETZSCHE, *Unzeitgem, Betracht.*, II, 2 "Werke", I, 296; *Menschl.*, I. 208
"Werke", II, 191; nuestra, *Per un'interpretazione idealistica dell'etica di F.
Nietzsche,* en "Rendic. Ist. lomb.", 1943-1944, 203; ORTEGA Y GASSET, *La
rebelión de las masas,* 5ª ed., cap. VII, 94 y ss.

Methodologie d. Geschichte y el *Grundriss der Historik,* en su tercera edición de 1882).

4) A. BOECKH, *Enzyklopädie und Methodologie der philologischen Wissenschaften,* hgg. v. R. Kluszmann, 2ª ed., 1886. 5) H. STEINTHAL, *Der Ursprunf der Sprache in Zusamemenhage mit den letzten Fragen alles Wissens,* 3ª, 1877.

5a) M. LAZARUS, *Das Leben der Seele,* en "Monographien tiber seine Erscheinungen u. Gesetze", 2ª ed., I, 1876, 323-411; *Ueber das Verhältnis des Einzelnen zur Gesamtheit,* en "Zschr. f. Völkerpsychologie u. Sprachwissenschaft", II, 1862, 393-453; *Einige synthetische Gedanken zur Völkerpsychologie,* Ibid., III, 1865, 1-94, sobre todo, 41-61. *Leben s. Seele,* II, 1878, 41 y ss., 96 y ss., 134144, 226-257.

5b) M. LAZARUS y H. STEINTHAL, *Einleitende Gedanken über Völkerpsychologie,* en aquella revista, I, 1860, 1-73 y sobre todo, 40-48.

6) W. DILTHEY, *Ideen über eine beschreibende und zergliedernde Psychologie* (1894), en "Gesammelte Schriften", V (1924), 139-240. ÍD., *Die Entstehung der Hermeneutik* (1990), en "Ges. Schr.", V, 317-338. ÍD., *Der Aufbau der gesschichtlichen Welt in den Geisteswissenschaften,* en "Gesammelte Schriften", VII (1927), 79-188. Íd. *Entwürfe zur Kritik der historischen Vernunft,* en "Ges. Schr.", VII, 191291.

7) G. SIMMEL, *Probleme des Geschichtsphilosophie: eine erkenntnistheoretische Studie,* 4ª ed., 1922. 7a) TH. LITT, *Individuum und Gemeinschaft,* 3ª ed., 1926, 182 y ss., 246 y ss., 312 y ss.

8) J. WACH, *Das Verstehen: Grundzüge einer Gescrichte der hermeneutischen Theorie im 19. Jahrhundert:* I (die grossen Systeme), 1926; II (die theologische Hermeneutik von Schleiermacher bis Hofmann), 1929; III (das Verstehen in der Historik von Ranke bis zum Positivismus), 1933.

9) N. HARTMANN, *Das Problem des geistigen Seins:* Untersuchugen zur Grundlegund der Geschichtsphilosophie und der Geisteswissenschaften, 1933, especialmente, 348 y ss.

10) *Interprétation:* voz de la *Encyclopédie française,* XVIII, 1760 y ss. (J. COPEAU, M. PINCHERLE, P. ABRAHAM y otros: 1935).

SEGUNDA PARTE

Teoría de la interpretación jurídica
[1955]
Emilio Betti

Índice

A. Prolegómenos a una teoría general de la interpretación 146

§ 2. Posición del espíritu respecto a la objetividad 146

I. Objetividad real 146

II. Objetividad ideal. Respectiva posición del espíritu. Rechazo de la concepción subjetivista y relativista 150

§ 3. El problema epistemológico del entender como aspecto del problema general del conocer 158

I. Objeto del entender. Concepto de forma representativa 158

II. El proceso del entender: su carácter triádico 165

B. Metodología de la hermenéutica jurídica 172

§ 4. Cánones cuya observancia garantizan el éxito epistemológico de la interpretación 172

A) Cánones atinentes al objeto 173

I. Autonomía del objeto e inmanencia del criterio hermenéutico 173

II. Totalidad y coherencia de la apreciación hermenéutica 176

B) Cánones atinentes al sujeto intérprete 185

III. Actualidad del entender 186

IV. Adecuación del entender: correspondencia de sentido y consonancia hermenéutica 190

§ 5. Fundamento, valor e interferencia entre cánones hermenéuticos 195

I. Fundamento de la correspondencia hermenéutica, y su valor 195

II. Interferencia entre el criterio de la autonomía y el criterio de la actualidad hermenéutica 199

§ 6. Interpretación técnico-jurídica en función histórica 204

I. Nexo entre reconocimiento teórico de un derecho de interés histórico e interpretación normativa de un derecho en vigor. Distinción entre derecho positivo y sistematización doctrinal debido a la jurisprudencia coetánea 204

II. Legitimidad y utilidad de la dogmática jurídica en función histórica en
la reconstrucción de las soluciones dadas a problemas de convivencia según
las exigencias y la lógica interna de las instituciones 209

C. La interpretación de las normas 220

§ 7. La teoría de la interpretación jurídica 220

I. Problema del entender para decidir (ejecutar), respecto de preceptos para
observar. Problemática común a la interpretación jurídica y a la teológica .. 221

II. Nexo dialéctico entre lenguaje y pensamiento, entre expresión y autor:
exigencia de tenerlo presente también en la interpretación en función
normativa 224

III. Antinomia entre vínculo de subordinación y exigencia de iniciativa.
Heterogénesis de significados en orientación dogmática: diferenciarse de
un significado más conforme a la orientación valorativa en la actualidad
del hacer 232

§ 8. La interpretación en la vida del derecho 237

I. Función normativa de la interpretación de un derecho en vigor................ 237

II. Interpretación y aplicación 243

III. Interpretación y calificación jurídica 248

IV. Interpretación y construcción dogmática 252

NOTA PRELIMINAR A LOS §§ 2 a 8

1. Obras y sedes originales de los textos bettianos aquí traducidos

Todos estos textos están tomados de la versión italiana contenida en: *Teoria generale della interpretazione* (2ª ed., Milán, Giuffrè, 1990), 2 vol., 1.113 pp.

i)   Los §§ 2 y 3 son la traducción, respectivamente, de los §§ 1 y 2 del prolegómeno de la *Teoria generale della interpretazione*, t. 1, pp. 1-11 ("Posición del espíritu respecto a la objetividad"); y de los §§ 1 y 1-a del capítulo I ("El problema epistemológico del entender como aspecto del problema general del conocer"), t. 1, pp. 59-71.

ii)   Los §§ 4 y 5 constituyen la traducción de los §§ 16 a 18 (bajo el título: "Cánones, cuya observancia garantizan el éxito epistemológico de la interpretación") del capítulo III ("Metodología hermenéutica") de la *Teoria generale della interpretazione*, T. 1, pp. 304-328. Estos dos textos de la *Teoria* fueron el fruto de una reelaboración del trabajo de 1948 (manifiesto hermenéutico) cuya traducción ofrecemos en § 1.

iii)   Por su parte, el § 6 es la traducción de los §§ 36 y 36-a del capítulo V ("La interpretación técnico-jurídica en función histórica") de la *Teoria generale della interpretazione*, T. 1, pp. 574-585.

iv)   El § 7 es la traducción de los §§ 53 y 53-a del capítulo VIII ("Interpretación en función normativa") de la *Teoria generale della interpretazione*, T. 2, pp. 789-801. Se trata de un texto introductorio tanto al análisis posterior que realiza Betti de la interpretación jurídica como de la interpretación teológica, ambas clases de interpretación en función normativa. De ahí la referencia que encontrará el lector a ambos tipos en tales páginas.

v)   El § 8 es la traducción del § 54 del capítulo VIII de la *Teoria generale della interpretazione*, cit., tomo II, pp. 801-816. En este texto Betti reproduce, con modificaciones y agregados, el capítulo I de su *Interpretazione della legge e degli atti giuridici (Teoria generale e dogmatica)*.

2. *Correcciones y adiciones agregadas a mano por Betti*

La primera edición de esta obra fue también editada por la editorial Giuffrè bajo el cuidado directo de Betti en 1955; pero la edición de 1990, que seguimos, fue editada bajo el cuidado del curador de su obra, Giuliano Crifò. En un anexo, se incluyen las *"correzioni e aggiunte"* realizadas a mano por Betti en su ejemplar de trabajo de la *Teoria*, entre los años 1955 y 1968. Pero esas correcciones no se incorporaron en el texto principal italiano. Todas ellas están colacionadas al final del segundo tomo de la edición italiana de 1990 de la *Teoría*.

No obstante, a pesar de lo trabajoso que resultaría, y con el objeto de ser fiel a la última decisión de Betti respecto de su texto, decidí incorporar tales correcciones y adiciones una a una, sin mención especial.

Entonces, las numerosas *"correzioni e aggiunte"*, que fueron realizadas por Betti en su ejemplar de trabajo, a mano, entre los años 1955 y 1968, recogidas por Giuliano Crifò en el tomo 2 de la edición de 1990 de la *Teoria*, pp. 971-1066, han sido incorporadas al texto, y no en un apéndice, como en la edición italiana. Tal material ha sido colocado en el cuerpo del texto, sin particular indicación, en los lugares previstos por el autor (siguiendo el criterio de Crifò, en su edición de la *Interpretazione della legge*, en 1971). Estas correcciones y adiciones modifican y aclaran el texto principal, algunos títulos, subtítulos, y agregan un volumen considerable de nuevas y valiosas referencias bibliográficas, que actualizan la versión de 1955.

3. Textos sobre aspectos generales de la hermenéutica, contenidos en la Teoria generale *que, como complemento a esta compilación, pueden consultarse*

Como es explicable, fue necesario elegir los textos bettianos a traducir e incorporar en esta edición, recayendo dicha selección en especial en aquellos específicos sobre la interpretación jurídica, sin poder, por ahora, incorporar otros textos preciosos, que solo enumeraré.

a)   Como complemento al problema epistemológico del entender, son recomendables las siguientes páginas relativas a los temas que consigno:

  i)   "Evocación espontánea y evocación a través de formas representativas (interpretación)" (Vid. en *Teoria generale della interpretazione*, T. 1, *Prolegomeni*, pp. 53-57).

  ii)   "Delimitación del entender interpretativo según el objeto" (Vid. en *Teoria generale della interpretazione*, T. 1, *Prolegomeni*, pp. 95-99).

  iii)   "Objetivaciones posibles del espíritu y variedad de formas representativas" (Vid. en *Teoria generale della interpretazione*, T. 1, Capítulo I, pp. 119-120).

  iv)   "Fenomenología y tradición de la forma representativa" (Vid. en *Teoria generale della interpretazione*, T. 1, Capítulo I, pp. 133-136); y, a

  v)   "Exigencia de tipificación que legitima el uso de los conceptos representativos en función heurística e interpretativa. Crítica del historicismo atomístico y adialéctico" (Vid. en *Teoria generale della interpretazione*, T. 1, Capítulo I, pp. 147-149).

b)   De igual modo, como complemento al proceso interpretativo en general, esto es, gnoseología hermenéutica, pueden consultarse las páginas relativas a:

  i)   "Dato elemental del proceso interpretativo: la relación entre el que habla y quienes escuchan el coloquio" (Vid. en *Teoria generale della interpretazione*, T. 1, Capítulo II, pp. 159-161).

  ii)   "Interpretar y entender. Acción y evento del proceso comunicativo. Contexto del discurso como totalidad. Presupuestos

de una comunicación de inteligencia entre espíritu y espíritu"
(Vid. en *Teoria generale della interpretazione*, T. 1, Capítulo II,
pp. 205-211).

c) Como complemento a la metodología hermenéutica, son de verdadero interés, para introducirse en los cánones hermenéuticos, las
páginas relativas a:

i) "Momentos teóricos y complementarios que se alternan en
el proceso interpretativo" (en que el autor desarrolla y distingue, de un lado, los momentos filológico y crítico; y, de
otro, los momentos psicológico y técnico); "Del momento
axiológico concomitante y subsiguiente a la interpretación"
y "Momentos y directivas de la reconstrucción hermenéutica"
(Vid. en *Teoria generale della interpretazione*, T. 1, Capítulo III,
pp. 291-304).

ii) Igualmente, en cuanto a la metodología hermenéutica, pero
como ulterior desarrollo a tales cánones, pueden consultarse
las páginas dedicadas al "Valor hermenéutico del juicio de
calificación"; "Interpretación e integración hermenéutica.
Potenciación del entender" y "Conversión interpretativa de
los instrumentales representativos" (Vid. en *Teoria generale
della interpretazione*, T. 1, Capítulo III, pp. 328-342).

d) Como introducción preliminar, relativa a la interpretación jurídica,
puede ser útil revisar los desarrollos de Betti relativos a los tipos
de interpretación: "Prevalecencia de un momento sobre el otro en
los varios tipos de interpretación" y "Clasificación de los tipos de
interpretación según la diferencia de la función" (Vid. en *Teoria
generale della interpretazione*, T. 2, Capítulo X, pp. 949-967). En este
sitio Betti ofrece su famosa tipología de la interpretación según su
función:

1°) *en función meramente cognoscitiva;*

2°) *en función reproductiva o representativa; y*

3°) *en función normativa* (lugar en que está incluida la interpretación jurídica).

e)   Como complemento al íntegro desarrollo aquí ofrecido, son realmente importantes para su plena comprensión las páginas que Betti dedica a la fenomenología hermenéutica, bajo los siguientes subtítulos: "Fenomenología de la tarea hermenéutica en su curso histórico", "Resurgente falta de plenitud del objetivo epistemológico" y "Variabilidad recíproca de las concepciones interpretativas" (Vid. en *Teoria generale della interpretazione*, T. 1, Capítulo IV, pp. 343-349).

f)   En fin, sí merecen leerse y releerse las bellísimas páginas que Betti dedica, al final de su libro, como colofón de inspiración, a la función educativa de la interpretación, bajo los siguientes títulos: "Crecimiento y génesis espiritual. Perenne vocación educativa originada de la huella del pasado conservada en la tradición"; "Radical trascendencia destinada a cada uno en la comunión"; "*Magna viventium ac defunctorum communio*" y "Educación del género humano. Formación del sentido histórico como sentido de continuidad y espíritu de tolerancia" (Vid. en *Teoria generale della interpretazione*, T. 2, Capítulo X, pp. 925-937).

A. Prolegómenos a una teoría general de la interpretación

§ 2. Posición del espíritu respecto a la objetividad[160]

I. Objetividad real. II. Objetividad ideal. Respectiva posición del espíritu. Rechazo de la concepción subjetivista y relativista.

Una teoría general de la interpretación, antes de enfrentar su problema central, concerniente a la posición del sujeto que interpreta con respecto al objeto a interpretar, debe proponerse el problema más general que concierne a la posición del espíritu con respecto a la objetividad: sobre todo respecto a la objetividad ideal de los valores, que la interpretación mira para extraer en las formas representativas constituyentes de su objeto. En efecto, del modo de enfocar y de resolver este problema más general depende esencialmente el modo de concebir la interpretación y de enfocar con ella el problema central de esta, todos aquellos que son sus problemas específicos.

Ahora, cuando se considera la posición que el espíritu –un espíritu viviente y pensante, sujeto de conciencia y de autoconciencia– puede asumir con respecto a la objetividad, es necesario distinguir entre: a) objetividad real, que constituye el dato fenoménico de la experiencia, en esta disponible y encontrada, y b) objetividad ideal, que constituye el presupuesto de la experiencia, o sea el complejo de aquellas que con Kant[161] se pueden llamar las condiciones de su posibilidad.

I. Objetividad real

Respecto a la objetividad real, que constituye el dato de la experiencia, la posición del espíritu se califica como relación o binomio de situación

---

160 [Esta materia, relativa a la posición del espíritu respecto a la objetividad, Betti la incluye en un apartado inicial que intitula: "Prolegómenos a una teoría general de la interpretación"].

161 KANT, *Kritik. d. reinen. Vernunft*, 2 ed., 159-161.

y respuesta[162]. La respuesta del espíritu a la situación de hecho, cuando se trate de actividad teorética o contemplativa, consiste en un proceso sintético de asimilación, que es una traducción en términos de pensamiento (intuición o concepto), con la cual el espíritu transfigura una experiencia emotiva, o toma posesión de una realidad históricamente condicionada, que la tiene de frente no como entidad trascendente, sino como un objeto de la experiencia (objeto trascendental en el sentido kantiano)[163]. Por lo demás un proceso sintético de este tipo se tiene tanto en el proceso –que llamaríamos eidogenético– del arte, cuanto en el proceso –que se puede caracterizar en sentido amplio como heurístico– del conocimiento. En la intuición estética, un contenido a representar impone al artista, a través de la emoción lírica e inspiradora que suscita en él, la exigencia de ser transfigurado y configurado en una forma expresiva que aquella emoción aplaque y apague[164]. Del mismo modo, en los elementos de cualquier juicio, un algo dado, hallado y reencontrado como aún relativamente incógnito, "extraño" o escon-

---

162 ROTHACKER, *Geschichtsphil.*, 1934, 44; GEMELLI-ZUNINI, *Introduzione alla psicologia*, 1947, 148 ss., 410 ss.

163 KANT, *Kritik d. reinen Vern.*, I ed., II s., 108 s.; HUMBOLDT, *Werke*, VII, 55: "subjektive Tätigkeit bildet im Denken ein Objekt: denn keine Gattung der Vorstellungen kann als ein bloss empfangendes Beschauen eines schon vorhandenen Gegenstandes betrachtet werden" (concuerda DE SAUSSURE, *Cours de linguistique générale*, 1916, 167); cfr. DROYSEN, *Historik*, 1937, 62; SIMMEL, *Probleme d. Gesch. phil.*, 4 ed., 67 ss.

164 COHN, *Theorie der Dialektik*, 1923, 62 ss.; 72; BERENSON, *Aesthetics ethics and history in the arts of visual representation*, trad. it., 1948, 24-25, 130-31, que distingue (como ya en "Florentin Painters", 1895) "decoración" e "ilustración" en la obra de arte figurativa, quedando aún por advertir (199) que se trata de abstracciones críticas del análisis interpretativo; UTITZ, *Grundleg. d. allgem. Kunstwiss.*, I (1914), 62-68; II, 1920, 20-23; para la formulación (Gestaltung auf ein Gefühlserleben) que retomo ahí, I, 64; BARATONO, *Critica e pedagogia dei valori*, 197; *Arte e poesia*, 124-25; *Il mio paradosso*, 1947 (del vol. "Filos. ital. Contemporanei") 33-35, reconociendo cómo la gran enseñanza del romanticismo y del conceptualismo artístico y literario que bien pudo sensibilizar el espíritu y hacer existir el valor: cfr. 24, 27, 28, 36; BANFI, *Lezioni di estetica*, 1945-46, 31, 65-68; o. WALZEL, *Gehalt und Gestalt*, en "Hand. d. Literaturwiss", I, 146-164; R. HEDICKE, *Methodenlehre der Kunstgesch.* 1924, 144 s.

dido al pensamiento, impone al sujeto pensante la exigencia de ser rebuscado, descubierto, elaborado y categorizado por el pensamiento[165] en el esfuerzo de extraer, a través de una perenne revisión, verificación y confirmación de juicios preexistentes, la verdadera objetividad.

Cuando, luego, la respuesta del espíritu a la situación de hecho tenga carácter de actividad práctica, operativa en el mismo mundo real, ella consiste en un proceso teleológico de la acción, con la cual el espíritu reacciona a la situación que encuentra, con la tendencia a modificarla sacando provecho de los medios; y con la conducta práctica traduce en objetividad real sus propios fines[166]. Un proceso teleológico dirigido a transformar lo real de acuerdo a ciertos fines se verifica en cada tipo de actividad práctica: especialmente evidente es esto en la eticidad, donde la acción se pone al servicio de ideales superiores, que solo por su ministerio pueden cumplirse[167]; pero no menos evidente es esto en el proceso normativo del derecho, en cuanto es disciplina de la vida de relación, que a típicos supuestos de hecho junta situaciones correspondientes según ciertos criterios de valoración comparativa de los intereses en conflicto[168].

---

165 COHN, *Th. d. dialektik*, 156-159, que usa los términos *vorfindbar, vorgefunden, denkfremd, denkgeformt*, 190 s.; HEGEL, *Logik*, III, 2ª ed., 322 ss., a propósito del comienzo (no comprendido por ANTONI, *Consideraz. su H.*, 18); STEINTHAL, *Philologie, Gesch. u. Psychol.*, 1864, 6, que acentúa la "Doppelseitigkeit" de todo conocer (WACH, *Verstehen*, III, 212, n. 4); HARTMANN, *Grundz. einer Metaphysik der Erkenntnis*, 2ª ed., 1925, 224-26 (das ewig denkfremde); HUSSERL, *Formale u. transzendentale Logik*, 1929, 105, 108 s., 113 s.; *Erfahrung und Urteil*, § 50-b: 249 s.; § 68: 340 s.; LIPPS, *Untersuch. zu einer hermeneut. Logik*, 1938, 122, 123.

166 HEGEL, *Logik*, 2ª ed., III; 218-228; *Encykl.*, § 204-212: cfr. para la diferencia de la relación causal, *Logik*, II, 221-22; HUMBOLDT W. (Leitzm) VI, 184; VII, 65.

167 HARTMANN, *Ethik*, 1926, 155, 273, 319, 345, 348, 397; cfr. BARATONO, *Mio paradosso*, 9-10, 28-29.

168 STAMMLER, *Theorie d. Rechtswiss.*, 2ª ed., 1923, 31 s., 52, 180, 197-99; DEL VECCHIO, *Concetto della natura e princ. d. dir.*, 2ª ed., 2ª ed., 1922 cap. III; nuestra *Teoria del neg.*, 2 s. y escritos ahí cit.: aunque el proceso teleológico es un proceso de síntesis, como es evidente en la formulación (STAMMLER) de una "voluntad conexa" una situación a la otra. Para una revisión crítica en sentido normativo –viciada, no obstante, de un injustificado preconcepto

Por lo demás, si bien es claro en abstracto la diferencia entre los diversos tipos de actividades espirituales, en concreto ellos interfieren de continuo el uno con el otro[169], y presentan el trato común de un proceso sintético y constructivo, dirigido a filtrar, a elaborar y a dar forma –de arte, de conocimiento o de acción– a un material de experiencia que no es informe, escondido o incógnito, es decir "extraño al pensamiento", sino en sentido relativo, respecto a aquella forma de orden más alto que a ello se destina[170]. Si se piensa, en el proceso artístico, en los estados de ánimo y en las percepciones emotivas que se combinan, se transfiguran y se unifican en expresiones de arte[171]; o, en el proceso cognoscitivo, a las representaciones que vienen elaboradas y traducidas en conceptos y principios; o en la teleología de la acción, a los efectos y a las pasiones que se elevan en la firmeza del carácter y se subliman en virtud[172].

---

antiteleológico– KELSEN, *Hauptprobleme d. Staatsrechtsl.*, 57 ss., 97 ss., 121 (nota).

169 DILTHEY, *"Ges. Schriften"*, VII, 204, 211; GEMELLI-ZUNINI, *Introd. a. psicologia*, 200 ss., 223-27.

170 HEGEL, *Encykl.*, § 133; LASK, *Lehre vom Urteil*, 1912, 71; N. HARTMANN, *Z. Grundleg. d. Ontologie*, 3ª ed., 129; HARTMANN, *Problem des geistigen Seins*, 1933, 15-19, 58-61: no se trata de un simple "Ueberformung" (HARTMANN, *Teleolog. Denken*, 5, 93, 122; HEIMSOETH, *Nachruf (Hartm.)*, 176), sino de "Ueberbauung" (HARTMANN, *Ethik*, 134, 136, 188 s., 149, 157, 213, 274, 361, 397, 455 (nota), 616 ss. 723): elaboración del dato de experiencia psíquica sobre el superior plano del espíritu. Una viva intuición de este proceso selectivo de absorbimiento de la experienze demuestra OSCAR WILDE, *De profundis*, en "Works", 1949, 860 s. (cfr. RILKE, *Briefe* I, 263). Entre los psicólogos modernos muestran viva intuición del proceso en palabra: JUNG, *Seelen-probleme der Gegenwart*, 1946, 52 s., 58 s., 64 s., 382 ('alles ist durch das Seelische vermittelt, übersetzt, filtriert, allegorisiert, verzerrt, ja sogar verfälscht'; 'wir leben unmittelbar nur in der Bilderwelt' (ser en alma); además URBAN, *Language and reality*, 374 ss.; GEHLEN, *Der Mensch, s. Natur u. s. Stellung zur Welt*, 1940, 202-204. FREYER, *Theorie d. gegenw. Zeitalters*, 1955, 57 s.

171 LIPPS, *Die menschliche Natur*, 1941, 18 ss.; BOLLNOW, *Wesen der Stimmungen*, 2ª ed., 1943, 119, 135-38.

172 NIETZSCHE, *Menschliches*, II, 99, 220; *Wanderer*, 37; 88; GOETHE, 13 febbr. 1775: *Gefühle sich zu Fähigkeiten entwickeln lassen*; HARTMANN, *Ethik*, 134, 136, 149, 185 ss., 213, 274, 313, 361, 397, 455 nota, 616 ss., 723; *Problem*, 14 s., 42 ss., 57 ss.; CROCE, *La poesía*, 2ª ed., 6. BLONDEL, *L'action*, 2ª ed., 58 s.

El carácter constructivo y formativo de cada tipo de actividad espiritual respecto al dato de la experiencia aparece con más evidencia allá donde él viene puesto en obra con conocimiento reflexivo: en el proceso educativo. Aquí la obra mediadora del docente (que en la auto-educación viene asumida por el mismo discípulo) sirve para poner en íntima comunicación el espíritu pensante del discípulo con ciertas formas representativas que son materia de aprendizaje y en las cuales otro espíritu se ha objetivado (lengua, literatura, historia, derecho, etc.). Se trata de empujar el espíritu del discípulo a colaborar con el espíritu que le habla a través de tales formas, superando la noción escondida e imprecisa que él lleva consigo al inicio, mediante una paciente y amorosa obra de asimilación, que tiene carácter de interpretación en función didáctica[173]. Figura elemental, esta última, de interpretación destinada a una tarea comunicativa, pero que conserva sin embargo siempre una naturaleza meramente cognoscitiva, y no asume ya una función reproductiva[174].

II. *Objetividad ideal. Respectiva posición del espíritu. Rechazo de la concepción subjetivista y relativista*

Respecto a la objetividad ideal que constituye el presupuesto de la experiencia, es decir el conjunto de aquellas que con terminología

---

173 Cfr. DROYSEN, *Historik*, § 417: 177; 341 s.; § 19: 332; 82; 301 ss. (WACH, *Verstehen*, III, 174 s.; 167, n. 4; I, 241 n. 4); SPRANGER, *Bildungsideal*, 2ª ed., 53-57, 63-67; SPANN, *Gesellschaftslehre*, 109 s., 123 s.; NIETZSCHE, *Werke*, I, 383; V, 263 s.; Frl. Wiss., 339, cfr. 321, 334; 305 in f.; Morgenr. 95, 278, 540; *Wanderer*, 267; LITT, *Indiv. u. Gemein.*, 3ª ed., 184-89, 191 s.; GENTILE, *Sommario di pedagogia*, I, 2, cap. 4; BARATONO, *Critica e pedag. d. valori*, 121 ss.; HARTMANN, *Problem*, 217 s., 185 s., 189, 192, 212; SPRANGER, en "Festschrift J. Volkelt", 366; ROTHE, citado por J. WACH, *Verstehen*, II, 301. Para HUMBOLDT, *Werke*, ed. Leitzmann, VII, 102, el aprendizaje es una renovada creación. Sobre la posición del autodidacta, S. TOMMASO, *Quaestiones disputatae de veritate*: qu. XI de magistro art. II: utrum aliquis possit sui ipsius magister dici (ed. Casotti, 92-101). Sobre esta problemática v. "Pädagogik als Wissenschaft: eine krit. Auseinandersetzung" en "Vierteljschr. f. wiss. Päd.", Erg.H., N.F., 1964.

174 De acuerdo a los criterios diferenciales que se indican en § 21 y 44 de nuestra *Teoria generale della interpretazione*.

kantiana se dirían las "condiciones de su posibilidad", la posición del espíritu pensante es más difícil a determinar. En el horizonte de la gnoseología moderna instaurada por la revolución copernicana de Kant, el primer intento de determinar tal posición respecto a los presupuestos *a priori* de la experiencia cognoscitiva (divisado en las intuiciones puras y en las categorías lógicas del intelecto) es aquello hecho por el mismo Kant. Pero el problema se presenta en términos análogos también respecto a los presupuestos *a priori* de la experiencia estética y de la experiencia práctica, presupuestos a reconocer, los unos, en los valores estéticos, los otros en los valores éticos, en cuanto la noción que los hace presentes a nuestra sensibilidad estética o moral, hace posible la experiencia sin salirse de ella[175].

Es importante recordar aquí brevemente la deducción que Kant[176] intenta sacar de la función a la cual están llamadas en la experiencia cognoscitiva las categorías puras del intelecto. Tales categorías, observa él, dictan leyes *a priori* a los fenómenos, y con ello la dictan a la naturaleza y a su entorno: por lo cual se pregunta cómo pueden determinar *a priori* la conjunción de múltiples intuiciones sensibles sin extraerla o recabarla de la naturaleza. Kant responde que quien reúne lo múltiple de la intuición, es la energía (diríamos, eidogenética) de la imaginación, la cual, en cuanto a su síntesis intelectual, depende del intelecto, y en cuanto a la multiplicidad de la percepción, depende de la sensibilidad. Y puesto que cada percepción posible deriva de la síntesis empírica de la percepción, como toda síntesis (que es unidad analítica) desciende de una síntesis trascendental (que es unidad sintética) de la autoconciencia, y por lo tanto de las categorías, así a estas deben estar sometidas todas cuantas percepciones sean posibles y con ella todo cuanto alcance, a través de la experiencia, a constituir nuestra

---

175 Sobre la fundamental unidad de los valores, Hartmann, *Problem*, 221 ss.; Triepel, *Vom Stil des Rechts*, (1947) 41 s.; Hyppolite, *Phénom. Hegel*, 558 s.

176 Kant, *Kritik d. rein Vern.*, 2ª ed., § 26: 163 s. Cfr. Barié, *L'io trascendentale*, 1948, 50 ss.; nuestra opinión, en "Responsabilità del sapere", VIII, 1954, nr. 39, 375-80.

conciencia empírica. Pero las categorías, a su vez, no son sino funciones del juzgar, a las cuales deben ser subordinadas todo multíplice de la intuición, a fin que pueda llegar a ser objeto para nosotros y, pueda, a través de la síntesis de la percepción, llegar a ser combinado y reunido en una sola conciencia. Por lo tanto, las categorías tienen su fundamento no ya en la naturaleza en sí, sino en la autonomía de la razón pura. Una alternativa análoga entre mundo fenoménico y razón pura práctica según Kant[177] en la búsqueda del fundamento de la "ley moral" y de los valores éticos: una alternativa entre relatividad empírica y *aprioridad* trascendental, que deja a salvo la universalidad y la autonomía de la razón.

Ahora, sin embargo, la duda que esta deducción kantiana propone es si la alternativa que Kant presupone, entre un valor (lógico o ético) que se asume sacado o extraído de las cosas, y un valor que se asume dictado por el sujeto pensante y agente, representa una separación rigurosa, tal de que agote toda posibilidad lógica y, por lo tanto, exprese un dilema insuperable.

La duda se presenta, y el problema viene resuelto en sentido negativo, por quienes –como Nicolai Hartmann[178]– afirman que el *a priori* no se identifica necesariamente con un *quid* [motivo] que se haya originado de la razón y sea función del sujeto pensante. Que este no saca ciertas visiones y valoraciones de la situación dada, pero le sobrepone a la percepción de esta en virtud de una autónoma espontaneidad, no significa necesariamente que el sujeto mismo genere por sí la visión o valoraciones, con las cuales categoriza y califica el dato de la experiencia: no significa que su génesis y su exigencia no sean concebibles sino como función o acto normativo de la razón. En cambio, es obvio constatar que las categorías lógicas, como los valores éticos, no son un dato existente y posible de hallar en la naturaleza, si bien el criterio de juicio o de valoración de la conducta. Pero de aquí a negarle, además

---

177 Kant, *Kritik d. prakt. Vernunft*, § 8; *Lehrsatz* IV.
178 Hartmann, *Ethik*, 94 ss. Cfr. Martinetti, *Introduzione a. metafis.*, 236.

de la objetividad fenoménica, también una objetividad de orden ideal, hay un salto lógico. Es el salto lógico que caracteriza la orientación denominada "subjetivismo" y que se remonta más allá de la proposición kantiana del problema, al psicologismo sensista de D. Hume[179].

El error, más aún que el peligro, del subjetivismo está patente en el terreno noético no menos que en el práctico. Como en el terreno noético sería absurdo negar a la actividad cognoscitiva —solo porque es actividad de un sujeto pensante— la capacidad de conocer la verdad (aunque sea tal conocimiento históricamente condicionado en su problemática desde el punto de vista del yo contemplativo)[180], así en el terreno práctico es igualmente absurdo asumir que nuestro sentido moral —solo porque es sentido de un sujeto— sea impotente para extraer valores éticos objetivos y constantes (aunque históricamente condicionado en su problemática), y se tambalee en la oscuridad perenne de una subjetividad incomunicable y siempre variable[181]. Al contrario: que no está en nuestro arbitrio mover, remover, dar vuelta, reducir, alterar aquellos valores, nos lo enseña la experiencia cotidiana. Tam-

---

179 Para una valoración crítica, HUSSERL, *Formale u. transzend. Logik*, §§ 57, 66, 100: p. 137, 153, 226-31.

180 Sobre esta general aporía de la actividad cognoscitiva véase HARTMANN, *Grundzüge einer Metaphysik der Erkenntnis* (2ª ed. 1925), 59-61; contra la posición subjetivista, ahí, cap. 30: 221-25; cfr. cap. 24: 180-87; *Zur Grundlegung der Ontologie* (3ª ed., 1948), 83-87; 98 ss.; 156-162. Ved. Además, contra la posición subjetivista, HUSSERL, *Ideen zu einer reinen Phänomenologie* (1913), 106 s.; *Logische Untersuchungen: I, Prolegomena zur rinen Logik* (2ª ed. 1913), 115 ss.; *Form, u. transzend. Logik*, 148-50, 206-208, spec. 209, 233; URBAN, *Language and reality*, 264, 446. Sobre la aporía en palabra está enclavado el motivo fundamental de la dramática de PIRANDELLO (cfr. FIOCCO, *Ugo Betti*, 10, 52, 61-63, por la antítesis con BETTI).

181 Aquí debemos recordar la diferencia de orientación entre subjetivismo e individualismo: a propósito, ROSE, *Klassik als künstlerische Denkform des Abendlandes*, 1937, 60-61. El individualizarse de la 'forma mentis' es estudiado por LEISEGANG, *Denkformen*, 2ª ed., 1951, spec. II-18: el cual llama 'Denkform' al conjunto en sí coherente de leyes y normalidad (*Gesetzmässigkeiten*) del pensamiento, que se descubre con el análisis de la idea expresada por un individuo en un escrito el que es similarmente posible de descubrir como conjunto en el discurso de otros individuos (cfr. FELDKELLER, *Das unpersönliche Denken*, 1949, 116 ss. 310 s.).

poco tendría sentido demostrar fenómenos de ilusión o de falsificación (por resentimiento), de opacidad, de miopía, o de ceguera por ciertos valores (aunque vengan equivocadamente a ser desconocidos), si como término correlativo de la valoración no se supusiera una objetividad que puede ser extraída o faltante[182].

Pero aquí el discurso nos lleva a tomar posición también contra otra orientación que al subjetivismo se une y puede denominarse "relativismo"[183]. Que los valores del espíritu, especialmente los valores éticos, en cuanto se verifique su existencia, se encuentran y deban encontrarse *en correlación* con determinada entidad del mundo real, es presupuesto indispensable de su *presentarse* en concreto: presupuesto fenomenológico de su *existenciarse*, no ya presupuesto axiológico de su esencia de valores[184]. Ahora el error del relativismo consiste en el equívoco sobre esta necesidad de encontrarse en correlación fenomenológica, aislándola como algo de sí e intercambiándola con una relatividad del valor, considerada en sí misma en su esencia axiológica. Ciertamente los términos con los cuales los valores éticos deben encontrarse en correlación, son múltiples y brotan de su misma naturaleza. Ellos deben bien, a) referirse a una persona como sujeto, no pudiendo predicarse como calificación sino de los actos y del comportamiento de

---

182 HARTMANN, *Ethik*, 139-42; 258; *Problem d. geist. Seins*, 137 s., 145, 159 s., 173 (im Wertvernehmen ist keine Freiheit); *Zur Grundleg. d. Ontologie*, 297; y, contra el prejuicio del positivismo, que, es decir, "nur das Greifbare habe Existenz", Problem cit., 255; además, URBAN, *Language and reality*, 162 ss., 165, 215 ss., 263-64; SCHELER, *Formalismus in der Ethik u. d. mater. Wertethik* 2ª ed., 1921, 206 ss.; *Das Ressentiment im Aufbau der Moralen*, in "Ges. Aufsätze" I, 45 ss.; BRAND BLANSHARD, *Subjectivism in ethics: a criticism*, en "The philos. quarterly" I, 1951, 127-139.

183 Contra el relativismo en la especie de moda que se conoce con el nombre de "existencialismo", HARTMANN; *Ontologie*, 43-46, 197; *Teleolog. Denken*, 1951, 41. Contra el relativismo afirmado desde la teología protestante de alguno (ELLUL, *Le fondement théologique du droit*, 1945), WELZEL, *Naturrecht u. materiale Gerechtigkeit*, 1950, 184 ss.; 187 s., que observa en la posición existencialista una exasperación del subjetivismo, caracterizada por su pérdida del sentido de la mesura y de la medida (190: Verlust der Mitte).

184 Sobre la aludida necesaria correlación, SCHELER, *Formalismus in der Ethik u. die materiale Wertethik*, 2ª ed., 272-329; HARTMANN, *Ethik*, 128-133.

un sujeto[185]; deben, además, b) referirse a otras personas, en comparación de las cuales el comportamiento es tenido[186]; deben finalmente, c) referirse a situaciones dadas y al complejo ambiente históricamente determinado, en el cual el comportamiento se encuadra[187]. Todos estos términos de referencia –sujeto, contraparte, situación, ambiente histórico– pertenecen al realizarse fenomenológico de los valores éticos en sus necesarias correlaciones; pero ellos son solamente momentos de un proceso: momentos que no van aislados de esto, y no significan relatividad del valor considerado en sí mismo[188].

En realidad los valores éticos, al igual que las categorías lógicas, no surgen de la cosa ni de las relaciones contingentes reales, y tampoco de cada sujeto, como si fueran una creación de él. Ninguna explicación realista, relativista o subjetivista, vale para dar razón de ello. Además, ellos no son una entidad carente de contenido y puramente formal,

---

185 SCHELER, *Formalismus in der Ethik*, 279-83; pero specialmente HARTMANN, *Ethik*, 131.

186 HARTMANN, *Ethik*, 129-30, 537; *Problem d. geist. Seins*, 146.

187 HARTMANN, *Zur Grundleg. der Ontologie* (3ª ed.), 207-9 (alle Initiative des Menschen ist situationsbedingt, zugleich aber auch situationsgestaltend); *Ethik*, 330 s. En la dirección de la fenomenología de HUSSERL, (*Form. u. transzend. Logik*, 71, 105, 113 s., 139 s.), observa FARBER, en "Twentieth century philos", 366; que la idea de la "relatividad" de una serie de hechos no tiene por sí misma, sin embargo, carácter de "relatividad": la verdad en torno a la cambiante vivencia histórica no es, necesariamente, cambiante; si más tarde el reconocimiento hecho se descubre inexacto, eso quiere decir que la noción ahora ganada –vista desde un observatorio más alto– no era la verdad (cfr. HUSSERL, *Erfahrung u. Urteil*, 253, 283, 340, 377).

188 Nota HARTMANN, *Zur Grundleg. der Ontologie*, 3ª ed., 297, que la aporía concierne exclusivamente el reconocer e identificar en aquel que es (*inhaltliches Erfassen*) la esencia en su concretización, no ya el hecho y el carácter de ser dado (*Gegebenheit ihres Seinscharakters*); si en la diagnosis (ahí, 291; cfr. HUSSERL, *Erfahrung u. Urteil*, 358) la esencia puede ser sacada o faltar, es claro que, al poder faltar (*verfehlen*), ella debe primero que todo existir objetivamente. Aunque la verdad del juicio lógico presupone una serie de correlaciones entre ese y otros juicios, y es un valor que se descubre solo a través de tales correlaciones por la mediación de sucesivas evidencias (HUSSERL, *Form. u. transzend. Logik*, 113, 120, 142; §§ 105-107: pp. 245-252): no ya cualquier cosa irrelativa es incontrovertible de por sí, cualquier cosa absoluta en este sentido privativo es deteriorable.

como se representan en la concepción kantiana[189], sino más bien esencia, estructura, que confiere una específica calidad a personas, relaciones o bienes según si le pertenecen o le faltan. En fin, ellos no son conceptos construidos con el pensamiento discursivo (y en esto difieren de las categorías lógicas), sino más bien "intuiciones" susceptibles de ser aprehendidas y comprendidas solo mediante una "intuición" interior (en modo análogo a las ideas platónicas), gracias a una sensibilidad del valor y a una intuición o gusto ético, que se manifiesta en el acto de tomar posición, de aprobar o reprobar una línea de conducta. Lo que en concreto sea el valor ético consta ya de antemano, antes de la experiencia que se tenga: en este sentido él es *a priori*. No podrían ciertas situaciones reales valer para nosotros como "bienes", si no se diese, como un antes y presupuesto de su posibilidad, una noción del valor, una valoración, independiente de su ser real o al menos, la cual nos dijese que "tienen" valor, es decir, que realizan un valor y merecen la calificación de "bienes"[190]. Es necesario que esta situación caiga *ab initio* [desde el comienzo] bajo una medida o un criterio de valoración: un criterio selectivo, que confiera valor a un modo de vida o de conducta, y cierto antecedente a la experiencia que se tiene de ello[191].

El hecho que la existencia real no le sea conforme, no prueba nada contra la validez de aquel criterio: la disconformidad significa solo que en el tema de los valores éticos el peligro de subjetividad es

---

189 Considera al formalismo como el "gran" mérito de Kant, BARATONO, *Mio paradosso*, 16; no obstante, se mantiene como decisiva, en nuestra opinión, detrás la estela de PASCAL (HEIMSOETH en: "Jahrb. D. Akad. D. Wiss. Köln", 1950, 159), la refutación hecha por SCHELER, D. *Form. in d. Ethik*, 2ª ed., 48 ss., y por HARTMANN, *Ethik*, 90 ss., 233 ss., 353 ss.

190 SENECA, *ad Lucilium*, 92, 10. También, SENECA, *de benef.* I, 6, 1-2, IV, 21, 3. Cfr. para la distinción entre "Sachverhaltswert", "Aktwert", "Intentionswert": HARTMANN, *Ethik.*, 348.

191 HARTMANN, *Ethik*, 118-19; NIETZSCHE, *Frl. Wiss.*, 301 (Wahn der Contemplativen); SHAKESPEARE, *Troilus and Cressida*, II, 2, 52: *what is aught but as'tis valued?* Citado a propósito por BERENSON, *Aesthetics*, (trad. it.), 215; URBAN, *Language and reality*, 216, 239. Iluminadora es la confesión de GOETHE, *Gespräche mit Eckermann*, 26 febrero 1824 (citado por CURTIUS, *Humanistisches*, 80).

mucho mayor que en el tema de las categorías lógicas. A diferencia de esta, un a priori práctico no tiene el sentido y la función de un elemento del conocimiento: ello es únicamente criterio de orientación del estilo de vida o de conducta, de la toma de posición, del juicio axiológico que aprueba o reprueba[192].

Constataciones en todo análogas pueden hacerse para los valores estéticos[193].

Estas reflexiones autorizan a concluir que los valores éticos y estéticos, a la par que las categorías lógicas, pertenecen a una segunda dimensión de la objetividad, que no es aquella meramente fenoménica, pero que no menos que esta se distingue de la subjetividad de la conciencia: una objetividad que, configurando un modo de ser no fenoménico de la espiritualidad, bien puede calificarse de ideal. Lejos de ser una creación arbitraria del individual yo pensante y fruto de valoraciones meramente subjetivas, los valores del espíritu constituyen una objetividad ideal, que obedece infaliblemente a una ley propia[194]. Por otro lado, se supone que ellos deben estar unidos a la conciencia por un nexo tan íntimo y profundo que da razón de la actitud de la conciencia para descubrirlo; puesto que, de otra manera, ellos les restarían inalcanzables.

---

192 HARTMANN, *Ethik*, 113-14; 259 s.; 350 s.

193 A propósito, BARATONO, *Mio paradosso*, 20 s., 23 s.; BERENSON, *Aesthetics ethics and history in the arts of visual representation* (trad. it., 1948, 16, 129, 69, 346; BARIÈ, *L'io trascendentale*, (1949), 130 ss.

194 HARTMANN, *Ethik*, 137-140; *Teleolog. Denken*, 58-60; 110-12.

§ 3. El problema epistemológico del entender como aspecto del problema general del conocer

> Pablo, Epist. I *ad* Corinth. I, cap. II, N° 11: *Quis enim hominum scit, quae sunt hominis nisi spiritus hominis, qui in ipso est?* Idem., cap. XII, N° 11: *Haec autem omnia operatur unus atque spiritus dividens singulis prout vult.*[195]

I. Objeto del entender. Concepto de forma representativa. II. El proceso del entender: su carácter triádico.

I. Objeto del entender. Concepto de forma representativa

En todas partes nos encontramos en presencia de formas sensibles, a través de las cuales otro espíritu, en ellas objetivado, habla al nuestro haciendo un llamado a nuestra inteligencia[196], y aquí entra en movimiento nuestra actividad interpretativa para entender qué sentido tengan aquellas formas, que mensaje nos envían, qué cosas nos quieren decir. Desde el vivo y frágil discurso hablado al inmóvil documento y monumento, de la escritura al signo convencional, a la cifra y al símbolo artístico, del lenguaje articulado, poético, narrativo, deductivo, al lenguaje no articulado, como aquel figurado y aquel musical[197], desde la declaración al gesto mudo y al comportamiento personal, de la fiso-

---

195 [Trad. PABLO, *Corintios* I, cap. II, N° 11: "Pues, ¿quién conoce lo íntimo del hombre a no ser el mismo espíritu del hombre que está en él?"; trad. cap. XII, N° 11: "Todo esto lo hace el mismo y único espíritu, que reparte a cada uno sus dones como él quiere".]

196 Este concepto de forma sensible es puesto por LIPPS, *Untersuch. z. e. hermeneut. Logik*, 110, 111, con la expresión 'Versinnlichungen'; por SNELL, *Der Aufbau der Sprache*, 1952, 29, con el término "*Sinnformen*"; por FREYER, *Soziologie als Wirklichkeitswiss.*, 1930, 15, con el término '*sinnhaltige Formen*', sin que sea, por otro lado, el fruto de una elaboración científica del concepto mismo.

197 Al continuar el uso de esta calificación, tomamos conscientemente posición en contra de aquella reciente corriente que tiende a concebir la música como un arte absolutamente a-semántico: concepción que, en rigor, podría hacer de ella un arte carente de sentido y refractaria a una interpretación.

nomía y de la expresión de la cara a la línea de conducta y al estilo de comportamiento[198], todo cuanto de otro espíritu provenga, dirige una llamada, un reclamo y un mensaje a nuestra sensibilidad e inteligencia para ser entendido[199]. Ciertamente no deberemos confundir los varios planos y las diversas dimensiones, en las cuales estas objetivaciones del espíritu se presentan.

Deberemos, más bien, tener cuidadosamente diferenciado el lenguaje y el sentido, que solo nos interesa, de los sonidos que lo encarnan, de las anotaciones y de los signos que lo fijan[200]; tener diferenciada la declaración del documento que sirve para representarlas y para identificarlas, ya sea en orden a la comunicación, como a la certificación[201].

---

198 Es aquello que en la terminología alemana se entiende con la palabra "Haltung": ROTHACKER, *Geschichtsphil.*, 1934, 46 ss., 82 ss.; BOLLNOW, *Wesen der Stimmungen*, 2ª ed., 1943, 135-141; TRIEPEL, *Stil des Rechts*, 1947, 62 s.; PORZIG, *D. Wunder d. Sprache*, 257.

199 Esta situación es rendida en la lírica de RILKE, *Werke*, III, 452: "es winkt zu Fühlung fast aus allen Dingen", etc.

200 La clara distinción es advertida por SENECA, *ad Lucil.*, 102, 15: "non ad vocem referunt, sed ad sententiam"; 16: "non verba, sed iudicia promittimus"; HUMBOLDT, *Werke*, VI, 120 ("blosse Schällen"); 154 ("nur Zeichen von Tönen"); VII, 66; PAUL., D. 44, 7, 38 (donde se contrapone a la "figura literarum" la "oratio, quam exprimunt literae", y se equipara aquello que significa la "scriptura" a "quod vocibus lingua figuratis significaretur"); HUSSERL, *Logische Untersuchungen*, II, I (2ª ed.), 66; SPRANGER, in "Festschrift für Völkelt", (1918), 382; KRAFT, *Wiener Kreis*, 56. Para la distinción entre contrasigno y símbolo, CASSIRER, *Saggio sull'uomo*, 57.

201 Puede parecer superfluo insistir aquí en una distinción tan elemental si no fuera porque una costumbre difundida y un prejuicio muy recurrente materialista induce todavía a algunos a confundir por ejemplo la declaración con el documento en el cual está incorporado (así, SCHLOSSMANN, *Irrtum*, 33; SACCO, *Concetto di interpretaz.*, 1947, 59), o a calificar "documento" al texto de la misma declaración (FRIEDRICHS, *Der allgemeine Teil d. Rechts*, 1927, 123-189; GIANNINI, *Intérpr. atto ammin.*, 60). En la confusión entre forma representativa y soporte material incurren hasta algunos escritores que han tenido el mérito de haber distinguido claramente entre la declaración y el documento destinado a representarla. Así CARNELUTTI, en "Riv. trim. dir. pubbl.", 1951, 300, cuando afirma que "las palabras son símbolos, pero también (!) sonido", y se pregunta "cuáles misteriosas relaciones existen entre el símbolo y el sonido". Hay que responder que las palabras en tanto son símbolos —es decir, formas representativas— de carácter lingüístico, en cuanto son sonidos articulados, es decir, figuras del sonido (Lautformen,

Deberemos, en general, estar atentos a no confundir el soporte o instrumento material perceptible, que –por frágil o duradero que sea– pertenece a la dimensión del mundo físico, de la dotación espiritual (calificada como corpus *mysticum* en la teoría de los bienes inmateriales) a ella confiada, casi como un vehículo; dotación de símbolo de ello, por decirlo así, retenida, incorporada y fijada: dotación, cuyo contenido del espíritu y del pensamiento trasciende el sustento material y pertenece a una dimensión radicalmente diversa a aquella del mundo físico[202].

Por otro lado, y con la misma decisión, mantendremos siempre (en contra de una prevención opuesta que resurge en todo momento) el siguiente punto firme: que la interpretación no puede darse sino[203] en presencia de una forma representativa. Expresión en la cual la palabra "forma" es entendida en el sentido amplísimo delineado por el querido

---

diría HUMBOLDT) a las cuales se une un sentido de lenguaje (*Sprachsinn*). La pregunta de CARNELUTTI parece surgida del preconcepto que identifica la palabra con el signo gráfico, es decir con su escrituración, con la documentación que fija el símbolo visible en un soporte material.

202 El tema llama especialmente la atención de los lingüistas; así: DE SAUSSURE, *Cours de linguistique générale*, 170, cfr. 29; IPSEN, *Gespräch u. Sprachform*, en "Blätter f. dtsche Philos.", VI, 1932-33, 69, observa que al configurar sonidos (*das Lauten*) no ocurre un simple fenómeno físico, o tal vez fisiológico, sino una cualidad de las figuras (*Gestalt*) en el orden (*Gefüge*) de una dada esfera de articulaciones lingüísticas, y es después esencialmente determinado del ordenamiento de esta. SNELL, *Der Aufbau der Sprache*, 45, nota que, cuanto más el hombre se hace hombre, tanto más el reclamo expresivo (*Ausdrucksruf*) se destaca y conduce del rígido vínculo a la excitación y al motor interior, y que (53) múltiples formas de "*Synästhesien*" pueden determinar el valor fonético y declinar en el fonema de la palabra. PAGLIARO, *Logica e grammatica*, n. 8, en "Ricerche linguistiche", I, 1950, 19, destaca que la dinámica de la lengua es debida a un equilibrio, que perennemente se determina entre el contenido de la conciencia del que habla, y la lengua como complejo de significados distintos (de los cuales no se hace encuentro a la conciencia del hablante una forma idónea a distinguir adecuadamente el contenido), y a un equilibrio que perennemente se recrea. Esta problemática (WARTBURG, *Einleitung*, 1 s.) llama además la atención de los estudiosos del derecho de autor y de la teoría de los bienes inmateriales (Cfr. ASCARELLI, *Teoria d. concorrenza*, 1956, 202 s.). Ella es analizada más adelante. Concorde con el texto, ROTHACKER, *Gesch. phil.*, 73.

203 Concuerda URBAN, *Language and reality*, 1939, 121-22.

y llorado amigo Adelchi Baratono[204], de relación unitaria de elementos sensibles dado en la percepción o evocable en el recuerdo, idónea para conservar la impronta de quién lo ha modelado y de quién lo encarna (ejemplo: la cara de una persona), y la calificación de la función "representativa" es entendida en el sentido que a través de la forma deba hacerse a nosotros reconocible, haciendo llamado a nuestra sensibilidad e inteligencia, *otro espíritu* diverso del nuestro y, sin embargo, íntimamente afín al nuestro[205].

La exigencia de formas representativas en las cuales otro espíritu se haya objetivado, mientras se reconduce a la antítesis dialéctica entre ser íntimo en sí mismo inmanente (*An-sich-sein*) y ser reconocible en otro (*Sein-für-Anderes*), elaborada por Hegel[206] como una posición necesaria del pensamiento especulativo, por otro lado, no es más que un aspecto de aquella exigencia fundamental de reconocimiento

---

204 *Il mio paradosso*, en el vol. "Filosofi ital. contemporanei", 1947, estr. 24 s.; *Arte e poesia*, 1945, 175, cfr. 135-36, donde se cita a RILKE, *Aug. Rodin*, en "Ges. Werke", IV (1927), 382: "ob nicht alles Oberfläche ist, was wir auslegen und deuten". Cfr. además SEGOND, *Psychologiè*, n. 68-69; ROLAND-MANUEL, *Plaisir de la musique* (1947), I, 274 s.; URBAN, *Language and reality*, 121 (que designa la forma representativa como "expressions"). El concepto de forma representativa tiene otro precedente. Un análogo concepto de "representament" había sido elaborado por PEIRCE, *Collected papers*, I (1931). § 564. Cfr. ahí, ahora § 541 en MORRIS, *Signs, language and behavior* (1946), 289-90. Cfr. el modo como ASCARELLI, *Teoria della concorrenza* (1956), 2002 s., caracteriza la creación intelectual, diciendo que ella trasciende la cosa o la energía en la cual se exterioriza.

205 En el sentido de no atribuido a "forma representativa" otros autores entienden la expresión "documento", que BLOCH, *Apología della storia*, 59 s., caracteriza como vestigio o signo accesible al sentido dejado de un fenómeno no apreciable en sí mismo. Bien, GARDINER, *Theory of speech and language*, 100; contra OGDEN & RICHARDS, *The meaning of meaning*, 318: 8 ed., 195 (y 101, n. 2). La exigencia de la alteridad es claramente advertida por LIPPS, *Die menschliche Natur*, 1941, 28, que ofrece una interesante conclusión sobre la imposibilidad de la interpretación de sí mismo. Asimismo en SNELL, *Aufbau der Sprache*, 18.

206 *Wissenschaft der Logik*, 2 ed., 1841, I, 119-122; *Encyklopädie*, § 91. Al 'Sein-für-Anderes' de HEGEL equivale el 'Für-uns-Sein', que HARTMANN, *Problem d. geist. Seins*, 144, 365, 387, 425, 448, *Grundleg. d. Ontologie* (3 ed.), 85, 152 s., contrapone asimismo al *Ansichsein*.

(por otros conciudadanos), a la cual obedece toda la vida comunicativa y social de los seres dotados de espiritualidad[207]. Por otro lado (es obvia la constatación), solo por intermedio de formas representativas, dadas en la percepción o evocables en el recuerdo, que presenten objetivado el espíritu de otro, los hombres tienden a entenderse entre sí, a asociarse y a constituir comuniones de espiritualidad en relaciones recíprocas[208].

Para una primera y provisoria clasificación de tales formas representativas pueden extraerse, entre tanto, algunas sugerencias de analogía de la distinción de las res [cosas] expuesta en la tópica ciceroniana[209].

La distinción, que Cicerón extrae probablemente de los académicos griegos, es adaptable por analogía también a las formas representativas que son objeto de interpretación, siempre que se tenga cuidado a extenderlas a cualquiera percepción, no solo táctil o visible, sino también auditiva, reuniendo la figura del sonido, tanto articulado (las voces *lingua figuratae*: D. 44, 7, 38)[210], como musicales (el *"Tonbild"*,

---

207 Sobre lo cual, cfr. nuestra "Teoria gener. d. negozio giur." (2 ed.), § 3 (52), § 10 (126). En el campo del derecho, es mérito de CARNELUTTI, *Sistema d. dir. proc. civ.*, II (1938), n. 456-58: p. 159-68; *Teoria gener. d. dir.* (3 ed.), n. 124, haber elaborado la noción de la forma como categoría general. Sobreviven, todavía, visiones muy poco claras acerca de la relevancia social y jurídica de un reconocimiento a través de la forma. A propósito, ORMANNI, *Forma*, en 'Noviss. Digesto', UTET.

208 DILTHEY, *Ges. Schr.*, V, 318; WACH, en "Festschr. Goetz": Kultur- u. Universalgesch., 1927, 380, n. I, destaca como la forma, sin la cual no sería posible ninguna comunicación entre hombres, es condición imprescindible de toda comunicación; crf. *Sociology of religion*, 6ª ed., 1951, 28 s., 375 ss. Al principio enunciado no hacen excepción ni los sordomudos ni los ciegos. Sobre la comunicación entre sordomudos, HUMBOLDT, *Werke*, VI, 120, 153 s.; cfr. VII, 66, 100; SEGOND, *Phychologie*, 184 s.; GARDINER, *Theory of speech and language*, 67; BARATONO, *Prima grammatica*, 2 ed., 1947, 53-54. Sobre la comunicación de los ciegos, MAETERLINCK, *Les aveugles*; RILKE, *Werke*, II, 154 (die Blinde).

209 Cicerón, *Tópica*, V, 26. Cfr. AUGUSTINUS, *Confesiones*, X, 18, 2: "ex imagine, quae intus est, recognoscitur".

210 A propósito, GNEIST, *Die formelle Verträge des neueren röm. Obligationsrechts*, 1845, 259 s.

de que habla cada uno)[211], y a referir las otras formas no dadas en la percepción actual, sino que evocadas en el recuerdo, o de todos modos, puramente inteligibles como "nociones" traducibles en formulaciones bien definidas, sin un sustento material (corpus) aparte de aquel que es de la tradición escrita y oral, siempre indispensable para la exigencia del objetivarse en la dimensión del mundo fenoménico.

Reservándonos de no analizar ahora, con la estructura del símbolo, el modo de ser de la dotación espiritual a ella confiada, debemos desde ahora rechazar como una vuelta a un prejuicio materialista de un testigo despreciado, la tendencia a concebir la forma representativa, en especie de declaraciones, como una suerte de envoltorio o de embalaje, con el intercambio del cual se operaría cualquier cosa como una transmisión o recepción del pensamiento que se encontraría "encerrado"[212]. En verdad los hombres llegan a entenderse no ya con el intercambio de signos materiales de las cosas ni con el determinarse por un intercambio automático a producir precisamente la misma idea, más bien teniendo en movimiento recíprocamente cada uno el mismo anillo de la cadena de las propias representaciones o concepciones, y –para adoptar una imagen eficaz[213]– tocando en cada uno la misma cuerda del propio instrumento espiritual, como para entonar en acuerdo, de manera que, en quien escucha o lee se susciten ideas correspondientes a aquellas de

---

211 HANSLICK, *Vom Musikalisch-Schönen*, 6ª ed., 1881, 64, 78. Sobre la forma sensible como presupuesto indefectible del valor estético, BARATONO, *Arte e poesia*, 36 ss., 93 ss., 201 ss., con iluminadora demostración (ahí, 173 ss., sobre la unidad-demostración de presencias y representaciones); HARTMANN, *Problem d. geist. Seins*, 378, 381 s.; de otra opinión y, en consecuencia, de un infundado preconcepto, TRIEPEL, *Stil des Rechts*, 37 s.

212 Cfr. CARNELUTTI, *Teoria gener. d. dir.*, 1ª ed., n. 150: 386; 2ª ed., n. 119: 268.

213 De HUMBOLDT, Werke, VII, 170; V. 381-2; en este orden de ideas, STEINTHAL, *Einleitung in d. Psychol. u. Sprachwiss.*, 1871, I, n. 512; HEGEL, según las referencias de MEUSEL, *Hegel u. das Problem d. phil.* Plemik, 1942, 40; JHERING, *Geist d. röm. Rechts*, II, 444 ss.; URBAN, *Language and reality*, 234 s.

quien habla o escribe[214]. En fin, las puertas de la mente no se abren más que desde adentro[215], por interior espontaneidad, y aquello que se recibe, es solo la incitación a vibrar en armonía con el estímulo, en función de la energía que comunica el valor significativo o semántico[216].

La energía evocativa del mensaje lanzado no es algo ínsito en sí mismo y por sí solo, sino que es fruto de colaboración de parte de quien está llamado a recogerlo: depende, por lo tanto, de su propicia disposición, apertura o sensibilidad por la incitación, de su empeño e interés, y de una infinita variedad de contingencias que en ello pueden influir[217]. El nexo de reciprocidad entre el mensaje y la colaboración requerida a quien está llamado a recogerlo, evoca la imagen de la semilla tirada en un terreno que la contingencia más variada puede rendirlo fecundo o refractario: imagen, que recorre en la parábola evangélica del sembrador[218]. "Y aquí el sembrador salió a sembrar. Y al sembrar él, algunas semillas cayeron por el camino; llegaron los pájaros y las comieron. Otras cayeron entre las piedras, donde no había mucha tierra; y de inmediato crecieron por no tener mucho fondo de tierra; y así cuando salió el sol fueron quemadas y por no tener raíces se secaron. Otras cayeron entre las espinas y las espinas crecieron y las sofocaron. Otras cayeron en la tierra buena y dieron frutos: algunas por un ciento, otras por sesenta, y otras por treinta. Quien tiene orejas para escuchar, que oiga" (es decir, que entienda)[219].

---

214 De aquí la influencia que cada cual despliega sobre la lengua que habla, según otra observación de HUMBOLDT, *Werke*, VI, 182-83; VII, 64 s.

215 Feliz expresión de CARNELUTTI, *Teoria gener. d. dir.*, 1ª ed., § 148; cfr. 2ª ed., § 116: 264 s.

216 HUMBOLDT, *Werke*, VII, 56 s.; VI, 177; HARTMANN, *Problem d. geist. Seins*, 394-96; cfr. 232.

217 Luminosa la formulación de GOETHE en la carta a Zelter de 7 noviembre 1816. Además, cfr. HUMBOLDT, *Werke*, VII, 56-58; NIETZSCHE, *Menschliches Allzumenschl.*, II, 126; LIPPS, *Untersuch. z.e. hermeneut. Logik*, 86.

218 MT., 13, 3-15; MC., 4, 3-12; LC, 8. 4-15. Cfr. MT., 13, 18-23. 11: *semen est verbum Dei.*

219 Similar es la imagen de la absorción como condición del nacimiento: PABLO., *Epist. ad Corinth.*, I, 15, 36-37:"*quod seminas, non vivificatur nisi*

II. El proceso del entender: su carácter triádico

Mientras queda por suponer al análisis el fenómeno del lenguaje en conexión con el problema del símbolo, se puede decir desde ya que la función representativa o semántica en la vida social está confiada sobre todo al lenguaje, consista ello en palabras, es decir en un discurso, o consista en otros signos y medios expresivos: fórmulas, imágenes, figuras y sonidos. En el ambiente social el instrumento más usado para manifestar un pensamiento y para comunicarlo a otro son las *declaraciones*. En estas es más evidente el fin representativo y la confianza que se atribuye a la inteligencia de parte de un círculo más o menos amplio de destinatarios. O sea, es más evidente la mediación confiada al instrumento representativo en el sentido de despertar la idea del hecho representado; y la interpretación llega a ser una colaboración que el destinatario presta al autor de la declaración, en cuanto él está llamado a resucitar en la mente propia la idea concebida y expresada por la mente del autor[220].

Por otro lado, la interpretación no presupone por necesidad que el pensamiento haya sido expresado en símbolos como un fin representativo, con un intento comunicativo y un interés dependiente de la vida de relación[221]. También una "manifestación" carente de tal interés es un comportamiento no dirigido *per se* a ser reconocible por otro pensamiento[222] puede ser objeto de interpretación, cuando se trate de

---

prius moriatur et quod seminas non corpus quod futurum est seminas, sed nudum granum"; cfr. *ad Corinth.* II, 9, 6-7, 10. Jn., 12, 24-25: Mt., 10, 39; Mc., 8, 9; Lc., 17, 33: que empeña y pierde la vida por causa mía, el cual la recuperará (como vida del alma: sobre la ambigüedad de la palabra 'vida', Spranger, *Magie der Seele*, 87; Carnelutti, *Chiose al vang. di Matteo*, 125 s.; *Il canto del grillo*, 49 s.).

220 Carnelutti, *Teoria gener. d. diritto*, 2ª ed., 356.

221 Quizá no es diversa la opinión esgrimida por Urban, *Language and reality*, 115, quien atribuye a la '*expressions*' una '*intentionality*' significativa (Porzig, *Wunder der Sprache*, 155, 355) solo porque presupone una '*communication, either overt or latent*'; cfr. "Hermeneut. Manifest", nota 9.

222 Cfr. Wach, *Verstehen*, II, 16, que distingue sobre este sentido '*Ausdruckssinn*' y '*Bedeutungssim*'; sentido, el uno, no intencional, transeúnte y en estado subjetivo; el otro intencional y objetivado; Droysen, *Historik*, 180

extraer de aquella "manifestación" el valor expresivo que le es propio, su estilo de arte o de vida, o respectivamente se trate de recabar de este comportamiento como signo o indicio una toma de posición o una orientación, que allí se *denuncia*, es decir el modo de concebir y de valorar lo que en ello se demuestra objetivamente informado[223].

En especial, en cada forma de actividad práctica está ínsito un valor representativo *implícito*, o sea *sintomático*, en cuanto se pueda sacar, por conclusión indirecta[224], un índice de la personalidad causante, su modo de concebir y de entender, que allí se manifiesta y que –para el intérprete– se trata de extraer y representar explícitamente, reflexionando sobre ello[225]. Una conclusión de tal género podrá resultar difícil, y hasta imposible, para un único acto práctico, cuando no se conocen las circunstancias ni los antecedentes ni los actos consiguientes que con aquello forman los anillos de una cadena; pero cuando ellos se conocen, así se presenta como posible una referencia a todo aquello que es la personalidad del autor.

El interés por indagar el implícito valor representativo de los comportamientos prácticos surge con especial intensidad en el jurista

---

(Erscheinungsform eines Gedachten); LITT, *Individum u. Gemeinschaft*, 3ª ed., 182 ss.; LÖWITH, *Das Individuum in der Rolle des Mitmenschen* (1928), 103, 123-26; HARTMANN, *Problem d. geist.Seins*, 216 s.; KAHLER, *Deutscher Charakter in der Gesch. Europas*, 13; SNELL, *Aufbau der Sprache*, 29 (Sinnformen); ENGISCH, *Logische Studien* (Heidelbg. Akad., 1943), 67-68. A propósito, "Hermeneut.Manifest", note 8-a; 9-a-b-c.

223 Por ejemplo LIPPS, *Hermen. Logik*, 112, observa: "Gebärden sind Ausdruck, sofern eine Haltung sich darin versinnlicht". Lo mismo LIPPS, en su última obra – *Die menschliche Natur*, 1941, 26. V. igualmente WEINBERG, *Examin. of logical positivism*: trad. it. 1950, 255; SNELL, *Aufbau der Sprache*, 1952, 19; DITTRICH, *Probleme der Sprachpsychologie*, 1913, 38-52. El análisis es retomado y profundizado por STENZEL, *Sinn, Bedeutung, Begriff, Definition*, en "Jahrbuch f. Philologie", I, 1925, 160-201.

224 JUNG, *Seelenprobleme der Gegenwart*, 1946, 323, habla de una "eficacia sintomática, o sea indirecta, del inconsciente"; y, en p. 49, afirma la exigencia de distinguir claramente entre 'símbolos' y aquellos que son 'indicios' o 'síntomas'.

225 Cfr. LIPPS, *Hermen. Logik*, 1938, 77, 102, 104: "sofern das eine nach dem anderen hinüberspielt".

y en el historiador, naturalmente con una diferencia de direcciones que es determinada por la diversidad de oficios del uno y del otro. En el jurista el interés surge especialmente en orden a la interpretación de usos y costumbres, de praxis constitucionales y administrativas[226], de negocios jurídicos, de los cuales los comportamientos en cuestión constituyen el supuesto de hecho o elementos integrantes o aclaratorios, o sea índices de un modo de ver, y síntomas de una interpretación auténtica, que la doctrina califica como el hecho mismo de la creación del precepto[227].

En el historiador un interés análogo, pero diversamente orientado, nace del hecho que las actitudes prácticas, por la misma ausencia de una consciente finalidad representativa, son los indicios o síntomas más genuinos y sinceros que denuncian la mentalidad de los autores: en él nace el interés en orden a la tarea de reconstruir en la línea de conducta efectivamente tenida, el real modo de concebir y entender los problemas, cuyo enunciado teórico puede ser anulado de la interferencia de tendencias deformantes y por un interés a la insinceridad.

Nótese bien, sin embargo, que también en los casos ahora dichos, objeto de interpretación es siempre la actuación de un pensamiento que se denuncia[228] objetivamente en una actitud práctica: puesto que esto viene valorado como presentación (expresión) indirecta, es decir, implícita, de un determinado modo de pensar; puesto que esta actitud, considerada bajo el perfil de este valor sintomático, bien puede

---

226 Cfr. HATSCHEK, *Englisches Staatsrecht*, II, 1906, 638 ss.; SAVEKOULS, *Das Englische Kabinettsystem*, 1934.

227 Sobre este carácter de los usos interpretativos, OPPO, *Profili di interpretazione oggettiva*, 82 s. Digna de atención es la norma del artículo 1362 capv, c. civ., aunque los comportamientos ilícitos, en cuanto manifiestan una orientación mental y moral, forman objeto de una interpretación psicológica que interesa al jurista (SCHREIER, *Die Interpret. der Ges. u. Rechtsgesch.*, 1927, 84-85; CARNELUTTI, *Proc. d'esecuzione*, III, nr. 536 (930).

228 MANIGK, *Willenserkl.*, 419: "sein Wille verrät sich in seinem Verhalten"; SCHLEIERMACHER, *Werke*, III sez., III, 201; Lipps, *Hermen. Logik*, 77; HARTMANN, *Teleol. Denken*, 1951, 104.

calificarse como una forma representativa en el amplio significado de objetivación del espíritu, por nosotros recién acogido.

Nos encontramos aquí en el campo hermenéutico, en una distinción basada sobre el criterio del carácter directo o indirecto, explícito o implícito, de la función representativa atribuida a la forma: distinción, que por la identidad del criterio resulta en términos perfectamente análogos en otros campos. Así en el campo de los negocios y actos jurídicos se ha intuido desde hace largo tiempo por los civilistas la distinción entre declaración y conducta concluyente[229]; en el campo de las pruebas se ha intuido por los procesalistas la análoga distinción entre prueba representativa (histórica) y prueba crítica (indiciaria); en el material que es fuente del conocimiento histórico ha sido delineada por los historiadores la diferencia entre fuente representativa transmitida por la tradición escrita, oral o figurativa, y supervivencia, vestigios o rudimentos de la edad estudiada, caracterizados, éstos, por la ausencia de una consciente destinación a la función representativa y además de la correlación que une el fragmento al todo de la edad pasada, de la cual ellos son índice de reconocimiento[230].

---

229 Nuestra *Teoria del negozio giur.*, § 14; § II, 34 bis, nota 3; cfr. nuestro *Dir. proc. civ. it.*, 434, n. 32; MANIGK, *Willenserklärung u. Willensgeschäft*, 418 s., 425; SCHREIER, *Interpretation*, 56 s., 88. Así, aunque GARDINER, *Theory of spech a. language*, 195 s., distingue entre "description" y "implication". Cfr. KAYSER, *D. sprachl. Kunstwerk*, 282 s., sobre los varios sentidos de la indagación hermenéutica por indicios.

230 DROYSEN, *Historik*, 37 s., 62, 65; BERNHEIM, *Lb. d. histor. Methode*, 6ª ed., 255-58, 466-7, 470-71; 503-4; 569; ALBERS, *Man. d. propedeut. stor.*, 1909, 62 ss., 81-2. No es necesario, además, olvidar la esencial relatividad de la calificación de función representativa: sobre ello, DROYSEN, *Historik*, 38, 50, 61, 64; HARTMANN, *Problem d. geist. Seins*, 398; CARNELUTTI, *Lezioni dir. proc. civ.*, II, n. 150; *Prova civile* (1915), nr. 22; *Teoria gener. d. dir.* (2ª ed.), n. 167; *Lezioni sul proc. penale*, I (1949), n. 149. Iluminadora es la sintética enunciación de GOETHE en la carta a Schubart de 3 abril 1818 y en: *Werke*, ed. Insel, XVI, 89. Ver también carta a Schiller de 16 agosto 1797; HEGEL, *Encykl.*, § 95. SPRANGER, *Magie der Seele*, 84 s. Sobre el símbolo v. también: GUNDOLF, *Goethe*, 23; JUNG, *Seelenprobleme d. Gegenw.*, 49, 61 s., 397 s.; *D. Symbolik des Geistes*, 1948; DILTHEY, *Ges. Schr.*, VII, 232 ss. (Bedeutung); JHERING, *Geist d. röm. R.* II, 2, 506 ss.; TRIEPEL, *Stil d. Rechts*, 142-47. Analiza en la intencionalidad ("*purposiveness*") el criterio de la diferencia

En contra de un equívoco bastante difundido, especialmente entre los juristas, no se insistirá nunca suficientemente sobre el siguiente punto: que en los comportamientos prácticos, no menos que en las declaraciones, el objeto de interpretación no es la "voluntad" como tal, sino siempre solamente la forma, en la cual ella está explicada y actuada: aquello que se ha dicho y aquello que se ha hecho[231]. La "voluntad" podrá ser y será, como el sentido lógico o estético, aquello que viene extraído de la actitud práctica por medio de la interpretación, por lo tanto no es el objeto de esta, sino su resultado, es decir una meta de la comprobación hermenéutica. Cuando, por lo tanto, se habla, como sucede a menudo, de interpretar la "voluntad", o se alude al resultado del proceso interpretativo y se usa una frase impropia, sea porque se cambia la acción con el evento, sea porque se designa, al menos por la ley, la *vis ac potestas* normativa (entidad no reducible al plano psicológico); o si se refiere al objeto, y se adopta una fórmula que es equívoca, porque antes que a la voluntad alude elípticamente a sus objetivas explicaciones en la vida social, o, si por "voluntad" se entiende en sentido propio una pura entidad psicológica interna, induce a pensar que la interpretación llegue a ser menos que una fórmula representativa: lo cual es absurdo.

---

entre síntoma y símbolo, GARDINER, *Theory of speech a.language*, 101, n. 1. Sobre NIETZSCHE, *Menschliches*, I, 216, cfr. "Hermeneut. Manifest", nota 9-c. Demasiado confusa y no utilizable aparece la noción de "documento" que propone CROCE, *Storia come pens. e come azione*, 1938, 109-10. Inservible por su indeterminación, es la noción de "*Tatsachen*" que propone SPRANGER, en "Festschr. f. Volkelt", 358.

231 Contra el prejuicio voluntarista, véase: EISELE, en "Archiv f. d. civ. Praxis", 69, 1886, 281; SCHREIER, *Interpretation d. Gesetze u. Rgesch.*, 56; TITZE, en "Zschr. f. ausländ. u. internat. Privatrecht", XIII, 1941, 980; nuestra "Interpretazione d. legge", 161 ss., 278 s.; HÄGERSTRÖM, *Inquiries into the nature of Law and Morals*, 1953, 70 ss., 240 ss., 300 ss. ("Hermeneutisches Manifest", n. 13). En general, para una concepción objetiva del significado, HUSSERL, *Logische Untersuchungen*, II/I (2ª ed.), 61-66; LIPPS, *Untersuch. z.e. hermeneut. Logik*, 89: "*man versteht nicht 'Bedeutungen', sondern Wörter hinsichtlich dessen, was sie bedeuten*". Cfr. también BÜLOW, *Geständnisrecht*, 128 s.; FRIEDRICHS, *D. allgemeine Teil d. Rechts*, 162-3, 177.

Más difícil es que un equívoco análogo surja en otros campos, diversos de aquel del derecho, donde la interpretación está llamada a desarrollar su tarea. Tanto las obras de arte y de poesía que el espíritu humano ha concebido y configurado, como las más variadas formas que el genio y la mano del hombre han forjado y modelado la supervivencia y los rudimentos, dan testimonio del pasado de la humanidad; todas ellas son objetivaciones del espíritu, las cuales, como fueron en origen impresas o plasmadas por un espíritu, así dan testimonio sobre la colaboración de otro espíritu, que en el presente las reencuentre, las reconozca y las resucite[232].

Que luego la objetivación del espíritu haya impreso su marca sobre una materia durable por medio de la cual sea conservada, o que –frágil de por sí, como son en general los comportamientos prácticos– sobreviva solo en el recuerdo o en la tradición[233], no importa una diferencia esencial: en la una y en la otra hipótesis el intérprete se encuentra siempre ante formas representativas directas o indirectas, inmediatas o mediatas, de primer o de segundo grado. No es sobre estas diferencias que importa llamar la atención, sino sobre cuanto allí hay de común en el proceso interpretativo, en los elementos constantes que este proceso presenta, si bien en la variedad de actitudes y de matices que ello asume y debe asumir, conforme a las exigencias del objeto a interpretar y en función de los fines y problemas diversos que debe proponerse, según las diversas orientaciones del interés del entender.

La posición es siempre aquella de un espíritu que recibe un mensaje y una incitación de la objetivación de otro espíritu, sea esto personal e individualmente identificable, o sea *impersonal* y supraindividual[234]. La relación entre uno y otro espíritu tiene siempre carác-

---

232 Droysen, *Historik*, § 7: 328; § 51: 347; cfr. Wach, *Verstehen*, I, 38, n. I; III, 162, n. 2.

233 Sobre esta diferencia reclama la atención Droysen, *Historik*, 187, 273 s.; y más recientemente, Freyer, en "Festschr. Goetz", 1927, 494-96; cfr. Segond, *Tr. de psychologie*, n. 84; 86-88.

234 Contesta la posibilidad de entender un sentido que no sea personal e intencional, Feldkeller, *Das unpersönliche Denken*, 1949, 47-50, divisando un

ter *tríadico*[235]: el intérprete está llamado a entender el sentido, sea intencional, sea objetivamente reconocible, es decir a comunicarse con otra espiritualidad a través de las formas representativas en la cual ella se ha objetivado. El comunicarse entre dos no es nunca directo, sino siempre mediado por este término intermedio[236].

---

carácter esencial del "sentido" de entender en el ser fruto de una libre y responsable toma de posición, sostenida por una convicción personal. A esta singular perspectiva, que podría excluir del campo de la interpretación toda la forma de la espiritualidad objetiva, FELDKELLER ha sido objeto de especial interés científico que lo ha llevado a analizar el fenómeno patológico del "sintagma" (op. cit. 20-27), concebido como cristalización e incrustación de creencias sustraídas al control de la autocrítica, en torno a un fin vital. Pero es evidente el equívoco en el intento de reducir a este fenómeno la forma de la espiritualidad objetiva (ahí, 173-75; 183-89, especialmente 185-6), negándole todo carácter de productiva espontaneidad y haciéndolo objeto de una explicación meramente causal (op. cit., 47). En cuanto a la alternativa "o persona o cosa" que FELDKELLER (op. cit., 174) opone al concepto de espiritualidad objetiva, está claro que ella no expresa una separación rigurosa y tal que agote toda posibilidad lógica. En contra de este intento (op. cit., 176) de ensanchar la extensión del concepto en palabras, adoptando una concepción naturalística, hay que observar que es errónea la identificación (ahí afirmada de la dialéctica histórica –mecanizada o motorizada– con la visión del "behaviorism" (cfr. BÜHLER, *Die Krise der Psychologie*, 2ª ed., 1929, 19-21): identificación, de donde deriva la conclusión materialística de la teoría marxista. Bajo la influencia de este deformante prejuicio naturalístico FELDKELLER (op. cit. 183 y184) es llevado a sostener legítima solo una teoría sicologística de la espiritualidad objetiva, porque entiende el carácter impersonal de tal espiritualidad en el sentido meramente privativo y a-dialéctico de exclusión de toda espontaneidad personal. La raíz de todo este equívoco está precisamente en concebir el carácter impersonal en el sentido meramente privativo como exclusión de espontaneidad personal, y en reducir la objetividad a una concepción naturalista (sobre ello, JUNG, *Ueber die Psychologie des Unbewussten*, 1943, cap. V, 116-144). Contra la concepción cuantitativa y despersonalizante, ya se había pronunciado FREYER, *Theorie des objektiven Geistes*, 1ª ed., 1923, 85. V. en mi *Teoría general*, cap. 1, § II, nota 13 y § 14, nota 20.

235 El carácter tríadico del proceso es advertido explícitamente por URBAN, *Language and reality*, 109 s.; implícitamente por SNELL, *Aufbau der Sprache*, 18, por FREYER, *Theorie*, 2ª ed., 79 y por otros: cfr. "Hermeneutisches Manifest", nota 9 y 16.

236 Se basa sobre un equívoco la crítica que está desarrollada por CARNELUTTI, en "Riv. dir. proc.", 1955, 233 s.

B. Metodología de la hermenéutica jurídica

§ 4. Cánones cuya observancia garantizan el éxito epistemológico de la interpretación

A) CÁNONES ATINENTES AL OBJETO. I. Autonomía del objeto e inmanencia del criterio hermenéutico. II. Totalidad y coherencia de la apreciación hermenéutica. B) CÁNONES ATINENTES AL SUJETO INTÉRPRETE. III. Actualidad del entender. IV. Adecuación del entender: correspondencia de sentido y consonancia hermenéutica

Se ha dicho que toda la dialéctica del proceso interpretativo brota de la antinomia usual entre la subjetividad del entender y la objetividad del sentido de reconocer, como asimismo, de la antinomia entre actualidad del sujeto y alteridad del objeto surge la dialéctica de todo proceso cognoscitivo. Ahora bien, la teoría hermenéutica sacada de la praxis de la interpretación en los diversos campos, poco a poco ha descubierto algunos cánones, la observancia de los cuales no exonera al intérprete del empeño y del esfuerzo que se le reclama, sino más bien dirigir el empeño y el esfuerzo según aquella que con Herbart se podría llamar *"die Moral des Denkens"*[237], garantizando el recto éxito epistemológico.

---

237 Cfr. URBAN, *Language and reality*, 272, 325 s.; NIETZSCHE, *Fröhl.* Wiss, § 2, habla de 'intellectuelles Gewissen'. GADAMER (*Hermeneutik und Historismus*, en "Philos. Rundschau", 9, 1961, 249; ahora apéndice a la 2ª ed. de "Wahrheit und Methode", 477-512), contra el planteamiento que considera el problema de la hermenéutica como un "problema de método", junto al reproche que ella sería *"noch in dem Subjektivismus befangen"* (un reproche que por otra parte se basa en un malentendido) conlleva la importante objeción que mediante una doctrina del método no se puede nunca controlar ni justificar una prestación creativa —como alguna vez sí es realizado mediante la interpretación— y además que no se puede superar, mediante una teoría de la inversión del íter genético en el íter hermenéutico, una eventual *"psychologische Verengung"* que los sucesores de DROYSEN deberán reconocer como tal y que en efecto reconocemos tal. La objeción de ser prisionero del subjetivismo es formulada en el sentido que el intérprete, en el momento en

De los cánones hermenéuticos que han aflorado al conocimiento de los intérpretes, los unos son atinentes al objeto, y los otros son considerados atinentes al sujeto de la interpretación.

A) *Cánones atinentes al objeto*

I. Autonomía del objeto e inmanencia del criterio hermenéutico

Un primer y fundamental canon atinente al objeto a interpretar ha aflorado al conocimiento de los intérpretes de los textos escritos, cuando ellos a la letra desnuda han contrapuesto el sentido del lenguaje, considerándose ellos mismos como *"ministri non literae, sed spiritus: litera enim occidit, spiritus autem vivificat"* [trad.: "ministros no de la letra sino del espíritu: la letra mata y el espíritu vivifica"][238], o afirmando, respecto a

---

que completa la señalada inversión *"nich ubre die Zweideutigkeit hinauskommt, die Dilthey zwischen Psychologie und Hermeneutik festhielt"*. Una tal duplicidad de significado (esto es, una ambigüedad psicológico-hermenéutica) queda en clara evidencia en particular gracias al hecho que el intérprete *"um die Möglichkeit des geisteswissenschaftlichen Verstehens zu erklären, von der Voraussetzung ausgehen muss, das nur ein Geist gleichen Niveaus einen anderen verstehen könne"* (así, GADAMER, *Wahrheit und Methode*, 2ª ed., 484). Ahora, la premisa postulada no es en efecto nueva: se puede enviar a la palabra de HEGEL (*Phänomenologie des Geistes*, Lasson, 430). La demanda es de por sí bien fundada. Que la tarea –de la cual DROYSEN era conocedor (*Historik*, § 41)– de encontrar el tránsito de la restricción de la psicología a una hermenéutica histórica, encuentra una solución solamente en la mediación dialéctica de Hegel del espíritu subjetivo y objetivo (como piensa GADAMER, "Philos. Rundschau", 9, 249) es una idea, a mi juicio, que debe abandonarse. La personalidad como tal (como justamente observa DROYSEN, op. cit., 341) no encuentra la medida de su valor en la historia, en aquella que durante su curso realiza o soporta: a ella está conectado su propio espacio en el cual comunica con sí misma y con el propio Dios, sea pobre o rica de talento, sea importante o escasa en cuanto a resultados o sucesos. No es importante una *"Rückbindung auf die Subjektivität des Meinens"*, si bien la reunión de los particulares momentos de la vida de la totalidad del espíritu creativo según el canon de la totalidad y de la coherencia de la apreciación hermenéutica: un punto de vista totalmente diverso. Por otra parte, a los cánones hermenéuticos corresponde no tanto un rol crítico positivo cuanto negativo de prevención de frente a aquellos prejuicios y preconceptos que puedan llevar sobre un camino equivocado.

238 PAUL., *epist. ad Corinth.*, II, III, 4-6. A propósito COHEN, *Letter and spirit in Jewish and Roman law*, en Scritti in on. di Mordecai Kaplan, 1953, 109-133; Jewish and Roman Law: a Comparative Study (1966), I, 31, 45 ss.

un lenguaje preceptivo, que no se debe atender a las palabras, sino que a la *"vis ac potestas"*[239], o reivindicando la superioridad del pensamiento inmanente a la declaración (*mens dicentis*) en confrontación con la letra (*vox dicentis*), abstractamente considerada[240].

En verdad, si las formas representativas que constituyen el objeto de la interpretación, son esencialmente objetivaciones de una espiritualidad que ahí se ha hecho presente, es claro que ellas deben ser *entendidas según aquel espíritu que en ellas se ha objetivado*, según aquel pensamiento que en ellas se ha hecho reconocible, no ya según un espíritu y un pensamiento diverso, ni siquiera según un significado que a la forma desnuda pueda venir atribuido, cuando se haga abstracción de la función representativa a la cual sirve respecto a aquel el espíritu y a aquel pensamiento. En épocas más recientes a nosotros los teóricos de la hermenéutica han dado a esta exigencia una formulación más incisiva y una dirección polémica, afirmando: *"sensus non est inferendus, sed efferendus"*: vale decir que el sentido del cual se trata, no se debe indebida y subrepticiamente introducir, sino que se debe, por el contrario, extraer, recavar de la forma representativa.

Contra todo arbitrio subjetivo, el canon en análisis impone respetar el objeto en su peculiar modo de ser, y exige que sea mesurado con su misma medida. Nosotros proponemos calificar este primer canon directivo de toda interpretación como canon de la *autonomía* hermenéutica del objeto o canon de la *inmanencia* del criterio hermenéutico[241]. Con lo que entendemos decir que la forma representativa debe ser entendida en su autonomía, según el criterio de la propia ley de formación, según su interior necesidad, coherencia y racionalidad.

Cels., 168: D. 33, 10, 7, 2.

239 Cels., 219: D. 1, 3, 17. Cfr. nuestra "Categorie civilist. d. interpretaz.", n. 23: "Riv it. sc. giur.", 1948, 44 s.

240 Cels., 168: D. 33, 10, 7, 2.

241 Para la calificación de inmanencia, Hegel, *Wissenschaft der Logik* (2ª ed., 1841), III (Werke, V), 326. Exigencia esta, hecha propia por la moderna fenomenología.

Debe ser por lo tanto apreciada según el criterio inmanente de la exigencia cuya obra debiera responder por el autor al acto de su génesis —no ya según su idoneidad para servir a este o a aquel fin extrínseco, que al intérprete puede parecer más próximo, o según una tarea o valor objetivo, sí, pero siempre extraído *ab extra* [desde afuera], con el cual ella puede abstractamente ser puesta en confrontación: que sería, de todos modos, una medida y un criterio de evaluación accidental y de carácter heterónomo[242].

242 La exigencia de la autonomía hermenéutica es advertida, entre otros, por: SCHLEIERMACHER, *Hermeneutik*, 205: *"soll man sich von der Beziehung des Auszulegenden auf eigene Gedanken losmachen, …Jedes muss aus seinen Gedanken verstanden und ausgelegt werden"* (WACH, *Verstehen*, I, 161); HUMBOLDT, Das 18. Jahrhundert, en "Werke", II, 69 (Wach, *Verstehen*, I, 245); I, 392; VII, 178; BOECKH, *Enc. u. Methodol.*, 102 s. (WACH, *Verstehen*, I, 199; cfr. SCHLEIERMACHER, *Hermeneutik*, 79, n. 19); ya primero por HERDER, *Ideen zur Phil. d. Gesch. d. Menschheit*, XV, 3; IX, 1; XII, 6; entre los historiadores, la exigencia es advertida vivamente por: RANKE, *Ueber die Epochen der neueren Geschichte*, ed. ROTHACKER, 61-62 (WACH, *Verstehen*, III, 98; ROTHACKER, *Logik u. System. d. Geisteswiss.*, 114 ss., 119); DROYSEN, *Historik*, 156 (nach ihrem eigenen Masse zu messen), 178, 341 (WACH, *Verstehen*, III, 173, cfr. I, 192, n. 2); BURCKHARDT (KAEGI, BURCKH, II, 483), cuando en el curso juvenil de historia de la pintura (1844-45) anotaba: *"Ist es doch überhaupt nicht die Aufgabe der Kunstgeschichte, die Künstler und ihre Werke zu richten, sondern vielmehr sie als Zeugen ihrer Zeit zu begreifen, nach ihrem tiefsten historischen Sinn zu ergründen. Der Aesthetik bleibt es dann überlassen, an den einzelnen Künstler und seine Werke den Masstab der ihm vorschwebenden Idee und der Kunstmittel seiner Zeit zu legen und ihn danach zu beurteilen"*. En época más reciente advierten la exigencia: BERNHEIM, *Histor. Methode*, 6ª ed., 514 y nota 1; TROELTSCH, *Der Historismus u. seine Probleme* (Schriften, III), 138; HINTZE, *Zur Theorie der Geschichte* (Ges. Abhandlungen, II, 1942), 59-62; WEBER, *Wirtschaft u. Gesellschaft*, 9; Aufs. z. Wiss. lehre (2ª ed.), 536, 541 ss. (contrapone la adecuación del sentido —*sinnhaft*— a la adecuación causal); ROTHACKER, Logik u. Systematik, 12629 (contrapone el entender al deducir por conceptos y extender por causa, y concluir con la exigencia *"jedes Ding sei mit seinem eigenen Masstab zu messen"*); FREYER, *Soziologie als Wirklichkeitswiss.*, 176; LIPPS, *Untersuch z.e. hermeneut. Logik*, 123 (*etwass von ihm selbst her sehen lassen*); RIEZLER, *Das Rechtsgefühl* (2ª ed.), 90 s.; CAPOGRASSI, *Problema d. scienza d. dir.*, 105 (*mens spectanda*); DE MARTINO, *Il mondo magico*, 1948, 157 s., 183. Otra literatura en "Hermeneut. Manifest", nota 24.

Sobre la concepción histórica de HERDER, KAERST, en "Histor. Zschr.", 106, 1911, 512; sobre la concepción de HEGEL, *Phil. d. Rechts* (ed. Lasson), Vorrede, 14, acerca de la racionalidad de lo real, MEUSEL, *Hegel u. das*

En esta fundamental exigencia encuentra plena confirmación el peculiar criterio del interés cognoscitivo y del ideal de conocimiento, que diferencia el entender tanto del deducir por conceptos, cuanto del inducir por nexos causales. El objeto del entender no es subsumible bajo un concepto abstracto, ni derivable de una causa ajena: la reducción *ad un quid aliud* no es idónea para profundizar en él ni para procurarnos el conocimiento.

II. Totalidad y coherencia de la apreciación hermenéutica

Otra fundamental exigencia, atinente al objeto a entender, ya es advertida con ejemplar sabiduría y afirmada de un modo singularmente incisivo por el jurista Celso en un texto[243] que dice: *"incivile est, nisi tota lege perspecta, una aliqua particula eius proposita iudicare, vel respondere"* [trad.: "Es contra derecho juzgar o responder en vista de alguna parte pequeña de la ley, sin haber examinado atentamente toda la ley"]. En donde es evidente el punto polémico dirigido contra las atomizantes cavilaciones de los retóricos patrocinantes, interesados en quitar todo sentido plausible a la cláusula contractual (*lex*), o a hacerle decir cosas distintas de su espíritu y sentido de conjunto en la órbita del contrato[244].

Bajo otro aspecto, no tan negativo y polémico, sino positivo, la misma exigencia es advertida en la máxima, que encontramos en los tratados *"de inventione rethorica"*[245]: *"qua in sentencia scriptor fuerit, ex cete-*

Problem d. philos. Polemik, 1942, 171; DE RUGGIERO, *Hegel*, 15, 264, 269; nuestro análisis en "Studi Carnelutti", IV, 43, n. 6-10.

243 CELS., 86: D. 1, 3, 24; cfr. D. 32, 79; D. 50, 16, 93 (CELS., 159-61). El texto, que en su origen se refería a la interpretación de los negocios jurídicos, es oportunamente puesto en el título *"de legibus"* del digesto justinianeo, debe así asumir un alcance y un significado más general referible a la interpretación de cualquier precepto jurídico, y se integra con otros textos como aquel de PAOLO (D. 1, 3, 29: PAUL., 920; cfr. D., 49, 14, 40 pr.: PAUL., 1410, que define *"l'agere in fraudem legis"* como el operar oblicuo de quien *"salvis verbis legis, sententiam eius circumvenit"*.

244 Cfr. QUINTIL., *inst. orat.*, II, 17, 18, 21, 23, 26 ss.: cfr. SCHULZ, *Prinzipien*, 88, nota 114.

245 CICERÓN, *de inventione rethorica*, II, cap. 40.

ris eius scriptis, factis, dictis, animo atque vita eius sumi oportet". Con la que se exige, no tan solo entender la palabra en su contexto y el texto en su integridad, sino de profundizar el sentido encuadrándolo, como en un todo, en otras manifestaciones de la personalidad del autor[246].

Bajo un aspecto aún más diverso es intuida la exigencia de un todo en sí coherente en el pasaje evangélico de Mateo, capítulo 9, versículo 16-17, donde dice lo siguiente: *"nemo immittit commissuram panni rudis in vestimentum vetus: tollit enim plenitudinem eius a vestimento, et peior scissura fit; neque mittunt vinum novum in utres veteres: alioquin rumpuntur utres et vinum effunditur, et utres pereunt"* [trad.: "nadie echa un remedio de paño sin tundir en un vestido viejo porque lo añadido que era del vestido y se produce un desgarrón peor, ni tampoco se echa vino nuevo en pellejos viejos pues de otro modo los pellejos se revientan, el vino se derrama y los pellejos se echan a perder, sino que el vino nuevo se echa en pellejos nuevos y así ambos se conservan"][247].

La exigencia así afirmada o presupuesta se podría calificar como el canon de la totalidad y coherencia de la consideración hermenéutica. Ello hace presente la correlación que intercede entre las partes constitutivas del discurso, como de toda objetivación del pensamiento, y su común referencia al todo del cual forman parte o al cual se concatenan: correlación y referencia, que hacen posible la recíproca iluminación del significado entre el todo y sus elementos constitutivos.

Que la correlación entre partes y todo, por lo tanto la coherencia y la síntesis respondan a una necesidad del espíritu —necesidad común al autor y a quién está llamado a entenderlo[248]— se puede dar por admitido también desde el sentido común. Si luego se da una mirada a la moderna hermenéutica filológica, la exigencia de la

---

246 SCHLEIERMACHER, *Hermeneutik*, 79, n. 19, recomienda, para entender la idea dominante, apartarse del texto en el cual son expresados y revisar otros escritos del mismo autor, que se puedan comparar uno con otro, y así incluso a los escritos de otros autores, que se recolecten por identidad de escuela y de concepción (WACH, *Verstehen*, I, 158).

247 Cfr. CARNELUTTI, *Chiose al vangelo di Matteo*, 1950, 105-6.

248 BOECKH, *Enc. u. Method.*, 48, cfr. 131 s.

totalidad se encuentra afirmada con particular insistencia y energía por uno de los más grandes teóricos de la interpretación, el teólogo Federico Schleiermacher[249]. Él pone en evidencia el círculo de reciprocidad

249 *Hermeneutik*, 33, n. 20; 37, 39, n. 1; 69, 97 s., 103, 144, 158 s.; y, con referimiento crítico a la teoría de AST, en una comunicación realizada en la academia de Berlín el 22 octubre 1829, reeditada en "Werke", III Abt., III, 365-86 (cfr. WACH, *Verstehen*, I, 40-44; 98-109; 131 s.; 139; BERNARDINI-RIGHI, *Conc. di filologia class.*, 1948, 438-40; 384). Advierten la exigencia de la totalidad: HUMBOLDT, *Werke*, VII, 81, 173, 176, 178-80, 184, 102; VI, 204; IV, 14; HEGEL, *Gesch. d. Phil.*, I (Werke, XIII), 69; *Logik*, II (Werke, IV, 2ª ed.), 158-164 (como categoría lógica); III, 338 (cfr. HÄRING, *Hegel*, II, 1938, 96-117, especialmente 109); *Phänom. d. Geistes* (Lasson), 14; 438; *Phil. d. Rechts* (Lasson), Vorrede, 15 (cfr. WACH, *Verstehen*, I, 99, nota 1; 258-60; SCHWINGER, *Innere Form*, 1934, 3, 71-77; 87; MEUSEL, *Hegel u. d. Problem. der phil. Polemik*, 61); DILTHEY, *Ges. Schriften*, V, 325, 330; VII, 119, 138, 155; TROELTSCH, D. *Historismus u. seine Probleme*, 32 s., 42 (donde se califica la categoría de la totalidad individual como la categoría histórica fundamental: supra, § 4); HÖFFDING, *Der Totalitätsbegriff: eine erkenntnistheoretische Untersuchung*, 1917, 35 ss., 89 ss., 103 s., 109 s.; SPRANGER, en "Festschrift Volkelt", 1918, 390-92.

Especialmente notable es la afirmación del criterio de la totalidad en el campo de la psicología por obra de KRUEGER; in "Festschr. f. Volkelt", 264-86; *Strukturbegriff in d. Psychologie* (2ª ed., 1931). *Das Problem der Ganzheit*, en "Blätter f. dtsche Philos.", VI, 1932-33, III-39; *Zur Entwicklungspsychologie der Ganzheit*, en "Revista de psychologie", 1940; *Lehre von dem Ganzen*, 1948 (Beiheft z. schw. Zschr. f. Psychologie u. ihre Anwendgn, Nr. 15); otra literatura en ANDERLE, en "Schweiz. Beitr. z. all. Gesch.", 15, 1958, 236 nt. 35-36; también STERN, *Menschl. Persönlichkeit* (3ª ed.), 169, 185 s.; 12, 19, 56 s. (teleolog. Ganzheit, 1936, 1940 (trad. it., 1944); RENTSCH, *Biol. Gefügegesetzlichkeit*, en "D. Problem d. Gesetzlichkeit", 1949, II, 117-37; GEMELLI-ZUNINI, *Introduz. alla psicologia*, 1947, 377 s.

En el campo de la sociología, O. SPANN, *Gesellschaftsphil.*, 1928, 12 s.; *Gesellschaftslehre* (3ª ed., 1928), 100 ss.; *D. wahre Staat* (3ª ed., 1931); *Schöpfungsgang d. Geistes*, 1928, en "Handwörterb. d. Staatswiss." (4ª ed.), VII, 655-61, 663 s. (crítica en WEBER, *Aufs. Z. Wiss. lehre*, 2ª ed., 543 s.; WEIPPERT, *Das Prinzip d. Hierarchie*, 1932, 133 s.). En la historiografía ANDERLE, *Das Integrationsproblem in der Geschichtswiss.*, en "Schweiz. Beitr. z. allg. Gesch.", 15, 1958, 211-248, sp. 233 ss.

En el campo lingüístico, MALINOWSKI, en OGDEN & RICHARDS, *Meaning of meaning*, 465 s.: *context of situation*; concepto poco desarrollado en su ideal por URBAN, *Language and reality*, 116 ss., 195 ss. En el campo del arte, UTITZ, *Grundleg. d. allg. Kunstwiss.*, II, 389; WEINHANDL, *Die Symbolik der Ganzheit*, en "Blätter f. dtsche Philos.", VI, 24-36; A. van SCHELTEMA, *Ganzheit u. Form in der Kunstentwicklung*, ahí, 37-55; CASSIRER, *Philos. d. symbol. Formen*, I (1923), 39; en general, GEHLEN, *D. deutsche Charakter, en*

hermenéutica que corre entre la unidad del todo y cada elemento de una obra: reciprocidad tal, que permite el inicio de la interpretación, sea permitiendo entender la unidad del todo por medio de cada parte, sea permitiendo entender el sentido de cada parte en función de la unidad del todo.

Por lo tanto, de la premisa que el todo del discurso, como de toda manifestación del pensamiento, es generado desde un único espíritu y a un único espíritu y sentido tiende a retornar y a reducirse[250] si conlleva una ilación fundada sobre la realzada correspondencia entre *iter* genético e *iter* hermenéutico: el criterio, es decir, de recavar de cada elemento el sentido del todo, y de entender cada elemento en función del todo del cual es parte integrante. Como el significado, la intensidad, las matizaciones de una palabra no pueden ser entendidos sino en el *contexto* en el cual ella fue dicha, o se encuentra, así también el significado y valor de una frase (proposición) y de aquella que con ella se unen, no pueden comprenderse sino por el nexo recíproco y por la concatenación significativa, del complejo orgánico del discurso al cual pertenece[251]. De donde puede decirse que desde el inicio del proceso

---

d. *Gesch. Europas*, 1937, 25-28; DE MARTINO, *Il mondo magico*, 1948, 187. Para otra literatura y posteriores desarrollos en la hermenéutica histórica, ANDERLE, *Das Integrationsproblem*, 233-248. En la interpretación filológica insiste sobre el círculo de reciprocidad hermenéutica entre partes y todo, BOECKH, *Enc. u. Method.*, 54, 84, 102, 125, 139, 151, 264; cfr. BIRT, *Hermeneutik*, 167 (círculo de las obras al carácter de la personalidad).

En el campo de la interpretación teológica el criterio es ya advertido por FLACIUS, *Clavis*, 1567. En el campo de la interpretación dramática, ofrece un desarrollo para la coherencia estilística GORDON CRAIG, *L'art du théâtre*, 1916, 247-63. Cf. RILKE, *Werke*, II, 164. Otra literatura, en "Hermeneut. Manifest", nota 27. También WELLEK, *Ganzheitspsychologie u. Strukturtheorie* (1953).

250 Fr. AST, *Grundlinien der Grammatik, Hermeneutik u. Kritik*, 1808, 71, 169 ss., en WACH, *Verstehen*, I, 44 s.

251 URBAN, *Language a. reality*, 123-25; 195. Sobre "Sinnzusammenhang", LITT, *Individ. u. Gemeinschaft*3, 313 ss., 326, 230; otra literatura en "Hermeneut Manifest", notas 31, 68-a y 119. ELIS. BROCK-SULZER, *Von Form und Formlosigkeit des modernen Theaters*, en "Basler Nachrichten", 3. Juni 1956: *"niemand versteht ein Satz, wenn er nicht vom Ende her zurückdenkt"; "im*

interpretativo se tiene un gradual progreso hacia la inteligencia de cada uno de los elementos a los núcleos en los cuales se organizan, hasta el *todo* en que ellos *se articulan.*

La comprensión, en un primer momento provisional, se va perfeccionando, corrigiendo e integrando, con el creciente extenderse del discurso del cual el intérprete toma posesión, de manera que solo al final cada uno de los elementos, todos juntos abrazados, resultan casi de golpe puestos en plena luz y representados en precisos y claros contornos[252].

Pero el criterio de la *iluminación recíproca* entre las partes y el todo importa un desarrollo ulterior en el sentido que todo discurso, toda obra de arte y de pensamiento se pueden considerar a su vez como una parte a subordinar y a encuadrar en una totalidad y concatenación iluminadora más elevada y comprensiva. Tal totalidad debe entenderse, con Schleiermacher[253], sea una referencia *subjetiva* a la vida del autor, constituyendo *cada acto* un momento espiritual unido al complejo de los otros actos en la medida de la *recíproca influencia* y afinidad sea una referencia *objetiva* a la esfera de espiritualidad a la cual la obra en cuestión pertenece, constituyendo ella un *anillo* en la ideal concatenación de significado que intercede entre obras de similar contenido y género. Por lo tanto, también sobre este superior nivel, al inicio del proceso interpretativo la comprensión tendrá carácter provisorio y se irá progresivamente consolidando y enriqueciendo, inspirada como debe ser en el ideal de construir una atendible caracterización *psicológica* de la personalidad del autor en base al complejo de sus manifestaciones, o respectivamente de construir una caracterización *morfológica* o *técnica* de aquel tipo o género de producciones espirituales, a las cuales su obra

---

abgewandelten nacheinander des immergleichen Motivs wird dessen Verganglichkeit aufgehoben".

252 SCHLEIERMACHER, *Werke*, III Abt., III, 369; I Abt., VII, 36-37, 38-39, 97. Cfr. para un interesante desarrollo filosófico-histórico, GRUNDMANN, *Joachim v. Floris*, 148; para un desarrollo de la representación dramática, STANISLAWSKI, *Building a character*, 171.

253 *Werke*, I, VII, 13, 33, 148, 156; III, III, 373 s. DILTHEY, *Ges. Schr.*, V, 330.

pertenece, en base a un enfrentamiento de grupos enteros de obras que allí reentran[254]. No existe obra de arte que se pueda considerar como una "isla" escindida de todo el resto[255].

En el campo del derecho el canon hermenéutico de la totalidad se aplica hoy tanto a la interpretación de declaraciones y de comportamientos, como a normas y preceptos jurídicos. Es bien conocido que a ella se remite el Código Civil italiano (en el artículo 1363, como también el precedente código en el artículo 1136) al disciplinar la interpretación de los negocios jurídicos. Pero la aplicación que ella encuentra es bastante más amplia. Por ejemplo: ¿acaso no obedece a la exigencia de una referencia al todo el tratamiento penal del delincuente según el postulado de la escuela positiva de remontar desde

---

254 En la directiva indicada por SCHLEIERMACHER, *Werke*, I, VII, 143 ss.; III, III, 374 ss. (WACH, *Verstehen*, I, 102 s.), v. también: BOECKH, *Enc. u. Method.*, 140 ss.; LAZARUS, en "Zschr. f. Völkerpsych.", II, 1862, 413 s., 418 ss.: *Leben der Seele*, I (2ª ed., 1876), 358, 364 ss.; DROYSEN, *Historik*, 25, 156; SIMMEL, *Probleme der Gesch. phil.* (4ª ed.), 36 s., nota; WACH, *Verstehen*, II, 18; HARTMANN, *Problem d. geist. Seins*, 201 ss., con alguna reserva en el póstumo *Teleolog. Denken*, 34 s., 98 s., 104 s.; MÜLLER-ARMACK, *Genealogie der Wirtschaftsstile* (1941), 16 s.; *D. Jahrhundert ohne Gott* (1948), 42, 166 s.; LITT, *Individ. u. Gemeinschaft* (3ª ed.), 320 ss., 230: donde se acentúa la referencia objetiva al todo de la esfera de espiritualidad (cfr. para una análoga 'Sinngebung', HARTMANN, *Ethik*, 460-62); y la idea del crecimiento orgánico en NIETZSCHE, *Fröhl. Wiss.*, 307, 371; *Menschliches*, I, 222; 292; II, 185; *Wanderer*, 188-189. La exigencia de la referencia a aquel todo que es la persona, es advertida también en la idea griega de la *paideia*: JÄGER, *Antike u. Humanismus* (1925), en "Human. Reden u. Vorträge", 115 s. De la visión que acentúa la concatenación significativa, disiente la concepción atomística: CROCE, *Poesia* (2ª ed.), 123-27; *Storia come pens. e come azione*, 262-64; *Carattere d. filos. mod.* (1941), 313-15; para una crítica, CIONE, *B. Croce* (1944), 68-69, 237 s.

255 La antítesis que DESSOIR y, siguiendo su huella, Dagobert FREY, *Kunstwiss. Grundfragen*, 90-91, deberemos establecer entre la *"Inselhaftigkeit des Kunstwerks"* y la necesidad inmanente de toda fórmula de juicio, de reclamarse al sistema de pensamiento del cual es parte integrante, tiene carácter relativo, no ya absoluto como se pretende. En realidad ni siquiera la particular obra de arte se logra entender completamente, si se prescinde de la atmósfera de espiritualidad, en la cual se ha generado. Cfr. "Hermeneut. Manifest", notas 31 y 68-a.

la acción particular delictuosa apreciada en su valor sintomático a la personalidad que en ella se ha manifestado?[256]

En la interpretación de las normas, juristas y leyes hacen un llamado, más o menos conscientemente, al canon de la totalidad, sobre todo cuando se trata de eliminar interpretaciones que aparecen en contraste con la lógica del sistema elaborado con los instrumentos de la dogmática jurídica —sistema, del cual es parte integrante la norma en discusión[257]— o bien cuando se trata de excluir el llamado de normas extranjeras contrastantes con el espíritu de la legislación en la cual se deberían insertar según los criterios del derecho internacional privado[258].

Pero también al prescindir de específicas preocupaciones de índole práctica, se obtiene del concepto mismo de *orden jurídico* elaborado por la moderna dogmática la idea que toda norma la cual forma, o entra a formar, parte integrante, tiene necesaria referencia al todo,

---

256 GRISPIGNI, *Dir. pen. it.*, I (1947), pref. 13; 207 ss.; La personalidad y el valor sintomático del delito, en "Atti d. congr. internaz. di criminologia", Roma 10 enero.-3 febrero 1955 ("Corso internaz. di criminologia"), 263-277; RANIERI, *Colpevolezza e personalità del reo*, 1933, 77 ss.; "Scuola positiva", 1947, 370 s.; HEINITZ, *Strafzumessung und Persönlichkeit*, en "Zschr. f. d. ges. Strafrechtswiss.", 1950, 58 s., 71 s. (con el postulado de la concretización devuelve el autor sobre todo a la figura asbtracta del delito, cfr. HEGEL, *Logik*, I, 114). No hay dudas si se trata de interpretación psicológica: SCHREIER, *Interpretation*, 84 s.; CARNELUTTI, *Proc. d'esecuzione*, III, n. 536; l. TERMAN, *The measurement of personality*, en "Science", 1934, 607 (cit. de GORDON W. ALLPORT, *Use of personal documents*, 1942, 145). La exigencia surge de la misma corriente que en psicología pone en relieve la conexión entre percepción y personalidad (GEMELLI), entre acción y destino personal (KRUEGER). Vid. otra literatura citada en "Hermeneut. Manifest", n. 32.

257 WACH, *Handb. d. dtsch. Civilprozessrechts*, I (1895), 257, 269; SAVIGNY, *System*, I, 214, 292; *Jur. Methodenlehre*, 32; HECK, *Gesetzesauslegung*, 179 ss., 189; nuestra *Interpretaz. d. legge*, §§ 49, 50, 51.

258 ZITELMANN, *Internat. Privatr.*, I, 371 (sobre la fórmula del cod. Argentino 1871, art. 14, n. 2); RIEZLER, *Rechtsgefühl* (2ª ed.), 145; ROMANO, *Ord. giur.* (2ª ed.), 141; 151; nuestra opinión en "Riv. dir. internaz.", 1925, 53-57; "Festschr. Raape", 399; AGO, *Teor. d. int. pr.*, n. 41; nuestra Problemática del dir. internaz., cfr. cap. 18. Notables son las contribuciones de WENGLER y de otros escritos señalados en "Hermeneut. Manifest", nota 34.

y que este todo constituye –para usar una expresión de Dilthey[259]– una operante compaginación y concatenación productiva, y crea una orgánica correlación, interdependencia y armónica coherencia, no solo entre normas de un mismo grupo o sector, sino también entre normas de grupos o sectores diversos, en la medida en la cual se alcance a divisar en ellas las partes o ramificaciones de un único coherente sistema[260].

Ciertamente los ordenamientos hoy vigentes no son todos igualmente animados por juristas conscientes de dicha totalidad del orden jurídico; basta recordar aquellos juristas anglosajones, con su proceder empírico por máxima judicial y con su rechazo a la idea y a los principios generales[261], para tener delante de los ojos el ejemplo típico de una interpretación en la cual el canon de la totalidad es poco observado, o al menos la totalidad viene advertida de un modo más relativo, esporádico y circunscrito.

El canon de la totalidad y coherencia de la consideración hermenéutica pone en plena luz, con sus diferencias, los varios momentos teóricos sucesivos en el proceso hermenéutico de la obra de arte, de pensamiento o de acción, que se trata de entender. Considérese para simplificar el caso que la obra a entender consista en un discurso, entendida esta expresión en el sentido más amplio del tramado de palabras (pero análogas consideraciones valen también en el caso en el cual la forma representativa donde la obra consta, sea un *"eidos"* diseñado en una dimensión diversa de la palabra), o en un *"pragma"*: caso en el cual al momento sintáctico seguirá un análogo momento

---

259 *Der Aufbau d. geschichtl. Welt in den Geisteswiss.*, en "Ges. Schr.", VII, 119, 138, 153 ss.: *'Wirkungszusammenhang'*.

260 Cfr. ROMANO, *Ord. giur.*, §34-42; *Framm. dizion. giur.* (1947), 119-25, 142; CARNELUTTI, *Danno e reato* (1926), n. 39; especialmente GRISPIGNI, *Dir. pen. it.* (2ª ed.), n. 47: 232-57, y la literatura ahí señalada; ENGISCH, *Die Einheit der Rechtsordnung*, 1935, 5, n. 2; 26 ss.

261 Cfr. por ejemplo STEPHEN, *Commentaries on the law of England* (17ª ed., Jenks), III, 78-81; ODGERS, *The construction of deeds and statutes*, 1939; POUND, *The political and social factor in legal interpretation*, en "Michigan law review", 45, 1947, 599-606.

eidético o pragmático del proceso interpretativo, dirigido a indagar los elementos constituyentes de la construcción de la obra, de arte o de acción. Ahora bien:

a) en el momento gramatical, por el cual el intérprete intenta darse cuenta de la construcción lingüística de la obra literaria o científica la interpretación es propiamente dirigida a encuadrar el discurso en la totalidad de la lengua, en la cual es tenido, y a considerar como un producto de la lengua el modo de concebir, de representar y de argumentar que en ello se revela[262]. Paralelamente,

b) en el momento psicológico, para el cual el intérprete intenta comprender la obra en el impulso y en los motivos donde se ha generado, como respuesta a una concreta situación vivida del autor en su experiencia individual, la interpretación está dirigida a encuadrar el discurso en la totalidad espiritual del autor y de su tiempo (*Geistesgesch*), y a identificarlo como cada momento de su vida y experiencia[263]. A su vez,

c) en el momento técnico, en el cual el intérprete reconoce en la obra la solución de un problema morfológico, ora expresivo, ora cognoscitivo y especulativo, ora práctico y constructivo (de conducta económica o ética, de convivencia o de organización de la vida social), la interpretación considera la génesis de la obra como el criterio de la ley que gobierna el desarrollo morfológico y la intrínseca coherencia; por lo tanto considera al autor como órgano y "ministro" de dicha ley, y mira a encuadrar el estilo en una totalidad más elevada y comprensiva, dada la concatenación

---

262 SCHLEIERMACHER, *Hermeneutik*, 32; HUMBOLDT, *Werke*, VII, 62.

263 SCHLEIERMACHER, *Hermeneutik*, 13, 33, 148, 156; además, *Werke*, 3 Abt. III, 373 s.; LIPPS. *Hermen. Logik*, 25 s.; WACH, *Verst.*, I, 102 s.

ideal de valores y significados (*Sinnzusammenhang*)[264] que intercede entre obras de similar contenido y género.

En fin, la totalidad, a la cual la obra va referida, es:

a)   en la caracterización gramatical, la totalidad de la lengua en la cual el discurso es tenido,

b)   en la caracterización psicológica, la vida y la personalidad del autor, del cual cada manifestación constituye un momento, unido al complejo de los otros por una recíproca influencia y afinidad,

c)   en la caracterización técnica, la esfera de espiritualidad a la cual la obra pertenece, en cuanto resuelve –aunque sin clara conciencia de parte del autor– un problema constructivo (morfológico) propio de aquel tipo o género de producciones espirituales.

B) *Cánones atinentes al sujeto intérprete*

Al lado de los cánones de la autonomía y de la totalidad hermenéutica, que obedecen a la exigencia de un criterio inmanente al objeto a interpretar, considerado en su interior coherencia y en sus concatenaciones, y, por lo tanto, respondiendo al problema de la objetividad del sentido a recavar, la reflexión nos descubre otros cánones para observar en cada interpretación: cánones, los cuales obedecen, en cambio, a la exigencia de una eficiente colaboración de parte del sujeto llamado a entender[265]. Los cánones hermenéuticos ahora en discusión responden

---

264   SIMMEL, *Probleme der Gesch. phil.* (4ª ed.), 36 s. (nota); LITT, *Individuum u. Gemeinschaft*, 320 ss., 230; WACH, *Verst.*, II, 18; HARTMANN, *Problem d. geist. Seins*, 201 ss.; cfr. MÜLLER-ARMACK, *Jahrhundert ohne Gott*, 1948, 42, 166; nuestro "Hermeneutisches Manifest", nota 119.

265   DILTHEY, *Ges. Schr.*, V, 263-65; VII, 120, 136, 193, 224 s.; WEBER, *Aufs. Z. Wiss. lehre*, 110 s., 119 ss.; HARTMANN, *Problem d. geist. Seins*, 412 s., 418, 420, 443, 448, 453, 467, 475: BULTMANN, en "Zschr. f. Theol. u. Kirche", 47, 1950, 64; cfr. GRAZIOSI, en "Rassegna music.", 1938, 197-98; CARNELUTTI, *Meditaz.*, I, 143.

al momento, subrayado en su momento, de la subjetividad inseparable de la espontaneidad del entender. De ellos (III y IV) y de sus nexos con los primeros [*infra* § 4] debemos tratar ahora.

III. Actualidad del entender

Un tercer canon, sobre todo, a observar en toda interpretación es aquel que se podría llamar el canon de la *actualidad del entender*, por el cual el intérprete está llamado a recorrer en sí mismo el proceso genético, y así a reconstruir desde adentro y a resolver cada vez en la propia actualidad un pensamiento, una experiencia de vida, que pertenece al pasado, vale decir, a incorporarlo como hecho de experiencia propia, a través de una especie de *transposición,* en el círculo de la propia vida espiritual, en virtud de la misma síntesis con la cual lo reconoce y reconstruye[266].

A primera vista puede parecer que una dicha actualidad del entender sea de tal modo connatural al proceso interpretativo, y constituya un simple aspecto o una necesidad ineludible, no ya un "canon" a observar: es tan obvio que la interpretación se mueve y es sostenida por la actualidad espiritual del intérprete, que es como la atmósfera que él respira. Es obvio que él no podría ver y escuchar el mensaje del semantema que le llega, de manera diferente de aquella que su ojo y su oído interior le hacen patente.

Sin embargo, el ideal de dejar hablar "por sí mismas" las cosas sin poner nada de propio, genera el falso preconcepto de una "desnuda objetividad" que, por así decir, se recoja de la tierra y sea alcanzable *sin* la colaboración del intérprete y sin el subsidio de sus categorías mentales. Ahora, a pregonar un preconcepto tan infundado, he aquí que al intérprete se le requiere mantener constantemente consciente de la contribución que su mentalidad aporta, y debe aportar, al proceso interpretativo. Así la actualidad del entender exprime no un simple

---

266 El momento de la subjetividad no tiene nada que ver con el "subjetivismo" (§ 16, n. 1).

aspecto fenoménico, sino una exigencia y un canon, a la luz del cual la conciencia del intérprete descubre el absurdo de ciertas aspiraciones.

Absurda parece, por ejemplo, la aspiración formulada por algunos historiógrafos, a despojarse de la propia subjetividad: puesto que, privado de esta, el intérprete perdería los ojos para ver, como perdería el medio donde moverse la paloma que fuera privada del aire en el cual (como subraya Kant) ella puede ser proclive a considerarla solo un obstáculo para el vuelo[267].

Análogamente la subjetividad del interior a reconstruir, lejos de constituir un obstáculo a la interpretación, es la indispensable *condición de su posibilidad* (en el sentido de la gnoseología kantiana). Precisamente en el caso de la interpretación histórica es ingenuo sostener que se ha acabado la tarea del historiógrafo con referir puramente cuanto es atestado de las fuentes, en la creencia que verdadera historia sea aquella sola que en ella se encuentre[268]. Haría pareja con esta la ingenuidad del jurista, en caso que él creyera haber resuelto su propia tarea hermenéutica y didáctica con dar lectura de los artículos de la ley.

Quien piensa así, olvida que aquello de que se posesiona nuestra mente, entra por ello mismo en la totalidad orgánica del mundo de representaciones y de conceptos que llevamos en nosotros, y devienen, por una suerte de asimilación, parte viviente, sujeta al mismo desenvolvimiento y a las mismas vicisitudes[269]. Es verdad que el oficio del intérprete es únicamente aquel de indagar y entender el sentido de

---

267 SIMMEL, *Probleme d. Gesch. phil.* (4ª ed.), 77 s. (critica a RANKE); contra la señalada aspiración, véase DROYSEN, *Historik*, 286-87; BERNHEIM, *Histor. Methode*, 759, 762, 770 s.

268 DROYSEN, *Historik*, 134, 182, 286.

269 HUMBOLDT, *Werke*, VI, 119-20, 178-180; VII, 60, 176; DROYSEN, *Historik*, 62, 275, 287. Cfr. LAZARUS, *Ueber die Ideen in der Geschichte*, en "Zschr. f. Völkerpsych.", III, 1865, 403 s.; STEINTHAL, ahí, II, 1862, 169 ss.; BERNHEIM, *Histor. Methode* (6ª ed.), 484 ss., 496 ss., 587 s., 593; LITT, *Individ. u. Gemeinschaft* (3ª ed.), 254-56, 191 s.; HEUSSI, *Krisis des Historismus* (1932), 51 s.; CROCE, *Storia come pensiero e come azione*, 265, 115. COLLINGWOOD, *Denken* (1955), 105 ss.

otra (*pasada*)[270] objetivación del pensamiento, el modo de concebir y de representar que en ella se revela. Pero tal sentido y modo no es otra cosa que la forma representativa le ofrezca ya listo y que reste solo traspasarlo en él, como en un inerte recipiente, con una operación pasiva y mecánica: es, al contrario, algo que el intérprete debe reconstruir y reproducir en sí mismo con su sensibilidad e inteligencia, con las categorías de su mente, con su intuición y con la fuerza inventiva de su educación[271].

La actividad interpretativa, además, tiene origen e impulso en un específico interés del entender, por un ligamen que unifica la otra objetivación del pensamiento —aunque se trate de una realidad de hace mucho tiempo pasada— con un *interés no ético* de nuestra vida *presente* y hace vibrar en nuestro ánimo de intérprete una cuerda que le responde[272].

---

270 En la posición de alteridad se encuentra, respecto a la presente actualidad, incluso nuestro mismo pasado, por nosotros destacado en la consciente evocación (CARNELUTTI, en "Studi Scorza", 1940, 122: *Note s. accertam. Negoz.*, n. 7). De aquí el problema del reconocimiento de los recuerdos (SEGOND, *Psychologie*, n. 86-88).

271 Nuestra opinión en "Arch. giur.", 99, 147; "Bull. ist. dir. rom.", 39, 53; "Tijdschrift voor Rechtsgeschiedenis, 15, 1937, 157; "Archiv f. Rechts- u. Sozialphil., 40, 1952, 357; HEUSS, en "Studi Arangio", IV, 123.

272 DILTHEY, *Ges. Schr.*, V, 263, 265; VII, 136, 147 s., 193; SIMMEL, *Probleme d. Gesch. phil.*, 175 ss., 179, 187; BELOW, *Deutsche Gesch. schreibung* (2ª ed.), 116, n. 3; BERNHEIM, *Histor. Methode*, 758, 760 s., 768 ss.; LITT, *Individ. u. Gemeinschaft*, 121, 401 s.; SPRANGER, *Lebensformen* (7ª ed.), 446; *Bildungsideal*, 66 s.; HARTMANN, *Problem d. geist. Seins*, 479-81; BERENSON, *Estetica*, 220; 346; CROCE, *Teoria e st. d. storiografia* (2ª ed.), 4; *Storia come pensiero*, 128 s., 265 (cfr. CIONE, *B. Croce*, 1944, 233 s.); nuestra opinión en "Bull. dir. rom.", 39, 41. Sobre el carácter noético de los intereses, HUSSERL, *Erfahrung u. Urteil: Untersuch. z. Genealogie der Logik* (hgg. v. Landgrebe, 1948), § 47: 231-34 (donde se estudian los intereses de conocer sobre el aspecto en que promueve síntesis predicativa); cfr. 65 e spec. § 50, c: 251: donde se destaca que el fenómeno primario es siempre una concatenación comprensiva de la cualificación (predicado) y que los intereses no se aquietan hasta que la meta de conocimiento designada anticipadamente y la señalada concatenación no sea alcanzada a través de los pasos sucesivos: lo que importa un continuo mutar del horizonte temático, y así (252) que, apagado un interés al conocimiento, ello re-propone una pluralidad de inspiraciones temáticas coligadas

Se puede decir, además, que, cuanto más vivo es el interés actual del entender, tanto más alto será, a la par de otras condiciones, el grado de compromiso, por lo tanto mayor la inteligencia[273]: donde el interés es bajo o es restringido, también el compromiso será deficiente o limitado; donde el interés es más intenso y comprensivo, el intérprete conseguirá vivificar y animar el objeto de su misma vida y aliento, como experiencia presente y actual.

Con esto, en verdad, no se quiere desconocer la propia autonomía del objeto a interpretar, su historicidad, su alteridad respecto al sujeto: lo que estaría en contraste con los cánones hermenéuticos antes enunciados en primero y en segundo lugar. Se trata solamente de reconocer la espontaneidad del sujeto que interpreta, su historicidad y, digamos también, su totalidad espiritual[274], quedando clara conciencia de la esencial *contribución* que al proceso interpretativo aportan, y deben aportar, sin prejuicio de la autonomía del objeto, la viviente espiritualidad y las categorías mentales del sujeto interpretante. Solo así se explica la cambiante vicisitud histórica de las concepciones interpretativas de un mismo objeto, sobre lo cual se llamará la atención más adelante[275].

---

por su unión en una concatenación abierta que de continuo se extiende (253) y puede, a través de revisiones críticas (349), abrir nuevos horizontes (377).

273 DILTHEY, *Ges. Schr.*, V, 319; cfr. NIETZSCHE, *Morgenr.*, 460, 195: LAZARUS, *Leben d. Seele*, II (2ª ed.), 96 s.

274 Cfr. CASSIRER, *Phil. d. symbol. Formen*, I, 39; DE MARTINO, *Mondo magico*, 187.

275 Sobre esta mutable perspectiva, en relación a la interpretación histórica, LOEBELL, en "Histor. Zschr.", I, 1858, 229 s.; BERNHEIM, *Histor. Methode*, 772; CROCE, *Estetica*, 5ª ed., 136 s.; en relación a la interpretación jurídica, JHERING, *Geist d. röm. R.* (8ª ed.), I, 47; "Arch. giur.", 99, 132, n. 3; en general HARTMANN, *Problem des geist. Seins*, 414-425; BROCK-SULZER, cit. en § 13-*a*, nt. 16 (p. 280). La actualidad hermenéutica es malentendida por aquellos que, como HEIDEGGER y sus seguidores (por ejemplo BULTMANN, en "Zschr. f. Theologie u. Kirche, 47, 1950, 62-63) se inclinan a concebirla como un *"Vorverständnis"*, confundiendo el entender con el *"intendersene"*, esto es, con la competencia que naturalmente se requiere al intérprete como en todo proceso de conocimiento. Sobre la génesis del equívoco cfr. nuestro "Hermeneutisches Manifest", nota 14-*b* y supra, § 10-*b*.

IV. Adecuación del entender: correspondencia de sentido y consonancia hermenéutica

Pero con esto no está acabado el atento examen de los cánones hermenéuticos correspondientes al sujeto. Ciertamente indispensable es la espontaneidad del intérprete; pero ella no debe sobreponerse o imponerse desde afuera al objeto a interpretar: porque esto llevaría a dejar desmedrada la autonomía y a perjudicar el conocimiento, que aquí es esencialmente reconocimiento, es decir asimilación congenial del objeto de parte del sujeto[276].

Si es verdad que solo el espíritu habla al espíritu, es verdad también que solo un espíritu de igual nivel y congenialmente dispuesto está en grado de entender de modo adecuado al espíritu que le habla. No basta un interés actual de entender, por muy importante que ello pueda ser; es necesario también una *apertura mental* que permita al intérprete colocarse en la perspectiva justa, más favorable para descubrir y entender[277].

Se trata —como se ha dicho—, de una actitud, ética y reflexiva al mismo tiempo, que bajo el aspecto negativo se puede caracterizar como humildad y abnegación de sí y reconocer en un honesto y resuelto prescindir de los propios prejuicios y hábitos mentales obstaculizantes, mientras que bajo el aspecto positivo es posible caracterizarlo como amplitud y capacidad de horizonte, que genera una disposición congenial y fraterna hacia aquello que es objeto de interpretación.

Si para lograr entender, el intérprete debe —con un proceso de transposición— por así decirlo, penetrar, *transferirse* y sumergirse en el

---

276 HUMBOLDT, *Aufgabe d. Gesch. schreibers*, en "Werke", IV, 38; BOECKH, *Enc. u. Method.*, 20, 26; para la exigencia de sensibilidad, 86, 174, 241; para la exigencia de congenialidad, 119, 168, 260; DROYSEN, *Historik*, 14, 22 s., 302 (cfr. ANTONI, *Consid. su Hegel*, 121); BERNHEIM, *Methode*, 575, 589; HARTMANN, *Problem d. geist. S.*, 147, 149 s.; CROCE, *Poesia*, 83, 86. MARROU, *De la connaissance historique* (3ª ed., 1958), 98 ss.

277 Espléndida formulación de esta postura encuentra NIETZSCHE, *Fröhliche Wissenschaft*, 339, 334, 301, 305: cfr. nuestra opinión en "Rendic. ist. lomb.", 1943-44, 186-87, 192; y en "Hermeneut. Manifest", en las notas 50-51; HARTMANN, *Ethik*, 13, 331, 366-67, 369, 392.

espíritu de quien le habla[278], es claro cuanta intuición de verdad inspira al viejo proverbio según el cual: "sólo el símil conoce a su símil"[279] y lo reconoce por una suerte de platónica *anamnesis*[280], o el otro proverbio, según el cual "el intérprete ve lo que tiene en el corazón, y no puede encontrar en el objeto lo que no porte potencialmente en sí mismo"[281], u otro todavía, según el cual "donde al intérprete se le pide

---

278 La señalada transposición viene de SCHLEIERMACHER, *Hermeneutik*, 146, concebida, en la dirección divinatoria (contrapuesto a la comparativa), como un "sich selbst gleichsam in den andern verwandeln". Otros, como SIMMEL, *Probleme d. Gesch. phil.*4, 80, 83; DROYSEN, *Historik*, 155; DILTHEY, *Ges. Schr.*, VII, 214 s. (ANTONI, *Storicismo*, 24); BOLLNOW, *Dilthey: eine Einführung in s. Phil.*, 61-70, sp. 67; SPRANGER, in "Festschr. f. Volkelt", 394 s.; Magie der Seele, 8r; BRUNNER, *Erkenntnistheorie*, 100, 102, proponen como postura preliminar un "*sich hineinversetzen*". Otros aún, sobre las huellas del psicólogo LIPPS, hablan es este sentido de "*sich einfühlen*": v. referencias en HEDICKE, *Methodenlehre d. Kunstgesch.* (1924), 191, y en WACH, *Verstehen*, I, 242, n. 4; III, 236, n. 6; 237, n. 1; I, 78, n. 2; 96; HARTMANN, *Ethik*, 67, 70; cfr. BERENSON, *Estetica*, 220; no obstante, v. en sentido contrario WEBER, *Aufs. z. Wiss. lehre*, 110 s.; 119 s. Contra la opinión de Schleiermacher se exprime GADAMER, *Vom Zweck des Verstehens*, en "Fschr. f. Heidegger", 1960, 24-34. Para la crítica nuestra "Hermeneutik als allgem. Methodik d. Geisteswiss.", 1962, 40 ss.

279 Literatura de *Platone a Pascal*, citada en WACH, *Verstehen*, I, 38, n. 2. El motivo retorna en GOETHE y en otros escritores posteriores: por ejemplo, DROYSEN, *Historik*, 327 s. (§ 6-7); GERVINUS, *Grundzüge der Historik*, 1837, 79 (a los cuales se refiere WACH, *Verstehen*, III, 81 s.); UNGER, *Aufs. zur Prinzipienlehre der Literaturwiss*, 30; UTITZ, *Grundleg. d. Kunstwiss.*, II, 381, 387. Cabe aquí recordar una formulación lírica de HÖLDERLIN, en el Yperion: '*grosse Taten, wenn sie nicht ein edel Volk vernimmt, sind nicht mehr als ein gewaltiger Schlag vor eine dumpfe Stirne, und hohe Worte, wenn sie nicht in hohen Herzen widertönen, sind wie ein sterbend Blatt, das in den Kot herunterrauscht*'. El fenómeno del opaco empobrecerse es llamado por PÉGUY, *L'argent* (17ª ed., 1942), 116, "déliter l'intelligence". Otra literatura en "Hermeneut. Manifest", nota 52 s.

280 Sobre ella, WINDELBAND, *Gesch. d. Phil.* (14ª ed. HEIMSOETH), § 11, n. 2 (literatura, ahí); NATORP, *Platos Ideenlehre: eine Einführung in den Idealismus*, 2ª ed., 1921, 467 ss.

281 GOETHE, *Wahrheit u. Dichtung*, XV: '*was einer nicht schon mitbringt, kann er nicht erhalten*'; *Gespräche mit Eckermann, 26 febrero 1824*: '*dass die Antizipation sich nur soweit erstrecke, als die Gegenstände dem Talent analog seien*'; 11 marzo 1828: '*das Gleiche kann nur vom Gleichen erkannt werden*': Faust, I, 534: '*wenn ihr's nicht fühlt, ihr's nicht fühlt, ihr werdet's nicht erjagen*': 544 s. Análogos apuntes tornan en NIETZSCHE, *Fröhl. Wiss.*, 286; *Zarath.*, III, 12, n. 13

situarse a excesiva distancia de todas sus experiencias interiores, allí él no puede llegar a entender"[282], y así quien tenga ánimo pequeño o árido no puede entender al magnánimo o al apasionado, o quien tenga mentalidad miope o de camarera no puede entender al gran hombre que lo ha admitido en su intimidad[283].

Ahora bien, la exigencia ahora señalada se hace valer precisamente en un *cuarto* canon hermenéutico, estrechamente conexo con el precedente y, como este, atinente al sujeto del proceso interpretativo: aquel que proponemos llamar el canon de la *adecuación*[284] *del entender,* o canon de la recta *correspondencia* o consonancia y conformidad hermenéutica, por el cual el intérprete debe esforzarse en poner la propia viviente actualidad en íntima adhesión y *armonía* con el mensaje que

---

(*Werke*, VI, 298). Cfr. LAZARUS, *Leben der Seele*, II, 42, 257; HARTMANN, *Ethik*, 317: donde se destaca la silenciosa interiorización del entender, que el dolor promueve merced a una "*Versenkung in fremde Tiefenschicht*". También en los poetas el reconocer es intuido como un recordarse de percepciones ya habidas. Se recuerda por ejemplo en el 1er acto de la Valquiria el conmovido coloquio entre Siegmund e Sieglinde: "*men Auge sah dich schon*".

282 SIMMEL, *Probleme d. Gesch.*, phil., 39, 83 s.; BERNHEIM, *Histor. Methode*, 707, n. 3. Cfr. DULLIN, *Souvenirs d'un acteur* (1946), 90. El fenómeno, que se reconduce incluso a la parábola evangélica del sembrador (§ 1), es advertido con ejemplar conocimiento por AGOSTINO, *confess.*, X, 6, 4: "*si alius tantum videat, alius autem videns interroget ut aliter illi appareat, aliter huic: sed eodem modo utrisque apparens, ili muta est, huic loquitur. Immo vero omnibus loquitur, sed illi intelligunt, qui vocem acceptam foris intuscum veritate conferunt*"; *de magistro*, cap. 12. Cfr. LUCA, *ev.* VIII, 10.

283 HEGEL, *Phänom. d. Geistes* (Lasson), 430; Phil. d. Gesch. (Brunstedt), 69 (malentendido por ANTONI, *Consid. su Hegel*, 30, cfr. "Studi Carnelutti", IV, 37 s.). Cfr. NIETZSCHE, *D. Wanderer u.* s. Sch., 20; *Menschliches*, II, 186; WILDE, *De profundis*, en "Works", 1949, 884: "*great passions are for the great of soul, and great events can be seen only by those who are on a level with them*"; HARTMANN, *Problem d. geist. S.*, 276 ss., 330; *Teleolog. Denken*, 98 s.

284 Sobre el concepto gnoseológico de adecuación, v. HUSSERL, *F. u. tr. Logik*, 110 s., 142. Cfr. WEBER, *Wiss. lehre*, 535 s., 546 para un particular aprovechamiento del entender aun en el sentido indicado en "Hermeneut. Manifest", nota 56.

–según la apropiada imagen de Humboldt[285]–, le llega desde el objeto, de modo que la una y el otro vibren en perfecto *unísono*.

Este canon de la correspondencia se presenta con una evidencia particular en el campo de la interpretación histórica, donde la observación común lo ha advertido en primer lugar[286].

Aquí, en verdad, el hecho de la *individualidad*, como se verifica en la personalidad histórica, debe devenir operativo también en la personalidad de quien está llamado a conocerla, a fin que aquella pueda ser por esta reconocida, comprendida y reconstruida[287].

Si la personalidad se manifiesta en el modo y en el grado en el cual estas representaciones se unifican en una conciencia[288], precisamente la afinidad de dicho modo y grado es una de las condiciones necesarias para que el historiador pueda recrear una personalidad.

---

285 *Werke*, VI, 174, 177, 122; VII, 56 s., 177. Cfr. HARTMANN, *Problem*, cit., 207 s.; DULLIN, *Souvenirs d'un acteur*, 112, que habla de "*rencontre*"; COPEAU, *Etudes d'art dramat.* (3ª ed.), 248, de "*approche*"; LIPPS, *Untersuch. z. e. hermeneut. Logik*, 89.

286 Tal, como BOECKH, *Enc. u. Method.*, 76, formula el canon en comento como exigencia de "objetividad y receptividad"; igualmente BERNHEIM, *Histor. Methode*, 750-776, como exigencia de "objetividad" que se reclama a la concepción y también a la exposición (796). Pero esta es calificada a evitar por el malentendido a que puede dar lugar, que lo histórico pueda desprenderse de la propia subjetividad: DROYSEN, *Historik*, 287; MEINECKE, en "Histor. Zschr.", 141, 283; WACH, ahí, 142, 14 s.

287 SIMMEL, *Probleme*, 78; BOECKH, *Method.*, 260; TROELTSCH, *Historismus*, 32 ss.; NIETZSCHE, *Menschliches*, I, 149; 621; *Fröhl. Wiss.*, 334. Cfr. STANIS-LAWSKI, *An actor prepares* (1936), 288, 289 (*find in yourself a responsive cord*). "Interpretant" es denominada en la teoría de los signos (MORRIS, *Signs, language and behavior*, 1946, 17, 30, 289, 349) la disposición congenial, es una respuesta consonante al signo (supra, § 1, nota 8).

288 Anota HUMBOLDT, *Werke*, VII, 178 s. (cfr. II, 69 s.), que el hombre se pone siempre en inescindible unidad de contra al mundo: es siempre la misma dirección, la misma meta, la misma medida de impulso espiritual (*Bewegung*) que él porta en sí al aferrar y tratar el objeto; sobre la señalada unidad reposa su individualidad. Cfr. DROYSEN, *Historik*, 178 (WACH, III, 176); BOECKH, *Enc. u. Method.*, 125 s. (supra, § 14, n. 1-2).

Pero el canon de la adecuación del entender, del cual hablamos, tiene un alcance general, que abraza todo proceso interpretativo[289]. Solamente, es necesario agregar que este asume, y debe asumir, actitudes diferentes y matices variados según la cualidad del objeto a interpretar y en conformidad con los fines y problemas que la interpretación se propone. Es intuitivo, por ejemplo, que en la interpretación de la ley la adecuación del entender no puede proceder de la misma manera que en la interpretación histórica, y que está fuera de camino quien[290] quisiera verla acabada, o ver la fase culminante, en un "revivir" y "desplegar en sí" el acto normativo. El equívoco que está en la premisa de esta visión ya ha sido indicado[291].

---

289 Como todo proceso cognoscitivo. Definida con KANT (*Kritik d. rein. Vern.*, 2ª ed., 82) la verdad como correspondencia o congruencia del conocimiento con su objeto, no se debe desconocer su estrecha atinencia con la síntesis *a priori*. De aquí la crítica dirigida a Kant por HEGEL (*Logik*, III, 27-28, 231; cfr. MEUSEL, *Hegel u. d. Problem d. phil. Polemik*, 169-71). De otro lado, es considerada segura y reconocida al pensamiento la capacidad de penetración en la objetividad (proleg. § 2; HARTMANN, *Metaphysik d. Erkenntnis* (2ª ed.), cap. 5, h: 54-57; 147 s.; cap. 55: 407 s.; *Grundleg. d. Ontologie* (3ª ed.), cap. 23: 156-62; cap. 36: 227 s.; "Hermeneut. Manifest", nt. 59).

290 Como GORLA, *Interpr. d. dir.*, 1941, 3 ss., 20-22, 52 ss.; en esta tendencia, antes BIERLING, *Jurist. Prinzipienlehre*, IV, 197 ss. Contra el intento de GORLA de aplicar al derecho criterios propuestos de CROCE (*Poesia*, cap. II; *Storia come pensiero*, 130 ss.) para la interpretación histórica es ya contestable como tal, v. nuestros Categorie civilistiche d. interpr., n. 62-96; "Hermeneut. Manifest", n. 62-96; Interpretazione della legge, 15 s., 32 ss., 167 ss.

291 Cfr. nuestra "Interpretazione della legge", 10, n. 19-20 (2ª ed., Milano 1971, 97 s.).

§ 5. Fundamento, valor e interferencia entre cánones hermenéuticos

I. Fundamento de la correspondencia hermenéutica, y su valor. II. Interferencia entre el criterio de la autonomía y el criterio de la actualidad hermenéutica.

I. Fundamento de la correspondencia hermenéutica, y su valor

Para darse cuenta de la importancia de este canon hermenéutico, es necesario remontarse al fundamento que él tiene en la estructura espiritual de todo ser pensante y comprende su íntima relación con la actitud metateórica antes calificada como *apertura congenial*.

Hay una estrecha relación entre la peculiaridad de la persona que, objetivándose en la forma señalada, no constituye –como se verá muy pronto– el estilo, y aquella *receptividad* que, potenciándose en apertura congenial y afinidad selectiva, estimula la inteligencia a la interpretación y la pone en grado de entender mentalidad y temperamentos de otros en aquello que tienen de propio y de peculiar[292]. La indicada correlación se basa, ante todo, sobre aquel común fondo de humanidad que existe en cada uno de nosotros[293] y gracias al cual la textura espiritual del ánimo de cada uno es, en alguna medida, análoga y respondiente a aquella de otro, y por lo tanto porta en su intimidad algo, aunque sea en mínima parte, de la peculiaridad del otro[294]. Pero además la correlación se basa sobre una experiencia interior que cada uno tiene por introspección, de la peculiaridad propia y que, sin necesidad de argumentar por una específica analogía, utiliza en la reconstrucción

---

292 A propósito, SCHLEIERMACHER, *Hermeneutik*, 143, n. 3 (vollkommenes Verstehen des Styls); 146 s. (Empfänglichkeit für alle andere): cfr. WACH, *Verstehen*, 139 s., 141; LIPPS, *Hermeneut. Logik*, 89.

293 Vid. supra § 11, p. 261, nt. 12).

294 Así, SCHLEIERMACHER, *Hermeneutik*, 147 (*jeder von jedem ánderen ein Minimum in sich trägt*); intuición confirmada en la psicología moderna: SEGOND, *Psychologie*, n. 119: spec. 319. HERMANN, *Die Grundformen des pädagogischen Verstehens* (1859), 110-173 (*koesistentielles Verstehen*).

de otros[295], aquel modo que, a la inversa, de la observación del comportamiento de otros trae iluminaciones interpretativas (que no son simples conclusiones indirectas o mediatas) acerca de una actitud propia, también tenida inconscientemente, luego, replegándose, la hace objeto de reflexión consciente[296].

Dicha mutualidad y *reciprocidad de perspectiva entre introspección y observación del comportamiento de otro*[297] aclara también la estrecha interdependencia y complementariedad notada por Schleiermacher[298] entre aquello que él llama el método *adivinatorio* y el método *comparativo* de la interpretación psicológica. Con el primero de los cuales se busca comprender *por intuición* y sin mediación qué hay de individual en el comportamiento, en la mentalidad y en el temperamento de otro; y, con el segundo se indaga lo que en ello hay de conmensurable a un criterio de género, o sea típico[299], y se busca la peculiaridad, confrontándolo con otra individualidad mensurable con el mismo criterio. La mutualidad y reciprocidad de la perspectiva justifica el criterio de la correspondencia (que no es mera ilación de analogía), de un *acuerdo* de la una con la otra; y el común término de confrontación, que el método comparativo presupone, postula a su vez un criterio de diferenciación por vía del método adivinatorio. De aquí, la complementariedad entre las dos direcciones metodológicas y su recíproca atracción[300].

---

295 SCHLEIERMACHER, *Hermeneutik*, 189 s.; cfr. WACH, *Verstehen*, I, 156; HUMBOLDT, *Werke*, VII, 179 (in f.); SPRANGER, *Zur Theorie des Verstehens*, en "Festschr. f. Volkelt", 1918, 371-73, 380, 395-97.

296 En lo que consiste aquella que HARTMANN, *Ethik*, 70, llama "Rückeinfühlung". Cfr. Stuart HAMPSHIRE, *Analogy of feeling*, en "Mind", 1952, 1-12; URBAN, *Language and reality*, 252-53; SCHELER, *Wesen u. Formen d. Sympathie*, 282 ss.

297 A propósito, LITT, *Individuum und Gemeinschaft* (3ª ed., 1926), 109 ss., 140 ss. Más adelante, § 70 nt. 9.

298 *Hermeneutik*, 146, in fine; sobre 'intuitiven Einstellungen' JASPERS, *Psychologie der Weltanschauungen*, 64-68.

299 SCHLEIERMACHER, *Hermen.*, 146 (als ein allgemeines). Cfr. "Interpretaz. d. legge", 298 s.

300 Cfr. DROYSEN, *Historik*, § 9 e 11: WACH, *Verstehen*, I, 140-142, n. 3 y 1; 141.

Pero la categoría de la correspondencia en sus variados matices –como el acuerdo, el unísono, el paralelismo[301], la reciprocidad, el criterio de la *analogía* y de la *convenientia rationis*[302]– tiene un valor hermenéutico de mucho más vasto alcance.

Además de constituir la base de un canon general, que vale para cualquier proceso interpretativo como proceso gnoseológico obediente a una interna teleología, ella asume una importancia específica en los diversos tipos de interpretación en conformidad con la función respectiva. El valor que ella representa es esencialmente diferente del valor de identidad representado por una ecuación matemática. Se puede, así, establecer una antítesis entre ecuación matemática y correspondencia

301 Cfr., por ejemplo, SCHLEIERMACHER, *Hermen.*, 21 s. FREYER, *Theorie des objekt. Geistes*, 104 s., que reenvía a una "*soziale Korrespondenz*" en el proceso de "*soziales Shaffen*".

302 Sobre el principio de la analogía en general: SEGOND, *Tr. d. psychologie*, n. 127: 332-34; HÖFFDING, *Der Begriff der Analogie*, Leipzig, O. R. Reisland, 1924, del último de los cuales, por otro lado, interesan aquí solo algunas reflexiones: 13 s. (*bestimmtes, unbestimmtes Wiedererkennen*), 68 (Zeichensprache), 95-99 (ética y teoría), 99-102 (Weltansch. u. Wissensch.), 103-109 (simbolismo poético y religioso). WAGNER, *Analogie als Methode geschichtl. Verstehens*, en "Studium generale", 8, 1955, 703-712. Sobre la analogía en el campo de la ciencias física, SELVAGGI, *Filos. d. scienza*, 1953, 235-39: especialmente es de notar la analogía de proporcionalidad, entre relaciones (238), donde es un error calificar "identidad" la correspondencia o congruencia. PENIDO, *Le rôle de l'analogie en théologie dogmatique* (Bibl. Thomist. XV), Univ. Fribourg, trata la problemática general de la analogía; BARATTA, *Note in tema di analogia giuridica* (1961).

La importancia del procedimiento por analogía es advertida en el campo del lenguaje por: HUMBOLDT, *Werke*, VII, 81 s., 165; DE SAUSSURE, *Cours de linguistique générale*, 1916, que considera la analogía como principio creativo de nuevas expresiones (232-38), las cuales son síntomas de cambios de concepción (238-41: *symptomes des changements d'interprétation*), pero siempre principios de renovación y de conservación (241-43: "*dans la masse énorme de phénomènes analogiques que représentent quelques siècles d'évolution, presque tous les éléments sont conservés; seulement ils sont distribués autrement*"); PORZIG, *Das Wunder der Sprache: Probleme, Methoden u. Ergebnisse der modernen Sprachwiss.*, 1950, 225 s.; cfr. 121 s. (sobre el fenómeno de asimilación), 150 ss., 207 (sobre el fenómeno de "*Eindeutung*"; cfr. también JOLLES, *Einfache Formen*, 36). Pero también en la *inventio* por ejemplo de nueva forma literaria, se advierte la influencia determinante de la analogía (SCHLEIERMACHER, *Hermen*, 155: *die Gewalt der Analoga*).

hermenéutica: por lo demás, la consonancia, el acuerdo, el unísono entre dos totalidades espirituales, que esta expresa, no es nunca una inerte y rígida identidad, por la misma inherencia e inmanencia de una potencial disonancia y discrepancia que –como advierte Humboldt[303]– está siempre ínsita en el hecho del entender.

Y es así que es posible, a través de la objetivación, que la totalidad espiritual del intérprete se encuentre y se acuerde por una íntima exigencia con la totalidad espiritual del autor, que sin embargo la textura espiritual del uno *vibre al unísono* con la del otro (Evangelio de San Juan, 8, 47)[304]; pero un dicho acuerdo y unísono no es nunca una inmóvil y definitiva y adialéctica identidad, más bien una identificación dialéctica, que una *virtual antinomia* puede rendir transeúnte, por lo tanto tal que deba ser perennemente reafirmada y renovada[305].

La confusión entre correspondencia e identidad ha engendrado una falsa exposición de las cuestiones, sobre todo en el campo de la interpretación reproductiva. Así, el prejuicio matemático de la identidad ha llevado a negar la misma "posibilidad" de traducciones de una lengua a otra[306] y a reconocer en la interpretación dramática una suerte de necesaria "contaminación" o "degradación"[307]. Ahora aquí hay que excluir, si bien, por evidente imposibilidad, que sea proponible al intérprete, como meta ideal de la traducción o de la representación, la perfecta identidad que vale para las ecuaciones matemáticas,

---

303 *Werke*, VI, 182-3; VII, 64-65; proleg., nota 132.

304 En la exigencia de una común textura espiritual puede también traerse el profundo significado simbólico de la advertencia evangélica (Jn., 8, 47): *"qui ex Deo est, verba Dei audit: propterea vos non auditis, quia ex Deo non estis"*. Esta exigencia, razonable y legítima, sufrirá una deformación que altera esencialmente el sentido, trivializándolo en una dirección vitalística, en el postulado de un "entender preliminar" (*Vorverständnis*) aseverado por la corriente "existencialista".

305 Cfr. HEISS, *Wesen und Formen der Dialektik* (1959), 119, 164 ss.

306 Así, CROCE, *Estetica* (5ª ed.), 76; *Poesia* (2ª ed.), 279 s.; *Quad. d. crit.*, 13 (marzo 1949), 88 s.

307 Así, PIRANDELLO, *Ilustratori, attori*, traduttori, en "Saggi", 238, 242. Cfr. "Dt. Vjschr. f. Lit. wiss.", 27, 1953, 501.

donde la operación lleva a sustituir a una fórmula o expresión otra que es aquella equivalente perfectamente, y sin residuo. Pero está claro que la meta posible y proponible debe ser otra: es decir, la correspondencia hermenéutica de las impresiones y de los incitamientos a entender de parte del nuevo círculo de lectores o de espectadores. Se trata de alcanzar una análoga correspondencia entre la totalidad espiritual de la obra y la de aquellos: correspondencia de sentido entre un espíritu y otro a través de la objetivación por la cual comunican, gracias a la análoga textura espiritual en la cual la obra fue, en origen, dibujada y ahora viene remodelada y aprendida.

Allá donde es imposible una identidad matemática, es perfectamente posible una correspondencia de sentido y una equivalencia de significados. Ahora quienes consideran "imposibles" las traducciones, muestran con esta tesis desconocer el problema, en cuanto parten de un ideal de "identidad" matemática[308] que es impresentable en un campo como este de la interpretación: ideal que, dominado por el prejuicio materialista y solipsista, llevaría en rigor, a quien tuviese el coraje de la coherencia, a negar la misma posibilidad de entender algo.

II. *Interferencia entre el criterio de la autonomía y el criterio de la actualidad hermenéutica*

En tal interferencia se manifiesta uno de los tantos aspectos de la antinomia entre subjetividad (inevitable) y objetividad (postulada), que da lugar a toda la dialéctica del proceso interpretativo. La interferencia está claramente advertida por Schleiermacher[309].

En seguida en el proceso interpretativo predomina la orientación hacia nuestros pensamientos propios (del intérprete), y es aquí que surge la una o la otra unilateralidad –del que observa–, por lo cual deviene imposible una verdadera y plena inteligencia. Por lo tanto,

---

308 Cfr., en tanto nuestro "Probleme der Uebersetzung", en "Dt. Vjschr. f. Lit. wiss.", 27, 496-99.

309 SCHLEIERMACHER, *Hermeneutik* (Werke, I Abt., VII), 205. Cfr. también DROYSEN, *Historik*, 156.

en la medida en la cual se quiera previamente entender plenamente, el intérprete se debe emancipar de la referencia a los pensamientos suyos personales, puesto que dicha referencia no mira a entender los pensamientos de otro, sino que a sacar provecho de cuanto en ellos haya en relación con sus pensamientos. Cada uno debe ser entendido de acuerdo a sus propios pensamientos[310]. Si eso no valiera la pena, no tendría sentido proponerse el problema hermenéutico.

La exigencia de la autonomía hermenéutica no podría estar mejor afirmada. Pero el mismo Schleiermacher de inmediato se pregunta cómo llegamos a entender el íntimo proceso del pensamiento del autor; y responde: gracias a la observación. Pero esta, agrega, tiene su punto de apoyo (por vía de analogía) en la observación de uno mismo, en la introspección[311]: debemos ser versados nosotros mismos en la actividad de meditación y composición, para estar en grado de comprender la meditación y la composición de otros. Bajo este aspecto es por lo tanto esencial, en la ejercitación literaria[312], la personal actividad de componer como preparación a estudios (hermenéuticos) superiores. Y más aún observa[313]: el intérprete debe tener experiencia propia acerca del proceso interior del desarrollo discursivo o intuitivo de un tema: esta experiencia, el intérprete debe portarla consigo mismo como utensilio, en la búsqueda de conocer en vía comparativa la diferencia en este campo[314]. Se advierte aquí en un particular aspecto la exigencia

---

310 SCHLEIERMACHER, *Herm.*, 205: *jedes muss aus seinen Gedanken verstanden werden.* Cfr. DROYSEN, *Historik*, 156: *uns befähigen, sie (die Vergangenheit) nach ihrem eigenen Masse zu messen.*

311 SCHLEIERMACHER, *Herm.*, 189, 205, 212 s. (*Selbstbeobachtung*). En esta dirección DILTHEY, *Ges. Schr.*, V, 263; VII, 145; 224 s., pone de relieve el nexo de recíproca progresiva iluminación, que corre entre el interior experimentar (*Erleben*) y el entender (*Verstehen*).

312 LAUSBERG, *Handbuch der literarischen Rhetorik; eine Grundlegung der Literaturwissenschaft* (1960), 455 ss.: §§ 911-1054.

313 SCHLEIERMACHER, *Hermeneutik*, 212 s.; HARTMANN, *Ethik*, 70, acentúa la reciprocidad entre *"Einfühlung"* y *"Rückeinfühlung"*.

314 SCHLEIERMACHER, *Herm.*, 164, además, al constatar que nadie, narrando hechos, puede prescindir del propio modo de ver y de valorar (*Art und Weise*

de la actualidad del entender, por la cual el proceso del pensamiento a interpretar debe ser reconstruido y reproducido gracias a la experiencia interior y la mentalidad del intérprete, con la ayuda de sus categorías, como hecho presente y actual, debe ser vivificado y animado de su misma vida y ánimo. Exigencia, la cual puede venir a encontrarse acentuada por la circunstancia que, con la finalidad cognoscitiva, concurra en el proceso de la interpretación también una finalidad educativa, perseguida por el intérprete.

Ahora la interferencia entre los dos criterios de la autonomía y de la actualidad hermenéutica —interferencia inevitable como la misma antinomia entre objetividad y subjetividad— explica, entre otras cosas, la controversia de métodos que se agita entre aquellos que estiman indispensable, es decir tanto legítima cuanto oportuna, la puesta en obra de las categorías mentales del intérprete para reconstruir y entender el sentido de la obra a interpretar, y aquellos que la rechazan *a limine*, reconociendo en ella una indebida intrusión del sujeto[315]. Ejemplo de ello es la controversia que se ha desarrollado acerca del método de estudio de un derecho ya no vigente, como el romano.

Es cierto que hay que tener presente, al respecto, la advertencia contra la introducción de categorías subjetivas no concordantes al objeto, o sea tales que puedan llevar a entender algo de más y distinto. Pero es un error gnoseológico creer que el sujeto pueda tomar "contacto" con el objeto "directamente", sin necesidad de sus propias categorías[316].

---

die Sache anzusehen und zu beurtheilen), agrega que este elemento subjetivo no es el objetivo del narrador, pero una cosa inevitable (*das Unvermeidliche*). Sobre el tema, BERNHEIM, *Hist. Methode*, 481-86, 506-14, 592-95.

315 Un ejemplo de intrusión subjetiva que no sería tolerada por los historiadores, se da en los dramas históricos de SHAKESPEARE (DROYSEN, *Historik*, 174-342; WACH, *Verstehen*, III, 187, n. 2).

316 Contra el señalado error, en el campo de la interpretación histórica, DROYSEN, *Historik*, 182, 62, 134, 285-87 (cfr. WACH, *Verstehen*, III, 186 s.); SIMMEL, *Probleme d. Gesch. phil.*, 67 ss., 77 s. Cfr. BERNHEIM, *Histor. Methode*, 759, 762, 770 s.

Una distinción, sobre la cual se ha llamado ya la atención, hay que tener presente para delimitar la respectiva esfera de competencia de la peculiaridad del objeto (según su autonomía) y de la categoría del sujeto (según la actualidad del entender); y es aquella que es necesario hacer entre la forma de vida a interpretar, considerada en sí, la cual se desarrolla objetivamente, y la reflejada conciencia que pueden tener los autores y los contemporáneos que la viven, en las formulaciones que ellos, replegándose sobre ellos mismos, pueden hacer[317].

De esta manera el lenguaje hablado no hay que confundirlo con aquel complejo de reglas que se elaboran en la gramática o en la retórica[318]; la producción literaria hay que distinguirla de los conceptos de orientación que se extraen en la poética y, todavía, en la retórica[319]; la costumbre ética efectivamente practicada (*ethos*), hay que distinguirla de la ética que los moralistas contemporáneos habían extraído[320], el derecho positivo aplicado en una determinada sociedad hay que distinguirlo de la dogmática, con la cual los contemporáneos dan una representación conceptual[321]. De manera análoga como en el terreno teórico hay que distinguir la historiografía de la gnoseología histórica y de su metodología (*Historik*), la argumentación lógica de la teoría de

---

317 Nuestra opinión en "Dir. rom.", pref. XIV, en "Arch. giur.", 99, 1928, 136 s. y en "Hermeneut. Manifest", notas 135-39.

318 HUMBOLDT, *Werke, ed, Reimer*, VI, 198 s. = ed. Leitzmann, VII, 167 s.

319 BOECKH, *Methodologie*, 56, distingue entre *logos* implícito y conciencia reflexiva (cfr. 143 s., 240 s.), poniendo solo la exigencia que la categoría estética moderna sea congruente con la peculiar ley de formación de la obra antigua (156). Cfr. CROCE, en "Critica", 1930, 290; el cual, no obstante, en *Poesia*, 85-86, omite distinguir el plano interpretativo del creativo: nuestra crítica, en "Riv. it. sc. giur.", 1948, 81-82; "Hermeneutisches Manifest", n. 130-135.

320 SCHELER, *Formalismus in d. Ethik*, 1921, 218 s.; DROYSEN, *Historik*, 182; HARTMANN, *Problem d. geist. Seins*, 253, 449 s.

321 JHERING, *Geist d. röm. R.*, I, 33 ss., 47; nuestra opinion en "Arch. giur", 99, 136 s.; "Bull. dir. rom.", 41, 274; LITT, *Indiv. u. Gemein.*, 3ª ed., 246 s., 258 s., 314, 409; ROTHACKER, *Logik u. System*. 132, 139; *Die dogmatische Denkform in den Geisteswiss.* (Akademie d. Wiss. u. Lit, 1954, nr. 6), 261-64. Parece volver a mal entender WIEACKER, en los nuevos "Studi Koschaker" (1954), I, 539. "Studium generale", 12, 1959, 87.

la lógica[322], la interpretación, como arte y práctica, de la teoría hermenéutica (gnoseología, metodología y técnica interpretativa), el conocimiento en general de la gnoseología y de la teoría lógica.

Se trata siempre de distinguir el proceso del pensamiento por sí tomado o la forma de vida en sí, de la consciente reflexión sobre ella. Así, por ejemplo, cuando se caracteriza la síntesis en los juicios predicativos como un acto de espontaneidad que opera el traspaso y la identificación entre sujeto y predicado, no se quiere decir que el acto noético sea orientado con reflexiva conciencia al proceso de la identificación (el cual adviene solo después, es decir cuando uno se plantea el problema fenomenológico de aclarar la síntesis predicativa), pero se quiere decir que eso se orienta objetivamente al sujeto en la medida en la cual se identifica con el predicado propuesto[323].

Tampoco se quiere decir que se torne explícito, renovándolo en el recuerdo, el precedente gradual formarse de la identificación en la experiencia respectiva (como sucede cuando se quiere imprimir en la memoria los rasgos característicos del objeto intuido), sino que se quiere decir que, redirigiéndonos nosotros mismos en sentido retrospectivo a la síntesis escondida, advertida pasivamente en aquella experiencia, se renueva con una diferente orientación el proceso de la identificación, convirtiéndose esto, de pasivo que era, en un acto espontáneo y reflejo de síntesis[324].

---

322 WACH, *Verstehen*, I, 191-92. Además: COHN, *Theorie d. Dialektik*, 201 (*Aktbewusstsein*, contrapuesto a *Gegenstandsbewusstsein*); SPRANGER, *Lebensformen*, 7ª ed., 15 s., 28, 71, 72, 397, 419 s., 440, 448; HARTMANN, *Gesch. d. deut. Idealismus*, II, 301 s.; *Problem d. geist. Seins*, 164 s., 172, 177, 270, 27173, 279, 286, 292, 319, 448, 462 s., 479; "Tijdschrift v. Rechtsgesch.", XV, 1937, 160.

323 Así, HUSSERL, *Erfahrung u. Urteil*, 1948, § 50-a: 244 (en la terminología del cual el término "*Identitäteinheit*" tiene el sentido dinámico de una identificación que viene operada, como objeto de un "*Vollzug*").

324 Asimismo, HUSSERL, *Erfahrung u. Urteil*, § 50-a: 245, cfr. § 25: 138 s.

§ 6. Interpretación técnico-jurídica en función histórica

I. Nexo entre reconocimiento teórico de un derecho de interés histórico e interpretación normativa de un derecho en vigor. Distinción entre derecho positivo y sistematización doctrinal debido a la jurisprudencia coetánea. II. Legitimidad y utilidad de la dogmática jurídica en función histórica en la reconstrucción de las soluciones dadas a problemas de convivencia según las exigencias y la lógica interna de las instituciones.

I. Nexo entre reconocimiento teórico de un derecho de interés histórico e interpretación normativa de un derecho en vigor. Distinción entre derecho positivo y sistematización doctrinal debido a la jurisprudencia coetánea

El carácter prospectivo e históricamente condicionado del interés que nos mueve a conocer la objetividad, y por lo tanto también del conocimiento que logramos conquistar, encuentra una decidida confirmación en el estudio del derecho. En el cual no ha pasado desapercibido a los juristas como Ihering[325] el hecho que "la elaboración dogmática del derecho de cualquier tiempo de parte de un contemporáneo no puede servir de medida o de modelo a un moderno en su representación histórica de aquel derecho: puesto que el contemporáneo no dice muchas cosas que habría podido decir, porque en ese momento es superflua para sus lectores, y viceversa no puede decir muchas otras cosas que a él en ese momento se le escapan".

Diferente es, de hecho, frente a un mismo derecho positivo la tarea del jurista contemporáneo, llamado a sacar máximas de decisión, y aquella del jurista posterior, que se pone a estudiarlo con un entendimiento de historiador. Diferente es, en el uno y en el otro, la orientación de la búsqueda, porque de diversa naturaleza es el interés que la inspira. A los contemporáneos, que tienen bajo su mirada cada día las relaciones de la vida y los intereses en conflicto, los princípios del

---

325 *Geist des römischen Rechts* (7ª ed.) I, 57 s.; "Bull. ist. der. rom.", 39 (1931), 40 s.

derecho relativo se presentan bajo otra luz que al jurista dirigido a estudiarlo como historiador. Un esbozo sumario basta para representar su figura completa por ejemplo de una institución; para el jurista histórico, no. A este último falta, mientras tanto, la inmediata intuición de la vida, de aquellos presupuestos; y a la laguna que él debe tratar de suplir con otras fuentes históricas. Pero, en compensación, tiene delante de sí, y domina desde lo alto de su observatorio, el curso ulterior del desarrollo: así el desenvolvimiento del derecho positivo, como aquel de las ideas, de los dogmas y del pensamiento jurídico en general. Está en grado, por lo tanto, de abrazar en su propio horizonte cosas que los juristas contemporáneos no podrían ni ver ni predecir; y sobre todo el jurista histórico está movido —no podría ser de otra manera— por un interés actual, de la vida presente, que hacen vibrar en su ánimo de intérprete el objeto indagado —interés al cual está él indisolublemente unido. Movido por tal interés, la interpretación histórica del jurista está llamada a integrar según el canon de la totalidad y coherencia la insuficiente exposición de los contemporáneos[326] con la ayuda de la experiencia y del instrumental representativo (que es la dogmática) adquirido y afinado en el estudio del derecho actual.

La exigencia de esta integración hermenéutica se advierte con especial evidencia en el estudio del derecho romano. Es notorio que los

---

326 Para esta orientación metodológica de la *"hermeneutica iuris"*, reenviamos a la exposición hecha en "Arch. giur.", 99, 1928, 129-150; 100, 27-67; en "Tijdschr. voor R-geschiedenis", 15, 1937, 137-74, y en otros escritos citados en "Hermeneut. Manifest", nota 123; ahí, también las más significativas adhesiones, de KOSCHAKER, HEUSS, GROSSO, CHECCHINI, SCHWARZ. Los malentendidos y la crítica basada sobre manifiestas *'ignoratio elenchi'* (de Georgesco, de Guarino, de Branca, de Paradisi, de Gioffredi) no se toman en cuenta. Sobre todo es significativa la adhesión de VASSALLI, *Storia e dogma*, en "Studi giur.", II, 495508 (conmemoración de L. Moriani), no solo aquella de FEENSTRA, *Interpretatio multiplex*, 1953, 15-20, precedida de aquella sustancial de HOETINK, *Histor. Rechtsbeschouwing*, 1949, 15 s., que admite la legitimidad, en sede histórica, de las *'anachronistische begripsvorming'*, y desarrolla esta visión acerca de una *"anachronistische Begriffsbildung in der Rechtsgeschichte"* en "Tijdschr. voor Rechtsgeschiedenis", 23, 1955, 1-20 y en "Zschr. (f. RG.) Sav. Stift.", 72, 39-53. Cfr. nuestra conferencia cit. supra, n. 13-a, 21-23.

juristas romanos no tuvieron el gusto de las construcciones abstractas y como en ellos la capacidad teorizante era lejos inferior al genio inventivo y a la intuición práctica. Maestros insuperables en el encontrar el justo criterio para la composición de conflictos de interés más variados, ellos no advierten sino de manera esporádica la necesidad de replegarse sobre su propia *"interpretatio"* y sobre su visión nomogenética, para darse cuenta de la técnica jurídica que allí se opera, ni para encuadrar en un sistema de principios los múltiples criterios de solución adoptado.

En la búsqueda de las soluciones ellos proceden por intuición, sin una consciente aplicación de principios: se descubre, sin embargo, en la base de la solución que encuentran, un principio inspirador que la ilumina, pero esto, lejos de ser enunciado, queda en la sombra, como latente en la subconsciencia del jurista. A veces sucede que ellos intentan formular principios y elevarse a la definición de instituciones[327], pero la formulación resta casi siempre inadecuada, o demasiado angosta o demasiado amplia. A veces unen el principio a una especie particular, allá donde ello vale para una entera categoría de casos; o viceversa, omiten una actitud específica o un presupuesto especial del principio, sea porque no detienen la atención, sea porque lo subrayan de tal manera, que resulta obvio.

La observación se podría repetir para otros derechos históricos, acerca de la elaboración que ofrecen a los contemporáneos; y en ella vale a poner en guardia contra el error de identificar el derecho positivo con el derecho explícitamente formulado en dogma de la jurisprudencia de la época.

No es que la sistematización doctrinal debida a los contemporáneos no entregue un índice, a veces muy valioso, de la concepción a reconstruir; pero al lado del derecho formulado en dogmas y principios, hay siempre una imponente masa de criterios de decisión

---

327 A propósito cfr. la contribución de LA PIRA, en "Tijdschr. voor R-geschiedenis, 1937, 145, nota 10.

efectivamente practicados y no dogmatizados: sin decir que, en cuanto concierne las formulaciones y definiciones romanas, ellas dejan insatisfechos aquello que querían saber de más, precisamente por su carácter elíptico.

En cada derecho históricamente determinado, por lo tanto, es necesario distinguir del derecho positivo –que es un producto de funciones sociales de orden fundamental, destinado a crear normas jurídicas y a aplicarlas a la composición de reales conflictos de interés–, la sistematización doctrinal que de aquel elabora la coetánea jurisprudencia con un proceso hermenéutico y valorativo que es obra de una consciente reflexión.

Es verdad que este proceso de reflexión sobre el derecho positivo, cuando sea obra de contemporáneos, asume una función normativa[328] y mira por su incoercible tendencia a influir sobre el proceso de producción del derecho en el sentido de informarlo de las valoraciones adoptadas, aportando innovaciones a la normativa preexistente. Pero esto no quita que la hermenéutica histórica deba distinguir entre uno y otro proceso. Así, por ejemplo, a quien analice el pensamiento de los juristas romanos, la distinción se presenta obvia. La *"interpretatio"* dirigida a descubrir y a elaborar nuevos principios e instituciones jurídicas sobre el engranaje de normas y estructura preexistentes[329], va, en sus escritos, a la par con la aplicación que ellos hacen de las decisiones de casos prácticos. Por el contrario a tal obra creativa del derecho no se encuentran más que esporádicos intentos de sistematización doctrinal, que se explican tanto en el ordenamiento de los comentarios y de las exposiciones didácticas (como la partición de las *"institutiones"*

---

328 Cfr. nuestra conferencia "Jurisprudenz u. Rechtsgesch. vor dem Problem d. Auslegung", en "Archiv f. Rechts = u. Sozialphil.", 1952, 355 ss. "Moderne dogm. Begriffsbildung in der Rechts- und Kulturgesch.", en "Studium generale", 12, 1959, 87-96.

329 Cfr. SCHULZ, *History of roman legal science*, 1946, 77 s., 114; "Atti Verona", 1948, II, 112 s.

en *personae, res, actiones*)[330], tanto en construcciones dogmáticas (como aquella de las *"res incorporales"*)[331], del *"contrarius actus"*, del *"condemnari oportere"*)[332], tanto en las motivaciones, que de verdad no son frecuentes, de las decisiones adoptadas. Ahora bien la obra, por decirlo así, nomogenética y de aplicación de la regulación jurídica –que es lejos prevaleciente– tiene para la hermenéutica histórica del jurista otro interés y valor que la obra de sistematización doctrinaria. Esta última parece más bien una superestructura, que puede ser índice importante de la primera, pero que no está ligada a ella por un nexo indisoluble, por cuanto pueda encontrarse unida a ello.

Ahora la posición que el jurista está sujeto a asumir en la interpretación histórica de un derecho ya pasado, es esencialmente diferente según si él se encuentra frente a la obra de creación y aplicación del derecho desarrollada en la jurisprudencia, de la época o si se encuentra frente a una pura sistematización doctrinal. Se piensa todavía al derecho romano. Si la moderna reconstrucción debe intentar escoger y reflejar aquel derecho positivo en una fecha determinada de su desarrollo (arcaico, clásico, justinianeo, común), está claro que el intérprete debe, en vía preliminar, aceptar la realidad histórica a través de una previa crítica de la autenticidad del texto y, una vez afirmado esto, él debe tener cuidado de no abandonar el terreno de aquel derecho positivo, en esta fase que él considera, porque esto lo impone el canon de la autonomía e inmanencia del criterio hermenéutico. Así, por ejemplo, una vez que se ha persuadido que la decisión del jurista clásico era

---

330 Cfr. Affolter, *Das röm. Institutionensystem, sein Wesen u. seine Geschichte*, 1897; Kübler, *Gesch. d. röm. Rechts*, 1925, §§ 16, 32; Scherillo, *Storia dir. rom.*, 1950, nr. 99.

331 Gai. II, 14: construcción, a la cual un estudio reciente le ha atribuido una influencia sobre la disciplina de las instituciones, pero que no subsiste.

332 Construcción, contra la cual se dirige una infundada crítica de Solazzi, en "Archives de droit priv.", 16, 1953, 128-137; cfr. nuestra contribución "Per una costruz. d. consunzione processuale in dir. romano", 1919, 6-17: contribución que la crítica de Solazzi, dominada del prejuicio de la *'kyriolexia'* (Schleiermacher, *Hermeneutik*, 131-134), demuestra ignorar.

aquella que se extrae del texto, y no otra, no podría él modificar el contenido o atenuar el alcance en base a valoraciones subjetivas propias.

Dichas modificaciones y conversiones interpretativas caracterizan la actitud, que ante las fuentes romanas, asumieron los compiladores bizantinos, los post-glosadores, y los pandectistas: todos los *"intérpretes"*, que sobrepasaron el derecho genuinamente romano valiéndose de malos entendidos producidos, en el intento práctico, más o menos consciente, de elaborar un derecho nuevo, que respondiera a las exigencias de su tiempo[333].

Para el actual intérprete, al contrario, la realidad histórica del derecho positivo romano, afectada por método diacrítico en la doble fase clásica y justinianea, debe constituir un paso firme e insuperable. Por el contrario, de frente a la obra de pura sistematización doctrinal esbozada por los juristas romanos, la posición del actual intérprete está caracterizada por una amplia libertad de apreciación. Las lagunas e imperfecciones que ahí se encuentren, bien lejos de poder vincular o limitar la indagación hermenéutica, lo sitúan delante de una indeclinable tarea de integración y de desarrollo. Ahora el medio y el método adecuado a esta tarea le ha dado al jurista aquel instrumental representativo y expositivo que es la dogmática, en cuanto parte viva e integrante de la educación y experiencia jurídica actual.

II. Legitimidad y utilidad de la dogmática jurídica en función histórica en la reconstrucción de las soluciones dadas a problemas de convivencia según las exigencias y la lógica interna de las instituciones

El provecho de la dogmática actual en el estudio del derecho histórico puede ser objeto de un doble orden de problemas: antes que nada, de legitimidad; además, de oportunidad.

---

333 HOETINK, *Histor. Rechtsbeschouwing* (1949), 17-19. IMMINK, *Les trasformations des concepts en histoire*, en "Tijdschr. v. R-geschiedenis", 24, 1956, 1-47; MARROU, *De la connaissance historique* (1954), 146 ss. (cap. VI: 1, *usage du concept*).

Para no incurrir en un vicio de *ignoratio elenchi,* la discusión debe partir de una idea exacta de la función confiada a la dogmática, como instrumental representativo y expositivo de competencia del jurista.

Es un error ver en la dogmática jurídica un cuerpo de doctrinas estancado, inmóvil, cristalizado, basado sobre el presupuesto que el mundo del derecho se agota en la ley y postula una definición inmutable de conceptos separados de la naturaleza y de la vida[334]. Y es un preconcepto, que se une a dicho error, creer que sea esencial a la dogmática, y de ella inseparable una función normativa, que restringe la razón de ser a la aplicación de un derecho en rigor y excluye toda certificación respecto al conocimiento de un derecho que tiene un mero interés histórico o comparativo[335].

Error, el uno, y preconcepto, el otro, fácilmente refutable[336].

En realidad, si la dogmática debe servir a la inteligencia del fenómeno jurídico, es por intuición que ella no puede rigidizarse en fórmulas fijas, incapaces de adaptabilidad histórica, sino que debe reflejar aquel fenómeno en sus cambiantes figuraciones. Por otro lado, si no hay un derecho positivo, por poco desarrollado que sea, el cual no pueda ser al menos objeto de una justificación y tipificación de hechos y relaciones sociales, está claro de la misma manera que un reflejo hermenéutico de los hechos y relaciones así calificado no es posible sin el instrumentario representativo de la dogmática.

Si esta es parte integrante de la educación actual de los juristas, sería evidentemente erróneo tratarla como un obstáculo visual, que se deba dejar de lado para ver mejor, o como un vestido, del cual uno se puede despojar, dejándolo a la entrada, al momento de entrar en el círculo de un derecho histórico. El jurista no puede despojarse de ello sin agotar en sí las fuentes del interés científico y privarse de los medios indispensables para interrogar las fuentes con los problemas históricos

---

334 Cfr. escritos citados en "Bull. ist. dir. rom.", 39, 1931, 45, nota.

335 De Francisci, *Punti di orientamento,* en "Riv. it. sc. giur.", 1949, 87-90.

336 Cfr. nuestra opinión en "Europa e dir. romano": studi in mem. di Koschaker, II, 446-450 (también en "Archiv f. Rechts- u. Sozialphil.", 40, 360-64).

más aptos para sacar las cuentas iluminadoras acerca de la lógica de las instituciones[337].

Puesto que a nadie es posible vivir solo de la atmósfera de la propia época, está claro que una educación jurídica que se ha formado en el clima histórico actual trae por necesidad su alimento vital de la experiencia de relaciones y fenómenos de la vida actual.

Ahora la dogmática no es otra cosa que un complejo instrumental de predisposiciones, de hábitos y de actitudes, que nuestra mente asume y contrae en la aplicación cotidiana de categorías jurídicas de tales relaciones: categorías, que a su vez son el fruto de un trabajo secular, de una tradición más que milenaria, la cual tiene sus raíces en el estudio del derecho romano, como fue entendido por las varias generaciones de juristas que se han sucedido hasta nosotros.

Este entrelazarse de nuestra preparación de juristas con la dogmática del derecho actual excluye una separación neta entre una y otra. Pero con esto no es dicho que, en el ámbito del instrumental dogmático, no sea posible separar cuanto haya de particular y específico del derecho positivo moderno, de aquellos conceptos que, si bien aplicados por lo general en el terreno del derecho hoy en vigor, tienen sin embargo una eficiencia dogmática que lo sobrepasa y lo trasciende. Es verdad que un jurista de hoy no puede olvidar, delante de un derecho histórico, el instrumental de su cultura de jurista, y que por otro lado la específica dogmática del derecho actual (de la cual esta cultura trae un alimento importante) no puede transferir el peso del estudio histórico, de esto se concluye que es necesario separar lo que es utilizable para la recta presentación de estos problemas históricos, de lo que para ello no sirve.

---

337 Se reenvía a nuestra crítica "Falsa impostaz. della questione storica, dipendente da erronea diagnosi giur.", en "Studi Arangio-Ruiz", IV, 81 ss. (cfr. A HEUSS, ahí, 123 s.): crítica no rectamente entendida por GIOFFREDI, en "Arch. giur.", 146, 10-23. Sobre el oficio cognoscitivo de la dogmática, decisivos planteamientos en ROTHACKER, *Die dogmatische Denkform in den Geisteswiss.* (1954), 249-264 (supra, § 6, nota 44); además nuestra conferencia "Moderne dogmatische Begriffsbildung in der Rechts- und Kulturgeschichte", en "Studium generale", 12, 1959, 87.

De hecho, entre los conceptos con los cuales opera la dogmática, hay algunos, que si bien elaborados en vista de instituciones modernas, poseen sin embargo, un alcance constructivo bastante más amplio de aquellos que creyeron incluso sus autores, y tal de ir mucho más allá del punto de su aparición histórica. Es verdad que los conceptos en palabra no tienen, y tal vez no tendrán nunca, una definición que sea por todos aceptada en forma unánime, y que el contenido de algunos es todavía objeto de discusión científica, porque nuestro pensamiento, en perpetuo trabajo, no se apoya más en éstos que en otros campos sobre ninguna fórmula, sin una autocrítica siempre renovada. Pero es igualmente cierto que ningún jurista, hoy, al considerar un derecho positivo cualquiera, siente poder hacer menos de él: porque prescindir de él significaría privarse de los ojos para ver y para construir el fenómeno jurídico, y por otro lado las soluciones posibles de los problemas no son un número ilimitado.

Se trata, en realidad, de categorías jurídicas, bajo la forma de las cuales nosotros los modernos, en cuanto juristas, estamos llevados a hacernos cargo del fenómeno jurídico y de las soluciones y problemas de convivencia también en ordenamientos diferentes del nuestro, sean ellos de la época actual o sean de edad y de sociedad diferente de la nuestra. Se trata, por decirlo de alguna manera, de funciones lógicas de nuestra mentalidad jurídica, adquirida en verdad y educada con la tradición y con la experiencia, por lo tanto históricamente contingente y científicamente controvertible, pero no por eso menos necesaria para nosotros, dado que hemos sido educados en la edad presente.

Es necesario además precisar que el provecho de la dogmática por el estudio histórico no debe concebirse como una aplicación *ab extra* [desde afuera] o una superposición mecánica de conceptos bien preparados, a un mundo destinado a quedar a ellos íntimamente extraño y refractario[338]. Si el reconocimiento hermenéutico y asimilación conge-

---

338 Concuerda, la opinión de Croce, en: "Critica", 1930, 290; nuestra opinión en "Labeo", 2, 54 s. En un similar orden de pensamiento metódico procede recientemente Fortshoff, *Zur Problematik der Verfassungsauslegung*

nial del objeto, es obvio que el conocimiento de un derecho histórico no se podrá dar por alcanzado sino en cuanto nuestras categorías jurídicas hayan encontrado en él un terreno propicio, a ello predispuesto por su íntima exigencia, y por lo tanto se demuestren a ella inmanentes. Bien lejos de imponerse a la fuerza y desde afuera, su provecho debe desarrollarse desde adentro, según el canon por el cual *"sensus non est inferendus, sed efferendus"*.

Por otro lado, el jurista intérprete debe conservar a las categorías que usa aquel grado de elasticidad y de fuerza dinámica que las haga capaces de unir más de cerca las instituciones estudiadas y a unirlas en su histórica particularidad; y además debe estar dispuesto a introducir todas las especificaciones y las adaptaciones que aumenten su resolución hermenéutica, y tal vez debe revisarla y someterla a correcciones[339]. Porque no es la institución estudiada la que debe doblegarse a la imagen de nuestras categorías (que sería una arbitraria deformación), sino, viceversa, estas últimas deben servir a la inteligencia de la institución. Ellas, además, son esencialmente instrumentos de orientación, formas destinadas a asumir un contenido y capaces de configuraciones más variadas en función del derecho positivo a interpretar.

Aclarados así los términos del problema, se devela de inmediato inconsistente la objeción más importante que se pueda manifestar contra la legitimidad del uso de la dogmática en función histórica: que es decir que la tarea del historiador sea únicamente aquella dirigida a

---

(Res publica: Beiträge zum öffentlichen Recht, 7) en la reprobación a la inmediata separación del positivismo (40) *"das spezifisch Juristische der Sinnermittlung aufgegeben zu haben, denn nichts anderes kennzeichnet den Juristen als solchen als die von ihm befolgte Methode, über die er keine Verfügung hat"*.

339 Cfr. escrito y desarrollo crítico en el "Hermeneutisches Manifest", notas 111 y 123. Entre los escritos ahí citados es especialmente destacable SCHWARZ, *Begriffsanwendung u. Interessenwertung im röm. Recht*, en "Archiv f. d. civ. Praxis", 152, 1952, 193-215, por la apreciable tentativa (196 ss.) de selección hermenéutica. "Objetivos meramente prácticos y no cognoscitivos", atribuye erróneamente a la dogmática en función histórica CASSANDRO, *Metodologia storica e storia giuridica*, 1949, 45.

destacar la concepción que en la época estudiada se tuvo de las instituciones entonces vigentes.

Basta reflexionar que la construcción en palabra no es algo que las fuentes nos ofrezcan como algo completo, y que quede solamente por acoger pasivamente en nosotros, casi como un receptáculo muerto. Ella es, por el contrario, algo que es necesario reconstruir en nosotros mismos con las categorías de nuestra mente sobre la base de datos ofrecidos por las fuentes históricas. No siempre, sin embargo, estas nos dicen lo que quisiéramos saber; y también aquello que nos dicen no siempre apaga el deseo nuestro de ver hacia el fondo.

Ahora bien, un jurista que se limitara a registrar los datos y se abstuviera de formar las lagunas, integrando con los medios de la dogmática la representación que ellos nos dan, por temor a oscurecer la visión de las instituciones, demostraría no darse cuenta de la contribución que el sujeto está llamado a aportar en cada proceso cognoscitivo[340].

Porque la función útil de la dogmática es precisamente ser un instrumental representativo del fenómeno jurídico, en cualquier clima histórico que se encuentre ubicado: ella agudiza la vista de quien interroga el material histórico; más aún, le da al jurista los ojos para ver lo que tiene relevancia en orden a la función histórica para proponerla.

Lo histórico mismo es pues llamado a hacer accesible el *logos* más interior y el sistema del patrimonio intelectual del pasado con las formas mentales que mejor se le adaptan y a reconstruirlo en el interior como algo que deviene como suyo propio, aunque sea solo apropiándoselo, ellos se deben poner de frente como a una cosa no suya, una cosa que les está de frente fija y destacada[341].

---

340 Nuestro desarrollo crítico en "Bull. ist. dir. rom.", 39, 1931, 53-55; además HEUSS, en "Studi Arangio-Ruiz", IV, 123; ROTHACKER, *Dogmat. Denkform*, 280.

341 BOECKH, *Encykl. u. Method. der philolog. Wiss.*, 2ª ed., 20; "Studium generale", 12, 1959, 92 n. 29.

Poco importa, por lo demás, que los juristas del tiempo no hayan nunca usado el nombre que a nosotros nos viene dado de usar en relación a ciertos fenómenos[342], o que nunca hayan formulado ciertos conceptos ni advertido la necesidad de ciertas distinciones conceptuales que a nosotros nos parecen indispensables. Lo esencial no es que en las fuentes históricas se encuentre bien formulado el concepto o propuesta la distinción o, menos aún, enunciado un nombre. Lo esencial es que en el derecho positivo pasado haya una cosa: vale decir, el hecho, la relación, la institución, las cuales no podemos aclarar a nosotros mismos ni profundizar su sentido si no es gracias a aquellos conceptos y aquellos nombres que nuestra misma educación mental nos sugiere. A través del mensaje que de la fuente nos llega, la misma lógica del derecho –que es muy distinta a la lógica formal[343]– nos habla hoy a nosotros en su lenguaje bajo la categoría de ciertos conceptos: una lógica que opera entre las sustituciones moviendo los instrumentos; una lógica íntima, que domina segura las decisiones de los juristas del tiempo, sean o no sean, ellos, conscientes de esto.

Porque lo que interesa no es la mayor o menor conciencia, que los juristas del tiempo hayan alcanzado, del derecho que elaboraban o aplicaban, más bien es el hecho que sus soluciones obedezcan objetivamente a ciertas exigencias y a una lógica interna de las instituciones, y así sacar las directivas y los principios. El uso de la dogmática, en

---

342 BONFANTE, *Corso dir. rom.*, III, 5. El contrario prejuicio de VILLEY (en "Rev. hist. dr.", 1946-47, 200-227, es por nosotros refutado en "Studi Arangio", IV, 84-88.

343 Solución inspirada por la situación de los intereses, señala SCHWARZ, en "Archiv f. d. civ.", 1952, 201-210. V. además nuestra comunicación al "Convegno di storia del diritto" (30 septiembre 1966) "de la interpretación del derecho" (St. et doc. hist. et iur., 1967). Cfr., en el marco del desarrollo del derecho moderno, FOHRSTOFF, *Rechtsstaat im Wandel: verfassungsrechtliche Abhandlungen*, 1950-1964 (Kohlhammer, 1965), especialmente 27 (Begriffe und Wesen des sozialen Rechtsstaaten); 176 (die Bindung an Gesetz und Recht: art. 20 Abs. 3 GG.); 213 (der introvertierte Rechtsstaat und seine Verortung).

cuanto mira a reconstruir esta lógica interna de los institutos de un derecho pasado, es por lo tanto legítimo.

Por cuanto concierne luego la posibilidad de confrontar con instituciones y con dogmas específicamente modernos, no hay necesidad de poner en guardia a quien tiene el sentido histórico contra el peligro de falta de identificación: la confrontación debe poner a la luz las diferencias no menos que las semejanzas.

La historicidad del objeto está fuera de cuestión: ella es respetada. Aquí se trata únicamente de estar conscientes de la historicidad del sujeto en la actualidad del entender: de reconocer, es decir, que nosotros modernos no podemos saltarnos siglos de tradición e imaginarnos salir fuera de nuestra mentalidad y de prescindir de nuestra educación de juristas, tal como se ha ido formando a través del tiempo una tradición tan imponente.

Pasando a discutir la cuestión concerniente a la oportunidad de un uso de la dogmática en función histórica, hay que rebatir, a la objeción de peligros en ella ínsitos, que la posibilidad de errores no es en verdad una buena razón para renunciar a servirse de ella. La mejor garantía contra indebidas intrusiones, desarrollos y generalizaciones está en el sentido histórico del intérprete. Quien tiene vivo este sentido, procederá con la debida cautela a reconstruir las soluciones dadas a problemas de convivencia, teniendo a la mira como fin constante de referencia los hechos, relaciones y problemas del ambiente histórico estudiado.

Una diferencia esencial en la tarea hermenéutica es la orientación meramente cognoscitiva del jurista histórico y la orientación normativa de aquel que está llamado a interpretar un derecho en vigor está en el hecho de que aísla del oficio del primero toda interpretación analógica, que al segundo, en cambio, está permitida para encontrar la máxima de decisión que mejor responda a las exigencias de las relaciones sociales[344]. De frente al fenómeno del derecho controvertido o

---

344 Esta diferencia hemos intentado de sacar a la luz, en "Studi in m. di Koschaker" (l'Europa e il dir. romano), II, 444-46; "Archiv f. Rechts- u.

incierto, o a lagunas que se encuentren en la regulación de tales relaciones, no está permitido al historiador tomar actos o, a lo más, emitir un juicio de valor comparativo con el criterio de la línea de coherencia que se saca de los datos de las fuentes. Una integración del material lagunoso le está permitida, en vía conjetural, solo, en el mismo sentido y en la misma dirección que le está permitido al arqueólogo y, en general, al historiador[345].

En especial frente a la tipicidad de las instituciones pasadas el historiador no tiene poder de alargar el círculo de hechos específicos generadores, ni de cambiar la fisonomía (lo cual, sin embargo, no le prohíbe una profundización hermenéutica de sus lineamientos con los instrumentos de la dogmática). Así, por ejemplo, no podrá generalizar las fuentes de las obligaciones, imitando los procedimientos de los bizantinos en la elaboración de los textos romanos, o aquellos de los post-glosadores o de los pandectistas.

La antítesis de la dirección histórica con métodos interpretativos a los cuales fueron sometidos, antes, los textos de la jurisprudencia clásica, luego, en el derecho común, el *"corpus iuris"*, aparece bastante elocuente el hecho para quitar toda duda acerca de la legitimidad y de la utilidad de un uso de la dogmática para el reconocimiento hermenéutico, y en particular para el juicio de calificación jurídica, que la cuestión histórica presupone[346].

La interpretación de los bizantinos, primero, de los post-glosadores y de los pandectistas, luego, obedecía a un empuje poderoso del desarrollo histórico y de las transformaciones sociales, ella respondía a tendencias evolutivas y a imperiosas exigencias prácticas, y

---

Sozialphil.", 40, 1952, 358 s.; "Hermeneut. Manifest" (Festschr. Rabel, II) desde n. 62 a n. 84.

345 Ver ahora DROYSEN, *Historik*, § 39: 156; cfr. 91, 182; HOETINK, *Histor. Rechtsbeschouwing*, 11, 14 s., que contrapone la contemplación histórica del derecho a la *"historische interpretatie"* de un derecho en vigor (12, 18). IMMINK, op. cit., 8 a.

346 Nuestra opinión en "Arch. giur.", 99, 1928, 149 s.; "Bull. ist. dir. rom.", 39, 1931, 56 s.

llevaba fatalmente a desnaturalizar y a alterar las instituciones romanas con audaces conversiones y mal entendimientos ahora más o menos inconscientes, para crear sobre falsas analogías, instituciones jurídicas enteramente nuevas. Al contrario, la interpretación de los actuales historiadores del derecho (romanistas), siendo del todo libre de dichas preocupaciones prácticas, puede alcanzar con toda sinceridad el único fin de reconstruir las concepciones genuinamente romanas en las soluciones a ellas dadas en los problemas prácticos de convivencia social.

Ciertamente la utilización de la dogmática moderna se debe controlar con el análisis de las fuentes, del mismo que la tópica histórica en la historia de la literatura[347]. La demostración de su utilidad está dada por los resultados obtenidos. Se comprende bien, por lo demás, que en obsequio al canon de la autonomía hermenéutica, la preparación dogmática del jurista histórico no debe sobreponerse, con su instrumental, a las instituciones y ordenamientos estudiados, no debe prevenirlo y casi sofocarlo, sino que debe, en cuanto sea posible, ir a su encuentro y dejarlo hablar por sí mismo. La conclusión hermenéutica de los conceptos que se usan para la calificación jurídica, es en razón directa de su adherencia al objeto, o sea de su capacidad de representarlo[348].

Puede cuestionarse que, respecto a un derecho pasado, sean admisibles aquellos juicios de valor con los cuales el intérprete de un derecho en vigor mira a reproducir, en vista del caso sometido a decisión, el criterio de evaluación que ha determinado la composición legislativa de un típico conflicto de interés.

Por lo general, la duda se resuelve en sentido afirmativo: si el juicio de valor tiene carácter complementario y subordinado respecto a la evaluación que está en la base de la *regula iuris*", en cuanto sirve

---

347 Curtius, *Europ. Literatur u. latein.* Mittelalter (1948), 90; 2ª ed., 1954, 92.
348 Nuestra opinión en "Bull. ist. dir. rom.", 39, 1931, 63; "Studi Arangio", IV, 118-120.

a individualizarla en el caso concreto, no se ve porqué ello no deba ser atendido también por el jurista histórico[349].

El carácter valorativo del juicio no significa que este tenga una función práctica: una similar función no se encuentra inserta en él más de lo que se encuentra inserta en la dogmática como instrumental representativo. Solo un juicio que fuese predestinado a una interpretación analógica, saldría de la competencia del jurista historiador, pues su oficio es solo reconstruir el criterio de la solución dada a un problema de convivencia, y no ya de llevarlo a ulteriores desarrollos[350]. Fuera de esta hipótesis, en la cual es de excluir una interpretación técnico-jurídica sostenida del instrumental de la dogmática tiene el mérito de iluminar el problema práctico y la situación de los intereses en juego[351], tal de profundizar el sentido de las soluciones de cuanto no sería posible con un reconocimiento meramente filológico de los textos, o con una interpretación histórica que fuese conducida provista de categorías psicológicas o éticas.

---

349 Cfr. en general, WEBER, *Aufsätze zur Wissenschaftslehre*, 53 ss., 122 ss., 147 ss., y sus escritos citados supra, en § 15-*a*. V. también "Festschr. f. Raape", (1948), 392 ss.; FEENSTRA, *Interpretatio multiplex* (Rede, Leiden, 1953), 15-20.

350 Nuestro desarrollo en "Bull. ist. dir. rom.", 39, 61; "Tijdschr. voor Rechts-gesch.", 15, 1937, 165 s.

351 Cfr. fr. SCHWARZ, en "Archiv f. civ. Praxis", 152, 201-210; "Studi Albertario", II, 430 ss.; "Studi De Francisci", I, 133 ss. *Interpretación del derecho*, en "St. et doc. hist. et iur.", 1967.

C. La interpretación de las normas

§ 7. La teoría de la interpretación jurídica

I. Problema del entender para decidir (ejecutar), respecto a preceptos para obser-
var. Problemática común a la interpretación jurídica y a la teológica. II. Nexo
dialéctico entre lenguaje y pensamiento en la interpretación en función normativa.
III. Antinomia entre vínculo de subordinación y exigencia de iniciativa en la
actualidad del entender. Heterogénesis de significados en orientación dogmática.

Según el criterio de la diferencia en la respectiva función, se distingue
del entender que sea un fin en sí mismo [interpretación cognoscitiva
e interpretación técnica en función histórica][352] de aquel que se pre-
fija una inteligencia ajena [interpretación reproductiva o representativa: traducción; e interpretación en función reproductiva: dramática y
musical][353], un entender preordenado con el fin de regular la conducta
según criterios de máximas que se deducen de normas o dogmas, de
evaluaciones morales o de situaciones psicológicas a tener en cuenta.
La interpretación que se dirija a un semejante entender asume una
función normativa, esto es, directiva de la conducta[354].

---

352 Como la interpretación cognoscitiva: filológica e histórica y la interpretación técnica en función histórica, que se desarrolla en los cap. IV y V de
nuestra *Teoria generale della interpretazione.*

353 Vid. cap. VI y VII, respectivamente (de nuestra *Teoria generale della
interpretazione*).

354 Dado que el problema del entender para decidir (ejecutar), respecto a preceptos a observar, es un problemática común a la interpretación jurídica y a
la teológica, en esta sección Betti ofrece un análisis referido a ambas clases
de interpretación normativa.

I. Problema del entender para decidir (ejecutar), respecto de preceptos para observar. Problemática común a la interpretación jurídica y a la teológica

En orden a la puesta en práctica (*Anwendung*) del significado obtenido con la interpretación, se han encontrado de frente, en jurisprudencia y en teología, dos corrientes o concepciones, de las cuales la una identifica el significado verdadero y propio de cuya aplicación se trata, con el significado subjetivo entendido del autor del texto interpretado (la así llamada "voluntad del legislador"), la otra lo identifica en cambio con el significado objetivo (con formulación impropia, inspirada en el dogma de la voluntad[355], la así llamada "voluntad de la ley"), en particular con ese significado (*vis ac potestas*) que resulta de encuadrar la expresión del texto en una concatenación más alta y comprensiva: concatenación que da un modo de ser entendido el pensamiento mejor de aquel que podría el mismo autor[356]. La obtención de este significado objetivo puede consistir, primero que nada, en sacar a la luz nexos lógicos implícitos haciéndolos explícitos[357], o bien tendencias psicológicas "inconscientes" o "subconscientes" escrutando en la dirección analítica de la psicología la subjetividad del autor. Luego, además de hacer más explícitos los nexos lógicos y psicológicos, la obtención integrativa puede consistir en encuadrar el discurso en concatenación más amplia y más alta, reconstruyendo el horizonte espiritual[358].

Ahora, sin embargo, tratándose de poner en práctica preceptos jurídicos, máximas éticas o doctrinas religiosas, a la explicación u

---

355 Para la crítica del dogma de la voluntad legislativa, v. § 61, que reenvía al cap. XI de nuestra "Interpretaz. d. legge". Precisamente ello era observado por BRINDING, *Handb. d. Strafrechts*, 454: "*das Gesetz ruht von nun an auf sich, gehalten durch die eigene Kraft u. Schwere, erfüllt vom eigenen Sinn*". Sobre el estado de la cuestión, LIVER, *Der Wille des Gesetzes* (Berner Reden, 1954), 12-19. Cfr. LIVER, *D. Begriff d. Rechtsquelle*, 1955, 23 ss.

356 WACH, *Verstehen*, I, 126-27 (nota 2), que habla de "consideraciones que sobrepasan el objeto", "transitiva" o "integrativa": *übergreifende Betrachtung*.

357 MARTIN, en "Historische Zschr.", 142, 233: "Geist u. Gesellschaft", 69 s.

358 WACH, *Verstehen*, II, 17 s.

obtención del significado, debe seguir la aplicación (a la hermenéutica teológica es familiar la distinción entre explicación y aplicación). Y puesto que cada observancia y aplicación de dichos preceptos, máximas y doctrinas presupone una íntima adhesión y convicción de parte de aquel que está llamado, se entiende que a generar tal adhesión no basta obtener solamente el sentido, sino es condición indispensable el asimilarse y el tomar posesión de aquella exigencia de observancia y cumplimiento, que es inmanente al enunciado de aquellos preceptos máximas y doctrinas[359]. Así la jurisprudencia como la teología se encuentran de frente a textos vinculantes a interpretar: textos, cuyos enunciados ponen no solo la común exigencia teórica de ser entendidos, sino además también una exigencia práctica de ser observados: lo que confiere a la interpretación jurídica y a la teológica un destino o una función normativa, esto es, directiva de la conducta[360]. De los textos legales, como de los textos sagrados, se deduce no solo un llamado a la inteligencia, dirigido al espíritu contemplativo[361], sino también un llamado a la observancia, dirigido al espíritu práctico. Antes que apelar sobre el solo intelecto o la sola imaginación, ellos apelan a la voluntad y a la iniciativa de la acción: en su "*docere*" está implícito un "*iubere*", como en la palabra de un profeta, o de un proclamador de un verbo, o de un predicador, el mensaje de los cuales no cuenta únicamente de la autonomía intelectual del que escucha[362], sino que tiende a influir sobre su

---

359 WACH, *Verstehen*, II, 19 s.: donde, distinguiéndose entre "*Sinnerhebung*" y "*Anwendung*", se prospectan como grandes intermediarios, preparatorios de esta la "*Aneignung*" y la "*Zustimmung*", definida, la primera, como comprensión (*Erfassung*) y la segunda como valoración positiva (positive Würdigung) de la pretensión o exigencia (Anspruch) de observancia que es inmanente a la enunciación normativa.

360 WACH, *Verstehen*, II, 30; 60-61; Religionswissenschaft, 1924, 173-74; Sociology of religion (6ª ed.), 18, n. 4.

361 Sobre lo cual, HARTMANN, *Problem d. geist. Seins*, 393: supra § 2-*c* (p. II) y § 4.

362 NIETZSCHE, *Morgenröthe*, 449.

convicción con la fuerza moral de la autoridad[363]. De aquí también la exigencia de una conversión interpretativa (*Umdeutung*) con transposición en la actualidad[364]. La autoridad, la eficacia vinculante, está ínsita en el mismo texto interpretado en cuanto enuncia preceptos, máximas, dogmas, enseñanzas, en el presupuesto que el destinatario lo reconozca como tales[365].

Si a continuación el intérprete se atribuye también una vestimenta que lo legitime a identificarse (institucionalmente) con el autor originario del texto[366], la interpretación misma —que en este caso se califica de auténtica— asume carácter autoritativo y explica por decirlo así, además de la destinación y función normativa, una eficacia vinculante a la segunda potencia[367].

La destinación o función normativa, o sea directiva de la conducta, propia de la interpretación jurídica y de la teológica postula también en el intérprete una actitud metateórica más intensamente valorativa hacia el objeto a interpretar: el interés del jurista, como el del teólogo, no puede prescindir de una experiencia personal y de una

---

363　WACH, *Verstehen*, II, 20. KANTOROWICZ (Gnaeus Flavius), *Der Kampf um die Rechtswiss.* (1906), 35 ss., cree divisar un paralelismo entre la "teología liberal" y el movimiento jurídico por la reforma manifestados en Alemania en torno al inicio del siglo [XX] (HECK, *Gesetzesausleg.*, 308; cfr. WIEACKER, *Priv. Rgesch. d. Neuz.*, 344).

364　Cfr. GRUNDMANN, *Studien über Joachim von Floris*, 1927, en el vol. 32 de los "Beiträge zur Kulturgesch. Des Mittelalters", hgg. v. Goetz, 23 s., 30-33: ein Hineindeuten u. Herausdeuten. Sobre este fenómeno v. además KOSCHAKER, *Europa u. das römische Recht*, 1947, 48 (*Umstellung auf die Gegenwart*); Bernheim, *Histor. Methode*, 6ª ed., 498 s., 501 (*Aneignung, Assimilierung und Umwandlung von unverstandener Ueberlieferung*); HOETINK, *Histor. Rechtsbeschouwing*, 1949, 12; 17-19.

365　De aquí la dogmática: WIEACKER, *Privatrechtsgeschichte der Neuzeit*, 33; ROTHACKER, D. *dogmatische Denkform*, 252 ss., 263.

366　Cod. Just., 1, 17, 2, 21; 1, 14, 1, Cfr. GAUDEMET, *L'empereur interprète du droit*, en "Festschr. Rabel", II, 169 ss.

367　Vid. (§§ 58 y 68) de la *Teoria generale della interpretazione*. Vid. además nuestra *Interpretazzione delle legge*, cap. VII.

toma de posición valorativa[368], puesto que, en unión con la conciencia, está en juego también la directiva de la acción. La visión abstractamente subjetivista, que ve en el interés una pura participación intelectual del sujeto dirigida a conferir al objeto un valor *ad esso estraneo ab origine* [que no tiene desde su origen], se revela también en este campo viciado de unilateralidad: más que en otra parte, aquí el interés aparece como una actitud dirigida a reencontrar y reconocer en el objeto un valor que nos ilumina, pero que nos restaría desconocido si fuese mirado con otra actitud y bajo una perspectiva diferente[369]. Que esta actitud adecuada del intérprete sea radicada en una disposición espiritual de congenialidad que se remonta a una afinidad selectiva, pero en todo caso cultivada con la educación y con la experiencia, hay que admitirla, sin duda[370]. No hay que olvidar que la tarea hermenéutica no debe prejuzgar aquello, bien distinto, de la crítica valorativa del significado afirmado –crítica político-legislativa o respectivamente escatológica–, y que esta crítica puede solamente influir, modificándola, sobre la dirección de su puesta en práctica. Cuando esto acontece, la valoración de los intereses o de la finalidad en juego conduce a una interpretación integradora o correctiva en orden a la dirección del actuar apreciada a la medida del derecho o de la moral[371].

II. *Nexo dialéctico entre lenguaje y pensamiento, entre expresión y autor: exigencia de tenerlo presente también en la interpretación en función normativa*

A) Este nexo se ha discutido en la hermenéutica teológica, tanto *a)* al tratar la relación entre el autor del discurso referido por otros y el

---

368 WACH, *Verstehen*, II, 74-76; JASPERS, en "Kerygma u. Mythos", III, 29, 31, 40.

369 Para la posición del problema, WACH, *Verstehen*, II, 75, n. 1; para esta solución, HARTMANN, *Ethik*, 117 ss.

370 Cfr. sobre el tema, siguiendo a NIETZSCHE, SCHELER, *Wesen u. Formen d. Sympathie*, 1923; *Formalismus in der Ethik* (2ª ed.), 260 ss.; 306 ss.

371 Cfr. HECK, *Gesetzesauslegung u. Interessenjurisprudenz*, 1914, 59 s. De otra opinión, KÖNIG, *Hermeneutik des alten Testaments* (1916), 129 ss.

relator-redactor del texto o entre el autor del discurso y la interpretación auténtica hecha por el mismo en modo intencional o también inconsciente[372]; como *b)* en la crítica de los cánones interpretativos apriorísticos obtenidos del presupuesto no demostrado de una pretendida redacción perfecta del texto sagrado[373].

a)   En cuanto concierne a la primera relación, se propone con ello una cuestión de atendibilidad tanto de la relación de otro como del esclarecimiento propio. La atendibilidad de la interpretación auténtica, que aquí no es normativa ni siempre intencional, depende del grado de coherencia que se puede reconocer al autor en sus variadas manifestaciones[374], también en el modo de sentir y de actuar. Relevante para la interpretación es igualmente la finalidad: donde el problema es de ver qué cosa quiere el autor: por ejemplo, demostrar (reforzar) o refutar una tesis, exaltar o debilitar (criticar), promover o bien obstaculizar[375]. La concepción de la personalidad del autor, para utilizarla en forma interdependiente con todos y cada uno de los medios interpretativos, puede ser obtenida o de una comunicación directa con el mismo, que puede ser oral o escrita, o de una relación con otro, que puede ser, o al menos mínimamente, precedida de un conocimiento adquirido de otra fuente. En el caso de comunicación personal oral entran en juego los medios de la interpretación psicotípica: fisonomía, aspecto, gestos, actitud, tono de voz y modo de exposición, circunstancias, propósitos[376]. En el caso de manifestaciones escritas, influyen, modificando la impresión, el conocimiento (acerca del autor) que haya sido adquirido con

---

372 GERMAR, cit., en WACH, *Verstehen*, II, 216-219.

373 SCHLEIERMACHER, *Hermeneutik*, 131-142.

374 GERMAR, en WACH, *Verstehen*, II, 217: *Konsequenz*. Cfr. BERNHEIM, *Histor. Methode*, 481 ss.; en general URBAN, *Language and reality*, 169-73.

375 GERMAR, en WACH, ahí, 217. Cfr. supra § 1-*c*, nota 16-*d*.

376 GERMAR, en WACH, II, 218. Cfr. URBAN, *Language and reality*, 192-208.

anterioridad; cuando el autor sea desconocido, se recomienda tanto más un uso interdependiente de todos los medios interpretativos, no siendo suficiente el conocimiento de la lengua. De frente a una relación de otro, siendo bien raro el caso que ella se refiera *ipsa verba* [a la misma palabra] del autor, se debe sobre todo averiguar la opinión del relator-redactor, que tiene valor de "fuente"[377], y más allá de ella indagar el sentido tenido a la vista por el autor. En defecto de un conocimiento del autor, obtenido por otra vía, hay que sopesar la atendibilidad del relator en su calidad de intérprete: esta apreciación determina la valoración del texto por él redactado y contrasta sobre la opinión de él expuesta acerca del pensamiento del autor[378]. Entra más bien en la interpretación técnica, la "*Sachkunde*", entendida como el entenderse, conocimiento de las ideas, verdades y errores, que estén unidos por afinidad al modo de pensar del autor[379].

b)   En cuanto concierne a la crítica de los cánones apriorísticos obtenidos de la pretendida ausencia de cualquier imperfección en el texto sagrado, lo primero es que no se debe admitir nunca un uso impropio hasta que sea posible reconocer en él el uso propio (*kyriolexia*). Criticando esta conclusión, observa Schleiermacher[380] que la mudada relación entre el hombre y Dios, que caracteriza al cristianismo, dando vida a nuevas ideas, habría debido conducir a forjar un nuevo lenguaje y nuevas palabras adecuadas a aquellas ideas. Pero puesto que crear nuevas palabras no era posible, he aquí que hacía falta *utilizar* las palabras existentes y las expresiones ya en uso, volviendo a expresar por vía indirecta las nuevas ideas y así potenciarlas (un proceso, este, puesto a la

---

377 DROYSEN, *Historik*, 62.

378 GERMAR, en WACH, *Verstehen*, II, 219.

379 GERMAR, en WACH, ahí, 219-20.

380 SCHLEIERMACHER, *Hermeneutik*, 133. La crítica tiene un alcance general y vale también contra THIBAUT, *Theorie der logischen Auslegung*, 41 s., referido por LIVER, *Der Wille des Gesetzes* (Berner Reden, 1954), 10.

luz en otro campo de la *duplex interpretatio* y por Bonfante con el método histórico-morfológico)[381]. El apóstol tuvo que modificar los detalles y los caracteres de aquellas palabras y expresiones y así cambiarles la idea y el significado: así precisamente en la exposición de las verdades fundamentales, siendo patente la diferencia de la orientación dogmática en el Antiguo Testamento y en el nuevo, se introducía un uso impropio, fácilmente detectable por un lector hebreo. Por ejemplo, en lo que se refería a la relación política y teocrática en la vieja concepción hebraica, por aquella parte que venía acogida en el nuevo texto debía ser esencialmente modificada. Además, no hay que olvidar que el texto evangélico no tiene por base la doctrina originaria, sino la tradición oral de la misma: si la redacción escrita es aclaración y desarrollo, o bien *epitome* [compendio] y resumen de verdades ya conocidas, la propiedad de la expresión no nos domina aquí como en la comunicación originaria. En todo caso, como cada texto escrito, cada expresión se debe interpretar según el nexo o contexto en que se encuentra.

El otro canon se refiere al grado de intensidad de las expresiones y que lleva a atribuirles a ellas un valor pleno y lleno y a excluir sobreabundancias. Sin embargo ello olvida que las palabras tienen, además de un valor lógico, un valor musical en orden al ritmo y a la eufonía, y que cada discurso tiene, en medida más o menos extendida, carácter

---

381 N. Dir. rom., XXI, n. 27; cfr. Nietzsche, *Wanderer u. s. Schatten*, 77; visión contraria en Goethe, *Wahrheit u. Dichtung*, XII: W. 1184 s.; Dilthey, *Aufbau d. gesch. Welt*, in "Ges. Schr.", VII, 99: Bernheim, *Methode*, 6ª ed., 578, 609; Fowler, City-state of Gr. a. Rom., 36 s.; Weber, *Wirtschaft u. Gesell.* 396; Nietzsche: "der Cultus wird wie ein fester Wort-Text immer neu ausgedeutet; die Begriffe und Empfindungen sind das Flüssige, die Sitten das Harte". Sobre *"duplex interpretation"*, v. Biondi, *Dir. rom. cristiano*, III, 519-36.

elíptico[382]. La identidad entre lenguaje y pensamiento[383] deja libre un margen de apreciación, en cuanto que para expresar el mismo pensamiento es posible usar un material lingüístico mayor o menor, dejando al lector la integración de lo que le falta[384]. Hay discursos caracterizados por un vigoroso proceder dialéctico de la argumentación y otros que tienen un carácter totalmente distinto. Ahora un mismo canon interpretativo no vale para los unos ni para los otros.

B) En la hermenéutica jurídica, se ha discutido el nexo entre lenguaje y pensamiento respecto a los textos legislativos especialmente por los seguidores de la teoría normativista, para los cuales en esos textos se agota todo el derecho (*quod non est in lege, nec in iure*). Aquí es necesario comenzar por distinguir de ese "positivismo jurídico" la exigencia de neutralidad hermenéutica, que veta al intérprete, juez o jurista teórico, a remontarse a instancias metajurídicas, éticas, religiosas, sociales o económicas, de acuerdo a sus preferencias personales, y le impone atenerse a las valoraciones normativas que determina la disciplina positiva de las relaciones y son inmanentes al orden jurídico del cual se trata[385]. En verdad, la exigencia de neutralidad no significa aquí que se le pida al intérprete una ciega resignación o una suerte de ceguera moral, sino que ella es afirmada en cuanto se presupone que precisamente en los órganos de la interpretación, puesto que son los exponentes de la conciencia social, se aviva y activa la conciencia de la tradición

---

382 Urban, *Language and reality*, 125, 201, 234, 242.

383 Humboldt, *Werke*, VII, 94 (Synthesis), 99: Identität der Gedanken- und Sprache-erzeugenden Kraft; 55: Zusammenhang des Denkens mit der Sprache; y la amplia dilucidación, ahí, VII, 169-180, y también VI, 155.

384 Humboldt, *Werke*, VII, 177; 180.

385 Wieacker, *Privatrechtsgesch. der Neuzeit*, 1952, 260; nuestra opinión en "Nuova riv. dir. comm.", VI, 1953, 51. Cfr. para una análoga exigencia, Hegel, *Phänom. d. Geistes* (Lasson), 8: 'nicht erbaulich sein'; Carnelutti, en "Riv. trim. dir. pubbl.", 1951, 287-99.

y, con ella, la sensibilidad de sus bases morales[386]. La teoría normativa del positivismo jurídico, por el contrario, reivindica para sí el mérito de haber excluido del todo del campo de la investigación del jurista la instancia de la ética del derecho y de la política legislativa, que sería de exclusiva competencia de la sociología y de la doctrina del derecho natural, y de haber así limitado el objeto de la jurisprudencia a las solas *regulae iuris* y a la disciplina (norma) con ella dictada[387]. De acuerdo a tal teoría, las reglas de competencia del jurista son proposiciones que en razón del vigor ideal, no real, del deber ser por ellas dictado, pueden llamarse "normativas". A diferencia del investigador de una ciencia empírica, el jurista no observa fenómenos, ni verifica a través de la experiencia la, buena o mala, prueba de aquellas que son puramente reglas de comportamiento futuro, no ya representaciones de un evento acaecido: él se siente satisfecho de divisar la "verdad" en la presupuesta conformidad con ciertos principios éticos acogidos como criterios de valoración en una sociedad históricamente determinada. Por lo tanto la ciencia del derecho tendría por objeto –en cuanto análisis del lenguaje, como en cada ciencia– no ya la forma de cada posible discurso, sino más bien el contenido normativo de un determinado discurso: el de la ley. Libre de una tarea de observación de la experiencia o de deducción lógica, la jurisprudencia se agotaría en una tarea *crítica*, consistente en la construcción de un lenguaje riguroso, mediante el cual (y con ello únicamente) el estudio del derecho alcanzaría el valor de ciencia[388].

---

386 Con referencia a Wieacker, op. cit., 327, nuestra opinión en "Nuova riv.", VI, 51. Cfr. respecto de la jurisprudencia romana, Wieacker, *Vom röm. Recht*, 26-29; 78-80, 2ª ed. (1961), 303; Esser, *Die Interpretation des Rechts*, en "Studium generale", 7, 1954, 376.

387 Se alude máximamente a la "teoría pura" de Kelsen.

388 Así, bajo la influencia del neopositivismo lógico, Bobbio, *Scienza del diritto e analisi del linguaggio*, en "Riv. trim. dir. e proc. civ.", IV, 1950, 342-367, especialmente 352-55, con referencia a una nota del mismo título de Scarpelli, en "Riv. dir. comm.", 1948, 212-16, y a un ensayo de Glanville Williams, *Language and the law*, en "The law quarterly review", 1945-46, 71-86; 179-195; 293-303; 384-406. Pero la exigencia se encuentra advertida desde antes: por ejemplo, por Fritz Mauthener, *Beiträge zu einer Kritik*

Reducida a sus elementos esenciales, la ciencia del derecho no sería otra cosa sino un análisis de este particular lenguaje que es el lenguaje legislativo. En relación a esto ella se comportaría como toda ciencia respecto al "discurso" que tiene por objeto (por ejemplo, la matemática, en cuanto al discurso matemático): ella asumiría la transformación del discurso legislativo en un lenguaje de rigor. Aquella que tradicionalmente se designa como "interpretación de la ley", no sería otra cosa sino que un análisis del lenguaje legislativo, dirigido a hacerlo más riguroso. Si bien el lenguaje legislativo moderno ya de por sí tiene un carácter técnico que lo diferencia del común[389], incumbiría a la ciencia del derecho conferirle mayor rigor. Todo análisis del jurista se iniciaría con la determinación del significado de la palabra usada en cada proposición o en el grupo de proposiciones legislativas y, fijando las reglas del *usus loquendi* legislativo, se orientaría a construir el concepto dogmático que está en la base. Lejos de ser una copia de una realidad presupuesta o de extraer su propia validez (verdad) de una pretendida adecuación a ella, el concepto así construido no sería apreciable sino en razón de su utilizabilidad; y esta dependería solamente del grado de rigor con que el jurista ha logrado establecer la regla de

------

der Sprache (1ª ed. antecedente a 1906: año en el que aparece la 2ª ed.). Cfr. URBAN, *Language and reality*, 268 ss.; 326-29. Últimamente HORN ha llegado a un nuevo planteamiento del problema en su escrito "Rechtssprache und Kommunikation: Grundlegung einer semantischen Kommunikationstheorie" (Berlín 1966). Él divide en dos partes el proceso de la comunicación lingüística (distribución de los roles): el legislador formula la ley, el juez se apropia de su contenido en calidad de *partner* de la comunicación en la comunicación lingüística. Ya que las palabras en sí no poseen un significado unívoco y las frases no tienen un sentido fijado, el entender no podría entonces consistir en un proceso puramente pasivo como "recepción del significado", si bien en una prestación activa de parte del receptor que, luego, "en una cierta medida crea derecho él mismo". Si se considera el juicio como producto de la técnica de la comunicación, también otros factores no adecuadamente recognoscibles de la opinión común son relevantes para la aplicación del derecho (17, 21, 63, 157-162).

389 A propósito, FORSTHOFF, *Recht u. Sprache: Prolegomena zu einer richterl. Hermeneutik*, en "Schriften d. Königsberger gel. Gesellsch.", 17 (1940), 12; nuestra opinión en "Studi Arangio-Ruiz", IV, 82 s. (ahí otros escritos).

su uso. A esta "fase de purificación seguiría luego una "fase de completitud", y finalmente una fase de reducción al coherente sistema[390].

Ahora, sin embargo, el vicio radical de esta teoría normativa que reduce la interpretación jurídica a un análisis del lenguaje legislativo, está en olvidar que las normas no son puros enunciados de juicios tendentes a comunicar un saber acerca de la síntesis de un sujeto y de un predicado, sino que son instrumentos para un fin de convivencia social[391]. Incumbe, por lo tanto, al jurista intérprete identificar los tipos de intereses que han formado el objeto de la disciplina legislativa; y puesto que dichos intereses se colocan en la vida de una sociedad y constituyen en gran parte "materia asignada", sujeta a sus propias leyes, que operan antes todavía de la disciplina jurídica, aparece claro que él no puede limitarse a una interpretación filológica del discurso legislativo. Se ha de rendir cuenta así de los problemas de convivencia propuestos del juego y del conflicto de aquellos intereses como de los criterios de valoración según los cuales ellos han sido resueltos, el jurista debe proceder a una interpretación histórica y técnica que tenga en cuenta tanto a la materia disciplinada como a los criterios de la disciplina destinataria. No basta, por lo tanto, analizar la lógica de la lengua usada en la ley: se debe además indagar, en dirección histórica y técnica, tanto la lógica de relaciones sociales que han sido disciplinadas, como la lógica de su tratamiento jurídico[392].

---

390 Así, BOBBIO, 1. cit., 354-56. Esta estrecha opinión neopositivista de los objetivos de la interpretación de la ley ha sido por nosotros refutada en el "VII congreso di Filosofia del diritto" (Roma, 1-2 nov. 1965).

391 Nuestra *Interpretazzione delle legge*, 168. (= 2ª ed., 1971, 267). A propósito, HORN, *Rechtssprache u. Kommunikation*, 67 ss.

392 Nuestra *"Interpr. d. legge"*, § 49: 173 s. (= 2ª ed., 1971, 272 ss.). Cfr. HECK, *Gesetzesauslegung und Interessenjurisprudenz*, 60, 260 s. El sentido de la exigencia hermenéutica, aquí por nosotros afirmada, de un proceso inescindible articulado en tres momentos, parece ser inadvertido por aquellos que, como ALLORIO, en "Giur. it.", 1950, parte IV, 49, nota 5, han creído divisar un ecléctico alineamiento de criterios dispares; para no hablar de los que han combatido por evidente partido tomado detrás de resentimientos, como SACCO, en "Riv. trim. di dir. e proc. civ.", 1950, 748 ss., 756 s.

Una ciencia del derecho que se limitase al análisis lógico del lenguaje legislativo sometiendo a crítica las expresiones y las formulaciones imprecisas que ahí se encuentran, para sustituir a un discurso inapropiado un discurso fundado sobre fórmulas y definiciones rigurosas de los conceptos en discusión, sería una inconcluyente *"Begriffsjurisprudenz"*, la cual fracasaría en su fundamental tarea hermenéutica propia porque, bajo la influencia de una prevención doctrinaria, ignoraría los problemas de convivencia afrontados por la ley y los criterios de valoración que gobiernan la solución[393].

III. Antinomia entre vínculo de subordinación y exigencia de iniciativa. Heterogénesis de significados en orientación dogmática: diferenciarse de un significado más conforme a la orientación valorativa en la actualidad del hacer

Es un fenómeno común a la interpretación jurídica (y a la teológica) que, entre más interpretaciones posibles de un texto de ley o de un texto sagrado, se prefiere aquella que responde mejor a las exigencias éticas, educativas, sociales de la comunidad para la cual esta debe tener vigor. Es también un fenómeno común que un significado acertado en origen con una interpretación meramente cognoscitiva (filológica, histórica, técnica) venga de un proceso de tiempo exento de toda crítica o discusión de la autoridad reconocida, o también por la fuerza de la costumbre.

Por tal razón las palabras textuales se hacen susceptibles de una *duplex interpretatio* y adquieren un significado doble según si se coloca del punto de vista histórico o bien del dogmático, normativo para la actualidad del hacer. La investigación histórica queda libre de acertar, con interpretación filológica, histórica, técnica, el significado original del texto. Pero al lado de ella la aplicación práctica del texto en función ética, educativa, social adopta un significado diferente que mejor

---

393 Ello aparecerá mejor más adelante, en §§ 54, 55 e 62. Cfr. GIORDANO, en "Riv. dir. comm.", 1950, 414 ss. SCARPELLI se referido sobre el tema en "Jus", 1953.

responde a la actualidad del hacer[394]. Puede parecer a primera vista que el significado originario de acertar con la investigación histórica –el así llamado sentido subjetivo– no pueda ser más que uno solo, y que por el contrario sea sujeto a variar el significado dogmático normativo –el así llamado sentido objetivo–, en función de la dirección axiológica del espíritu actual, diverso según las diversas épocas históricas y las concepciones de la vida y los juicios de valor que en ella predominan[395]. Y esta presunción genérica se verifica a menudo exacta en el campo de la interpretación de la ley, donde el criterio histórico-subjetivo, considerado también invariable, puede ser contrapuesto al criterio histórico-evolutivo (objetivo), considerado viceversa variable con el variar de las exigencias de la sociedad en la cual la ley tiene vigor.

También en el campo de la interpretación teológica se hace valer, en forma consciente, el criterio de adaptación, para el cual el pensamiento del texto sagrado, en orden a su función educativa, debe ser adaptado al modo de pensar y de percibir del público que está llamado a asimilarlo[396]; pero, aunque inconscientemente, también opera la

---

394 HECK, *Gesetzesauslegung u. Interessenjurisprudenz*, 1914, 39; cfr. WACH, *Verstehen*, II, 59-61; HEGEL, *Logik*, II, 176; III, 219, *Phil. d. Gesch.* (Einleitg), habla de una "List der Vernunft". Para un ejemplo de heterogénesis, NIETZSCHE, *Menschliches*, II, 222, in fine. Sobre la heterogénesis de las tareas en WUNDT ved. PETERSEN, *Der Entwicklungsgedanke in der Phil. Wundts*, nei "Beiträge" ed. dal Lamprecht, IX, 1908, 15 ss. (HECK, 1. Cit.). Sobre la heterogénesis del significado, VENDRYES, *Le langage: introd. à l'histoire* (1950), 225-48; HELLPACH, *Individ. u. Sozialpsychol.*, 23; 60.

395 Así, en efecto, HECK, *Gesetzesauslegung*, 48-49. Cfr. WACH, *Sociology of religion* (6ª ed.), 36.

396 WACH, *Verstehen*, II, 110 (Akkomodationsprinzip), 117, n. 2; 144 s. Característica de la interpretación en función normativa –de preceptos jurídicos, de máximas éticas, de doctrinas religiosas– es, en verdad, la comprensión y asunción (*Aneignung*, en el lenguaje de WACH, *Verstehen*, II, 19) de la exigencia (*Anspruch*) que ella impone al intérprete: asunción en propiedad, que es condición indispensable de la adhesión (*Zustimmung*, igualmente en el lenguaje de WACH), a fines de la aplicación, de la observancia en la conducta de la vida (EBELING, *Wort Gottes und Hermeneutik*, en "Zschr. Theol. K.", 56, 1959, 249; nuestra "Hermeneutik", 48). A esta característica se remonta también la diferencia de orientación entre, por una parte, el investigador histórico y, por otra, el predicador (WACH, *Verstehen*, II, 20) o el juez.

exigencia de adaptar el significado dogmático al mutarse de la concepción de Dios[397] que puede tener lugar de manera inadvertida y como transgresión a cada sistematización dogmática[398]. Pero en la realidad se pueden encontrar también en relación inversa: vale decir, a una pluralidad de significados deducibles a través de la investigación histórica en que encuentra un significado dogmático-normativo único y constante. La investigación histórica se propone la cuestión de la condicionalidad del texto legal o sagrado según la circunstancia de lugar y de tiempo y el criterio de interpretación filológica, psicológica y técnica de cuanto viene en ello enunciado; y según la mayor o menor acentuación de uno u otro punto de vista, puede alcanzar a configurar significados cada vez diferentes, sin que el espíritu actual, en su incesante devenir, esté vinculado en modo definitivo a alguno de ellos. De frente a esta variedad de resultados opinables, viceversa, la autoridad del Estado o la de la Iglesia puede sentirse obligada a fijar de modo vinculante y definitivo (ley interpretativa, dogma o tradición) tanto la interpretación misma, como el modo de la interpretación[399]. Con ello no suplanta la investigación histórica, sino que remueve el resultado en la dirección que mejor responde a las exigencias éticas, educativas, sociales de la comunidad, como ella la aprecia y la entiende[400]. Aquí tiene su génesis la

---

Común a la jurisprudencia [como ciencia y como actividad práctica] y a la teología es el hecho de tener por objeto la interpretación de textos vinculantes (WACH, *Verstehen*, II, 30), a conducir en coherente dependencia a un sistema dado y preventivamente aceptado (WACH, *Verst.*, II, 9; WEBER, en "Schmollers Jahrb.", 29, 1905, 1373; *Aufs. z. Wiss. lehre*, 93; ROTHACKER, *Die dogmatische Denkform*, 263).

397 Por ejemplo, SCHLEIERMACHER, *Hermeneutik*, 133; NIETZSCHE, *Wanderer*, 77; *Menschl.*, II, 222 *in fine*. Cfr. LAZARUS, en "Zeitschr. f. "Volkerpsychol", II, 1862, 154-76.

398 Cfr. KERN, *Natur- und Gewissensgott: typologische Querschnitte durch die Entwicklung der Weltanschauungen*, en "Kultur- u. Universalgesch." (Festschr. Goetz), 1927, 403-431; WILAMOWITZ-MOELLENDORF, *Der Glaube der Hellenen*, I, 1931, 17-25; OTTO, *Dionysos: Mythos und Kultus*, 1933, 28 s.

399 Cfr. nuestra *Interpretazzione delle legge*, cap. VII-VIII.

400 WACH, *Verstehen*, II, 60-61; además, *Sociology of religion*, 169.

figura de la interpretación auténtica[401], en el campo del derecho; y, análogicamente, aquí también tiene su génesis la orientación normativa-dogmática que al texto sagrado le atribuye un carácter extratemporal, tal que trasciende la ocasión y la situación de hecho[402], y que en alguna religión, como la mahometana [musulmana], aparece especialmente exagerado (por la apariencia, que en ella se cultiva, de que el Corán está sustraído de cada procedimiento interpretativo). Desde el punto de vista dogmático-normativo no se trata más que establecer, como hecho histórico, un sentido históricamente condicionado: aquel que de hecho haya tenido el autor del pensamiento expresado en el texto[403], así como él podía y debía ser entendido por los destinatarios originales de las declaraciones conexas a ese texto[404]. Se parte, al contrario, del presupuesto que el texto está escrito para nosotros, es decir para quienes, en la actualidad del espíritu y de la acción, están llamados a entenderlo y a hacerlo entender[405]; y se saca la conclusión que, en la comunidad del Estado o de la Iglesia, corresponde a la autoridad con la competencia del mando, también la competencia de fijar con carácter de autenticidad –por la reconocida propiedad suya de identificarse con el autor originario– entre las posibles interpretaciones que deben ser seguidas[406]. La identidad de fuente, que imprime carácter de autenticidad a la interpretación y da razón de su eficacia vinculante según el criterio *"eius est interpretario legem, cuius est condere"*, no es una identidad personal, y por lo tanto de índole meramente psicológica e histórica

---

401 Claramente advertida por HOBBES, *Leviathan*, cap. 26, con la exigencia de reservar al soberano la exclusiva competencia de la interpretación (SCHMITT, *Ueber die drei Arten des rechtswiss. Denkens*, 27, n. 2; 34).

402 WACH, *Verstehen*, II, 59, habla, en este sentido, de una *"übergelegenheitliche Bedeutung"*.

403 KEIL, citado en WACH, *Verstehen*, II, 105.

404 BRETSCHNEIDER, citado en WACH, *Verstehen*, II, 116.

405 Así, OLSHAUSEN, citado en WACH, *Verst.*, II, 183.

406 CAMMEO, *L'interpretazione autentica*, en "Giur. it.", 1907, IV, 310, n. 12; DEGNI, *L'interpretazione della legge*, 2ª ed., 1909, n. 39-40: p. 90, 92; nuestra "Interpretaz. d. legge e degli atti giur.", § 25-26; GAUDEMET, en "Festschr. Rabel", II, 170 ss.; WACH, *Sociology of religion* (6ª ed.), 169.

(como se entiende en los regímenes absolutistas), sino una identidad institucional objetiva. Ella tiene por presupuesto el carácter objetivo del sentido que la interpretación en función normativa está destinada a poner en evidencia, escogiéndolo y fijándolo entre aquellos acertados con interpretación cognitiva y reproductiva (para hacer entender): en esto consiste la realzada heterogénesis del significado.

§ 8. La interpretación en la vida del derecho

I. Función normativa de la interpretación de un derecho en vigor. II. Interpretación y aplicación. III. Interpretación y calificación jurídica. IV. Interpretación y construcción dogmática.

I. Función normativa de la interpretación de un derecho en vigor

La interpretación que interesa al derecho es una actividad dirigida a reconocer y a reconstruir el significado que se debe atribuir, en la órbita de un orden jurídico, a formas representativas, que son fuentes de valoraciones jurídicas, o que constituyen el objeto de estas valoraciones. Fuentes de valoración jurídica son normas jurídicas y preceptos que están subordinados a ellas, puestos en vigor en virtud de una específica competencia normativa. Objeto de valoraciones jurídicas pueden ser declaraciones o comportamientos, que se desenvuelven en el círculo social disciplinado por el derecho, en cuanto tengan relevancia jurídica según las normas y los preceptos en vigor: en especial, aquellas declaraciones y aquellos comportamientos, que tengan a su vez contenido y carácter preceptivo, como destinados a determinar una ulterior línea de conducta.

La interpretación jurídica, así entendida, no es más que una especie, tal vez la más importante, del género denominado "interpretación en función normativa o directiva de la conducta". Ahora bien, el problema que caracteriza este tipo de interpretación, es el problema del entender para obrar o, más bien, para decidir, es decir para tomar posición respecto a preceptos a observar, o en orden a dogmas, valoraciones morales, o situaciones psicológicas que hay que tener en cuenta. Al respecto, hay que subrayar que no solamente se trata de representar, como actividad teórica, dirigida a provocar una experiencia contemplativa (intelectual o estética), sino que también de obrar, como actividad práctica dirigida a decidir y a tomar posición en una situación dada, lo que puede ser vinculado y dirigido de una directiva preestablecida.

Si en el representar se trata de reproducir desde adentro un pensamiento discursivo o intuitivo, al cual el intérprete está vinculado como a un original, paradigma o modelo, en la acción o decisión se trata de sacar el criterio de la decisión o la máxima de la acción de un principio directivo al cual el actuar o decidir debe conformarse de acuerdo a un orden jurídico, o moral, o social. Mientras tanto este orden tiene vigor y eficiencia, en cuanto integrado y desarrollado a deber, de acuerdo a la máxima de la decisión y de la acción, determina el actuar a través de la máxima. Pero la máxima (cuando no se haya encontrado por intuición adivinatoria) hay que extraerla mediante un proceso interpretativo que aquí tiene carácter no ya de reconocimiento intransitivo o de sustitución, sino de concurrente complementariedad. Hay que extraer tanto de normas y preceptos ya puestos en vigor en vista de una posible acción, tanto de dogmas de fe (en el ámbito de una religión), de evaluaciones morales, de situaciones psicológicas que, también, sin ser constituidas en vista de una acción posible, deben sin embargo y necesariamente informarla, y por tanto hay que tenerlas en cuenta en la conducta. De aquí un círculo de reciprocidad y continua correlación que se mueve entre el vigor del orden, jurídico, moral, etc., de donde se deriva la máxima de la acción, y el proceso interpretativo que le da un sentido integral y complementario[407].

Aquí interpretar no es solamente volver a reconocer una objetivación del pensamiento encerrada en sí misma, sino volver a conocerlo para integrarlo y realizarlo en la vida de relación. La interpretación aquí no tiene una función meramente cognitiva del pensamiento (de un pensamiento encerrado en sí mismo en su histórica peculiaridad), sino la función de desarrollar directivas para la acción práctica o para

---

407 Lo que es bien intuido por SCHREIER, *Interpretation der Gesetze u. Rechtsgeschäfte*, 1927, 6: *immer bedingt Auslegung Geltung und Geltung wieder Auslegungwechselseitige Bezogenheit (Korrelation) — wecheselseitige Durchdringung von Recht (Geltung) und Auslegung* (ahí, n. 3). Cfr. BOBBIO, *L'analogia nella logica del diritto*, en "Memorie istit. giur. Torino", II s., 36, 1938, 136 s., sobre cuya visión es posible, aún, hacer alguna reserva (v. nota infra); PIOVANI, *Signif. d. princ. di effettività*, 73.

una opción[408]; y así resuelve la tarea de mantener siempre en vida mediante el entender las exigencias de un orden del actuar y, principalmente, resuelve la tarea de conservar en perenne eficiencia en la vida de una sociedad normas, preceptos y evaluaciones normativas que están destinadas a regularla o a servirle de orientación[409].

En esta función genéricamente normativa directiva de la conducta a la cual está destinada, es decir en el oficio de entregar la máxima de la decisión y de la acción, la actividad interpretativa presupone y contiene en sí tanto el momento meramente cognitivo, cuanto un momento reproductivo o representativo. En verdad el intérprete necesita así también reconstruir sobre todo la idea originaria de la fórmula legislativa o el sentido inicial del acto jurídico, a pesar de no haber con esto terminado completamente su tarea.

Incluso en la interpretación auténtica, donde el intérprete se identifica con el autor jurídico de la enunciación a interpretar, él debe también reflexionar sobre aquello que ha dicho o que vale como por él dicho, si bien en la apreciación interpretativa tiene una libertad que no corresponde al intérprete normal. Además, el intérprete debe —como debió hacerlo quien generó la norma o el pronunciamiento de carácter preceptivo— representarse en las reacciones y repercusiones prácticas,

---

408 Opciones entre varias posibilidades siempre abiertas a quienes están llamados a actuar (HARTMANN, *Ethik*, 349 s., 683 s.; *Problem d. geist. Seins*, 142 s.). Diferente de esta es la toma de posición interior, la que es puramente valorativa, de la cual habrá ocasión de hacer alusión (HARTMANN, *Ethik*, 259; *Problem*, 144 s.): § 15-*a*.

409 Esta función, en su diferencia específica, es bien intuida por BOBBIO, *Analogia* cit., 136 s., cuando, después de haber diferenciado la interpretación de la legislación, destaca que ella "al entender una fórmula verbal realiza la continuidad del espíritu, en cuanto al contacto con la fórmula revela el acto espiritual que en ella está dormido y lo introduce en otra voluntad renovado en la vida del espíritu"; y acentúa la tarea de la "nueva actuación del espíritu a través de la inteligencia de aquella fórmula". Lo que, sin embargo, no significa que se renueve el acto normativo (n. 12). Cfr. nuestra "Interpretazione d. legge", cap. V.

y en este sentido dramatizar (*"realize"* se diría en inglés)[410], el fin de la interpretación que está por proponer o sostener. En suma, a diferencia del intérprete que tiene a la vista un fin puramente cognitivo, el intérprete aquí tiene a la vista a través del resultado intelectivo un fin práctico, esto es, directivo de la conducta, que conduce a tomar posición en determinadas situaciones hipotetizadas con anticipación[411]. De aquí deriva una diferencia esencial en los respectivos métodos: mientras la interpretación de expresiones puras, en especial obras de arte y de pensamiento, miran a reconstruir su valor estético o lógico, la intuición o el pensamiento sacado de su expresión artística o teorética, y así también la interpretación histórica de documentos o de comportamiento de interés histórico, mira a evocar el sentido encerrado en sí mismo en su originaria autonomía y coherencia, la interpretación que interesa al derecho no puede terminar en un reconocimiento teórico sino que debe ir más allá, tanto para hacer el precepto asimilable en la vida, cuanto para someter el hecho a un diagnóstico jurídico.

En presencia de actos disciplinados por el derecho, ella debe estar dirigida a extraer del tipo de la declaración emitida o del comportamiento tenido, el sentido que lo une al ambiente social, y así a integrar

---

410 Cfr. HEGEL, *Logik*, III, 225: *der Ausführung des Zwecks schon vorher bedarf, ehe sie durch ein Mittel zu stande kommen könnte*; ZITELMANN, *Die Kunst d. Gesetzgebung*, 250; HARTMANN, *Teleolog. Denken*, 66-69. LIVER, *Begriff d. Rechtsquelle*, 1959, 9; DE NOVA, en "Studia Ghisleriana", I, 1947, 133; 138. Sobre esta dramatización (realización) se funda también el *"legem probare"* postulado por LEIBNIZ (*Hermeneut. Manifest*, nota 78). No del todo exacto, CALOGERO, *Estetica, semantica, istorica*, 1947, 212 s.; Análogo es el *"casum figurare"* en el famoso dístico de los glosadores (WIEACKER, *Privatrechtsgesch. d. Neuzeit*, 1952, 36). De modo similar en la interpretación teológica se habla (WACH, *Verstehen*, II, 19 s.) de una '*Aneignung*', en la cual se concreta el haber entendido la exigencia inmanente en el texto (*Erfassung des immanenten Anspruchs*): supra, § 53.

411 Bien advierte HECK, *Gesetzesauslegung u. Interessenjurisprudenz*, 1914, 57, que la meta final de la interpretación del precepto jurídico no es la reproducción de una voluntad que interesa bajo la perspectiva psicológica, sino la indagación de los intereses en juego y su comparación y configuración. Cfr. GROPPALI, *Filos. d. dir.*, 1924, 128 s.; BRUNETTI, en "Scritti giur. vari", IV, 158: "el jurista no puede quedar preso de la duda, porque el derecho tiene necesidad de acción".

en su contenido los hechos específicos del acto jurídico confrontándolo con el supuesto de hecho legal[412].

Particular importancia práctica asume ella luego en presencia de enunciados (conductas) de carácter preceptivo, sean éstos normas de ley o de reglamento, o de costumbre, sea el precepto de una sentencia, de un acto administrativo, o de un tratado internacional, o sea en fin un precepto de la autonomía privada, negocio o estatuto de una sociedad. Dado que entonces la enunciación preceptiva está destinada a determinar el modo de comportarse en el futuro y, como acto con evento psíquico exterior al autor del precepto (también cuando esto sea producto de autonomía), se orienta y hace un llamado a la conciencia y a la voluntad de los destinatarios, surge la necesidad de aclarar el sentido en el cual el precepto debe ser entendido. Ahora también el lenguaje preceptivo tiene ese carácter elíptico que las modernas investigaciones sobre la fenomenología del lenguaje han encontrado en cada expresión lingüística[413]. Y, cuanto más generales y abstractos son los términos en los cuales el precepto está formulado, cuanto más remoto él está de la concreta situación de hecho para la cual debe valer, tanto más se advierte la exigencia que él venga reelaborado y renovado, adaptado y adecuado a la vida y a la naturaleza de las relaciones disciplinadas[414].

A satisfacer tal exigencia provee precisamente la interpretación: de manera principal la interpretación de la ley, debido a lo abstracto y generalizado de sus enunciados. Es verdad que alguna vez las codificaciones, con la intención de conservar inalterado el derecho con ellas establecido, como si eso constituyera una disciplina completa y exhaustiva, intentaron prohibir la interpretación por obra de los juristas, o delimitarla y reducirla a una actitud pasiva de interpretación literaria.

---

412 CARNELUTTI, *Teoria gener. dir.*, 2ª ed., 274.

413 URBAN, *Language and reality*, 125, 196 s., 201, 234, 242.

414 CAPOGRASSI, *Il problema della scienza del dir.*, 1937, 103 ss.; "Riv. int. fil. dir.", 21, 1941, 110. Tal adaptación y adecuación no se da en la interpretación reproductiva como tal: de la cual BOBBIO, *Analogia*, 137, no distingue bastante la interpretación jurídica.

Basta recordar las disposiciones restrictivas de Constantino (316: C.I., 14, I: *inter aequitatem iusque interpositam interpretationem nobis solis oportet et licet inspicere*) y aquella más conocida de Justiniano (const. *Deo auctore*, 12; tanta, 21)[415], similares disposiciones "del derecho territorial prusiano"[416] y de las codificaciones italianas de los siglos XVIII y XIX[417], o el artículo 65 de las "leyes fundamentales de 1832" de Rusia, que obligaba a los tribunales a una interpretación literaria[418]. Sin embargo es una ilusión creer que la disciplina codificada no presente lagunas y que sea derecho vivo y vigente todo lo que está escrito en el código; y es un grave error creer poder inmovilizar el derecho y paralizar la dinámica con la coacción al formalismo en la aplicación de la ley[419]. La verdad es que, para tener una exhaustiva actuación en el comportamiento a cuya disciplina está destinada, la ley tiene necesidad de una serie de operaciones –de adaptaciones y adecuaciones, de integración y de desarrollo complementario– las cuales, renovadas de continuo, hacen posible que la norma no reste letra muerta, sino que se mantenga viva y vigente en la órbita del orden jurídico al cual pertenece[420]: operaciones cuya ausencia importa, viceversa, la esterilización

---

415 BONFANTE, *Storia dir. rom.*, cap. 28, n. 7; JÖRS-KUNKEL, *Röm. Privatr.*, 1935, 50; PRINGSHEIM, *Justinian's prohibition of commentaries to the Digest*, en "Rev. int. dr. antiq.", 5, 1950, 383; GAUDEMET, en "Festschr. Rabel", II, 169.

416 KOSCHAKER, *Europa u. das röm.* Recht, 1947, 183, n. 4; FÖRSTER-ECCIUS, *Preuss. Privatrecht*, I, 71 s.

417 MARONGIU, *Legislatori e giudici di fronte all'autorità dei giuristi*, en "Studi Besta", III, 461 s.

418 TRIEPEL, *Vom Stil des Rechts: Beiträge zur einer Aesthetik des Rechts*, 1947, 107.

419 ARNOLD, *Cultur und Rechtsleben* (1865), 395, 389; KOSCHAKER, *Europa u. d. röm. Recht*, 184; TRIEPEL, *Stil d. Rechts*, 106 s.

420 Sobre el fundamento del fenómeno en general: BERNHEIM, *Histor. Methode*, 6ª ed., 17; 140 s., "Riv. int. fil. dir.", 1949, 23, n. 85. De acuerdo con SCHREIER, *Interpretation*, 6, BOBBIO, *Analogia*, 137, afirma que "la norma no interpretada es una norma que no ha tenido aún vigor": en lo que es posible convenir ("Hermeneustisches Manifest", n. 93). No subsiste, sin embargo, el paralelismo que él establece entre la esfera teorética y aquella práctica, entre interpretación representativa e interpretación normativa, cuando asevera que "la obra de arte pierde su belleza (como la norma su fuerza), puesto

de la norma y, en definitiva, la privación de la capacidad de ejecutarse y de hacerse valorar. Que luego, a merced de la interpretación, la norma en tanto se mantenga eficiente, se compenetre y se funde con el sistema completo del orden jurídico en el cual se inserta, como en una concatenación productiva y en una totalidad orgánica[421], es un aspecto que será examinado más adelante.

II. *Interpretación y aplicación*

Mientras tanto importa haber puesto a la luz la función normativa, a la cual la interpretación jurídica está destinada por la misma relación en la cual se encuentra con la aplicación de la norma, o en general del precepto jurídico, al caso concreto. La correlación se toma en su forma más elemental, observando la actitud de quien es llamado a realizar en su propia conducta a la norma o el precepto jurídico, en cuanto marca una línea de conducta a observar: persona, que podemos convenir en llamar el interesado o "destinatario" de la norma y del precepto, sin olvidar las reservas hechas en contra de esta denominación[422]. La norma actúa sobre la conducta a través de una operación intelectiva (interpretación) destinada a procurar la recta inteligencia y a determinar el aprecio del interesado: es decir actúa mediante una actividad destinada a hacerle saber, si él se encuentra o no se encuentra en la condición (hipótesis de hecho o supuesto de hecho) prevista por la norma misma[423].

---

que la belleza de una obra de arte y la fuerza de una norma viven en su continua actuación". Al decir esto, no se tiene presente que la norma postula un vigor continuativo y, perdido que sea su vigor, no revive sino por repercusión del ordenamiento (ROMANO, *Frammenti di dizion. giur.*, 124 s., 142): mientras la obra de arte no deja de tener una existencia histórica y una virtualidad de reviviscencia también en los períodos en que sea dejada en el olvido (HARTMANN, *Problem. d. geist. Seins*, 292 s.; 418-26).

421 SAVIGNY, *Jurist. Methodenlehre* (ed. Wesenberg, 1951), 25; ROMANO, *Frammenti di dizion. giur.*, 123-125; 142.

422 ROMANO, *Frammenti*, 143 s.; v. además nuestra "Interpretaz. Della legge", 141-42; adhiere KRELLER, en "Oesterr. Zschr. F. Öffentl. R.", 1950, 141.

423 CARNELUTTI, *Lezioni di dir. proc. civ.*, I (1920), n. 43: 161 s.: n. 45: 169 s. Fundamental es la problemática de la sociología jurídica de WEBER. *Wirtschaft und Gesellschaft*, 394 ss. Extraviado GORLA, *Interpretazione del diritto*,

Diversamente, en los sistemas jurídicos en los cuales la aplicación del derecho se realiza en base a decisiones precedentes (*precedents*)[424], nace, respecto a los imperativos de la ley abstracta, la exigencia de concretizarlas en máximas de decisión, empleadas para la aplicación, en conjunto con el supuesto de hecho tipificado en cuestión. Dado que aquí se trata de comunicación de informaciones, ello si es recientemente puesta la demanda y en la medida que se pueda usar el instrumental informativo de la cibernética para recoger rápidamente los datos[425].

Si está avanzada propiamente la exigencia de interpretación de decisiones ya firmes, que podría dar al abogado, cuanto más rápidamente posible, el cuadro de las máximas de decisión seguidas y también de aquellas verosímilmente a seguir. En apariencia pareciera que se trata solamente de una "codificación" clasificatoria de meras palabras clave o de realizar una recolección automática de típicas soluciones de problemas. Pero no es así. Considerando que las máximas a encontrar, lejos de desmenuzarse en cada palabra, forman proposiciones normativas que en ningún modo son entendidas escindidas del contexto significativo en que se encuentran con el supuesto de hecho incorporado, ahora se comprende sin demora que en este caso no podrían utilizarse procedimientos cibernéticos sin el riesgo de malentender la máxima

---

1941, 25 s., 60, 139 s.; en contrario, nuestra "Interpretazione della legge", 9 s., 15 ss. (= 2ª ed., 1971, 97 ss., 104 s.).

424 Rupert Cross, *Precedents in English law*, 1962. Al respecto David, *Les grands systèmes de droit contemporains (droit comparé*: Dalloz, 1964), 95 (§§ 71/72), 64 (§ 48), 102 (§ 75), 105 (§ 77); Betti, *Cours de droit civil comparé, II: système du code civil allemand* (Cairo, 1963: Giuffrè, 1965), ignorado en la crítica de Bentivoglio en "Annuario diritto internazionale", I, 1966, 34.

425 Wiener, *Introduzione alla cibernetica*, Utet, 1953, 134; Persico, *Elettronica, cibernetica e processo (dal verbale magnetico al massimario automatico)*, en "Riv. trim. dir. e proc. civ.", 19, 1965, 1723 s.; 1752-1759. Sobre la cibernética cfr. además: las contribuciones citadas, en § 8-*a*, de Tonini; Somenzi, *La filosofi d. atomi*, Utet, 1965, introducción; De Florentiis, *Le intelligenze artificiali: cibernetica e automazione*, Utet, 1964; Pierce, *La teoria dell'informazione*, Milano, 1963; Tarello, *Il realismo giuridico americano* (Milano 1962), 117 ss.; 221 ss.

en cuestión[426]. Entonces, la cibernética demuestra también en esta situación los límites infranqueables de su instrumental de información automática[427].

La operación intelectiva dirigida a verificar y controlar si concurren en el caso los presupuestos de hecho de la norma o del precepto, puede determinar, a través de la apreciación del interesado, la observancia de sus afirmaciones en su conducta. Pero puede también determinar una apreciación disconforme y un conflicto de apreciación entre dos o más interesados (*lite*), y en todo caso una inobservancia (objetiva inobservancia, por lo demás, puede tenerse independientemente de una previa apreciación, por ignorancia de la norma). Surge entonces la necesidad de superar la resistencia y de eliminar la inobservancia, sustituyendo a la apreciación de parte la apreciación vinculante (constatación) del "*quid iuris*" por obra de un tercero imparcial, como es el órgano de la jurisdicción: al cual está reservada precisamente la competencia de operar la individualización normativa del precepto jurídico. Así la observancia espontánea, como la afirmación vinculante y la realización forzada de la norma, configuran aquello que en el lenguaje corriente se llama la aplicación de la ley, su ejecución[428]. La cual por tanto tiene normalmente su indispensable premisa en la interpretación, puesto que la recta inteligencia garantiza también la recta aplicación de la norma al caso concreto.

A una función normativa, por tanto, la interpretación jurídica está destinada por la misma naturaleza de su objeto y de su problema,

---

426 Este límite del procedimiento cibernético respecto a la tarea de una recolección automática de máximas de decisión judiciales (*massimario* automático) coligada con el relativo supuesto de hecho típico han sido honestamente admitidos por PERSICO (op. cit., 1758-1760).

427 A propósito, ver las contribuciones sobre cibernética mencionados en § 8-a. Recientemente Ph. HERDER-DORNEICK, *Soziale Kybernetik*, en la serie 'Sozialtheorie & Sozialpolitik'.

428 Nuestro *Dir. proc. civ. it.* (1936), 12 s., 19 s. e "Interpretazione d. legge", cap. VI; SCHEUERLE, *Rechtsanwendung*, 1952, specialmente §§ 58-60: 210 ss.; SAX, *Das strafrechtliche Analogieverbot*, 1953, 47 ss. (recensión TONDO, en "Riv. it. sc. giur." 1954, 492 ss.).

que la pone en correlación con la aplicación de la misma norma entendida en dicho sentido. Pero aquí, para entender exactamente esta función, es necesario cuidarse de un doble equívoco en el cual es fácil caer. Un equívoco, antes que nada, es afirmar que "si el acto a interpretar es un acto normativo, se desplegará en nuestro espíritu, asumiendo aquel criterio, una actividad normativa": casi que tal "despliegue" sirva "para establecer actos normativos, es decir para establecer normas"[429]: al decir esto, por una especie de fusión afectiva heteropática[430]. Ni el jurista intérprete ni el mismo juez que decide deben jamás ni siquiera lejanamente pensar en "identificarse" con un mítico legislador (la famosa fórmula del código suizo tiene un sentido absolutamente distinto)[431]: ellos no tienen más que una tarea de reconocimiento y una posición de estrecha subordinación a la ley. Un identificarse en el sentido de revivir desde adentro la función normativa, se tiene tal vez solo en la celebración de un sacramento por obra de un ministro del culto, y del fiel ("*haec quotiescumque feceritis, in mei memoriam facietis*")[432]. Diferente dirección tiene la interpretación psicológica en que la encarnación de un personaje empuja al actor a revivir desde adentro el carácter. Pero, en cambio, la ejecución de la ley se da en un plano de legalidad, el cual no requiere para nada la actitud espiritual del identificarse con el autor de la norma a ejecutar. No se trata para nada de "reproducir

---

429 Así, GORLA, *Interpretaz. del dir.* (1941), 25 s., cfr. 60: el cual se siente constreñido a poner en guardia explícitamente contra el equívoco, que deriva de su inexacta definición del oficio del intérprete: 13 s., 135.

430 Para decirlo con SCHELER, *Wesen u. formen der sympathie*, 17; cfr. DE MARTINO, *Il mondo magico*, 1948, 93.

431 A propósito, nuestra "Interpretaz. della legge", § 48: 171 s. (2ª ed., 271). Concuerda, NAWIASKI, *Allgem. Rechtslehre*, 2ª ed., 1948, 144 s.; COUTURE, *Fundamentos del derecho procesal*, 1942, 171. No logra demostrar lo contrario MEIER-HAYOZ, *Der Richter als Gesetzgeber*, 1951, 23 ss. (para una respuesta, v. "Riv. dir. comm.", 1954, 495).

432 Al respecto, v. PAUL. *Epist. ad Corinth.*, I, 11, 24-25. Cfr. SNELL, *Aufbau der Sprache*, 1952, 20: donde, analizando la "*Nachahmungsbewegung*", divisa el significado en el hecho que si actúa imitando se transfigura (*verwandelt*) en otra persona; y aduce como ejemplo los actos del culto del sacerdote "*der ein höheres Wesen nachahmt*" (JOLLES, *Einfache Formen*, 36).

en sí mismo el acto normativo como criterio o principio para explicar la misma actividad normativa explicada por el legislador", ni de "asumirlo como contenido de un acto propio normativo"[433]: sobre la base de un semejante criterio no habría interpretación jurídica fuera de aquella autoritativa oficial y vinculante del órgano estatal competente para aplicar la ley[434]: el parecer, la consulta, la exégesis científica se alejaría del campo de la interpretación jurídica. Diciéndolo así, se confunde entre la finalidad normativa y directiva que la interpretación jurídica tiene, por la misma naturaleza de su objeto y de su problema, y la eficacia vinculante (normativa, en este otro sentido, y se podría decir, de segunda potencia), que le puede corresponder en virtud de la específica competencia normativa de la cual está investido quien, por su particular oficio de decisor, es llamado a emitirla. Ahora, no hay necesidad de advertir que las dos calificaciones deban ser claramente distinguidas, y que, cuando en el presente discurso se habla de función normativa de la interpretación jurídica, se alude únicamente a su destinación a dirigir la conducta, no ya a la eficacia jurídica que puede en concreto corresponderle.

No menos grave es el otro equívoco, en el cual se arriesga caer, cuando, al precisar que "la reproducción de la misma actividad conceptual (si bien valorativa) del legislador" se hace solo a fin de conocimiento, se afirma que ella se cumple "para ver el acto normativo a

---

433 Así, GORLA, *Interpr. d. dir.*, 13-14, 60 ("stessa natura"), 135 (acto normativo). Contra un equívoco similar pone en guardia LIPPS, *Untersuch. z. e. hermen. Logik*, 112: "*der Rhytmus der Atmung bestimmt die Gliederung des Satzes, der nicht etwa ein Gesetztes ist —ebensowenig wie die Tat das Getane ist*".

434 Esta es, en efecto, la visión que sostiene KELSEN, *General theory of law and state*, 1946, 153 s., 159 s. Law of the United Nations, 1950, prefacio, XV: "*interpretation as a legal function is possible only as authentic interpretation*" (general, del legislador, individual, de otro órgano estatal, en todo caso '*lawcreating*' "*by political motives*"): visión institucionalista, que muestra el coherente coronamiento del estatalismo kelseniano (VERDROSS, en "Jurist. Blätter", 73, 1951, 169-70). Pero, v. en contrario nuestra "Interpr. d. legge", § 38: 129 s. (2ª ed., 225 s.).

la obra de acuerdo a su naturaleza en nuestro espíritu"[435]. Diciéndolo de esta forma, se arriesga confundir la actividad interpretativa con la conducta práctica de informar al criterio que se deriva de la norma: equívoco tanto más fácil en cuanto se dice que viene "asumido a criterio de esa actividad". Si así fuese, la interpretación jurídica sería únicamente aquella determinante de una apreciación práctica de parte de los interesados o destinatarios de la norma, en orden al comportamiento que se debe tener; así, tampoco habría lugar para una interpretación científica. Pero también aquí, en cambio, hay que aclarar que la destinación normativa no hay que entenderla en un sentido práctico con respecto a una aplicación inmediata, sino que más bien en el sentido de una orientación de los asociados a la luz de aquella directiva, cuyo descubrimiento constituye la más noble tarea de la ciencia jurídica teórica y práctica[436].

III. Interpretación y calificación jurídica

La aplicación de la ley a una determinada situación de hecho presupone un enfrentamiento de esta con el supuesto de hecho (legal) previsto por la norma. Se trata de verificar si y en qué medida la situación de hecho concreta corresponde al supuesto de hecho legal, en el cual se asume que deba reentrar y reencontrar los lineamientos relevantes para el tratamiento jurídico.

Tal operación lógica se denomina calificación jurídica (del supuesto de hecho)[437]. Ahora bien, cuando los supuestos de hecho de

---

435 Así, siempre, GORLA, *Interpr. d. dir.*, 25, 60: fuerza con una vaga intuición aquella "dramatización" (realización), de la cual se ha hablado antes. Contra, HORN, *Rechtssprache u. Kommunikation*, 63 ss.

436 Para algunos ejemplos ilustrativos, ver sobre ello, CAMMEO, en "Giur. it.", 1907, IV, 346-47; GIANNINI, *Interpr. atto ammin.* (1939), 303; SCIALOJA, en "Studi Schupfer" (1897), III, 305; CRISAFULLI, en "Studi Romano", I, 670, n. 1. Más adelante, § 62, nt. 40 ss.

437 Ahora último, RIEZLER, *Internationales Zivilprozessrecht*, 1949, 102 ss. ENGISCH, *Einführung in die Rechtswissenschaft*, 3ª ed., 1964. A propósito NIEDERER, *Die Frage der Qualifikation als Gr. probl. des IPR* (1940);

cuya calificación se trata, consistan en declaraciones o comportamientos, es decir en hechos jurídicos que requieren ser interpretados, se pregunta en qué relación lógica se encuentra la interpretación del acto con su calificación jurídica. Que las dos operaciones estén unidas entre sí, se comprende sin dificultad; pero también aquí es necesario estar atento a un equívoco, que lleva a confundir ambas[438]. Cae en este equívoco quien identifica la interpretación jurídica con la "valoración del hecho en términos de abstracción legalista", y cree que "los elementos interpretativos consisten en los índices de regularidad fijados en la previsión legislativa"[439]. En realidad, la interpretación de actos también relevantes para el derecho toma el acto en su concreta individualidad, en su contenido de espíritu y de pensamiento y en el sentido que tiene en el ambiente social[440], despojado todavía de cualquier calificación jurídica definitiva.

Ciertamente a la interpretación jurídica incumbe la necesidad de escoger, entre las normas que disciplinan la interpretación, aquellas que mejor responden al tipo de acto a interpretar; y tal elección presupone una preliminar y provisoria identificación del tipo de acto jurídico al cual el acto concreto corresponde. Sin embargo, el reconocimiento del sentido que se deba atribuir al acto en cuestión (también cuando la atribución del sentido asume un carácter objetivo, supletorio o correctivo) es lógicamente precedente y prejudicial respecto

---

MAGALHÃES-COLLAÇO, *Da qualificaçao en direito intern. priv.* (1963) (con literatura) 312.

438 HRUSCHKA concuerda sin reserva con la opinión de GADAMER (*Wahrheit und Methode*, 310; 321 s.) de una total correspondencia de la capacidad de la aplicación jurídica y de aquella (exigencia) histórica en la reconstrucción del supuesto de hecho jurídicamente relevante: "Die Konstitution des Rechtsanwendung" (*Schriften zur Rechtstheorie*, H. 4, Dunker & Humblot, 1965) (12; 46; 56; 58; 64). No puedo ocuparme en esta sede de una toma de posición crítica respecto a este extraño defecto de perspectiva.

439 Así, DENTI, *Interpr. della sentenza civile* (1946), 5, 11 (cfr. "Riv. dir. proc.", 1948, 197).

440 DENTI, *Interpr.*, 9, no desconoce la necesidad de este reconocimiento, pero la considera extraña a la interpretación jurídica.

a la calificación y diagnóstico que sirve para justificar el tratamiento jurídico, a determinar, esto es, los efectos jurídicos.

Tal procedencia lógica es del todo evidente en los negocios del derecho privado: debido a que es obligación de los interesados fijar los fines prácticos a perseguir con el negocio y usar necesariamente las palabras en el significado corriente del lenguaje común, es oficio del intérprete (Código Civil it. 1362) antes que nada, reconstruir en el contenido del negocio aquellas finalidades prácticas ("intención común", en los contratos) y de aclarar este significado, como suelen ser concebidos y asumidos en la conciencia social. Solo en un segundo momento se tratará de controlar si la finalidad práctica perseguida en concreto entra en una de estas típicas funciones económico-sociales o de aquellas categorías de intereses, a las cuales está destinada la tutela del derecho (Cod. Civ. 1322): y aquí podrá entrar en juego la aplicación de normas tendentes a limitar o a corregir el contenido del negocio[441].

Menos evidente se presenta la relación de precedencia lógica en las medidas de autoridad, sean sentencias, sean actos administrativos: porque estando tales actos destinados originariamente a ejecutar la ley y por tanto vinculados a una rigurosa tipicidad[442], el reconocimiento del significado del acto en concreto cumplido se distingue menos claramente de la identificación del tipo legal, al cual corresponde su concreta configuración. En todo caso, también aquí permanece como posible y legítima la distinción conceptual entre las varias operaciones lógicas sucesivas: solo después de haber extraído el significado del pronunciamiento emitido, se podrá, como conclusión de la interpretación hecha, calificarlo, es decir verificar a qué tipo de precepto él pertenece;

---

441 Cfr. nuestra "Teoria gener. d. negozio giur." (2ª ed., rist), 388 s.

442 GIANNINI, *Interpr. atto ammin.*, 301; 267 ss., 304; DENTI, *Interpr.* sent. 32 ss., 49 s.; nuestra "Interpr. d. legge", 236 s., 240, 251 s. (= 2ª ed., 342 s., 346, 357 s.); FORSTHOFF, Deutsches Verwaltungsrecht. Sobre tal problemática P. SCHNEIDER y EHMKE, *Prinzipien der Verfassungsinterpretation* (en "Veröff. d. Verein. dt. Staatsrechtslehrer": 20, 1963), 47 ss., 72 ss., con indicaciones bibliográficas (54 s.).

y solo a través de esta calificación se podrá justificar el tratamiento, por ejemplo como medida anulable por exceso de poder o por otro vicio[443].

También respecto a preceptos legislativos en sentido sustancial podrá presentarse como indispensable un juicio preliminar de calificación jurídica dirigido a identificar en ellos el tipo y a controlar en los mismos su validez y su intrínseca constitucionalidad[444]. Dicho juicio es normalmente preliminar respecto a la interpretación de la norma emanada; puede ser, sin embargo, también sucesivo. Así, cuando tenga que ver con la constitucionalidad intrínseca (disp. prel. 3-4). En verdad, solo después de haber interpretado la norma constitucional o subordinada, que se supone fue transgredida y después, además de haber interpretado la norma ordinaria o, en todo caso, subordinada a la cual viene imputada una transgresión de la primera, se puede concluir el examen con un juicio de calificación de la segunda norma como inconstitucional o bien conforme al ordenamiento general de las competencias estatales, según que la imputación deba, o no considerarse fundada[445].

Así, de la misma manera, al juzgar si un comportamiento deba calificarse como *"agere in fraudem legis"*[446].

---

443 GIANNINI, *Int. atto ammin.*, 304 ss., 311; DENTI, *Interpr. sent.*, 85 ss.; nuestra "Interp. d. legge e degli atti giuridici", §§ 41-63. SCHNEIDER y EHMKE, o.c., 72 ss.; 100 s.

444 COVIELLO, *Man. dir. civ.*, § 21; ESPOSITO, *La validità delle leggi: studio sui limiti della potestà legislativa, i vizi d. atti legisl. e il controllo giurisdiz.*, 1934, 143 ss. y en "Giur. it.", 1948, III, 81, 145; GRISPIGNI, *Dir. penale*, I, 328 s.; SPANNER, *Zur richterlichen Prüfung von Gesetzen u. Verordnungen*, en "Oesterr. Zschr. f. öffentl. R.", 1950, 63-75. Además, ESPOSITO, en "Riv. dir. proc.", 1950, 291 ss. (CARNELUTTI, ahí, 345); *La costituzione ital.: saggi* (1954), 263-281. Recientemente STEIN, *Die verfassungsrechtl. Grenzen der Rechtsfortbildung durch die Rechtssprechung*, en "Neue Jurist. Wochenschrift", 17 enero, 1964, 1752; notables contribuciones en la "Giurisprudenza costituzionale".

445 CARNELUTTI, *Il giud. e la 'lex in fraudem legis'*, en "Riv. dir. proc. 1952, 9; LIEBMAN, ahí, 19.

446 Nuestra *Teoria gener. d. negozio giur.*, § 49, I, bb, 388 s.

IV. Interpretación y construcción dogmática

Cada derecho positivo, en cuanto disciplina la vida de relación, necesita sostener sus enunciados normativos en una estructura dogmática destinada a orientar la vida social en la directiva de sus valoraciones. En verdad la vida social constituye materia de regulación jurídica con respecto a los problemas prácticos que presenta, en cuanto se trata de organizar de manera permanente funciones consideradas necesarias o útiles a la vida del cuerpo social, o componer de acuerdo a justicia (y, por tanto, prevenir) posibles conflictos entre categorías de intereses, cuando su prevención sea advertida ella misma como una necesidad social[447].

Como consecuencia de lo anterior, se logra que la vida social sea contemplada por el derecho no ya en la complejidad y concretización de sus infinitas manifestaciones, sino bajo el circunscrito perfil que interesa por su pertinencia con aquellos problemas.

De aquí, la necesidad de simplificar y separar[448], distinguiendo en los hechos los lineamientos relevantes de aquellos irrelevantes para el derecho, como también de reasumir y clasificar los fenómenos sociales en esquemas y categorías que los hagan más accesibles a la disciplina, que para ello está destinada. En especial el comportamiento de los asociados viene contemplado y valorado por el derecho en base a la predicción genérica de la manera como él se presenta ordinariamente en la vida social y, por lo tanto, viene considerado de acuerdo a aquellas que se consideran sus características normales y lineamientos típicos,

---

447 Nuestro *dir. romano*, I, 2, 5 s.; Istit., 2ª ed., pref. nota 5; CARNELUTTI, *Teor. gener. dir.*, 9 ss.; *Lezioni*, I, n. 9: 21 s.; n. 53: 218-19; Il, n. 84: 140 s.; cfr. *Teoria gener. d. reato*, 1933, 136 s., 156.

448 MÜLLER-ERZBACH, *D. priv. Recht der Mitgliedschaft*, 1948, 17, 8-9, 21; *D. Rechtswiss. Im Umbau*, 1950, 68. Nuestra contribución a la "Fschr. f. Wenger", I, 1994, 249: d. Typenzwang d. röm. Vertr. u. d. sogen. Typenfreiheit des heutigen Rechts; *Teoria gener. d. negozio giur.*, § 23: 195 s.; ENGISCH, *Die Idee der Konkretisiérung in Recht u. Rechtswiss. unser. Zeit* (Heidelbg. Ak., 1953), 237 ss.

y no ya a una relación específica a todas las circunstancias concretas de cada caso en particular.

Ciertamente estas simplificaciones y clasificación por tipos no va separada de una cierta dosis de arbitrariedad e importa también una cierta deformación y transfiguración de los fenómenos reales: pero este resultado está en la lógica misma del procedimiento normativo (analógicamente el procedimiento artístico, técnico, científico llevan a deformar y transfigurar el dato de la experiencia). No podría de otra manera el derecho, que es esencialmente forma, dominar y empapar la fluida materia de la vida social a la cual se sobrepone ni alcanzar la necesaria transparencia e inteligibilidad.

Ahora, tanto en el organizar funciones de interés social, como en el componer conflictos entre categorías de intereses, el orden jurídico parte de una valoración comparativa de los intereses en juego, la cual inspira y determina el criterio de los correspondientes enunciados normativos (como también de las normas consuetudinarias). Y puesto que estos son enunciados y no ya narración de algo acaecido, sino normativa de un deber ser, vale a decir que establece *síntesis* entre situaciones hipotetizadas (supuesto de hecho) y calificaciones o relaciones que a ellas se unen, y de ahí la necesidad de describir, determinar y delimitar con la mayor precisión posible los tipos o esquemas de situaciones previstas y de calificaciones o relaciones correlativamente dispuestas.

De esta fundamental exigencia de síntesis y de inteligibilidad nacen los procedimientos abstractivos y constructivos de conceptos, de los cuales ninguna disciplina legislativa puede prescindir[449] y que en

---

449 HECK, *Begriffsbildung u. Interessen jurisprudenz*, 1932, 41, 53 s., 77 s.; KOSCHAKER, *Europa und das römische Recht*, 1947, 166; MÜLLER-ERZBACH, *D. priv. Recht d. Mitgliedsch.*, 12 s. (solo contrario al abstraccionismo conceptualista). Se reenvía a nuestro artículo sobre "Metodica e didattica del diritto secondo E. Zitelmann", nr. 5, en "Riv. int. fil. dir.", 1925, 68-76. Sobre conceptos jurídicos, literatura en PUGLIATTI, *Dir. civile* (saggi), 218, n. 1; además, MÜLLER-ERZBACH, *Relativität d. Rechtsbegriffe*, en "Jherings J.", 61, 1911, 1. ENGISCH, *Einführung in die Rechtswissensch.*, 3ª ed.; en general ENGISCH, *Die Idee der Konskretisierung*, 128 ss., 183 ss., 237 ss.; contra la opinión de WELZEL, 89.

verdad son parte integrante del tratamiento normativo, por la necesidad ahora puesta en evidencia de tipificar los términos de las propias síntesis. Y de esta misma exigencia nace además la dogmática de las ciencias jurídicas, como la representación conceptual del fenómeno jurídico en la dirección de valoraciones normativas, tanto en el terreno de un derecho positivo históricamente determinado, como en la forma más abstracta de teoría general del derecho[450].

Ahora bien, en la medida en la cual los tipos y esquemas legislativos tengan su génesis en el mismo procedimiento normativo y hayan llegado a ser parte integrante de soluciones de problemas prácticos, está claro que también la interpretación de la ley debe tenerlos en cuenta[451] y adoptarlos en la construcción dogmática destinada a sacar a la luz el sentido de la norma jurídica a la cual recurre.

Pero, en la tarea de una representación conceptual de las normas y de su conexión recíproca, la dogmática es, en las manos del intérprete, un instrumental representativo, cuyo uso no puede ser limitado a las construcciones legislativas entradas a formar parte de la norma, y no es solo legítimo sino indispensable para reconstruir en su coherencia el sistema completo del orden jurídico al cual tales normas pertenecen. No menos importante aparece el rol que desarrolla la construcción

---

450 Sobre esta función representativa (sistemática) y, además, axiológica que es de competencia de la dogmática en esto como en otros campos de las ciencias del espíritu, ROTHACKER, *Die dogmatische Denkform in den Geisteswiss. u. das Problem d. Historismus*, en actas de la "Akademic der Wissensch.", 1954, nr. 6, 252 ss., spec. 259-64.

451 Cfr. SAVIGNY, *Jurist. Methodenlehre*, cit., 37: "dass im System kein Begriff vorgetragen werden darf, ohne ihn auf einen Rechtssatz anzuwenden"; "Begriffe bestimmen wieder das System: auf falsche Begriffe folgen falsche Interpretationen"; MESSINA, *L'interpretaz. dei contratti: studi*, 1906, 41-48=Scritti, V, 182189; EISELE, *Unverbindlicher Gesetzesinhalt*, en "Archiv f. civil. Praxis", 69, 1886, 303 ss.; GENY, *Méthode d'interprétation et sources en droit privé pos.*, 2ª ed., 1919, 1, n. 101: 278 ss.; DE FRANCISCI, *Punto de orientación*, en "Riv. it. sc. giur.", 1949, 87-90; nuestra opinión en "Studi Arangio-Ruiz", IV, 81-83 y en "Studium generale", 12, 1959, 87. En el campo de la lingüística ha sido propuesta una similar problemática de los esquemas generales de la gramática: sobre lo cual DEVOTO, *Fondamenti della storia linguística*, y *Nuovi studi di stilistica*.

dogmática en la motivación de la sentencia, particularmente en el juicio civil. Justamente, se ha dicho recientemente[452] que la función de la construcción dogmática tiene un objeto propio en la creación de las conexiones dogmáticas y que sus "posibilidades constructivas" son no tanto aquellas de la *Rechtsfindung* cuanto de la comprensibilidad conceptual y sistemática y de la representabilidad. Una función de representación conceptual es, como en las ciencias naturales, de gran importancia para el control y desde luego de insustituible valor para la reconstrucción y con lo cual transmitir a otros, de ahí, una serie de tentativas, que una reflexión sobre la justicia o un motivo de decisiones. Este motivo es objetivado e introducido en aquella forma que, independiente de la específica circunstancia del caso, garantice como generalmente justa –puesto que está en armonía con el sistema de la específica parte del ordenamiento jurídico– la solución. Sin dogmática jurídica ningún sistema de derechos sería pensable por un jurista y ninguna sentencia sería plausible.

Cuando, por esto, recientemente se ha querido establecer una suerte de antítesis entre dogmática e interpretación, entre dogmática y viva experiencia jurídica (o "conocimiento individual" del derecho), entre dogmática llamada externa y dogmática llamada interna, entre "intuición de lo típico" y función normativa[453], ya sea argumentando fuera de lugar con premisas discutibles, y de todas maneras, mal aprendidas del historicismo crociano; ya sea polemizando con bastante mal

---

452 ESSER, *Wertung, Konstruktion und Argument im Zivilurteil*, conferencia tenida en Tubinga el 26/5/1965 ante la 'jurist. Studiengesellschaft': 'Schriftenreihe der juristischen Studiengesellschaft', Karlsruhe, cuaderno 69, 15.

453 GORLA, *L'interpretaz. del dir.*, 1941, 24, 53, 58 ss., 139 ss., 147. Contra esta orientación v. nuestra *Istituz.* (2ª ed., 1942), pref. nota 5; Categorie civilist., n. 123. De una suerte de coquetería antidogmática hacen muestra otros juristas que, aficionados a esquemas tradicionales, se muestran apegados a la vieja concepción del "silogismo" judicial, solo porque encuentran en otros sectores de la experiencia jurídica los problemas que verdaderamente les interesan. Supera en sentido opuesto la visión de WOLF, *Fragwürdigkeit u. Notwendigkeit d. Rechtswiss.* (Freiburger Reden, nr. 15), 21, que identifica la interpretación con la dogmática jurídica.

gusto contra un pretendido carácter anti-histórico de la dogmática, se ha demostrado ignorar lo que es realmente la dogmática jurídica y a qué oficio (de coherente reconstrucción del sistema en orden a su pronta inteligibilidad) ella está llamada en el proceso interpretativo.

En particular, se ha olvidado que en verdad el conocimiento del derecho, por lo tanto también el conocimiento histórico del jurista, no puede ser nunca otro que un conocimiento mediante conceptos más o menos abstractos, que sirven a la impostación de aquellos problemas jurídicos, cuyas normas e instituciones presentan la solución: problemas, prácticos y técnicos, los cuales viceversa no interesan para el conocimiento genéricamente histórico ("individual") del historiador no jurista.

Si para dominar la materia de la vida social en vista de los problemas prácticos que propone, y para hacer las situaciones más accesibles a la disciplina que a ella está destinada, se advierte ya en el procedimiento normativo la exigencia de la abstracción y de la reducción a tipos y esquemas conceptuales que aseguren la pronta inteligibilidad de aquella disciplina, está claro que en la interpretación en función normativa no puede ser cuestión de renegar de aquella exigencia, de carácter técnico-jurídico, que la dogmática lleva a su coherente desarrollo lógico. No se trata de abandonar o circunscribir la "intuición de lo típico", para adoptar una intuición de lo "individual", imposible en esta materia (a diferencia de lo que acontece en el estudio de obras de arte o de poesía)[454]; pero se puede solo tratar de separar y escoger, en el instrumental de la dogmática, los conceptos que al sentido histórico y al criterio del jurista se demuestren más pertinentes y más aptos para sacar a la luz el contenido normativo y el estilo de la ley interpretada, dejando aquello que a tal oficio no sirve.

---

454 Supra, §§ 33-34. Concuerda, RIEZLER, *Rechtsgefühl*, 2ª ed., 168.

No se trata de invertir la ruta del procedimiento de abstracción y construcción de los conceptos[455], sino que de orientarlos en la vía correcta, escogiendo y perfeccionando los instrumentos de la dogmática, como parte integrante de la interpretación jurídica. A la cual la construcción dogmática debe aportar su contribución no con vacíos y rígidos esquemas inadecuados a la realidad sociológica y refractarios a la dinámica histórica del derecho, sino más bien iluminando en su íntima coherencia lógica las valoraciones que determinan y justifican las soluciones legislativas de los problemas[456].

Por otra parte, las valoraciones que justifican las soluciones legislativas, participan de la objetividad de estas, y no son algo cuya constatación pueda depender de una "elección del sistema normativo", remitida a la discrecionalidad personal del jurista intérprete, vinculado a la sola exigencia de "adecuarse a la realidad histórica sobre la cual él opera"[457].

---

455 Cfr. para análoga perspectiva el problema del valor epistemológico del lenguaje en: URBAN, *Language and reality*, 50 s., 332 s.

456 Nuestra opinión en "Studi Arangio-Ruiz", IV, 118-122. CHECCHINI, *Scritti giur. e storico-giur.*, I-II. Sulla problemática di questo paragrafo cfr. sobre todo GERMANN, *Probleme und Methoden der Rechtsfindung* (Bern, Staempfli, 1965): una obra que puede ser considerada también como resultado final compendiado de los estudios suizos sobre interpretación jurídica. He aquí un sumario: a) Problematik der Rechtsverbindlichkeit und Rechtsgeltung (17); b) Methoden der Gesetzesauslegung (47); c) Gesetzeslücken und ergänzende Rechtsfindung (111); Richtlinien, Verweisung auf allgemeine Rechtsgrundsätze (151157); d) Richterrecht (227); Grenzen und Gründe der präjudiziellen Bedeutung des Richterrechts (240244); e) Primat des Gesetzes (274-306); f) Zur Überwindung des Positivismus (307-342); werkkrit. Gesichtsp. (338); g) Problematik der Ermessensentscheide (343-366); h) Zum Verhältnis zwischen Rechtsquellen und Rechtsfindung (367-374); i) méthodes d'interprétation et problèmes fondamentaux du droit (377-411).

457 Tesis, esta, sostenida con ingenuo candor por BURDESE & GALLO, *Ipotesi normativa e interpre taz. del diritto*, in "Riv. it. sc. giur.", 1949, 356-87, specie 383-85; y antes que ellos por SACCO, *Concetto d'interpretaz. del diritto*, 1947 (Memorie Torino, 60), 49-58; 85-87. Al exaltar un pretendido "aporte voluntarístico" y una "preferencia personal" del intérprete, la tesis refleja un individualismo puesto de moda en la catástrofe de la segunda posguerra. A la crítica de los principios por nosotros delineada en nuestra

Merece observarse en apoyo de esta postura, que "finalidad y función de la norma no son pensables fuera de un sujeto que establezca la relación entre medio y finalidad": de esta manera, si tal sujeto no es el legislador[458], sino el intérprete mismo, "el subjetivismo que se quería evitar viene subrayado" por el hecho que "la finalidad se considera fijada por la sociedad, por la naturaleza de las cosas, traduciendo así en términos objetivos el resultado de una verdadera evaluación política"[459]. Quien así argumenta no ha superado siquiera la fase escéptica del psicologismo que niega el juicio axiológico —solo porque fue formado por un sujeto pensante— la capacidad de obtener valores objetivos, y está todavía, sin darse cuenta, dominado por el prejuicio naturalista que no reconoce como "objetivas" sino entidades mensurables con el parámetro intrínseco de las ciencias llamadas exactas. A ellos hay que aconsejarles una más rigurosa revisión crítica de las posiciones subjetivistas de falaz evidencia, en las cuales se han quedado detenidos en la elaboración de una verdadera teoría gnoseológica[460].

"Interpretaz. della legge", § 47: 168-70, SACCO, en "Riv. trimestr. dir. e proc. civ.", 1950, 356 s., opone un relieve carente de objetiva conclusión, que podrá ser fácilmente refutado en sede más apta. "Elección" es un término equívoco porque hace presuponer un *arbitrium indifferentiae*, lo que no tiene razón de ser.

458 En el caso que sea el legislador, retiene BURDESE & GALLO, ahí, 380, 383, pero con error, que la interpretación "teleológica" coincidiría con la interpretación "del acto espiritual del legislador", a cuyo "despliegue" (380) tendería el proceso hermenéutico según GORLA. Con lo que así hacen ahora crédito al dogma de una voluntad legislativa, que ya hemos criticado (*Interpr. d. legge*, § 46). Desgraciadamente, en esta posición ellos no están solos: cfr. LIVER, *Der Wille des Gesetzes* (Berner Rektoratsreden, 1954), que acentúa (29) la función de la interpretación histórica de frente a un texto legislativo no unívoco.

459 Así, BURDESE & GALLO, I. cit., 383, con juicio apriorístico, que está bajo la evidente influencia de una anotada tesis kelseniana (§ 55 n. 19; *Festschrift Raape*, 381 s.).

460 Un desarrollo consiguiente de tal posición ofrece FABI, *Il tutto e il nulla*, 1952, 46, 170 ss., 246 s. con indudable talento de escritor. No diremos que ello pueda promover el proselitismo: da a entender lo contrario la prolusión de PIOVANI, "La filos. del dir. e la lezione di Hegel", en "Riv. int. fil. dir.", 31, 1954.

Potencia evolutiva de la interpretación y principios generales del Derecho [1955 y 1959]

Emilio Betti

Índice

A. Adaptación y potencia evolutiva 266

§ 9. Nexo entre reconocimiento histórico y desarrollo integrador de la norma .. 266

I. Exigencias de mantener la intrínseca coherencia del orden jurídico en la sucesión de normas o en el concurso con otros ordenamientos 266

II. Nexo intercesor entre reconocimiento histórico y desarrollo integrador de la norma jurídica. Tarea de adaptación de la interpretación jurídica. Fenomenología del proceso hermenéutico 277

§ 10. Interpretación de la ley y su potencia evolutiva 292

I. Cuestión de la potencia evolutiva de la interpretación jurídica 292

II. Interpretación de la ley y su potencia evolutiva 296

B. Principios generales del derecho y lagunas jurídicas 326

§ 11. Deficiencia de la regulación legislativa. Criterios de integración. Analogía *iuris*. Función hermenéutica de los principios generales del derecho. Laguna y "caso dudoso" 326

§ 12. Los principios generales del derecho 333

I. Del modo de concebir los principios generales del derecho 333

II. De la competencia para identificar los principios generales del derecho .. 345

III. De la tarea de la jurisprudencia como órgano de la conciencia social...... 352

NOTA PRELIMINAR A LOS §§ 9 a 12

1. Obras y sedes originales de los textos bettianos aquí traducidos

Los textos de los §§ 9, 11 y 12 están tomados de la versión italiana contenida en: *Teoria generale della interpretazione* (2ª ed., Milán, Giuffrè, 1990), 2 vol., 1.113 pp. Salvo el § 10 que está tomado de *Diritto, Metodo, Ermeneutica. Scritti scelti* (Milán, Giuffrè, 1991), 614 pp., es una reunión de diversos escritos bettianos bajo el cuidado de Giuliano Crifò.

i)   El § 9 es la traducción de los apartados iniciales, relativos al nexo entre reconocimiento histórico y desarrollo integrador de la norma, del § 55 del capítulo VIII *Teoria generale della interpretazione*, cit., tomo II, pp. 816-833. En este texto, Betti reproduce, con modificaciones y agregados, el capítulo II de su *Interpretazione della legge e degli atti giuridici (Teoria generale e dogmatica)*, en especial las extensas notas 27, 32, 55 y 81 de las respectivas páginas 821, 822, 828 y 836, que en esta traducción ofrecemos como texto principal.

ii)   El § 10, I es la traducción del apartado final, relativo a la "eficiencia evolutiva", del § 55 del capítulo VIII *Teoria generale della interpretazione*, cit., tomo II, pp. 833-836;

iii)   El § 10, II es traducción del trabajo publicado por Betti como: "Interpretazione della legge e sua efficienza evolutiva", en: *Scritti in onore di M. Cavalieri* (1959), pp. 167-189; en: *Jus*, X, II (1959) pp. 197-215 y recopilado en el volumen de escritos reunidos por Giuliano Crifò: BETTI, Emilio, *Diritto, Metodo, Ermeneutica. Scritti scelti*, pp. 523-554. Este texto corresponde a una conferencia de 1959, posterior y complementaria a la *Teoria generale*, de 1955, dado que refuerza la crítica al positivismo legalista y al decisionismo que ve el derecho como un orden de funcionarios e ideológicamente parangonable al solipsismo.

iv)   Los §§ 11 y 12 son la traducción del § 62 del capítulo VIII de su: *Teoria generale della interpretazione*, cit., tomo II, pp. 839-864. En estos textos Betti reproduce, con modificaciones y agregados, el capítulo XIII de su *Interpretazione della legge e degli atti giuridici (Teoria generale e dogmatica)*.

2. Otros textos sobre hermenéutica jurídica que, como complemento a esta compilación, pueden consultarse

Dado que en la *Teoria generale* no se realiza un desarrollo exhaustivo de la interpretación jurídica, cabe tener presente que en las §§ 56 a 61-a, a continuación del texto que ofrecemos como § 10, I, Betti realiza (*Teoria*, pp. 837-838 y pp. 865-866) los siguientes reenvíos a su libro anterior *Interpretazione della legge*, lo que es recomendable consultar para tener una visión sistemática de las ideas del autor:

i)   Interpretación e integración. Interpretación y discrecionalidad. Para el tratamiento de estos problemas remitimos al lector que se interese, a *Interpretación de la ley y de los actos jurídicos* (1949), cap. III y IV.

ii)   Autointegración por interpretación analógica; congruencia de *ratio iuris*. Límites y exclusión de la analogía. Ver *Interpretación de la ley y de los actos jurídicos*, cap. V y VI.

iii)   Tarea del hacer entender con exclusión de una inteligencia diversa: interpretación auténtica. Competencia, objeto, retroactividad y sus límites; variedad. Ver *Interpretación de la ley y de los actos jurídicos*, cap. VII.

iv)   Individualización normativa del precepto jurídico. Ver *Interpretación de la ley y de los actos jurídicos*, cap. VIII.

v)   Disciplina legal de la interpretación jurídica. Ver *Interpretación de la ley y de los actos jurídicos*, cap. IX.

vi)   Tipos de interpretación jurídica distinguidos según el objeto. Ver *Interpretación de la ley y de los actos jurídicos*, cap. X.

vii)   Interpretación de la ley. Sentido de la ley. Crítica del dogma de la "voluntad" legislativa. Contenido normativo de ratio iuris. Unilateralidad de las varias direcciones interpretativas. Ver *Interpretación de la ley y de los actos jurídicos*, cap. XI.

viii) Momento lógico y momento teleológico en la interpretación de la ley. Fundamento de la evaluación comparativa de los intereses considerados por el derecho. Ver *Interpretación de la ley y de los actos jurídicos*, cap. XII.

Igualmente, dado que en la *Teoria generale* no se realiza un desarrollo exhaustivo de la interpretación jurídica, según lo dicho supra, cabe tener presente que en las §§ 63 a 66, a continuación del texto que ofrecemos como §§ 11 y 12, Betti realiza (en *Teoria*, pp. 865-866) reenvíos a su libro anterior *Interpretazione della legge*, lo que es posible consultar para tener una visión sistemática de las ideas del autor:

i)   Interpretación de normas consuetudinarias. Para el tratamiento de estos problemas Betti remite al lector que se interese, a su libro: *Interpretación de la ley y de los actos jurídicos* (1949), cap. XIV.

ii)   Interpretación del acto administrativo. Ver *Interpretación de la ley y de los actos jurídicos*, cap. XV.

iii)   Interpretación de la sentencia. Ver *Interpretación de la ley y de los actos jurídicos*, cap. XVI.

iv)   Interpretación del negocio del derecho privado. Diferentes puntos de relevancia para el tratamiento interpretativo. Criterios hermenéuticos diferenciales, sicológicos y técnicos, individual y crítico, informativo e integrativo. Ver *Interpretación de la ley y de los actos jurídicos*, cap. XVII.

v)   Interpretación del tratado internacional. Ver *Interpretación de la ley y de los actos jurídicos,* cap. XVIII."

A. Adaptación y potencia evolutiva

§ 9. Nexo entre reconocimiento histórico y desarrollo integrador de la norma

I. Exigencias de mantener la intrínseca coherencia del orden jurídico en la sucesión de normas o en el concurso con otros ordenamientos. II. Nexo intercesor entre reconocimiento histórico y desarrollo integrador de la norma jurídica. Tarea de adaptación de la interpretación jurídica. Fenomenología del proceso hermenéutico.

I. Exigencia de mantener la intrínseca coherencia del orden jurídico en la sucesión de normas o en el concurso con otros ordenamientos

El canon de la correspondencia hermenéutica inserta en el proceso interpretativo, junto a la tarea de reconocimiento, una ulterior tarea de adecuación y de adaptación: el cual lleva en la interpretación jurídica a un resultado esencialmente diferente de aquel al cual mira la interpretación histórica.

En realidad, la adaptación del entender consiste en poner al unísono, en íntima adhesión y armonía, los dos términos del proceso interpretativo: el objeto, que aquí es la norma jurídica, y el sujeto, en la actualidad de la cual aquí concluye las múltiples exigencias de la vida social a cuya disciplina el derecho está destinado.

En la interpretación jurídica de un ordenamiento en vigor el jurista no puede detenerse a recordar el sentido originario de la norma —como si se tratara de una entidad histórica, de un hecho del pasado, teniendo un sentido encerrado en sí mismo—, sino que deberá dar un paso en adelante: porque la norma, lejos de acabarse en su primitiva formulación, tiene un vigor actual y unido con el ordenamiento del cual forma parte integrante, y está destinada a pasar y a transformarse en la vida social, a cuya disciplina debe servir.

Aquí, por lo tanto, el intérprete no ha terminado todavía de cumplir su tarea, cuando ha reconstruido la idea originaria de la fórmula legislativa (cosa que también debe hacer), sino que debe, después de eso, poner de acuerdo esa idea con la presente actualidad, infundiéndole la vida de esta, porque precisamente a esta la evaluación normativa debe ser referida. Teniendo presente este criterio, se logrará más fácilmente dar cuenta de los problemas que ahora vienen en discusión.

Puesto que las normas jurídicas –a diferencia de los juicios teoréticos, que enuncian un saber y son fines en sí mismos como conocimiento de verdad[461]– no son fines en sí mismos, sino instrumentos a fines de la convivencia social, y las normas de derecho privado por regla representan la solución de un conflicto de intereses[462], aquel que está llamado a aplicarlas como el juez, debe buscar conocer qué intereses en juego han sido considerados, confrontados y comparativamente evaluados en su entidad típica, y cuáles de ellos hayan determinado la composición del conflicto[463] en el sentido establecido[464].

Tales categorías de intereses y sus valoraciones que operan en la concepción de la norma, son entidades sociales históricamente

---

461 Es esto un punto decisivo, que resta del todo desconocido en las recientes investigaciones que, bajo la influencia del positivismo lógico, han vuelto a las relaciones entre "ciencia del derecho y análisis lógico del lenguaje": se recuerda aquí los artículos de WILLIAMS, SCARPELLI y BOBBIO, citados supra en § 53-*a*, nota 16. V. además HORN, *Rechtssprache und Kommunikation*, 63 ss., 97 ss.

462 HECK, *Gesetzesauslegung u. Interessenjurisprudenz*, 1914, 17, 57, 181; *Begriffsbildung u. Interessenjurisprudenz*, 1932, 36 s. Otra literatura se cita en MANIGK, *Interessenjurisprudenz*, en "Handwörterbuch d. Rechtswiss.", III, 309; MÜLLER-ERZBACH, *Wohin führt die Interessen jurisprudenz*, 1932, 133 s., y en RIEZLER, *Das Rechtsgefühl*, 2ª ed., 1946, 170 s. La más reciente revisión crítica, y además la mejor justificación de esta orientación tan mal entendida, es ofrecida por MÜLLER-ERZBACH, *Das private Recht der Mitgliedschaft als Prüfstein eines kausalen Rechtsdenkens* (Weimar, 1948), 10 ss., 16 ss.; *Die Rechtswissenschaft im Umbau*, 1950, 12 ss.; 40-67; rec. "Archiv f. d. civil. Praxis", 153, 1954, 274-85; Wie bewertet das Recht das Leben?, en "Studium generale", 4, 1951, 535-40; Das Unternehmen u. die Unternehmerfreiheit, en "Juristenzeitung", 1952, 193-99. V. además n. 83 de la § 62.

463 "Interessen-abwägung": HECK, *Ges. ausleg.*, 96; *Begriffsbildung*, 41.

464 HECK, *Gesetzesauslegung u. Interessenjurisprudenz*, 1914, 94 s.

determinadas, de las cuales no se debe prescindir[465]: sin que, por otro lado, ella sea decisiva por sí sola. En esto consiste la así llamada interpretación "histórica" en este campo.

Reconoce sin embargo también quien sostiene esta interpretación[466] –en homenaje al cambio de visión que opera con la función normativa[467]–, que esta interpretación "histórica" es esencialmente diferente de la interpretación meramente cognitiva del historiador y del filólogo: tanto *respectu materiae,* porque el objeto, que ella está llamada a investigar, no está constituido por meras representaciones teoréticas, sino por entidades sociales como lo son las categorías de intereses que *in causa* disciplinados por la norma; tanto en orden a la función, porque aquí la constatación histórica del sentido de la norma se conecta estrechamente, merced a un nexo de medio a fin, a la tarea ulterior del desarrollo normativo[468], que asume, respecto a la nomogénesis, carácter explicativo y complementario[469].

Se reconoce, además[470], que cuando se hace cuestión de la "voluntad" reguladora, esta no se debe entender en el sentido de un hecho

---

465 HECK, *Ges. auleg. cit.,* 60; WACH, *Verstehen,* II, 60 s.: nicht Verdrängung, sondern Verlegung. La argumentación contraria de SACCO, *Interpr.* 56, sufre de una *'quaternio terminorum'.* Preexiste a la norma el interés, pero no la valoración comparativa con otros intereses confluyentes.

466 HECK, *Ges. ausleg.* Cit., 65; HOETINK, *Histor. Rechtsbeschouwing,* 12, 18 s.

467 Así, también en la interpretación teológica: WACH, *Verst.,* II, 60 s.

468 Fortbildung, Fortbildende Auslegung: HECK, *Ges. ausleg.,* 50. En verdad, aclara HECK, ahí, 49, "die Gebotsauslegung soll dazu dienen, die kausalen Interessen des Gebietenden zu fördern".

469 Sobre este concepto SCHWEIZER, *Freie richterliche Rechtsfindung intra legem als Methodenproblem* (Basler Studien, N. 52, 1959). A propósito, nuestra recensión en "Rabels Zschr. f. ausländ. u. internat. Privatrecht", 28, 1964, 568. Sobre el origen y el fundamento del concepto opuesto, BUCHER, *Was ist 'Begriffsjurisprudenz'?,* en "Zschr. d. Bernischen Juristenvereins", 102, 1966, 276-304. También BOBBIO, *Analogia,* 133-35, ha admitido como justificada esta función necesaria.

470 HECK, *Ges. ausleg.,* 50, 53, 62, 64, 77. En sustancia, también LIVER, *Der Wille des Gesetzes* (1954), 12-16. La reserva crítica desarrollada aquí, 20 ss., no tiene la importancia que el autor intenta atribuirle. A propósito GERMAN, *Methoden der Gesetzessauslegung* (de "Probleme u. Methoden der

sicológico, sino en aquel de precepto o criterio normativo, y que en general no se debe confundir el plano normativo con el plano psicológico, sino tener claramente distinguido uno del otro: y así en especial, cuando se habla de "intención del legislador" (ejemplo: disp. prel. Cod. Civ., 12) no se trata de una ficción evocativa de un mito o de un fantasma psicológico, ni de un reenvío sociológico a una inaferrable "*volonté de tous*"[471] de la mayoría parlamentaria, sino de una alusión al problema práctico a resolver y a aquellos intereses típicos de la comunidad que han encontrado tutela en la solución de la ley[472].

Se reconoce finalmente[473] que la tarea de extraer de la ley (o costumbre) la máxima de decisión apropiada a la situación de hecho sometida a juicio[474] comprende normalmente dos operaciones sucesivas, diferentes, pero lógicamente unidas la una con la otra:

a) la verificación o constatación de normas legislativas o consuetudinarias existentes y de las categorías de intereses por ellas protegidos; y donde no resulte determinado de manera suficiente y unívoca el precepto a aplicar;

b) la ulterior elaboración de la máxima requerida por la decisión del caso: elaboración, esta, que opera sobre la base de aquella preliminar constatación gracias a juicios de valor que se extraen y que tienen el carácter de una operación complementaria (seguida de

---

Rechtsfindung", Bern, 1965, 47), 79: interpretación según el sentido que objetivamente se encuentra en la base de la norma; 102: seguramente la finalización misma es en primer lugar un fenómeno psíquico. Por ello es comprensible que la interpretación teleológica de la ley haya tomado la iniciativa de la voluntad del legislador. Pero la intención puede ser comprendida también independientemente de una voluntad. También una cosa ya existente puede ser adecuada a la intención: en esta perspectiva se puede hablar en sentido objetivo de una intención inmanente.

471 Así, LEONE, en "Studi Betti", I, 271 ss.

472 HECK, ahí, 64 ss.

473 HECK, *Ges. ausleg.*, 90, 88.

474 HECK, *Ges. ausleg.*, 93, 35.

la nomogénesis)[475], subordinada a las valoraciones legislativas[476] previamente constatadas.

Con esto la interpretación consiste aquí no solo y no tanto en aproximar el sujeto al objeto –cuando este debe ser anclado a su originaria ubicación histórica– sino sobre todo en acercar el objeto al sujeto, hacerlo partícipe de la actualidad de la vida e insertarlo en la permanente dinámica de la vida jurídica en vista de su aplicación[477].

Ahora bien, está también aquel[478] que sostiene que, frente a normas donde no resulte de manera unívoca el precepto a aplicar, la constatación interpretativa consista en la simple presentación del marco[479] que la norma representa y que da acceso a diferentes máximas de decisión y que acaba en la constatación de la posibilidad de más decisiones diversas[480], equivalentes la una con la otra (si bien una sola de ella llegue a ser luego derecho positivo en la sentencia). Aquel que piense de esta manera, sostiene que, por ejemplo, en el caso de discrepancia entre la letra y la finalidad o de contradicciones entre las normas, no es posible encontrar a través del método interpretativo un criterio de preferencia entre las posibles decisiones, si bien una sola de ellas esté destinada a "convertirse en derecho positivo" en el acto de la sentencia[481].

---

475 *Wertende Gebotsbildung*, dice HECK, *Ges. ausleg.*, 91, 100, 158, 161, 168.

476 *"Begehrungsdispositionen"* la califica HECK, *Ges. ausleg.*, 95, n. 137; "Bewusstseinsdispositionen", 96. Cfr. RIEZLER, *D. Rechtsgefühl*, 2ª ed., 1946, 9 s. CARNELUTTI, *Teor. gener. dir.*, 2ª ed., nr. 160: 334; ESSER, *Interpretation des Rechts*, in "Studium generale", 1954, 375 s.; CAIANI, *Giud. di val. n. interpr. giur.* 1954, 172; 218 ss.

477 "Fschr. Rabel" II, "Hermeneut. Manifest", 125, nt. 63.

478 Como KELSEN, *Zur Theorie der Interpretation, en: Revue internat. De la théorie générale du droit*, 1934, 9-17, 11 ss.; y nuevamente, prefacio al libro "The Law of the United Nations", 1950, XIV: "*there is almost always a possible interpretation different from that adapted by the law-applying organ in a concrete case*".

479 *Rahmen*, dice KELSEN, loc. cit.

480 Así, antes MERKL, en "Grünhuts Zeitschrift", 42 (1916), 545.

481 Viceversa había afirmado MERKL, en "Grñnhuts Zschr.", 42 (1916), 540, que la casuística está ya contenida *in nuce* en el tenor de la ley; pero puede,

El juez no estaría llamado a resolver un problema teorético (intelectivo), sino más bien un problema de política legislativa, parangonable a aquello del legislador, de generar leyes "justas", en el marco de la constitución[482].

"Función de voluntad"[483], no ya "de intelecto" sería aquella de ambas: la diferencia, no cualitativa sino solo cuantitativa, resguardaría solo la intensidad del "vínculo", mayor en el juez, y menor en el legislador[484]. Problemas de políticas legislativas resolverían también los comentarios "científicos", tendiendo así a sugerir propuestas de *iure condendo* y a influenciar a la jurisprudencia y a la administración. La actividad cognitiva ulterior tendría por objeto normas de orden metajurídico –moral y social–, las cuales estarían, unidas con los correspondientes juicios de valor, extraños al derecho positivo[485], a menos que esto aquí sea referido con una "delegación". También el criterio de ponderar, balancear y componer los intereses en conflicto, sería una formulación, no ya una solución del problema interpretativo, el cual[486] se presentaría precisamente porque el sistema no contiene aún una decisión acerca del rango de dignidad a reconocer a los dos tipos de intereses en conflicto[487].

---

cuando sean posibles más soluciones, concluirse (544) que la solución es "*Willensfunktion*" dependiente de motivos extrajurídicos.

482 KELSEN, l. Cit., 12-13. Pero v. en contra nuestra opinión en "Riv. dir. pubbl.", 1927, 10-13.

483 Así, antes MERKL, *Grünhuts Zschr.*, 42, 544 s., n. 11; RUMPF, *Volk u. Recht*, 1910. Para una crítica v. "Festschrift f. Raape", 379-384.

484 Así, antes RUMPF, *Volk u. Recht*, 1910, 57, cit., en "Circolo giur., Palermo", 1912, 81 s. nota; ASCOLI, *Interpretaz. delle leggi*, 1928, nr. 24; 90 s.; 102, 104.

485 Cfr. RUMPF, l. cit., 545: crítica en "Festschr. Raape", 383 s., 392 s.

486 Para KELSEN, l. cit., 12.

487 Error, sobre el cual ver GRISPIGNI, *Diritto penale*, I, 348, n. 38; análogamente: PIZZETTI, en "La Voce", 1915, 706.

Sin embargo, no es así. Aquel que promueve el criterio de la valoración comparativa de los intereses[488], debe en cambio admitir que el reconocimiento "histórico" del contenido de la ley está estrechamente unido a la tarea ulterior de una integración que, reuniéndose a la nomogénesis, asume respecto de ella, carácter complementario, explicativo de valoración ya implícita[489]: tarea, que se inspira en el ideal de la coherencia dinámica y de la congruencia objetiva en eventual contraste con el ideal de una fidelidad estática a la letra muerta de la ley[490].

488 Como HECK, *Ges. ausleg.*, 96-105, MÜLLER-ERZBACH, ESSER, SCHNEIDER, REINHARDT, ENGISCH y otros.

489 HECK, *Ges. ausleg.*, 99, 101-2; 291; *das Problem d. Rechtsgewinnung*, 1912, 32.

490 HECK, *Ges. ausleg.*, 99. Contra la tendencia de atribuir valor decisivo o preponderante a la fórmula de la ley, calza perfectamente la crítica dirigida por HECK, *Gesetzesauslegung*, 155-56, a la "*Erklärungstheorie*" de ENNECCERUS, también en la forma atenuada de la "*Andeutungstheorie*" de BINDING.

A aquella extrema variedad de la concepción "objetiva" del sentido de la ley que, separándolo de su génesis histórica, llega a identificar la ley (objeto de la interpretación) con la letra de la ley (de donde el nombre de "*Identitätstheorie*" de esta concepción seguida por Stampe, Schmitt, Spiegel e Wüstendorfer), objeta HECK, *Gesetzesauslegung*, 200 s., que ella intenta en vano resolver con una fórmula unitaria más bien problemas normativos de diferente naturaleza.

a) Sobre todo, se trata de la posición a reconocer al juez respecto a los conceptos asumidos en vía provisoria, como "tenor literal", "sentido textual" y "sentido extrínseco de la ley". Ahora, en el problema de rectificación del precepto legal, la tarea que le incumbe no sobrepasa aquella de la subsunción.

b) En segundo lugar, está en discusión la idea definitiva de las valoraciones preceptivas que han acompañado históricamente una enunciación legislativa: idea que el juez recava desde un examen completo del material hermenéutico. Pero, sin embargo, esta idea no es decisiva (cfr. ahí, 223). Para tutelar intereses y exigencia sociales, el juez está autorizado, siempre que los intereses a la estabilidad no se opongan, no solo a integrar preceptos deficientes, sino también, inversamente, a restringir y refutar particulares preceptos existentes.

c) En tercer lugar, el juez se encuentra delante de la totalidad de los intereses protegidos por la ley, y está vinculado con la reconstrucción integral de ellos. Si él se separa de la señalada reconstrucción integral violaría el vínculo de subordinación al orden jurídico (que HECK designa como '*Autonomie der*

Los dos órdenes de problemas, que interesan, uno, el reconocimiento histórico, el otro, la elaboración normativa[491], serían –se objeta– de retener al menos gnoseológicamente, es decir, abstractamente diferenciados, perteneciendo la segunda operación al así llamado "pensamiento emocional"[492].

Sin embargo, aquí no se debe olvidar que el elemento *valorativo* y *axiológico* (impropiamente llamado "emocional") es inmanente a la norma misma a interpretar[493]: de manera que debe comunicarse a la especificación y aplicación que debe hacerse, convirtiéndose de implícito en explícito. Y entonces es necesario reconocer bien que las dos operaciones en concreto se entrelazan y se funden en un proceso unitario, del cual ellas son simples momentos[494]: el segundo de los cuales *reacciona* necesariamente sobre el primero[495]. La reducción de la función jurisdiccional a nivel de la discrecionalidad[496] no está para nada justificada por la presencia de este momento axiológico: puesto que la apreciación interpretativa queda siempre vinculada y subordinada a la línea de coherencia lógica y axiológica que se muestra inmanente al orden jurídico considerado en su orgánica totalidad. En la superación del

---

Rechtsgemeinschaft') y llegaría a frustrar el sentido de la ley, efectuando entonces una '*Gesetzesvereitelung*'.

491 HECK, *Das Problem der Rechtsgewinnung*, Tübingen, 1912, 21, 22.

492 HECK, *Gesetzesauslegung*, 101, 105; RÜMELIN, *Werturteile u. Willensentscheidungen*, 2ª ed., 1912, 20 ss.; CAIANI, *Giudizi di valore n. interpret.*; 218 ss.; SCHEUERLE, *Rechtsanwendung*, §§ 58-60: 210 ss.; cfr. HARTMANN, *Problem d. geist. Seins*, 328.

493 Ver § 54. En este sentido, MÜLLER-ERZBACH, *D. priv. Recht d. Mitgliedschaft*, 17; CARNELUTTI, *Teor. gener. dir.* (2ª ed.), nr. 160 y en "Riv. trim. dir. pubbl.", 1951, 289 ss. Cfr. HERRNRITT, *Grundlehren des Verwaltungsrechts*, 1921, 293 ss.; ENGISCH, *Die Idee der Konkretisierung*, 75 ss.

494 BOBBIO, *L'analogia nella logica del dir.*, 137 s.: proceso de clarificación y proceso de adaptación. ENGISCH, o.c., 128 ss.: lo concreto como la totalidad.

495 HECK, *Ges. ausleg.*, 90 s.; 99: "*die historische Erkentnis des Gesetzesinhalts ist auf das engste verbunden mit einer weiteren Ergänzung, einer hinzutretenden (wertenden) Gebotsbildung*"; 101, 102.

496 Cfr. la formulación de RASELLI, *Il potere discrezionale del giudice civile*, I, 1927, 229 s.

formalismo propugnado por Kelsen y la escuela de Viena, asume una notable posición crítica Schreier[497]. Direcciones interpretativas unilaterales, que como tales son de rechazar, sostiene Schreier[498] que tanto la concepción dirigida a extraer un "sentido subjetivo" (donde la tesis histórico-psicológica es de reconocer refutada por Heck con una teoría histórico-normativa, que es antipsicológica), como también la concepción opuesta dirigida a recavar un "sentido objetivo". A propósito de esto, subraya Schreier (p. 64) que como el hecho de emanciparse de la ley del autor con la publicación así a conducir, ya a una vida propia, no significa otra cosa sino que la actividad del legislador se encuentra ya acabada y concluida: lo que sin embargo no importaría una superación de la *"Ausdruckssinn"* sobre el *"Willenssinn"*. A esta superación no conduciría tampoco la analogía a primera vista evidente establecida por Kohler[499], según la cual la ley está de frente al autor como una cosa nueva, de otro, es más, extraña (Drittes, Frendes) y la indagación de su eficacia jurídica constituye para él una tarea nueva de la misma forma que para el músico la tarea de analizar los *efectos* sonoros (pero la instrumentación tiene funciones diversas) y para el pintor la de analizar los *efectos* de los colores, sobre los cuales se funda la fascinación estética de su obra: puesto que una interpretación limitada al actual significado sería bien posible, pero no la única admisible.

Objeta además Schreier (p. 64 s.): estándose al "sentido objetivo", no se sabría según qué criterio debería escogerse entre los varios significados conectados con la "expresión", y esta podría estar sometida a cambios de significados no regidos por regla alguna *(Gesetzlichkeit)* y tales que podrían convertir el sentido en su opuesto, dependientes de circunstancias accidentales y extrínsecas e incluso de causar equívocos: cambios no sensatos, pero sin sentido, podrían no se sabe hasta qué punto ser tenidos en cuenta. No se sabe ni siquiera qué uso lingüístico

---

497 SCHREIER, *Auslegung d. Gesetze u. d. Rgesch* (1927).
498 SCHREIER, *Interpret.* 61-67.
499 KOHLER, *Interpr. von Ges.*, en "Grünh. Zschr.", 13, 3.

debería ser decisivo. El criterio para superar tales dificultades está previsto por Schreier (p. 65), en la exigencia puesta al legislador de hacerse entender por los propios destinatarios, que lleva a considerar decisivo el lenguaje usual en el círculo de los destinatarios de la norma. Sin embargo, este criterio, lejos de superar el terreno sociológico hecho presente por Kohler, repropone un problema de sociología hermenéutica, cuyo recto planteamiento depende justamente de establecer en forma preliminar quiénes son los destinatarios de una declaración que no agota su valor social con la simple emisión, sino que está destinada a tener un vigor perenne[500]. Contra Kelsen[501], Schreier (p. 66) afirma que una manifestación puede ser retenida ya sea por un imperativo como por un juicio hipotético y no tiene nada que ver con la exigencia de motivación, y que el destinatario de la norma muta con el cambio de las épocas y de las circunstancias (por ejemplo un cod. comm. mod. habla el lenguaje mercantil de la clase de los comerciantes) y que el destinatario también varía de ley a ley, de norma a norma, y por lo tanto varía también el significado de la misma expresión que se ha usado (de aquí el "sentido objetivo", no parecería contar; pero ni siquiera esto es verdad).

En conclusión, Schreier (pp. 67-68) propone fundir las dos tendencias en una teoría unitaria, de la cual enuncia los siguientes criterios: 1) si hay correspondencia entre la *mens* manifestada y el significado propio de la expresión en el círculo de los destinatarios, *bene quidem*; 2) si la expresión es ambigua, el problema es de escoger aquel de los significados posibles que se adecua a la *mens*; 3) así también inversamente, si es ambigua la *mens*, habría que escoger entre sus perfiles aquel que se adecua al significado unívoco. El criterio que vale para la ambigüedad (heterogeneidad de significados) vale también para la falta de claridad (interferencia con coincidencia parcial); y vale, además, en la hipótesis de expresiones contradictorias, para la elección entre las varias

---

500 Wach, *Civilpr.*, I, 257; nuestra opinión en "Festschrift Raape", I, 395.
501 Kelsen, *Hauptprobl.*, 378; Thon, *Rechtsnorm*, 76 s.

soluciones posibles. En la hipótesis de conceptos vagos o indeterminados el problema, que se presenta al legislador *(nomopoietica)*, es el de reconducirlos a conceptos exactos, definidos. 4) Donde ambigua u oscura sea tanto la expresión cuanto la *mens*, el problema sería de reencontrar un significado y una *mens* que estén de acuerdo entre ellos.

La hipótesis de una pluralidad de *mens* (*Willenssinnen*: entendimientos) puede verificarse de manera diversa, pero especialmente en la formación de una voluntad colectiva en la cual los sujetos participantes se nutran de comprensiones diversas[502]. Pero también cada voluntad puede no ser precisa y clara (Schreier, p. 68).

Entre los dilemas que aquí se proponen, está aquel que se suele formular con la máxima: *cessante ratione legis cessat ipsa lex*[503]. Si en presencia de diversos entendimientos, se establece entre ellos una relación de subordinación (*Rangordnung*) que lleva a preferir uno (aquel "justo y razonable"), ¿qué importancia se debe asignar al significado? La pregunta es importante si existe discrepancia entre este y el entendimiento a preferir. El caso es análogo a aquel de discrepancia entre entendimiento y significado (error obstativo). La corriente dirigida al sentido subjetivo no entrega un criterio de solución, para este caso anormal. Pero aquí como en los otros casos, señala Schreier (p. 70), que, fallando la indagación "histórica", bien suple la indagación dirigida al sentido razonable (*Richtigkeitsforschung*), ya que para una solución según esta indagación bastaría conocer la situación históricamente dada y las necesidades que se presentaban al legislador. Pero (aquí como en cada caso de discrepancia) la decisión dependerá en definitiva, según Schreier, del punto de vista extrajurídico que se adopte, y en consecuencia de la concepción de la vida de la cual se valoran los intereses en juego. El jurista conservador se dirigirá naturalmente a la investigación del "sentido subjetivo"; por el contrario, el jurista tendente al progreso encuentra más fecundo el "sentido objetivo", en el cual se inclina a

---

502 Cfr. NIETZSCHE, *Menschliches*, I, 374; HECK, *Gesetzesausleg.*, 112.

503 Sobre su vicisitud histórica, v. WENGLER, en "Jur. Rundschau", 1949, 70.

encontrar y deducir pensamientos del tiempo presente. También aquí existe paralelismo entre interpretación jurídica y teológica. Y, como en la integración de lagunas, también aquí se trata de encontrar una instancia extrajurídica, que es sin embargo –contra lo que piensa Kelsen– relevante para la decisión en el campo del derecho (71-72).

II. Nexo intercesor entre reconocimiento histórico y desarrollo integrador de la norma jurídica. Tarea de adaptación de la interpretación jurídica. Fenomenología del proceso hermenéutico

Es indiscutible que en la interpretación jurídica no se trata de dejar sin más aparte la consideración de la nomogénesis, es decir, del modo como en su origen la norma fue pensada y como los tipos de intereses en juego fueron valorados y coordinados, no obstante la paradoja de ciertas formulaciones que parecen afirmar lo contrario[504].

El reconocimiento de la valoración originaria inmanente y latente en la letra de la ley y constituyente de la *ratio iuris* de la norma[505] es indispensable para constatar en qué medida ella haya sufrido modificaciones con el advenimiento de cambios en el ambiente social o de nuevas orientaciones en el orden jurídico: puesto que solo a través y mediante ella, y no ya inmediatamente, es legítimo proceder a una adaptación y a una transposición del texto legal en la viva actualidad, y equilibrar adecuadamente el interés estático a la estabilidad, conservación y certeza con la exigencia dinámica de renovación en la dirección de la evolución social[506].

En verdad, y si bien no ha sido derogado por una nueva ley o por una costumbre derogatoria, el precepto textual de la ley, que ha quedado exteriormente intacto, puede encontrarse interiormente *infundado* por el hecho que la valoración originaria determinante de la

---

504 Por ejemplo, KOHLER, *Lehrbuch*, I, 122-26; v. la crítica devuelta de HECK, *Gesetzesausl*, leg. 1914, 278-84; cfr. 60, 192 s.

505 BRÜTT, *Kunst d. Rechtsanw.*, 58; HECK, *Getzesausl leg.*, 230-38.

506 HECK, *Gesetzesausl.*, 180 s.; 192-93; 290 s.

norma ha sido desechada y sobrepasada por una nueva valoración de los intereses en conflicto, que se han afirmado en otras normas que han sobrevenido. Se verifica entonces un fenómeno análogo al que designan los sicólogos como heterogénesis de las intenciones[507].

La evaluación latente, que es objeto del reconocimiento interpretativo, se modifica gradualmente, en la medida que la norma asegura, junto a la solución de su primitivo problema práctico, y por lo tanto en lugar de su primitiva "intención", alcanzar otro éxito ulterior[508], que ya da razón de su conservación[509]. Así la interpretación de la ley se encuentra delante de una doble tarea:

a) indagar la valoración original inmanente a la norma en su concatenación con el ambiente social completo en el cual fue emitida: y esto, mediante una interpretación que si bien ha sido llamada sociológica[510] es mejor decir teleológica;

b) además, indagar si la norma ha madurado un resultado social ulterior, si bien no intencional, consistente en componer el conflicto entre categorías de intereses más allá de aquellos previstos[511].

---

507 BRÜTT, *Kunst d. Rechtsanw.*, 62 s.; HECK, *Gesetzesausl.*, 39 s.

508 NEBENRFOLG (BRÜTT), que da lugar a la "*Heterogonie der Bedeutungen*" (*Heck*).

509 BRÜTT, *Kunst d. Rechtsanw.*, 64 s.; supra, § 53-*b*, nota 1.

510 KOHLER, *Lehrbuch*, I, 124; BRÜTT, *Kunst*, 58, 65; STAMMLER, *Theorie d. Rechtswiss*, VIII, 17, 447 objeta: "*nach welcher Methode hat diese Abwägung zu geschehen?*". Pero la objeción no es concluyente. A ella responde MÜLLER-ERZBACH, con la posición del "*kausales Rechtsdenken*": "Die Rechtswissenschaft im Umbau", 1950, 41-65; "Archiv f. d. civ. Praxis", 153, 1954, 277-84.

511 BRÜTT, *Kunst*, 65; ahí, 65-68, se ejemplifica con la responsabilidad objetiva. Cfr. en esta dirección la exigencia planteada por STÖSSINGER, *Bolschevismus und revolutionärer Revisionismus*, en "Frankfurter Hefte", 1953, 513, de distinguir en el pensamiento de Marx el núcleo fecundo de los aspectos contingentes, ocasionados por circunstancias históricas transitorias (cfr. supra, § 35).

La modificación que más interesa, sin embargo no la única posible, es aquella producida por la repercusión del advenimiento de nuevas normas y dependiente del enmarcarse de todas las normas viejas y nuevas, en un orden jurídico que las abraza a todas y que tiene la naturaleza de una operante "concatenación productiva"[512] en el sentido ilustrado por Dilthey en sede psicológica histórica.

Ha sido justamente observado[513], a propósito del cambio de la *ratio legis* con el sucesivo cambio de las relaciones sociales[514] que "lo que influye sobre la nueva significación de una vieja ley, es el advenimiento de leyes especiales, las cuales reaccionan sobre todo el sistema: además el ordenamiento jurídico, es un organismo en perenne movimiento, en continua transformación, que sigue y refleja de cerca el movimiento y las transformaciones de la vida político-social"; de ahí[515] que solo un reconocimiento histórico permite evaluar la transformación que una institución ha tenido, y junto con reconocer el real alcance de las nuevas instituciones y la repercusión que ellas pueden tener sobre todo en parte del ordenamiento, que ha quedado inmutable en apariencia, es decir solamente en la letra. Bajo este perfil es exacto destacar que solo la letra de la ley (no ya la *mens* originaria) está invadida y afirmada en la potencia normativa de la legislación[516]: porque ella sola queda formalmente inmutable, pero se integra y se llena de un espíritu diferente[517] conforme al espíritu del tiempo y de la sociedad para la cual la norma está destinada a valer[518], no ya, bien se entiende, de acuerdo al talento

---

512 *Wirkungszusammenhang*: DILTHEY, *Ges Schr.*, VII, 119, 138, 135 ss.

513 RISPIGNI, *Dir. penale it.*, 2ª ed., 1947, 27; 350, y anteriormente en otros escritos; pero ver antes HECK, *Gesetzesausl.*, 179 s., que habla de adecuación y poner en acuerdo (*Ausgleichung, Zusammenpassung*) de frente a lagunas de colisión.

514 GRISPIGNI, ahí, 349.

515 GRISPIGNI, ahí, 27.

516 KOHLER, *Lehrbuch*, I, 125.

517 NIETZSCHE, *Wanderer u. s. Schatten*, 77.

518 PORTALIS, cit. por VIGIÉ, *Livre du centenaire*, I, 26; KOSCHAKER, *Europa*, 184, n. 3; SALEILLES, *Livre du centenaire*, I, 114 s.; KOSCHAKER, 187.

subjetivo del intérprete. Esto explica, una serie de fenómenos, de los cuales nos da una idea la fenomenología del derecho. Sobre todo:

1) la posibilidad de una *duplex interpretatio* de textos de ley conservados inmutables en cuanto a la letra, en el traspaso histórico de una legislación precedente a una posterior sustancialmente diversa en la misma sede[519]. Esto aclara, además:

2) la permanencia de viejos órganos y estructuras y su progresiva orientación hacia nuevas funciones mediante una transposición y conversión interpretativa (*Umdeutung*): fenómeno, este, que en la historia del derecho ha sido sacado a la luz por las investigaciones que operan con el método histórico-orgánico, o morfológico[520]. Esto aclara, además:

3) como en el trasplante y en la recepción de un código, que se haya puesto en vigor en un país diferente de aquel de su origen (por ejemplo, el caso del Código napoleónico en Italia y en España, del Código Civil alemán en Japón, o del Código suizo civil y de las

---

519 Ver supra § 42, n. 59-60; § 74. ROTHENBÜCHER, *Ueber das Wesen des Geschichtlichen und die gesellschaftlichen Gebilde*, 1926, 90 ss.; ahora último, FEENSTRA, *Interpretatio multiplex* (Rede, Leiden, 1953), 21-27; cfr. también PITAMIC, *Interpretation u. Wortbedeutungswandel*, en "Zschr. f. offentliches Recht", 18, 1939, 426-437. Sobre la capacidad de mutación de las interpretaciones por el conocimiento del estado del derecho constitucional realmente vivo y vigente, JELLINEK, *Verfassungsänderung u. Verfassungswandlung*, 1906, 8-21; JELLINEK, *Gesetzesanwendung*, 25, n. 50. Sobre el fenómeno de colisión y de adaptación entre derecho antiguo y nuevo, vid. WENGLER, en "Juristiche Rundschau", 1949, marzo, 68-77: Die Nichtanwendung nat.-soz. Rechts im Lichte d. Rechtsvergleichung u. d. allg. Rechtslehre. La *duplex interpretatio* de norma inmutada había sido calificada por WURZEL, *Das juristische Denken* (Wien, 1904), 93, como "proyección", entendida esta como una "ultraactividad" o "transactividad", que revela su máxima posibilidad en la interpretación de conceptos elásticos (*Ventilbegriffe*: a propósito, ahí, 86 ss.). Ciertamente el uno y el otro tratamiento interpretativo tienen común raíz en el canon de la totalidad hermenéutica (cfr. nuestra "Interpretaz. d. legge", § 15: 58-60) = 2ª ed., 152-154.

520 BONFANTE, *Scritti*, IV, 46,59 ss.; n. Dir. Rom., XXI, n. 27; FOWLER, *The city-state of the Greeks and Romans*, 36 s.; WEBER, *Wirtschft u. Gesellschaft*, 396; DILTHEY, *d. Aufbau der gesch. Welt*, en "Ges. Schr.", VII, 99; LÜBTOW, *Reflex. über Sein u. Werden in der Rechtsgesch.*, 1954, 44 s. (41 n. 26), 53 s.; WIEACKER, *Priv. Rechsgesch. d. Neuz.*, 20, n. 5; 40 (St. & docum., 18, 293).

obligaciones en Turquía) aparece el fenómeno de asimilación positiva y de refractariedad, para los cuales, en el trasplante de las instituciones que con ellos son disciplinadas, algunas de ellas echan raíces y se demuestran vitales, otras en cambio, no enraízan y se revelan inoperantes[521].

El texto literal del código funciona como una entabladura o una armazón[522], o un esqueleto, en fin, que no se articula ni se reanima si no es a través del contacto con la vida de la sociedad nacional[523]; y cuanto más amplio aprecio a los criterios de la perspectiva dominante en la conciencia social se le ha permitido al juez, tanto más la divergencia de concepciones éticas, religiosas, económico-sociales conducirá a elaborar un derecho vivo diferente[524].

A estos tres fenómenos, que se reúnen todos en las mismas leyes fenomenológicas del derecho y de la interpretación, hay que agregar, además:

4) lo otro, que surge con ocasión del llamado y reenvío a leyes extranjeras en la necesidad reconocida en derecho internacional privado, de un proceso de adaptación, por el cual la norma extranjera mencionada debe asumir —en la máxima de decisiones que se busca— una

---

521 V. más adelante, p. 945. V., además, SCHWARZ, *La rèception et l'assimilation des droits étrangers*, en "Introduction à l'étude du droit comparé": "Recueil en l'honneur de Lambert" (1938), II, parte IV, 581-90-90, 585. *Das schweizer. Zivilgesetzb. In der ausländ. Rechtsentwicklung* (Zürich, 1950); *La force vitale des codes civils et leur rèvision* (en "Annales de la Faculté de droit d'Istambul", 1953, nr. 3); v. además MITTEIS, *Die Rechtsgesch. u. das Problem der histor. Kontinuität* (Abhandl. d. Akad. d. Wiss, zu Berlin, 1947), 13; WIEACKER, *Privatrechtsgesch. d. Neuzeit*, 63 ss. e. VITTA, *Il diritto interpersonale*, en "Annuario dir. comparato", 1952, 131; Conflitti interni ed internazionali: saggio comparativo (Memorie Torino, 87), 1955.

522 Cfr. KOSCHAKER, *Europa u. d. röm. Recht*, 161 s.

523 HARTMANN, *Problem*, 252; 446: "*innere Form des gemeinsamen Rechtsempfindens*".

524 A. B. SCHWARZ, *La réception* cit., 586; nuestra opinión en "Riv. dir. comm.", 1929, 668; "Nuova riv. dir. comm.", VI, 1953, 106; "Festschrift Raape", 397-99; "Festschrift Rabel" II, 132-34; RIEZLER, Rechtsgefühl, 162; WENGLER, en "Jurist. Rundschau", 1949, 69.

conveniente puesta a punto del contenido y de los efectos[525], hecha reserva, en todo caso, de la compatibilidad con el orden público, considerado en su relevancia internacional (disp. prel. 31). Sobre el mismo plano de estos fenómenos interesan, finalmente:

5) las normas, con las cuales los distintos ordenamientos reconocen la necesidad impuesta por la intrínseca coherencia y armonía del derecho, de proveer a la adaptación de la disciplina jurídica a las condiciones sociales y políticas diversas en el espacio o cambiadas en el tiempo, evitando el surgimiento o el advenimiento de incompatibilidad entre normas coexistentes[526].

Se manifiesta así el doble oficio que incumbe a la interpretación en función normativa, esto es, directiva de la conducta (a diferencia de aquella meramente cognitiva), de mantener la *intrínseca coherencia* del orden jurídico tanto:

a) en la dimensión de la sucesión temporal, evitando colisiones e incongruencias entre normas preexistentes y normas sobrevenidas[527], como,

b) en la dimensión de la contemporaneidad y coexistencia, evitando el conflicto entre el orden jurídico desde cuyo punto de vista el

---

525 A propósito, CARNELUTTI, *Teoria gener. dir.*, 99-100; CANSACCHI, *Scelta e adattamento d. norme straniere richiamate*, en "Memorie Torino", 42, 1939; BALLADORE-PALLIERI, en "Annuario di dir. comparato", 16, 141, 368; AGO, *Teor. dir. internaz. priv.*, 1934, n. 41: 319; nuestra opinión en "Riv. dir. internaz", 1925, 53; 1930, 42; pero sobre todo las notables contribuciones de WENGLER, por nosotros citadas en la nota 34 de nuestra "Hermeneutisches Manifest". Cfr. nuestra *Problemática d. diritto internazionale*, 1956, en particular cap. 7, 17, 19, 20.

526 Sobre el problema de la adaptación vid. sobre todo las finas observaciones y la preciosa noticia de WENGLER, *Die Nichtanwendung nationalsozialistischen Rechts im Lichte der Rechtsvergleichung u. der allgemeinen Rechtslehre*, en "Juristiche Rundschau", 1949, 67-77, especialmente 68-73; *Faktizität und Legitimität*, en "Fschr. f. Lewald", 1953, 620-623. Cfr. MICHELI, *Contrib. formaz. Giudiziale dir.*, 1938, 7 s.; ROMANO, *Dir. coloniale*, 1918, 154-55.

527 ROUBIER, *Les conflits de loi dans le temps*, 1929-33; RIPERT, *Les forces créatrices du droit*, 1955, nr. 129-130.

intérprete (juez) se sitúa, y las normas de otros órdenes jurídicos (internacional, estatal o de otra naturaleza[528]) que en él se llaman o reenvían.

La exigencia de adaptación y de adecuación o armonización es un postulado del canon hermenéutico de la totalidad. Dato elemental este del cual los especialistas no demuestran el más mínimo indicio[529].

Antes de concluir su análisis crítico acerca del lenguaje legislativo, Bobbio[530] encuentra necesario superar la objeción, que responde a la falta de rigor de la ciencia jurídica, porque en ella estaría dado encontrar cuestiones insolubles y tales que legitiman de igual manera soluciones contrarias. Sin embargo, esto es para Bobbio el problema de las "antinomias" o de las "proposiciones dudosas" que serían propias de todas las ciencias; de aquí que la presencia de proposiciones dudosas derrumba el sistema científico del cual se trata[531]. De ahí que, para que ante la presencia de antinomias el sistema científico no se derrumbe sería necesario que en el mismo sistema hubiera una regla que legitimara la subsistencia de las antinomias. Ahora bien —se pregunta Bobbio— ¿son lícitas las antinomias en la ciencia jurídica? Dos soluciones alternativas serían posibles: o, *a)* la regla que prohíbe la antinomia es una regla constitutiva del lenguaje jurídico; o, *b)* esta regla no es constitutiva del lenguaje jurídico.

En la primera alternativa (a) las antinomias no son "lícitas": es necesario encontrar una solución a cualquier costo. Pero la antinomia se produce cuando en el lenguaje mismo de la ciencia faltan los términos para una solución; entonces es necesario acceder a un lenguaje diverso, y una diversa ciencia. Esto implica un costo muy alto, pues

---

528 Cfr. VITTA, *Conflitti*, cit. supra.

529 V. por ejemplo, LIPARTITI, *L'adattamento degli ordinamenti interni al dir. internaz. nelle carte costituz.*, en "Archivio giur.", 144, 1953, 73-138.

530 BOBBIO, "Riv. trim." 1950, 364-7.

531 Cfr. GOEDEL, citado por GEYMONAT, *La crisi della logica formale*, en "Fondam. Logici della scienza", 1947, 132 s.

en tal guisa se viola la ley de "clausura", en cuanto por hipótesis no sería posible superar la antinomia sino deduciendo la proposición apta desde otra ciencia. Y entonces la antinomia no desaparece, sino que se ensancha, convirtiéndose de antinomia de proposición en antinomia de regla.

Considerando la segunda alternativa (b), las antinomias serían "lícitas", puesto que las supuestas proposiciones serían igualmente "lícitas", y en definitiva se excluirían mutuamente, en cuanto ambas son al mismo título jurídicamente admisibles.

Aquí sufre la certeza del derecho, pero el problema de las antinomias (y por lo tanto de las lagunas), es de todo ordenamiento. Ellas pueden ser reducidas con un mayor rigor de parte del legislador, al cual (y no al jurista) correspondería la tarea de eliminar las lagunas. Allá donde no sea posible establecer con certidumbre la regla afirmativa o negativa, habría que concluir que para el legislador es "indiferente" como el caso sea resuelto, ni el juez podría ser "constreñido" a optar por una más bien que por la otra solución. Es el inevitable precio que la regla de la "clausura" debería pagar sacrificando en ciertos límites la exigencia de la certeza. Examinados el pro y el contra, parece a Bobbio más probable que en la situación de hecho no se pueda admitir como regla fundamental de nuestros ordenamientos la regla de la no "licitud" de las antinomias[532].

A nosotros nos parece, humildemente, que un tal ingenuo modo de argumentar —tomado en préstamo de las ciencias matemáticas y naturales— sirva únicamente a reconducir las ciencias jurídicas a una especie de cálculo de probabilidades, y que una suerte de extraña "prudencia" en relación a cada juicio axiológico le debilite la necesaria sensibilidad en materias de problemática hermenéutica, para hacerla recaer al rango de un discurso tanto alambicado como inconcluyente[533].

---

532 BOBBIO, "Riv. trim." 1950, 364-7.

533 Especialmente 119 ss. y los corrientes manuales de derecho internacional privado. Cfr. WENGLER, en "Fschr. f. R. Laun", 1953, 725 ss.

Así para limitarnos a algunos ejemplos entre los más significativos, el artículo 2 de las disposiciones de aplicación del Código Civil suizo, mientras establece la inmediata entrada en vigor de las normas que tutelan el orden público y la moral social, declara inaplicables aquellas normas que sean incompatibles con el orden público y con la moral según la valoración del nuevo derecho: que es una especie de reserva del orden público *intertemporal*.

6) Ahora, la coordinación interlocal entre sistemas integrados en un ordenamiento superior plurilegislativo, puede darse que la valoración de incompatibilidad y de la necesidad de una adaptación sea delegada al mismo orden de jurisdicción[534]. Y eso por una exigencia de flexibilidad respecto al derecho común: flexibilidad, de la cual algunos ordenamientos coloniales del mundo anglosajón han advertido la necesidad[535].

Este es el alcance del artículo 1º del decreto de 15 de abril de 1917 (derogado por el artículo 1º del decreto de 25 de octubre del 28, Nº 3497, luego transformado en el decreto de 25 de octubre del 35, Nº 2167) el alcance jurídico de la delegación viene exactamente definido por la casación de 30 de junio de 1926 (...), de la manera siguiente: "en Libia, el derecho objetivo no tiene aquella rigidez absoluta que es propia del derecho objetivo metropolitano. El legislador libio, de hecho, ha tenido que tener en cuenta la necesidad de adaptar la legislación italiana, que estaba siendo introducida en Libia, a los principios tradicionales del derecho musulmán y a las costumbres y a las necesidades locales y, por el contrario, de adaptar estos principios y costumbres, en cuanto se entendiesen respetarlo, al espíritu de la

---

534 Este es el alcance del art. 1 decr. de 15 abril 1917 (derogado por el art. 1 decr. 25 octubre 1928, n. 3497, después devenido decr. 25 octubre 1935, n. 2167. El alcance jurídico de la delegación fue exactamente definido en sentencia de Casación de 30 de junio de 1926 (en "Foro it.", 1926, 625-628). A propósito nuestra "Interpretazione della legge", §38 *bis*: 132 s.

535 V. además, ASCARELLI, *L'idea di codice nel dir. privato e la funzione dell'interpretazione*, en "Studi di dir. comparato e in tema di interpretaz", 1952, 165 ss.; WIEACKER, en "Festschrift f. G. Böhmer", 34-50.

legislación italiana y a las exigencias de la colonización (…). A la necesidad de esta doble adaptación no era posible proveer enteramente y de inmediato con leyes apropiadas, y el legislador, por tanto, respondió depositando su confianza en el magistrado, confiriendo verdaderos y propios poderes legislativos". Aquí se puede cuestionar si las máximas de decisión fijadas de esta manera tuvieron la autoridad vinculante de "precedentes", o fueron únicamente capaces de adquirirla gracias a una serie de decisiones conformes que dieron lugar a un *usus fori*.

7) Otras veces, finalmente, la necesidad de una adaptación o de una desaplicación por incompatibilidad sobreviviente viene advertida en el traspaso inmediato de un régimen político a otro de carácter antitético con una norma de interpretación que también aquí (como *sub* 5) se podría llamar de "reserva del orden público *intertemporal*".

Tal es el caso de la § 22 del ordenamiento de la jurisdicción en la República Socialista Soviética de 21 de octubre de 1920. Pero también en casos de brusco traspaso, en los cuales no se haya hecho una explícita reserva legislativa de nuevos principios generales del derecho y de las nuevas exigencias de políticas legislativas que ellas contienen, no hay que olvidar que su absoluta incompatibilidad con algunas de las normas del viejo régimen autoriza al intérprete a negar a este ulteriores aplicaciones. Así, por ejemplo, en la actual Alemania se tienen por "incompatibles" (*untragbar*) con el nuevo clima político-legislativo, leyes contra la igualdad basadas en contingentes razones de lucha[536]. Pero aquí se trata de otro fenómeno, el cual propone otro problema, que debemos ahora considerar por lo que puede interesar a una teoría hermenéutica general.

Es el fenómeno de normas sobrepasadas por el acontecer de nuevas normas. Se pregunta qué criterios hermenéuticos gobiernan la relación entre las leyes sucesivas en el tiempo, en contraste o en

---

536 Por ejemplo, el principio de la paridad de tratamiento formulado en Alemania con la ley matrimonial de 20 febrero 1946. A propósito ley 18 junio 1957 (Gesetzesblatt, I, 609), promulgada en conformidad a las §§ 3/2 y 117 de la Constitución.

desarmonía entre ellas. Frente al acontecer de nuevas situaciones de hecho no previstas, pueden adoptarse dos opuestos criterios interpretativos: o ignorar las nuevas relaciones, admitiendo que para ello la norma no vale[537], salvo atribuir al juez el oficio de buscar un medio de analogía, la máxima apta a la decisión, sobre la base de evaluaciones legislativas y soluciones de viejos problemas semejantes; o reconocer, en cambio, que el precepto de la ley abraza todas las situaciones de hecho en las cuales concurren los extremos del supuesto de hecho legal (hipotetizado), pero admitir que, frente a situaciones nuevas, en realidad no previstas (laguna de previsión), se imponga una conveniente modificación o rectificación del precepto, adaptándolo a los tiempos cambiantes[538].

Frente al devenir de nuevas orientaciones legislativas, que revelan un cambio de valoración, y así ejercitan una repercusión sobre las normas precedentes, surge para la interpretación (como se ha visto antes, *sub* 5) una tarea de adaptación y una puesta de acuerdo: tarea de colmar la laguna que aquí no está prevista, pero de colisión[539]: colisión entre las discrepantes evaluaciones legislativas viejas y nuevas[540].

La exigencia de esta tarea nace del canon de la totalidad hermenéutica, aplicado al orden jurídico, en cuanto hay que considerarlo como una concatenación operante productiva en movimiento (en el sentido de Dilthey), que está dominada en todo y para todo por un único estilo. El canon de la totalidad impone una perenne referencia de las partes al todo y, por lo tanto, también una referencia de cada norma a su orgánico complejo: por lo tanto se impone una actuación unitaria de las valoraciones legislativas y una decisión uniforme de todos aquellos conflictos de intereses que, medidos según el criterio de

---

537 Cfr. Heck, *Gesetzesausleg.*, 176-78, 218-220.

538 Heck, ahí, designa los dos criterios como "*Ignorierungs-, Abweichungstheorie*".

539 Heck, *Gesetzesausl.*, 179 s., 189: "Ausgleichung u. Zusammenpassung"; Savigny, *System*, I, § 42 s.; Enneccerus, Lb. (14ª ed.), I, § 51, II, 6; 196: histor. Vereinigung.

540 Grispigni, *Dir. pen.*, I, 2, 27, 350.

estas valoraciones, muestran tener, para decirlo así, una idéntica disposición[541]. No son más que aplicaciones particulares del canon de la totalidad las viejas reglas de escuela acerca del conflicto entre normas contradictorias con la prevalencia de la *lex posterior* sobre la *lex anterior* o de la *lex specialis* sobre la *lex generalis: "lex posterior derogat legi priori"*, con la reserva que *"lex posterior generalis non derogat legi priori speciali"*[542].

En la aplicación de tales reglas no hay que olvidar otro criterio, aunque haya que aplicarlo con la debida cautela: *"cessante ratione legis, cessat ipsa lex"*[543].

La hipótesis extrema es que el conflicto entre dos leyes sucesivas alcance el grado de la incompatibilidad. En tal hipótesis vale el principio *"lex posterior derogat legi priori"* (con la reserva que *"lex posterior generalis non derogat legi priori especiali"*): la incompatibilidad tiene lógicamente implícita la derogación. La hipótesis está contemplada, junto con aquella de la absorción integral de la materia que era objeto de la disciplina anterior del artículo 15 disp. prelim. cod. civ. it., que ahí se conecta con el mismo tratamiento, es decir la derogación implícita. Una hipótesis diferente es aquella de la incongruencia o desarmonía:

---

541 HECK, *Gesetzesausl.*, 179, 189. ENGISCH, *Die Idee der Konkretisierung*, 1953, cap. V, 128: lo concreto como la totalidad en el derecho y en la ciencia jurídica.

542 ENNECCERUS, *Lehrb. d. bürg. R.* (7ª ed.), I, 95 s.; (14ª ed.) 175 (15ª ed., Nipperdey), § 56, nt. 10; DEGNI, *Interpr*, 236.

543 Cfr. NIETZSCHE, *Morgenr.*, 322. *"Vom Zwecke hinter der Regel abzuziehen"*: rendirse, esto es, olvidándose de la finalidad que está bajo o detrás de la regla (de su momento teleológico), y así debilitar nuestro sentido de responsabilidad (que sería alimentado del conocimiento de aquel momento teleológico), y desgraciadamente una frecuente consecuencia psicológica del hecho mismo de la formulación de reglas, que se sustituyen a la discrecionalidad (cfr. CURTIUS, *Lebenserinnerungen*, 461). El alcance de NIETZSCHE se refiere a la formulación de reglas en la vida cotidiana (donde la importancia de la conciencia teleológica es remarcada por LITT, *Das Bildungsideal der deutschen Klassik*, 23); pero tiene un sentido profundo también en el campo del derecho. Cfr. WENGLER, en "Jurist. Rundschau", 1949, 71 nota 30 y KLEIN, de su trabajo cit. supra, nota 32 in fine.

esta postula, en cambio, una adaptación de las normas antiguas a las nuevas, una apuesta de acuerdo por vía de la interpretación[544].

La incongruencia puede asumir el carácter de una "inconstitucionalidad material sobreviviente", cuando la ley posterior conflictiva sea una ley constitucional, una súper-ley: puesto que respecto a leyes anteriores que se aprobaron en un procedimiento formalmente regular puede hablarse de una sucesiva invalidación de la ley solo en cuanto al contenido de la disciplina jurídica, y no ya en el sentido de una inconstitucionalidad formal sobreviviente, obstaculizando a esta el postulado general de la persistencia de valores jurídicos, que se hace valer también en la conservación de los preceptos jurídicos (cfr. para los negocios, art. 1367 c. civ. it.)[545].

Ahora, para valorar tanto la incompatibilidad cuanto la incongruencia entre la ley anterior y ley posterior, el intérprete debe ubicarse no ya desde el punto de vista psicológico-"histórico" de un ficticio "legislador" de entonces (y así preguntarse cómo este habría resuelto la incompatibilidad o la incongruencia si la hubiera previsto), sino desde el punto de vista sistemático y normativo del orden jurídico hoy vigente y, por lo tanto, desde el punto de vista de la sociedad contemporánea, en la cual la ley posterior y la ley anterior (en cuanto compatible con ella), están destinadas a desarrollarse juntas en la función normativa[546].

La respuesta a la interrogante que ciertas leyes excepcionales proponen va encaminada no remontándose a la sicología del legislador "excepcional" (que por ejemplo llevaba a establecer, en derogación al principio de igualdad, una categoría de ciudadano diferente de todos

---

544 HECK, *Ausleg.*, 179, 189, s., 230; GRISPIGNI, *Dir. pen.*, I, 27, 350.
   Fuente de equívocos es la fórmula corriente de "derogación tácita".
545 PIERANDREI, en "Giur. it.", 1948, I, 267-270; MÜLLER-ERZBACH, *D. priv. Recht der Mitgliedschaft*, 25; VIRGA, *Libertà giur. e dir. fondamentali*, 272; ESPOSITO, *La costituzione ital.*, 263 ss.; 283-88; en general, SCHNEIDER, *Prinzipien der Verfassungsinterpretation*, 45-52.
546 Concorde, Cass. 25 junio. 1949, nr. 1592, en "Foro it.", 1949 I, 801; 805.

los demás por su condición de inferioridad jurídica), sino más bien encabezando la valoración dominante en la sociedad actual contemporánea del intérprete[547]. En esto consiste el procedimiento hermenéutico designado por Leibniz como *"legem probare": rationem legis veram reddere, non tantum scilicet cum sit lata, sed etiam cur sit tuenda.*

Quizá no carece de interés para la historia de los conceptos hermenéuticos el descubrimiento de un fragmento de la *Nachlass* jurídico-filosófica de Leibniz en la cual se puede encontrar el núcleo de una interpretación evolutiva. De esta antítesis (*non tantum scilicet cur lex sit lata, sed etiam cur sit tuenda*)[548] se aclare en sentido de la *probabilitas* a la cual debe aspirar el intérprete de la ley a diferencia de la *veritas* absoluta y a través de sus demostraciones. En contraste con la *ratio legis cur sit lata*, es decir, la valoración normativa que habría determinado y fundado la emanación de la ley, debe ser relevada la *ratio legis cur sit tuenda*, es decir, la justificación que se encuentra en la base de la norma jurídica emanada, a través de la *probatio legis*. Solamente la motivación actual de la norma jurídica en la situación contemporánea puede justificar su vigor ulterior: a ello mira la interpretación del sentido como *rationem magis veram reddere*. Si no debe encontrarse hoy un motivo válido (*ratio vera*) para el vigor ulterior sería inevitable la conclusión

---

547 En pleno contraste con el propuesto criterio hermenéutico, se encuentra una decisión de la suprema corte federal alemana, de 17 diciembre 1953, sobre el tema de la relación laboral (ver la crítica de REINHARDT en "Das Recht der Arbeit" 1954 fasc. 2): donde –con inspiración abiertamente parcial que es señalada para la reprobación de los juristas– llega a negar la continuidad de la relación laboral en razón de juramento de fidelidad a Hitler. Vid. también nuestra crítica sobre la retroactividad: *Il bill of attainder*, en "Riv. dir. comm." 44, 1946, 42-48, "Interpretaz. d. legge" 30 s., 102, 244 (2ª ed., 121 ss., 198 ss., 350 ss.).

548 Fragmentos editados por MOLLAT, p. 46 (no considerado por COUTURAT, *Leibniz' Logik*, 1961). LEIBNIZ continúa: *"Hae rationes sumuntur ex ethicis vel politicis, et vel etiamnum subsistunt, vel nunc cessan: quo casu ratio legis ver reddi non potest... Placet tantum paulo distinctius exponere modum probandi. Tametsi autem pleraeque leges sint enuntiationes quae non habent absolutam necessitatem, sed quas, ut plurimum, contigit veras esse, nihilominus circa eas inveniuntur probationes exactae sive infallibiles, id est demonstrationes, modo quis probare suscipiat enuntiationis huiusmodi non veritatem absolutam, sed ipsam probabilitatem".*

recíproca: *cessante ratione legis cessat lex ipsa*; vale decir que la situación actual debe conciliar una valoración normativa suficiente para motivar el vigor ulterior de la ley. Es también fácilmente comprensible que una tal recíproca conclusión y la conexa potencia evolutiva de la interpretación de la ley debe parecer inaceptable con el advenimiento del positivismo jurídico, el cual en un primer tiempo aspiraba solo a conservar los intereses de la estabilidad y a adaptar lo más posible la interpretación a la letra de la ley[549].

---

549 Sobre tal desarrollo cfr. el artículo de WENGLER sobre la no aplicación de las normas nacionalsocialistas, en "Juristische Rundschau", 1946, 69 s.; HECK, *Gesetzesauslegung und Interessenjurisprudenz*, en "Arch. ziv. Prax.", 112, 241 s.; WIEACKER, *Privatrechtsgeschichte der Neuzeit*, 1952, § 23: 271, sobre el advenimiento del positivismo jurídico.

§ 10. Interpretación de la ley y su potencia evolutiva

I. Cuestión de la potencia evolutiva de la interpretación jurídica. II. Interpretación de la ley y su potencia evolutiva.

I. Cuestión de la potencia evolutiva de la interpretación jurídica

La discusión precedente nos ha puesto en situación de afrontar con conocimiento de causa y de sistematizar rectamente la cuestión propuesta de nuevo por Romano[550], acerca de la legitimidad de la "interpretación evolutiva". Cuestión mal situada en estos términos: puesto que no se trata de un particular método o criterio para usarlo en competencia con otro, sino del carácter que la interpretación jurídica lógicamente asume, en cuanto adopte, no una dirección estática y conservadora, sino una dirección dinámica y evolutiva. Un sobresaliente aspecto de esta perspectiva es necesario encontrar, cuando ha sido considerada la interpretación progresiva de leyes antiguas impuesta por la aparición de leyes nuevas inspiradas en una diversa concepción de política legislativa.

Aquí queda por examinar la admisibilidad o legitimidad de la concepción evolutiva. Las objeciones dirigidas por Romano[551] contra la admisibilidad de una perspectiva evolutiva de la interpretación jurídica no son insuperables.

A) Concepción intelectualista del proceso interpretativo es aquella de Romano, dependiente del concebir el conocimiento como una recepción pasiva de una verdad ya subsistente en sí misma completa antes de la elaboración del pensamiento (el "reflejarse en el intelecto" como el "reflejarse en un espejo").

---

550 *Frammenti di dizion. giur.*, 1947, 119-125. Visión compartida por otros, como CALASSO, *Gli ordinamenti giur. nel rinascimento medioevale*, 2ª ed., 211-13.

551 *Frammenti*, 120-125.

Esta concepción hay que considerarla hoy día como superada tanto por la revolución copernicana obrada por la gnoseología kantiana como por la teoría del conocimiento, tanto –en el campo específico de la interpretación– de la conciencia alcanzada también por los juristas que en la interpretación jurídica no se trata de un procedimiento puramente intelectual parangonable a aquel de las ciencias matemáticas o naturales, sino de un procedimiento de reconocimiento dirigido a identificar y a reproducir en la apreciación del intérprete la valoración comparativa de los intereses en conflicto contenidos en las normas legales. Lamentablemente entre los juristas tienen todavía crédito, por inercia mental o por el prejuicio de una pretendida diferencia de método entre consideraciones jurídicas y consideraciones filosóficas que esconden la ignorancia de esta, la vieja concepción ingenuamente objetivista (prekantiana) del conocimiento[552].

B) Insuficiencia de la fórmula legislativa e inadmisibilidad de su aislamiento de la totalidad del orden jurídico y de la evolución histórica de este: he aquí el punto decisivo de la cuestión.

a)   Cuanto más la fórmula se aleja en el tiempo de la presente actualidad, tanto más ella necesita ser integrada y "enriquecida" mediante una eficiente colaboración del intérprete[553]. A la satisfacción de esta exigencia ha indicado Montaigne[554], cuando entreví como un dato de la fenomenología del derecho el hecho de las incrustaciones y de los sedimentos que han sobrevenido gracias a la obra permanente de la interpretación (*"Les loix prennent leur auctorité de la possesión et de l'usage: elles grossissent et s'annoblissent en roulant, comme nos riviéres"* [trad.: las leyes

---

552 V. p. ejemplo ROMMEN, *Die ewige Wiedergeburt des Naturechts*, 1947, 175: "Nachbild". No obstante, v. supra, prolegom., nota 14 & 60 y § 26-*b*, nota 3.

553 CARNELUTTI, *Teoria gener. dir.*, 388, 2ª ed., 269; cfr. FERRARA, *Tratt.*, I, 210; BATTAGLINI, *Dir. penale*, 3ª ed., 69; DEGNI, *Interpr.*, 2ª ed., nr. 134 ss.; MILANI, *Interpr. evol.*, en "Riv. int. fil. dir.", 1950.

554 *Essais*, II, cap. XII: ed. Garnier, I, 552.

adquieren su autoridad de la posesión y el uso: ellas se alimentan y se ennoblecen fluyendo, como nuestros ríos]. Precisamente la interpretación cumple la tarea de darle eficiencia a las leyes y de hacerla vivir en la realidad histórica y social[555].

Por lo demás, no solo la fórmula y el lenguaje de las leyes sino cualquier expresión del lenguaje sufre este defecto, de hecho aparece como elíptica[556] e insuficiente respecto a la idea a expresar, y pone al interlocutor-intérprete en la exigencia de integrarla. W. Humboldt[557] advierte que en el lenguaje hablado hay algo que la expresión lingüística no contiene inmediatamente, pero que el espíritu del interlocutor está llamado a integrar detrás del estímulo que de ella le proviene[558]; y advierte también[559] que a cada palabra se une la exigencia de una dilatación, de una ulterior prefiguración y despliegue de aquello que es su contenido inmediato[560]. Ahora a tal exigencia no se sustrae ni siquiera la fórmula legislativa.

b)   Se objeta[561] de ser impropio y erróneo también el hablar de una "evolución de la ley" y el admitir que esta tenga vida y acontecimientos suyos, propios. Las modificaciones que las leyes pueden sufrir, tendrían que ver únicamente "no con su eficacia jurídica, sino con la esfera de las aplicaciones de que son de hecho susceptibles", y por lo tanto serían "externas a la ley". Una vida propia y "un alma tiene en cambio el ordenamiento jurídico cuyas leyes coordinadas y fundidas, son elementos integrantes, precisa-

---

555 Aquello que ROMANO, *Fr. Dizion.*, 122, injustamente desconoce.

556 URBAN, *Language and reality*, 125, 201, 234, 242.

557 *Verschiedenheit d. menschl. Sprachbaues*, en "Werke", VII, 177, cfr. 176, 100.

558 *Dasz es etwas giebt, das die Sprache nicht unmittelbar enthät, sondern der Geist, von ihr angeregt, ergänzen muss.* Cfr. HARTMANN, *Problem d. geist. S.*, 361 (*mit dem Worte ist mehr gegeben als das Wort*).

559 *Werke*, VII, 180.

560 De aquí –nota HUMBOLDT, VII, 100– *"eine wachsende Bereicherung der Sprache an seelen- vollem Gehalte"*.

561 ROMANO, *Fr. Dizion.*, 123 s.

mente como expresiones en continuo movimiento de sus fuerzas vitales".

El que así argumenta cae precisamente en un error de perspectiva, que consiste en identificar la norma de la ley con la fórmula o la letra de la declaración legislativa, y en "considerarla en sí y para sí", aisladamente de la totalidad de la cual forma parte, y por lo tanto como algo "del todo inerte, que no tiene una *mens* propia diversa de aquella que en ella se ha, para decirlo de alguna manera, cristalizado e inmovilizado para que dure"[562].

Ahora bien este violento y arbitrario disociar de cada norma del contexto y complejo orgánico a la cual pertenecen, este dividir la fórmula y la idea originaria de la *vis ac potestas* que la valoración normativa explica inserta en aquel complejo y en la vida histórica del derecho y explica precisamente gracias a la interpretación, no puede menos que conducir a una visión deformante de esta y de su objeto. Es verdad que a la interpretación incumbe tomar en examen "no una ley o una norma particular, sino con respecto a la posición que ella tiene al interior del orden jurídico"[563]. Pero de aquí a decir que "esto que efectivamente se interpreta es tal ordenamiento", hay un salto lógico; es una ilusión creer que solo el orden jurídico como ente social, "es algo vivo, y que precisamente porque es vivo, se modifica continuamente, se renueva, evoluciona", casi como si se tratara del desarrollo natural de un organismo vegetal o animal[564] más bien en una comunión de viviente espiritualidad, y que en dicho desarrollo natural la interpretación no tuviera nada que ver[565].

En realidad, el ordenamiento jurídico no es algo dado (como se puede creer en una visión estática e inmovilizante, al modo de Kelsen),

---

562 ROMANO, op. cit. p. 123.

563 ROMANO, *Frammenti dizion.*, 124; cfr. 142; WENGLER, en "Jurist, Rundschau", 1949, 72; HOETINK, *Histor. Rechtsbeschouwing*, II s.; 18 s.

564 Según la concepción de HOBBES.

565 ROMANO, *Frammenti dizion.*, 122.

ni es un organismo que se desarrolle por sí mismo por mera ley natural: es una cosa que no es, sino que se hace, de acuerdo con el ambiente social históricamente condicionado, precisamente por obra continua de la interpretación[566], en el gran diálogo que tiene lugar entre los órganos de la legislación y los órganos de la jurisprudencia[567].

II. Interpretación de la ley y su potencia evolutiva

En el enfrentamiento de la investigación de problemas que se reúnen al tema expresado en esta fórmula "interpretación de la ley y su eficacia evolutiva" es necesario partir no ya de premisas de carácter dogmático abstracto, sino de una visión lo más posible adherente al fenómeno, agrupado en su totalidad y realidad que es a un mismo tiempo jurídica e histórico-sociológica.

Esta nuestra orientación está en perfecta antítesis con la visual dogmático-formal de la llamada "teoría pura del derecho", es decir con la teoría de Kelsen, que es posible caracterizar como la visual del estatalismo y positivismo legislativo, reflejada en la fórmula *"quod non est in lege, nec in iure"*. Esta teoría parte de una serie de presupuestos indemostrables, que nosotros rechazamos *in limine*. Su dogma es

---

566 GENY, *Méthode d'interprétation*, II, n. 185; HARTMANN, *Problem d. geist. S.*, 269 s.; POUND, *Interpretations of legal history* (Cambridge, 1923), 2 ss.; también *Philos. of Law*, en "Twentieth century philos." (1943), 77-86; SILVEIRA, *O fator politico social na la interpretaçao das leis*, San Paulo Brasil 1946: recens. de POUND, *The political and social factor in legal interpretation*, en "Michigan law review", 45, 1947, 599-604; ASCARELLI, *Funzione dell'interpretazione*, en "Studi", 169. V. en especial los desarrollos que sobre interpretación se ofrecen en: POUND, *Interpretations of legal history* (1923); CARDOZO, *The nature of the Judical Process*, 15ª ed., 1952, 47 ss.; SCHMITT, *Drei Arten d. rechtsw. D.*, 13 ss.; SCHMITT, *Ueber die drei Arten d. rechtswiss. Denkens*, 24-29. Cfr. nuestra "Interpretaz. della legge", 133 (2ª ed., 229 s.) y escritos ahí citados; además, SILBERSCHMIDT, en "Zentralblatt f. d. jurist Praxis" 54, 1936, 22-27; LESS, *Vom Wesen u. Wert des Richterrechts*, Erlangen, 1954; CROSS, *Precedents in English Law*, 1962; DAVID, *Les grands systèmes de droit contemporains*, 64, 95, 102.

567 Cfr. HORN, *Rechtssprache u. Kommunikation*, 157 ss.; y un apunte sobre ROBLEDA, *De interpretatione iuridica in iure romano et canonico quaest.* ("Periodica", 1959, 600) *n.d.c.*

la exclusividad del derecho, de cuyo punto de vista se nos pone, con correlativa absoluta irrelevancia de todo otro derecho; corolario de la cual es la universalidad de aquel determinado ordenamiento del derecho privado: universalidad, que a nosotros nos parece, francamente, una fanfarronada absurda en cuanto reniega la axiomática exigencia de la efectiva exigibilidad práctica de las normas a aplicar.

Todos presupuestos lógicos y dogmas gratuitos, aquellos, en la base de los cuales está, aunque no se diga, un presupuesto axiológico dado por aquella concepción del derecho que llamaremos, adoptando la terminología de Carl Schmitt[568], decisionista. Concepción, para la cual el derecho no es ya, como creemos y como sentimos con nuestro sentido, un orden de convivencia inmanente a las relaciones de un cuerpo social y que se refleja como dictamen en la conciencia social de los seres humanos que lo componen, sino más bien un dictado impartido por un poder soberano a una masa de súbditos y funcionarios obligados, con o sin su voluntad, a darle ejecución y por lo cual a considerar derecho todo aquello y solo aquello que se le impone.

Si, bajo el aspecto dogmático-formal, esta concepción lleva a reconocer el derecho como un orden de funcionarios, bajo el aspecto ideológico ella, creo, puede parangonarse a la condición del solipsismo. Como el solipsismo niega dignidad de instancias cognitivas a nociones diversas de aquellas provenientes de la única instancia del *solus ipse*, de cada sujeto, o por esa instancia ratificada, así el estatalismo y el positivismo legislativo niega carácter y dignidad de los derechos a todo ordenamiento diverso de aquel del estado desde cuyo punto de vista se establece; considera a los ordenamientos diversos como un puro hecho, que no alcanzan la dignidad del derecho sino en virtud de una incorporación, la cual solo podría operarse a través de un proceso de recepción, o de imitación, o de (re) producción legislativa.

---

568 SCHMITT, *Ueber die drei Arten des rechtswissenschaftlichen Denkens*, 1936, p. 24-29.

Así, la regulación de las relaciones que contiene elementos extraños respecto al ordenamiento que se considera, tendería a configurarse como una suerte de derecho interno especial destinada a algunos tipos de relaciones: derecho constituido por normas internas, si bien derivadas de ordenamientos diversos de aquel que se considera exclusivo. A esta concepción nosotros decimos, resueltamente, ¡no!

Para nosotros, al contrario, el dato de hecho fundamental es la pluralidad de los ordenamientos, por lo tanto el concurso, y conflicto potencial, de regulaciones que se derivan; concurso, que está presente primeramente no en la mente del juez sino en la mente del legislador, es decir en la valoración de la ley de cuyo punto de vista se nos pone.

A este dato de hecho se apoya, más que un postulado, una conclusión que para nosotros tiene valor axiomático: ser, es decir, imposible que los varios ordenamientos se ignoren unos con otros y pretendan, cada uno por sí mismo, un vigor exclusivo que presupondría un valor no circunscrito sino universal, atribuido a sus propias valoraciones normativas y a ellas solamente. Queda por ver de qué manera ellos puedan y deban en su propio círculo de vigor interno tener en cuenta, cada uno, el uno del otro. Pero esto no es un problema que sea necesario discutir a propósito de este punto. Hablaremos de ello más adelante.

El conjunto de problemas hoy propuestos a la discusión fue enfrentado por quien os habla en dos cursos universitarios que, para él, se enmarcan en una más amplia búsqueda concerniente a la teoría general de la interpretación. Un curso, desarrollado en el año universitario 48-49, fue publicado en volumen con el título *La interpretazione della legge e degli atti giuridicci*, el otro, desarrollado en el año 55-56 fue publicado con el título *Problematica del diritto internazionale*: problemática, sin embargo, que tiene especial importancia respecto del derecho internacional privado[569]. Expondré aquí nuevamente en forma breve lo

____

569 Sobre el segundo volumen los cultores de la materia han observado hasta ahora el más riguroso silencio. Sobre el segundo volumen, ha sido objeto de dos recensiones; una, iluminada y serena, del estimado colega de Viena,

que exponía en el capítulo 2 del señalado volumen sobre *la interpretazione della legge e degli atti giuridicci*. Que en la interpretación jurídica no puede ser cuestión de dejar sin más aparte la consideración de la nomogénesis —es decir de la manera como tuvo origen la norma, como la norma fue pensada y como los tipos de intereses en juego fueron valorados y coordinados— es incontestable, no obstante la paradoja de ciertas formulaciones que parecen afirmar lo contrario.

El reconocimiento de la valoración original latente de la ley y constitutiva de la *ratio iuris* de la norma es indispensable para acertar en qué medida este texto haya sufrido modificaciones de significado con el sobrevenir de los cambios en el ambiente social o de las nuevas orientaciones en el orden jurídico. En verdad, solo por intermedio del texto así entendido, y no ya inmediatamente, es legítimo proceder a una adaptación y a una transposición del texto legal en la viva actualidad, balanceando según justicia el interés estático a la estabilidad, a la conservación y certeza de las relaciones, con la exigencia dinámica de la renovación en la dirección de la evolución social.

De hecho, si bien no derogado por una nueva ley o por una costumbre derogadora, el precepto textual de la ley, quedado exteriormente intacto, puede encontrarse interiormente socavado por el hecho de que la valoración originaria, determinante de la resolución de la norma, haya quedado desestimada y sobrepasada por una nueva valoración de los intereses en conflicto afirmándose en otras normas sobrevenidas. Se verifica entonces un fenómeno análogo a aquel delineado por los psicólogos como heterogénesis de los fines. La evaluación latente que es objeto del reconocimiento interpretativo, se modifica gradualmente, en la medida que la norma madura, al lado de la solución de su primitivo problema práctico y, por lo tanto, en lugar de la operatividad de su finalidad originaria, la obtención de un resultado ulterior

---

KRELLER, en la "Oesterr. Zeitschr. f. öffentl. R.", 1950; y otra de SACCO, de una franca hostilidad.

da razón de su conservación. Así la interpretación de la ley viene a encontrarse delante a una doble tarea: antes que nada,

a) indagar la valoración originaria inmanente a la norma en su concatenación con el íntegro ambiente social en el cual fue emitida y con el ordenamiento del cual es parte integrante (y esto, mediante una interpretación que si bien ha sido llamada sociológica, es mejor llamarla histórico-teleológica); además,

b) indagar si la norma ha hecho madurar un resultado social ulterior, aunque no intencional, consistente en conciliar el conflicto entre otras categorías de intereses distintos de aquellos previstos.

Modificación interesante, pero no la única posible, es aquella producida por repercusión del sobrevenir de nuevas normas y aquella dependiente del encuadrarse en todas las normas, viejas y nuevas, en un orden jurídico que las abraza a todas y que tiene la naturaleza, para usar una expresión de Dilthey[570], de una operante concatenación productiva.

Ha sido justamente observado[571] a propósito de la mutación de la *ratio legis* con los sucesivos cambios de las relaciones sociales, que lo que influye sobre la nueva significación de una vieja ley, es el sobrevenir de leyes especiales las cuales reaccionan sobre todo el sistema. En verdad el orden jurídico es un organismo en perenne movimiento, en continua transformación, que sigue y refleja de cerca el movimiento de las transformaciones de la vida social.

Donde solamente un reconocimiento histórico permite evaluar la transformación que una institución ha tenido y, junto a ello, reconocer el real alcance de las nuevas instituciones y la repercusión que ellas pueden haber desplegado sobre otras partes del ordenamiento quedado formalmente (pero solo en apariencia) inmutado, en cuanto a la letra. Bajo este perfil es exacto el realce[572] que solo el texto literal de la ley, no

---

570 DILTHEY, *Gesammelte Schriften*, VII, p. 119, 135 ss.
571 GRISPIGNI, *Diritto penale italiano*, 2ª ed., 1947, I, p. 349.
572 KOHLER, *Lehrbuch des bürgerlichen Rechts*, I, p. 125.

ya la *mens* originaria, es empapado y aferrado por la potencia normativa de la legislación, porque ello queda solo formalmente inmutado, sino que se integra y se llena de un espíritu diverso conforme al espíritu del tiempo y de la sociedad para la cual la norma es destinada a valer: no ya, se entiende, según el talento subjetivo del intérprete.

Pero en este punto debo, para señalar la precisa dirección de mi presentación, reclamar vuestra atención sobre una fundamental diferencia de otros dos modos de ver, sostenidos respectivamente, uno, por Kelsen, y otro, por Ascarelli. No desarrollaré aquí completamente la visión de Kelsen[573]; me limitaré simplemente a subrayar que Kelsen sostiene que, de frente a normas donde no resulte de modo unívoco el precepto a aplicar, la comprobación interpretativa consistiría en el simple señalamiento del marco que la norma representa y que da lugar a diferentes máximas de decisión. La tarea del intérprete sostiene Kelsen que se acaba en la simple constatación de la posibilidad de más decisiones diversas, *per se* equivalentes la una a la otra, si bien luego una sola de estas posibles interpretaciones se eleve a derecho positivo en la sentencia, o en el procedimiento administrativo. Quien así piensa está llevado a concluir que, por ejemplo, en el caso de discrepancias entre letra y finalidad de la norma o de contradicción entre normas, no sea posible de encontrar con el método interpretativo un criterio de preferencia entre las decisiones abstractamente posibles, aunque una sola esté destinada a llegar a ser derecho positivo en el acto de la autoridad (a la cual estaría reservada la función de interpretar la ley). El juez no estaría llamado, según esta teoría, a resolver un problema teorético intelectivo sino por añadidura un problema de políticas legislativas, parangonable a aquel de legislador, de emanar leyes justas en el marco de la Constitución. Sería esta una "función de voluntad" no ya de intelecto, tanto de parte del legislador cuanto de parte del juez; pero la diferencia, no cualitativa sino más bien puramente cuantitativa, res-

---

573 Kelsen, *Zur Theorie der Interpretation*, en "Revue internat. de la théorie générale du droit", 1934, pp. 9-17, especialmente p. 11 s.

guardaría solo la intensidad del vínculo, mayor en el juez, menor en el legislador. Problemas de política legislativa resolverían también los comentarios científicos, tendiendo ellos a sugerir propuestas *de iure condendo* y a influenciar a la jurisprudencia y a la administración.

Pero que no sea así nos lo advierte el buen sentido. Quien, como nosotros, propugna el criterio de la valoración comparativa de los intereses típicos relevantes para la regulación, debe en cambio admitir que el reconocimiento histórico del contenido de la ley está estrechamente ligado a la ulterior tarea de una integración de la normativa lagunosa; integración tal que, reuniéndose a la nomogénesis en una línea de coherencia, asume respecto a ella carácter complementario y al mismo tiempo explicativo de las valoraciones que se encuentran ahí implícitas. Es esta una tarea que se inspira en el ideal de la coherencia de los principios y de la congruencia objetiva en eventual contraste con el ideal de una estática fidelidad a la letra de la ley.

El intento de Kelsen de aplanar la función jurisdiccional al nivel común de la discrecionalidad, no es punto justificado de la presencia de un momento axiológico en la apreciación interpretativa del juez: porque a la apreciación interpretativa queda siempre una apreciación vinculada, subordinada merced a un vínculo de continuidad lógica y axiológica a aquella línea de coherencia que se demuestra inmanente al orden jurídico considerado en su totalidad.

En cuanto a la reciente posición sostenida por Ascarelli[574] nosotros estaremos propensos a reconocer entre esta reciente posición y la teoría de Kelsen, no obstante la apariencia de lo contrario, una intrínseca conexión.

Sostenemos que a la teoría kelseniana del positivismo estatalista, que no reconoce cualidad de derecho sino solo a las normas dictadas sobre la base de una *Grundnorm* y en régimen de autoridad y, por lo

---

574 ASCARELLI, *In tema di interpretazione ed applicazione della legge* (*lettera al prof. Carnelutti*), en "Riv. dir. processuale", 1958, p. 14-22. Se dan por anotadas las contribuciones anteriores del mismo autor, sobre la teoría de la interpretación jurídica.

tanto, excluye la posibilidad de que el derecho se forme en régimen de autonomía, salvo en virtud de un reenvío, la teoría de Ascarelli se reconecta idealmente en cuanto ella podría calificarse como decisionista, en el sentido que confía a la interpretación del juez el oficio de formular y *poner* sin más la *norma* jurídica: y por lo tanto niega la objetividad de la ley para sustituirla con la estabilidad del texto y con la exigencia de continuidad con el mero dato textual.

A primera vista la visión de Kelsen y la de Ascarelli podrían parecer antitéticas, en cuanto una, la más reciente, no hace sino contraponer más o menos conscientemente a la omnipotencia del legislador la omnipotencia del juez; pero en realidad las dos teorías son íntimamente afines y su afinidad se denuncia en el hecho que ambas atribuyen, allá donde cesa la univocidad del texto legal, la competencia a formar valoraciones de carácter discrecional que, por su independencia de una instancia superior, se colocan sobre el mismo plano de las valoraciones legislativas y no están unidas por una línea de coherencia con el sistema del *ius conditum*.

La diferencia es únicamente esta: en la concepción de Kelsen el caso de equivocidad, elipsis o laguna del texto legislativo se supone relativamente menos frecuente; en la concepción de Ascarelli, en cambio, el texto legislativo es considerado siempre equívoco, carente de univocidad, y no es un mero prejuicio (el prejuicio de la *kyriolexía*) la creencia en la univocidad del texto, de cuya parte la visión corriente, que "ve en la interpretación una explicación de la norma así supuesta como únicamente dada y unívoca"[575]: ya que el ejercicio de la apreciación discrecional de parte del juez deviene, en la concepción de Ascarelli, mucho más frecuente que en la teoría pura del derecho sostenida por Kelsen.

Ahora bien, también a la nueva teoría, decisionista y nominalista, es necesario oponer, a nuestro criterio, un categórico: ¡no! Y demostrar el fundamental error que la lleva a deformar y hasta modificar el oficio

---

575 Vid. Ascarelli, "Riv. dir. processuale", 1958, p. 18.

de la interpretación en una tarea de siempre nuevas formulaciones de normas en simple continuidad con el dato textual.

En realidad tal oficio no es, como se asevera, la posición de la norma jurídica, sino el reconocimiento de las normas preexistentes.

Quien habla de "posición" cambia la *ratio cognoscendi* por la *ratio essendi,* y es víctima de un error de perspectiva determinado por aquel *Satz des Bewusstseins*[576] que ha sido hace tiempo refutado en sede filosófica. En verdad aquellas que el juez está llamado a formular, y a recavar en el ordenamiento, no son "normas" (a las cuales los jueces futuros deberían estar vinculados), sino simplemente *máximas de decisión*: máximas, cuya eficacia vinculante, como criterios de conducta, se acaba en el caso decidido y a la adopción del cual los jueces del futuro no están ni mínimamente sujetos.

Es un equívoco, este, consistente en el cambio entre norma y máxima de decisión, en la cual había ya incurrido nuestro amigo Joseph Esser[577], conducido allí por la polémica directa en contra del *legalistisches Quellenmonopol* postulado por la teoría kelseniana. En realidad, las valoraciones de competencia del intérprete no son valoraciones de carácter primario y discrecional, sino deben siempre tener carácter subordinado y complementario respecto a las valoraciones legislativas que comandan la solución del problema dado en la norma interpretada. Puesto que cuando en la regulación dictada por la norma se encuentran lagunas que impongan la integración y el desarrollo, la operación interpretativa debe necesariamente ligarse, a través de una

---

576 Cfr. HARTMANN, *Grundzüge z. s. Methaph. D. Erk.*, p. 60; 221.

577 ESSER, *Grundsatz und Norm*, 1956, pp. 132-137. Según ESSER (135), la polaridad de cada ordenamiento ínsita en la antinomia entre *auctoritas* y *ratio* se refleja necesariamente en la concepción de las fuentes del derecho, quien se refiere a "dirección normativa" (*Intentionsbeziehung*); que pone al derecho y en virtud del entendimiento (*Verständnisbeziehung*) del que es llamado a aplicarlo y practicarlo; que el hecho singular estaría orientado (*hingeordnet*), en la totalidad del cosmos espiritual, de la cual toma cuerpo (*notwendige Verkörperungsform:* en el que ESSER (nt. 159), cita a Husserl, Weber, Hartmann.

línea de *coherencia*, coherencia lógica y axiológica, con la totalidad del sistema de *ius conditum*.

Porque es un verdadero equívoco creer que al intérprete basta, como dice Ascarelli[578], "respetar la continuidad con el texto". "Respetar la continuidad con el texto"; ¿respetarla cómo? ¿Respetarla más o menos farisaicamente, es decir, asumir que una cualquiera "continuidad" con el dato textual sea suficiente para asegurar la exactitud de la interpretación?

Asegurarla, entendemos, en un modo rigurosamente controlable por la *communis opinio* a través de la observancia de cánones hermenéuticos. No lo entiende así Ascarelli, puesto que niega la legitimidad y hasta la existencia de dichos cánones. Y el equívoco se denuncia en la evidente conclusión que él hace[579] entre cánones metódicos, cuyo uso es indispensable a todo intérprete consciente de los límites de su oficio, y orientaciones valorativas; las cuales deben, ciertamente, tener carácter contingente y adaptarse a las orientaciones diferentes de los diversos derechos positivos y a su diverso clima histórico y sociológico[580].

El equívoco me parece bastante evidente puesto que se afirma, como lo afirma Ascarelli[581], "ser trabajo inútil el querer establecer cánones universales de la interpretación (fijación que, a su entender, traicionaría la naturaleza de la interpretación misma), mientras por otra parte es precisamente la diferencia de estos cánones en varios países o ambientes la que nos indica no ya una diferencia en base a la cual sea posible aplicar el calificativo de justo o de errado, sino una diferencia de estructuras constitucionales". Ustedes pueden ver que aquí se confunde groseramente entre aquello que es una orientación valorativa necesariamente diversa, contingente, que responde al ambiente

---

578 ASCARELLI, "Riv. dir. processuale", 1958, p. 16.

579 ASCARELLI, "Riv. dir. processuale", 1958, p. 18.

580 Cfr. para algunas referencias, nuestra lección: *Das Problem der Kontinuität im Lichte der re- chtshistorischen Auslegung* (1° junio 1956), pp. 20-22 (= Institut für europäische Geschichte, 18, Wiesbaden 1957).

581 ASCARELLI, "Riv. dir. processuale", 1958, p. 18.

cultural de este o de aquel otro país, y aquellos que son los cánones hermenéuticos; cánones esencialmente epistemológicos, inherentes a la estructura de nuestra misma mente humana, los cuales deben dar razón del proceso interpretativo.

Ahora, no es tampoco admisible que al juez deba corresponder un margen de discrecionalidad en la individualización del precepto y la sanción. Lamentablemente en la formulación de los artículos 132 y 133 de nuestro Código Penal se usó esta palabra "discrecionalidad"; pero no se trata de discrecionalidad en aquellas normas[582]: se trata únicamente de satisfacer una exigencia de especificación, exigencia de una diagnosis de aquella "gravedad" que Carrara habría llamado la cantidad política del delito y, además, una exigencia de especificación de la sanción penal. Pero en este proceso de especificación el juez está sujeto a seguir criterios que, a pesar de que son de carácter elástico, a él le son taxativamente impuestos desde la ley, como: naturaleza y modalidad de la acción, entidad del daño o peligro causado, intensidad del dolo o culpa, y así sucesivamente. Tanto menos en la perspectiva penal de la sanción es posible hablar de una discrecionalidad, la cual chocaría en contra de aquella que es exigencia fundamental de la sanción penal y que se expresa en el proverbio *"nulla poena sine lege"*. Con razón podría el imputado preguntar: ¿pero, cómo pueden ustedes aplicarme una pena que han creado ustedes mismos, por vez primera, "poniendo la norma"? Este es un absurdo, porque la previa norma penal debe preexistir a la calificación de la conducta como delito y a la imposición de la sanción.

Y en general obsta a la concepción subjetivista el dato de elemental buen sentido que toda interpretación, solo porque es tal, tiene como presupuesto insuprimible una objetividad que está de frente al

---

582 Para la demostración se reenvía al cap. IV, especialmente. p. 60 ss., de nuestra *Interpretazione della legge* (= 2ª ed., p. 154 ss.). Para la diferencia entre norma y máxima de decisión, al cap. III, especialmente p. 41 s., 48 s., 221 (= 134 s., 141 s., 326 s., 2ª ed.); *Teoria gener. d. interpretazione,* pp. 861-864.

intérprete y de la cual se trata de encontrar el sentido[583]. No es absolutamente concebible que el intérprete inserte en la objetividad que le está de frente inamovible, una apreciación suya subjetiva, dado que el oficio suyo es únicamente aquel de recavar de aquella objetividad el sentido que allí ya está inmanente: *"sensus non est inferendus, sed efferendus"*. A este canon fundamental no hace ciertamente excepción la interpretación jurídica.

Ahora bien, teniendo presente esta diferencia de punto de vista y la diferente perspectiva que brota de ahí, nosotros podemos también darnos cuenta de ciertos fenómenos de los cuales nos da noticia la fenomenología del derecho.

A) Entendemos sobre todo el fenómeno de la *duplex interpretatio*, que se produce cuando una norma, una institución jurídica de un precedente ordenamiento pasa a uno nuevo, mientras resta inmodificado el texto de la norma; ahora bien, encuadrada en el ordenamiento nuevo, la norma textualmente inmutada asume un nuevo significado[584], esencialmente diverso. ¿Por qué asume un significado esencialmente diverso? Porque el significado de la norma no es algo que esté en sí, de algún modo pegado a la letra del texto legal, y que se pueda abstraer del ordenamiento del cual ella forma parte, sino algo que brota del ubicarse en el ordenamiento: así que, cambiando este, cambia también el sentido de la norma. Se podría también hablar de *interpretatio multiplex*[585]; vale decir: cuando es en los ordenamientos nuevos en los cuales penetra la norma cuyo texto resta literalmente inmutado, la norma misma asume otros tantos nuevos significados.

---

583 Toma plenamente el signo la objeción de CARNELUTTI ("Riv. dir. proc.", 1958, p. 23) que la visión de ASCARELLI suprime la objetividad de la ley, "poniendo el texto en su lugar, esto es, una construcción de palabras" o tesitura de un discurso (cfr. *Teoria gener. d. interpretaz.*, pp. 354-56).

584 Sobre este fenómeno, cfr. nuestra *Teoria gener. della interpretazione*, 1955, pp. 584, 683 s., 799, 825 s., 935-937, 947; *Das Problem der Kontinuität*, 1956, n. 38.

585 Así FEENSTRA, *Interpretatio multiplex; een beschouwing over de zgn. Crisis van het Romeinse recht*, 1953.

B) A este fenómeno se une el otro que podemos llamar de la consciente *conversión interpretativa*, por el cual una norma nacida con un cierto significado y dirigida a resolver un determinado problema práctico se hace eficaz para resolver un problema práctico diverso a través de una conversión dirigida a atribuirle un sentido diverso.

La conversión interpretativa es un fenómeno estrechamente afín a la *interpretatio duplex*. La diferencia entre las dos, es decir entre la *duplex interpretatio* y la conversión interpretativa, es que la *duplex interpretatio* resulta objetivamente, por vía espontánea y sin arbitrio, del cambio de encuadramiento de la enunciación normativa en un diverso contexto dado por el nuevo orden jurídico y, por lo tanto, es recavada por un correcto procedimiento hermenéutico desde este nuevo contexto según el canon hermenéutico de la coherencia y de la totalidad; por el contrario, la conversión interpretativa dirigida a atribuir al enunciado un sentido que se sabe es diverso de aquel originario se aproxima al malentendido, en cuanto es fruto del arbitrio, que en sí sería condenable, si medido con el criterio del canon hermenéutico, pero que todavía, si el sentido alcanzado para tal vía se reconoce que responde a las nuevas exigencias prácticas de la convivencia a cuyo instrumental operativo del derecho debe servir, puede justificarse no obstante el arbitrio, gracias al resultado social alcanzado[586].

No es necesario perder de vista esta esencial diferencia: que las enunciaciones de las normas jurídicas no son simples juicios de carácter cognoscitivo, sino que son instrumentos de acción; ellas representan las soluciones que son dadas a un problema de convivencia: lo que ha sido precisamente calificada por Hans Freyer[587] como instrumento de la vida social (*Geräte des Lebens*). Y si son instrumentos, ellos deben evidentemente prestarse también a operaciones de adaptación, puesto que no son un fin en sí mismas sino que deben servir a la vida social.

---

586 Sobre tal diferencia cfr. *Teoria gener. d. interpretazione,* p. 946-48; *Problem der Kontinuität,* pp. 3840; *Dogmatische Begriffsbildung,* en "Studium generale", 12, p. 96 (= supra, it., 520 s.).

587 FREYER, *Theorie des objektiven Geistes*, 3ª ed., 1934, pp. 37, 68, 83.

Si se tiene presente que el interés que mueve a los juristas intérpretes, no está dirigido al reconocimiento de un sentido inmutable y en sí clausurado, como sucede en la interpretación histórica, sino que tiende a rendir mejores respuestas a las exigencias sociales del nuevo ambiente, normas que no son otra cosa sino instrumentos de civil convivencia, no se encontrará como contradictoria la calificación que alguna vez ha sido dada a ciertos forzados malos entendidos como malos entendidos productivos. Todo está en ver que el procedimiento seguido, siendo aún discutible en orden a una correcta cognición hermenéutica, sea, sin embargo, tal de alcanzar a un resultado social que responda a la función a la cual es destinado ese instrumental operativo que es el complejo de las reglas contenidas en un código o de las reglas con las cuales opera una institución en la nueva órbita de una diversa sociedad nacional.

C) Pero los fenómenos sobre los cuales quiero llamar la atención no se agotan aquí: no se limitan, a saber, al fenómeno de la *duplex interpretatio* y al fenómeno de la conversión interpretativa. Existe también otro fenómeno que tiene una sintomática importancia, y es aquel al cual asistimos en la *recepción* de un código que sea puesto en vigor en un país diverso de aquel de su origen[588]. Piénsese en la recepción del Código Civil alemán en Japón, o aquella del Código de las obligaciones suizo en Turquía y de otras recepciones, ya sea solo indirectas, de cada materia, como por ejemplo, las normas del Código Napoleón en nuestro Código Civil del 65. Suceden, en estas recepciones, fenómenos de asimilación positiva y de refractariedad por los cuales, en el transplante de las instituciones que son reguladas en el código, algunas de ellas echan raíces y se demuestran vitales, otras instituciones en cambio no echan raíces y se revelan inoperantes.

Vale decir, el texto literal del código funciona como una entabladura, como una armazón, que no se articula ni se reanima sino en

---

588 Cfr. SCHWARZ, *La force vitale des codes civils et leur révision*, en "Annales de la Faculté de Istambul", 1953: lección tenida el 21 de marzo de 1952.

contacto con la vida de la sociedad nacional en la cual viene acogido. Fenómeno, también este, que no es para nada arbitrario y no conduce para nada a una simple continuidad intrínseca con el texto legal.

De donde percibiremos que, cuanto más amplia apreciación, en comparación con las decisiones dominantes de la conciencia social, es consentida al juez en la interpretación de las normas en palabras, tanto más la divergencia de concepciones, sea de concepciones éticas, o de concepciones religiosas, sea de concepciones económico-sociales, importando valoraciones diversas, conduce inevitablemente a elaborar un derecho vivo diferente.

D) Pero, a estos tres fenómenos, ahora indicados (*duplex interpretatio*, conversión interpretativa, asimilación o refractariedad en la recepción de un código en un país diferente de aquel que es su origen), hay que acercar también otro fenómeno. Con ocasión del *reclamo* y *reenvío* a leyes extranjeras a las cuales hemos hecho referencia al comienzo de nuestro discurso, se hace necesario (necesidad reconocida en el derecho internacional privado) un proceso de adaptación, para el cual la norma extranjera reclamada estaría sometida, en la máxima de la decisión que se recava, a una congrua modificación.

Mas generalmente hay que decir que aquí nos encontramos de frente a la exigencia de mantener la intrínseca *coherencia* del orden jurídico de la *lex fori* en la dimensión de la coexistencia en el espacio; exigencia, que se pone sobre todo en el concurso de leyes estatales diversas llamadas en potencia a ser aplicadas conjuntamente. Aquí se ponen en discusión los nexos que interceden entre derecho internacional y los ordenamientos internos y entre estos ordenamientos en sus relaciones recíprocas.

Los fenómenos son conocidos: o los ordenamientos internos reenvían al derecho internacional general y asumen adaptársele; o, en sentido inverso, el derecho internacional convencional reenvía a los ordenamientos internos y éstos, merced a un orden de ejecución, disponen adaptársele, o finalmente el derecho internacional privado de cada Estado particular reenvía a leyes extranjeras asignándoles una esfera de aplicación. Ahora cabe preguntarse: ¿cómo se debe concebir, en las tres diversas hipótesis prospectivas, la adaptación, la adecuación, el reenvío[589]?

Algunos conciben esta operación como el producto de un "dispositivo automático" que funcionaría cual transformador permanente para estabilizar de continuo la conformidad concurrente entre uno y otro ordenamiento: en particular se lo representa como un dispositivo de imitación legislativa que reproduce la norma reclamada en la órbita del ordenamiento reclamante. Otros se inclinan a concebir la adaptación al modo de la habituación de un animal, o de un vegetal, a un ambiente cambiante. Sin embargo, ninguna de estas visiones, sacadas del mundo físico, puede reconocerse conexas a los fenómenos a explicar. Ellas son todas visiones dictadas desde el prejuicio del positivismo legalista que parte de la premisa *"quod non est in lege nec in iure"*, y no admite, y tampoco concibe, que se puedan aplicar en la órbita de un Estado normas que no hayan tenido en el mismo Estado su fuente.

Donde se ve constreñido a postular una hipotética "transformación" de normas internacionales en otras tantas normas de ley interna y una no menos hipotética "inserción" suya en el derecho interno; inserción, la cual sería obra de "emanación tácita", de "recepción", o hasta de "reproducción" o "imitación" legislativa.

Dispositivos automáticos, éstos, y digamos bien fantasmales, que proveerían a restablecer de continuo la conformidad requerida entre las normas de un ordenamiento y las normas de otro ordenamiento.

En realidad, sin embargo, todas estas metáforas extraídas de la física mecánica no son otra cosa que cómodos expedientes con los cuales los fenómenos no quedan explicados para nada, sino que son traducidos *in idem per idem meccanici*, es decir en términos que, a lo más, podrían resultar mejor accesibles a las operaciones de cerebros electrónicos o de máquinas destinadas a operaciones de cálculo o de traducción

---

589 A propósito cfr. nuestra *Problemática del dir. internazionale*, 1956, caps. VII, XIX, XX.

automática, pero no son por cierto evidentes y plausibles para la lógica del derecho. A la luz de esta lógica no es para nada necesario partir de la premisa gratuita y no demostrada del positivismo legalista, según la cual no podrían ser aplicadas en la órbita de un Estado normas que no hayan tenido su fuente en el mismo Estado.

No es necesario adoptar aquella premisa más que cuanto lo sea para explicar la aplicación de categorías extrajurídicas, de carácter ético, o de carácter técnico, de determinadas artes o profesiones, a las cuales hagan referencia normas jurídicas. La referencia no transforma aquellas categorías en nociones legales ni opera una legalización de las respectivas normas, por ejemplo de las normas de las buenas costumbres.

En verdad, si el derecho es un hecho espiritual, vale por ello como para las otras formas forjadas por la cultura humana, el axioma que Giambattista Vico enuncia observando que este mundo civil ha sido hecho por hombres: donde se pueden, porque se deben, encontrar los principios entre las modificaciones de nuestra misma mente humana.

Y ahora es necesario reconocer que los mencionados procedimientos, de adaptación, de adecuación, de reenvío, se desarrollan, no ya sobre el plano nomogenético de la producción del derecho, sino sobre el plano interpretativo: ellos se revelan simples categorías *hermenéuticas*, las cuales responden y deben responder al canon de la totalidad y coherencia hermenéutica y a la exigencia de la adecuación del entender[590], especialmente viva en el campo de la interpretación directiva de la conducta, como es esta de la interpretación de la ley.

A este propósito vale la pena indicar para claridad iluminante una visión que el profesor Ruy Cirne Lima de la Facultad Jurídica de Porto Alegre (por mí conocido con ocasión de una clase desarrollada en esa universidad brasileña), ha expuesto recientemente[591], retomando el

---

590 Sobre tal canon, prospectable también como canon de la "correspondencia hermenéutica", cfr. nuestra *Teoria gener. d. interpretazione*, § 17-*a*, p. 317 ss.

591 Cfr. la "Revista jurídica" de doctrina, jurisprudencia y legislación editada por la Universidad de Brasilia meridional (año 6º, n. 35, septiembre-octubre 1958).

tema de las lagunas en el orden jurídico, y examinándolo a la luz de algunos principios por él encontrados en algunas de mis contribuciones a la interpretación de la ley y a la problemática del derecho internacional. Precisamente afirma él que, como no es concebible un orden jurídico sin lagunas en la propia regulación legislativa, asimismo no es concebible un orden jurídico encerrado en sí mismo e ignorante de los ordenamientos coexistentes tendentes a igual dignidad del derecho. Él avizora un profundo paralelismo (que naturalmente escapa a la miopía de los especialistas, habituados a mirar el derecho con los anteojos de su especialidad) entre el problema de (auto)integración que la pluralidad de las normas proponen al interior del ordenamiento, y el problema de (hetero)integración que la pluralidad de los ordenamientos (estatales) proponen hacia el exterior, respecto a posiciones y relaciones de la vida que presenten elementos extranjeros. Como al interior se revelan lagunas de la regulación legislativa en presencia de casos en ella no previstos —lagunas, que se trata de colmar mediante máximas de decisiones recavadas de otras normas con el procedimiento de la analogía, o bien de los principios generales del derecho, como sumas valoraciones normativas inmanentes a la totalidad del ordenamiento—, así, análogamente, hacia el exterior se revela la insuficiencia y la inadecuación de la regulación legislativa interna en presencia de situaciones y relaciones que contienen elementos extraños, que denuncian la vecindad de ordenamientos extranjeros: insuficiencia e inadecuación, que el profesor Cirne Lima califica como "laguna *ab extra*", que se trata de colmar con análogo procedimiento interpretativo, mediante máximas de decisión extraídas de las normas de aquellos otros ordenamientos. Y aquí él usa un parangón iluminante, diciendo que la "laguna *ab extra*", como la "laguna *ab intra*", son comparables a los pulmones de un organismo vivo, en los cuales penetra desde el exterior el aire destinado a oxigenar la sangre, para ser después expulsado por aquel que contiene no asimilable. Ahora, esta confrontación de las lagunas *ab extra* y *ab intra* con las vías de recambio vital, que muestra la inherencia orgánica a la naturaleza misma del orden jurídico, debería inducir a la reflexión a aquellos seguidores del positivismo legalista que aún desvarían de una "universalidad" del ordenamiento.

E) En el mismo plano de los cuatro fenómenos que hemos observado, se impone también aquella exigencia, impuesta ella misma por la intrínseca coherencia y armonía del derecho, pero en la dimensión de la sucesión temporal, de proveer a saber a la adaptación de la regulación jurídica a las condiciones políticas y sociales *mutadas en el tiempo*, evitando el surgimiento o el sobrevenir de incompatibilidades entre normas coexistentes.

Para limitarnos a algunos ejemplos entre los más significativos: el artículo 2 de las disposiciones sobre exigibilidad del Código Civil suizo, mientras estatuye la inmediata entrada en vigor de las normas que tutelan el orden público y la moral social, declara inaplicables aquellas normas que sean incompatibles con el orden público y con el orden moral según la valoración del nuevo derecho; lo cual es una suerte de reserva del orden público intemporal.

La valoración de incompatibilidad y de la necesidad de una adaptación, especialmente en la coordinación interlocal entre los sistemas comprendidos en un ordenamiento plurilegislativo, puede también ser delegada al mismo órgano de la jurisdicción[592]; pero de estos posibles modos de actuación no es aquí el caso de ocuparse.

Otras veces la necesidad de una adaptación o de una desaplicación por haber sobrevenido una incompatibilidad se advierte en el traspaso inmediato de un régimen político a otro de carácter antitético por una norma de interpretación que, también aquí, se podría llamar reserva del orden público intertemporal.

Tal es el caso por ejemplo del párrafo 22 del ordenamiento de la jurisdicción en la URSS (ley de 21 de octubre de 1920); pero también en casos de brusco traspaso en los cuales no se haya hecho una explícita reserva legislativa de los nuevos principios generales del derecho o de

---

592 Por ejemplo en el caso referido en *Interpretaz. d. legge*, p. 26 [= 2ª ed., p. 117] ("Foro it.", 1926, p. 625).

las nuevas exigencias de política legislativa que ellos contengan, es de subrayar que su absoluta incompatibilidad con algunas normas del viejo régimen autorizan al intérprete a negar a esta ulterior aplicación (oficio este, que, donde subsista una corte constitucional, es deferido a este órgano)[593].

Paso a proponerme, así como a su tiempo lo propuse en el libro sobre la interpretación de la ley[594], el problema del alcance o eficiencia evolutiva de la interpretación jurídica: problema, cuya solución afirmativa, brota de todo cuanto se ha visto acerca de la tarea de tal interpretación. Entonces me había fijado en una controversia la cual se había desarrollado entre Carnelutti y Romano, aseverando Carnelutti ser de la misma esencia de la interpretación jurídica la eficiencia evolutiva; afirmando, en cambio, Romano no poderse hablar de una interpretación evolutiva, la que sería incompatible con la misma noción de interpretación.

No volveré a repetir las argumentaciones de Romano[595] cuyo sonido, escuchándolo bien, nos llega hoy un poco fuera de tiempo, sustancialmente anticuado: eco de una concepción intelectualista del proceso interpretativo dependiente del concebir el conocimiento como una recepción pasiva de una verdad ya subsistente y en sí misma completa, antes de la elaboración del pensamiento (Romano hablaba del reflejarse en el intelecto parangonado al reflejarse en un espejo).

Tal concepción hoy cabe considerarla superada tanto por la revolución copernicana operada por la gnoseología kantiana en la teoría del conocimiento como, en el campo específico de la interpretación, de la conciencia, que hoy han alcanzado también los juristas en la interpretación de la ley, es decir en esta interpretación no se trata de un procedimiento puramente intelectual, parangonable a aquel de las ciencias

---

593 Cfr. WENGLER, en "Juristische Rundschau", 1949, p. 67-77; nuestra *Interpretazione della legge*, p. 27, 29-31 (= 2ª ed., p. 117 s., 120 ss.); *Teoria gener. d. interpretazione*, p. 832 s.

594 Op. cit., § 9, p. 31-35 (=123 ss., 2ª ed.).

595 ROMANO, *Frammenti di dizionario giur.*, 1947, pp. 119-125.

matemáticas o naturales, sino de un procedimiento cognoscitivo dirigido a identificar y a reproducir en las apreciaciones del intérprete las valoraciones comparativas de los intereses en conflicto que están ya contenidas en la norma jurídica. Lamentablemente entre los juristas tiene aún crédito, sea por inercia mental sea por el prejuicio de una pretendida diferencia de métodos entre consideración jurídica y consideración filosófica, la vieja concepción ingenuamente objetivista: pero no insistiremos sobre este punto.

Y también en cuanto se refiere a la otra argumentación de Romano, sacada de la insuficiencia de la fórmula legislativa y de la inadmisibilidad de su aislamiento de la totalidad del orden jurídico y de la evolución histórica, nos limitaremos a pocas observaciones. Cuanto más la fórmula de la ley se aleja en el tiempo de la presente actualidad, hacía notar exactamente Romano, tanto más ella tiene necesidad de ser integrada y enriquecida mediante una eficiente colaboración del intérprete, y la satisfacción de esta exigencia tenía presente Montaigne[596], cuando utilizaba como un dato de la fenomenología del derecho el hecho de las incrustaciones y de los sedimentos añadidos en las leyes merced a la obra asidua de quien está llamado a aplicarlas.

Pero precisamente la interpretación cumple la tarea de darle una eficiencia a las leyes y de hacerlas vivir en la realidad histórica y social. Por lo demás, no solo la fórmula y el lenguaje de las leyes sino cualquier expresión del lenguaje sufren de este defecto, aparece por lo demás elíptica e insuficiente respecto a la idea a expresar, e impone al interlocutor-intérprete la exigencia de integrar las lagunas, con la exigencia de superar también las elipsis y las eventuales ambigüedades. Humboldt[597] advertía que en el lenguaje hablado hay algo que la expresión lingüística no contiene inmediatamente, pero que el espíritu

---

596 MONTAIGNE, *Essais*, II, cap. 12 (ed. Garnier, I, 552): *"les loix prennent leur auctorité de la possession et de l'usage: elles grossissent et s'annoblissent en roulant comme nos rivières"*.

597 HUMBOLDT, *Ueber die Verschiedenheit des menschlichen Sprachbaues*, en "Werke" (ed. Lietzmann), VII, p. 177; 100, 176, 180.

del interlocutor está llamado a integrar tras la incitación que de ella le llega, y advierte también que a cada palabra se une la exigencia de una dilatación, de una ulterior representación y despliegue de aquello que es su contenido inmediato.

Ahora esta excedencia que, en cuanto a la ley, es una excedencia de contenido no tanto lógico cuanto axiológico, está hecha presente en aquellos códigos que como el nuestro, como el código español y otros, han impuesto al intérprete, en presencia de lagunas que no sean colmadas por el procedimiento de la *analogia legis* sacada de casos similares o de materias análogas, a remontarse a los principios generales del derecho. Principios generales, los cuales no son ellos mismos normas sino sumas valoraciones, sumas de presupuestos axiológicos[598], las cuales han encontrado en las normas del derecho positivo solamente una parcial acogida.

Cuando Romano a su tiempo objetaba no ser propio hablar de una evolución de la ley y admitía que esta tenía vida y acontecimientos suyos propios, agregaba, sin embargo, que las modificaciones que la ley puede sufrir relativamente no a su eficacia jurídica, sino a la esfera de las aplicaciones de las cuales es de hecho susceptible, y que por lo tanto serían "externas a la ley"; mientras tendría una vida propia y un alma el ordenamiento jurídico del cual las leyes coordinadas y refundidas serían elementos integrantes, precisamente como expresiones en continuo movimiento de los cuerpos vitales.

De frente a esta precisión de Romano, nos venía la idea de objetarle que, así argumentando, él caía en un error de perspectiva que consistía en identificar la norma de ley con la fórmula, con el texto legal, y en "considerarla en sí y por sí", aisladamente de la totalidad de la cual el texto forma parte, como una cosa "del todo inerte que no tiene una *mens* propia diversa de aquella en la cual se encuentra, por decirlo así, cristalizada e inmovilizada para que dure". Ahora bien este violento

---

598 Para esta noción de principios generales del derecho véase nuestra *Interpretaz. della legge*, cap. XIII: sp. p. 211 s. (= 2ª ed., p. 316 ss.); *Teoria gener. d. interpretazione*, § 62, pp. 844-852.

y arbitrario disociar cada norma del contexto y complejo orgánico al cual pertenece, este escindir la fórmula y la idea originaria de la *vis ac potestas* que la valoración normativa explica ubicada en aquel conjunto y en la vida histórica del derecho, y explica precisamente merced a la interpretación, no puede sino conducir a una visión deformante de la interpretación misma y de su oficio.

Es muy cierto que al intérprete le incumbe poner en examen no una ley o una norma, sino de prestar atención a la posición que ella tiene en el íntegro orden jurídico; pero de aquí a decir que lo que efectivamente se interpreta es... el ordenamiento, hay un salto lógico; y es una ilusión creer que solo el ordenamiento, como ente social, sea "algo que vive y tal que, precisamente porque vive, continuamente se modifica, se renueva, evoluciona". Casi como si se tratase del desarrollo natural de un organismo vegetal o animal, más bien que de una comunión de viviente espiritualidad, y que en dicho desarrollo la interpretación no tuviera nada que ver. En realidad todo esto sucede porque el orden jurídico no es algo que subsista como puede subsistir un hecho físico; más bien, él es una totalidad espiritual, que se desarrolla y *se hace*, pero precisamente por obra asidua de las interpretaciones y de las aplicaciones.

Esta visión, que podríamos llamar dinámica, de la eficiencia evolutiva de la interpretación, va abriéndose hoy más ampliamente camino, como ha sido posible a quien habla de constatar en la forma de conciencia de autores, es decir, de juristas de América Latina. Estos autores reconocen cómo, para entender adecuadamente el alcance evolutivo, que es propio de la interpretación jurídica por su mismo oficio directivo de la conducta, es necesario liberarse del prejuicio logicístico del positivismo legalista, que reconoce la tarea de la interpretación como una repetición mecánica y en una traducción literal de las normas abstractas en orden a una pura "subsunción" del supuesto de hecho a decidir: subsunción a la previsión textual que se contiene en la ley. Tal visión desconoce y desvaloriza *a priori* la posibilidad de toda exigencia evolutiva de la interpretación en el campo del derecho.

Es necesario, al contrario, tener por firme que en este campo la interpretación tiene siempre (y no puede dejar de tener) el oficio de *vivificar,* mediante un incesante repensamiento, la norma a aplicar, siguiendo paso a paso el movimiento perenne de la vida social: el oficio, por tanto, de poner al día y de reponer de nuevo las expresiones y las formulaciones superadas, confiriéndoles aquel valor que, sin separarse y prescindir del sentido originario, sea mejor conforme a la exigencia de la actualidad en el marco de los principios y de todo el sistema.

Y todavía existe otro aspecto que no hay que olvidar: y es que en el señalado vivificar, poner al día y reponer de nuevo, el intérprete queda siempre, como tal, vinculado a una objetividad preexistente, debido a una estrecha subordinación respecto a las valoraciones inmanentes y latentes en el orden jurídico, que se encuadra él mismo en el ambiente histórico y sociológico en el cual vive; por lo tanto, también una interpretación integradora de normas ambiguas o lagunosas, ligada como está a una línea de *coherencia* y a un nexo de continua dependencia, no con el desnudo texto legal, sino con todo el sistema del *ius conditum*, no significa otra cosa que sacar a la luz y actualizar una *virtualidad de aquel sistema mismo*, reencontrar en la excedencia del contenido axiológico (que se expresa precisamente en sus principios generales), la sustancia de aquellas máximas de decisiones que ahora vienen formuladas por *analogia legis* o *iuris*. Se deduce que la formulación de tales máximas tiene naturalmente vigor retroactivo y está sometida al control de casación y de revisión, no diversamente de la restante interpretación jurídica, de la cual ninguna esencial diferencia la divide.

Y aquí, vale la pena recordar cómo la eficiencia dinámica y evolutiva de la interpretación es resueltamente reconocida por los más conocidos juristas de América Latina. Así, Carlos Maximiliano Pereira dos Santos[599] escribe:

---

599 PEREIRA DOS SANTOS, *Hermeneutica e applicação do direito*, 6ª ed., 1957, nn. 343-44.

El hermeneuta de hoy no busca ni deduce aquello que el legislador de años anteriores quiso decir, sino lo que es de presumir que ordenaría, si viviese en el ambiente social actual. Sin toparse de frente con los textos, ante la menor duda, el intérprete concilia los dichos de la norma con las exigencias sociales; demostrando siempre el más puro interés en cumplir con las disposiciones escritas, cambiándoles insensiblemente la esencia, a veces hasta sin desearlo; y así ejerce, en cierta medida, una función creadora, al comunicar un espíritu nuevo a la vieja ley. Hay otra clase de revisión, invisible y poderosa: es la que resulta de la acción continua de las costumbres políticas: una constitución es revisada cada día por su propia aplicación: porque las instituciones tienen como elementos, renovados sin cesar, a hombres que piensan y que actúan de frente una realidad mutable.

A su vez, Luis Recaséns Siches[600] escribe:

La norma general al proyectarse sobre una conducta singular, pasa por el proceso de ser individualizada, de ser concretada respecto de ese comportamiento singular, de ser interpretada en cuanto al sentido y al alcance que deba tener para ese caso singular. El resultado de ese proceso es lo que constituye el *revivir* actual de la norma, el cumplimiento de esta en un caso particular. Por lo tanto, el cumplimiento de una norma general en cada caso particular no consiste en un reproducir la norma general, sino en un adaptar la pauta en general por ella señalada a cada caso singular; consiste en cumplir de modo concreto en la conducta singular el sentido formulado en términos genéricos y abstractos por la norma general.

---

600 RECASÉNS SICHES, N. *filos. de la interpret. del derecho*, 1956, p. 138, 219.

Por su lado, Carlos Cossio[601] había afirmado:

> Se trata de un conocimiento por comprensión, que consiste en adjudicar subjetivamente un sentido al proceder del hombre, que es el "substrato" material del cual se predica ese sentido. La ley da el sentido de actos humanos mentados por ella: el intérprete debe *vivenciar* esa conducta y elegir la ley aplicable, que será aquélla en la cual pueda subsumirse una norma individual justa, que mencione concretamente el caso.

La perspectiva evolutiva de la interpretación forma también el tema de una notable prolusión reciente de un jurista alemán-norteamericano (profesor en Frankfurt): Heinrich Kronstein[602]. El autor se propone sacar a la luz la interpretación de la ley desde el punto de vista de un orden de valores. Él quisiera referirse, como un modelo, a la práctica judicial norteamericana; pero constata que esta se somete a la tendencia formalística a interpretar el derecho tomando por base exclusiva su formulación textual, sin tener en cuenta exigencias y valores extrajudiciales para los cuales, en cambio, la filosofía del derecho americano muestra viva sensibilidad: la historia de la séptima sección de la *Clayton Act* muestra un creciente suceso del positivismo legalista. Kronstein[603] afirma la exigencia de una revisión de los conceptos dogmáticos tradicionales en el sentido de su adaptación a la realidad de la vida económica actual y, conjuntamente, en el intento de controlar la correspondencia con ciertos valores de orden superior. Examina por lo tanto tres casos típicos, para mostrar la insuficiencia de las soluciones sacadas de normas inspiradas en el individualismo superado:

---

601 Cossio, *El derecho en el derecho judicial*, 1945, p. 117 s.

602 Kronstein, *Rechtsauslegung im wertgebundenen Recht*, Karlsruhe 1957.

603 Kronstein, cit., p. 11.

1)   El primer caso está sacado de la industria automovilística americana, en la cual se encuentran hoy de frente tres grandes ciudades, otras tantas oficinas de venta, entre ellas independientes, los titulares de las cuales invierten en la representación ingentes patrimonios, en parte de otros y en parte propios. Sus *chances* [oportunidades] de negocio se fundan sobre el contrato con la empresa constructora, que reserva para ella un determinado tiempo la venta de sus vehículos. Al vencimiento del plazo, o también a la muerte del titular de la oficina de ventas, la empresa puede rehusar la renovación del contrato. Al representante dimitido y a la banca financiadora no le corresponde, en la organización oligopólica de la industria, alguna expectativa jurídica de renovación. Este inicuo resultado le parece a Kronstein de tal entidad que pone en discusión la noción misma de contrato como fruto de una discusión entre iguales, es decir el principio de la libertad contractual.

2)   El segundo caso[604] está sacado de la situación de dependencia de una sociedad por otra sociedad[605], cuando en la entrega que se ha hecho en la asamblea de la sociedad-matriz con respecto a la consistencia patrimonial de la sociedad-filial, hayan sido sacados en engaño de los acreedores de esta última. Aquí parece a Kronstein que un más iluminado "método de elaboración de la responsabilidad", fundada en el poder del control de la sociedad-matriz, deba conducir a extender la responsabilidad de esta más allá de los angostos límites de las partes contrayentes.

3)   El tercer caso está sacado de la regulación de las acciones de las sociedades en América, que prevé la institución de la acción privilegiada con dividendo acumulativo, que se extiende también a los años ya pasados. Dado que el accionista es sujeto a la deliberación de la asamblea, tal vez tomada con mayoría calificada,

---

604 Kronstein, cit., p. 12.
605 Cfr. Kronstein, *Die abhängige juristiche Person*, München 1932.

Kronstein[606] auspicia una modificación del estatuto que, revisando las supuestas relaciones contractuales con los accionistas privilegiados, limite al futuro el privilegio asegurado.

En los tres casos típicos examinados sucede que sobre la guía de construcciones dogmáticas el texto legal es aplicado sin que se recorra la *ratio* (*ohne Sinnverbindung*), o que una decisión sea transferida literalmente de un caso a otro para alcanzar resultados en apariencia unívocos, pero que se encuentran en contraste con exigencias morales del ordenamiento económico de la sociedad moderna en materia de contratos, de propiedad privada y de personas jurídicas: resultados, que son todavía posibles en una época de transición en la cual los cambios sobrevenidos en el ordenamiento económico no han, sin embargo, alcanzado una solución de acuerdo a la justicia.

Ahora bien, es ciertamente interesante tomar en cuenta al colega alemán-americano en el sentido de la insatisfacción que dejan las soluciones adoptadas por la jurisprudencia norteamericana en los tres casos examinados.

Y es también de compartir la decidida toma de posición contra el formalismo positivista de la "teoría pura" kelseniana, que él afirma con extrema decisión[607], haciendo valer la eficiencia evolutiva de la interpretación. Solamente, no creemos poder tranquilamente adherir al intento de resolver por vía de la interpretación los conflictos de intereses en perspectiva. En particular, no parece probable que en el primer paso examinado sería superable la dificultad si se encontrara un "método de elaboración de los límites de la responsabilidad". No es que se trate de encontrar un parecido "método", pero es que aquí sería necesario adoptar, de parte del legislador, una dirección valorativa dirigida a admitir una responsabilidad sobre la base del poder de control[608]

---

606 Kronstein, cit., p. 13.

607 Kronstein, cit., pp. 14 s., 27 s.

608 Cfr. Müller–Erzbach, *Die Rechtswissenschaft im Umbau: ihr Vordringen zu den bestimmenden Elementen des Zusammenlebens,* 1950, p. 48 ss., pp. 60-64.

que la sociedad-matriz está en grado de ejercer sobre la sociedad-filial. Pero tal exigencia no podría ser satisfecha con una dirección de la interpretación[609]: ella podría encontrar su plena respuesta solamente en una reforma legislativa.

Está claro que, estando al modo como hoy están reguladas en América del Norte, tanto la propiedad privada, cuanto la libertad contractual, cuanto la persona corporativa en las relaciones entre ellas, no podría el juez reconocer una expectativa jurídicamente tutelada a terceros, a personas cuyos típicos intereses en las normas vigentes no fueron protegidos.

Creemos que aquí no se debe exagerar en el atribuir a la interpretación un oficio evolutivo. Está bien que la interpretación tenga, y no puede no tener, una eficiencia evolutiva, pero todo esto debe ser compatible con el sentido que se puede recavar del texto legal, teniendo en cuenta la línea de coherencia que liga el texto con la totalidad del ordenamiento. Donde se va más allá de este límite evidentemente la interpretación no puede servir; pues se trata de exigencias de política legislativa las cuales no pueden ser plenamente satisfechas sino por una reforma del derecho positivo: reforma la cual debe restar como competencia de la ley.

He así expuesto críticas e ideas las cuales, de un lado, se oponen a aquellos que quisieran atribuirle al juez una tarea que no puede ser aquella del juez, como la tarea de establecer la norma jurídica, y del otro lado entienden reivindicar a la interpretación del juez una eficiencia, y por lo tanto una función evolutiva, que no se limita, no debe limitarse, al puro reconocimiento del sentido literal sino que debe recavar del conjunto del ordenamiento toda aquella excedencia de contenido no solamente lógico sino sobre todo axiológico, *de contenido valorativo*, que está ínsito en él máxime en los principios generales del

---

609 Cfr. en esta misma idea MAGNI, *Interpretazione del diritto nelle credenze di religione* (1959), pp. 38-44.

derecho y en todas aquellas sumas valoraciones que han encontrado en cada norma solamente una parcial exigibilidad[610].

Es necesario, por lo tanto, de la misma manera tener claridad acerca de la función evolutiva deferida a la interpretación de la ley (y en general, a la interpretación directiva de la conducta en conformidad con un sistema preestablecido), cuanto guardar conciencia del vínculo de subordinación que liga siempre al intérprete a la objetividad a interpretar, en esto como en otros campos del espíritu. El contraste entre evolución y subordinación (que importa conservación) no es más que apariencia: aquella desciende de la misma antinomia inherente a cualquier proceso interpretativo, entre la objetividad[611] que está de frente, y nuestro compromiso a reconstruir el sentido con las categorías de nuestra misma mente humana.

---

610 Una posición ecléctica en su "mobilidad" y "elasticidad" asume SIEBERT, *Die Methode der Gesetzesauslegung*: erläüter an 34° des Niedersächsischen Arbeitsschutzgesetzes für Jugendliche, 1958.

611 De aquí ser señalada, por la deformación de tal antinomia, una posición extrema de la hermenéutica protestante, influenciada por BULTMANN y representada sobre todo por FUCHS, *Hermeneutik*, 2ª ed., 1958, la cual, rechazando como un prejuicio de la metafísica occidental la común "representación" de la objetividad (p. 125), junto con BULTMANN (*Glauben Verstehen*, II, p. 230; *Geschichte und Eschatologie*, 1958, p. 137. La radical posición de ambos autores importa la radical negación de valor de "ciencia" a todas aquellas ramas del saber que operan con el método de interpretación.

B. Principios generales del derecho y lagunas jurídicas

§ 11. Deficiencia de la regulación legislativa. Criterios de integración. Analogía *iuris*. Función hermenéutica de los principios generales del derecho. Laguna y caso dudoso

El problema propuesto por el caso dudoso en defecto de una precisa regulación legislativa concierne la subsistencia de lagunas en dicha regulación. El problema viene mal planteado por los "positivistas del derecho" que partiendo del presupuesto apriorístico –no demostrado sino que asumido gratuitamente como dado en anticipo– de una pretendida "plenitud lógica" del derecho positivo[612], o más aún identificando el *ius conditum* con el conjunto de la legislación (según el criterio "*quod non est in lege, nec in iure*") y postulando la "clausura" de esta una norma complementaria de general "exclusión" de otras limitaciones[613], se preguntan si "otras normas jurídicas" pueden admitirse fuera de aquella que se refieren a los casos determinados previstos: y naturalmente llegan a una solución negativa que es en el fondo una petición de principio[614].

---

612 Ver escritos citados en: ZITELMANN, *Lücken im Recht*, 1903, 39 s.; cfr. REGELSBERGER, *Pandekten*, I, § 38; WINDSCHEID, *Pan.*, I, § 23: FADDA y BENSA, en nota a W. I, 128 ss.; en sentido crítico, KIPP, en nota a W. I, 108 s.; SCHMITT, *Ueber drei Arten d. rechtswiss.* Denkens, 30 ss. Tres diversos modos de concebir el derecho distingue POUND, *Phil. of law*, in "Twentieth century philos." (1943), 82: a) *the legal order*, b) *the body of authoritative grounds of, or guides to, decision*, c) *the process of adjudication, or the process of administration*.

613 DONATI, *Problema delle lacune dell'ordinamento giur.*, 1910, 28 ss.; vid. una crítica en BRUNETTI, *Il domma della completezza d. ord. giur.*, 1924, en "Scritti varii", IV, 212 ss. La concepción de ZITELMANN es bien diversa: nuestra opinión en "Riv. int. fil. dir.", 1925, 56-63. La "clausura" es, en cambio, propugnada por los seguidores del positivismo lógico (a propósito v. más adelante, nota 37).

614 DONATI, *Problema* cit., 33-37; cfr. BRUNETTI, *Scritti*, IV, 226.; III (1920), 10 ss.; 30 ss.; 50 ss.; Anna RAVÀ, *Il problema d. lacune d. ordinam. Giur. e della legislaz. Cononica* (1954), 15 ss., 24 ss.

Sin embargo una crítica análoga de estática inmovilidad hay que dirigirla también a aquellos que consideran decisivo constatar que el orden jurídico tiene en sí inmanente una limitación dependiente del limitado círculo de problemas prácticos que resolver: así las materias que quedan fuera quedarían privadas de relevancia jurídica; y esto, por lo demás, no quita que en presencia de conflictos de intereses relativos a tales materias, cuando vengan sometidos a un juez, sea siempre posible una valoración jurisdiccional, consistente en una decisión negativa basada precisamente en su irrelevancia[615].

Tanto a uno como a otro modo de ver hay que objetarles que ellos dependen de una perspectiva intelectualista, por su naturaleza estática e inmovilizante, la cual lleva a desconocer el momento teleológico al lado del momento lógico en la norma jurídica y lleva a reconocer en el orden jurídico, en unión con la "plenitud lógica", una "universalidad"[616], no puramente postulada, sino actualmente alcanzada.

Al contrario, un más atento examen del fenómeno histórico y sociológico lleva a reconocer que no se trata de una "plenitud" sino de coherencia (para la cual la "plenitud" es solamente una meta ideal, nunca alcanzada)[617]; no se trata de "universalidad", como se pretende, sino de una totalidad espiritual, en la cual está ínsita una potencialidad que excede y sobrepasa cada manifestación, y pone al intérprete,

---

615 ROMANO, *Osserv. s. completezza d'ordinamento statale*, 3, en "Pubbl. Modena", 7, 1925, 4 s., ahí en nota son citados otros seguidores de la construcción de DONATI y de otros afines.

616 Sobre esta pretenciosa calificación, vid. escritos citados en nuestra "Interpretaz. della legge", § 12, nota 23 y 33; BALLADORE-PALLIERI, *Limiti di efficacia*, en "Jus", 1940, 27 ss. y ahora: *Universalità d. ordinam. d. stato*, en "Jus", 1950, 24-34; inconcluyente, la réplica de MORELLI, en "Riv. dir. proc.", 1951, 9-19 (donde se ignora nuestra crítica de los principios en cuanto a su valor hermenéutico). Contra el postulado de la universalidad también CAPOTORTI, *La nazionalità delle società*, 1953, 38; 48 ss.; QUADRI, *Diritto internazionale privato*, 1955, 55 s., que se basa en un equívoco.

617 Nuestro trabajo: *Categorie civilistiche*, "Riv. it. sc. giur.", 1948, 62 s.: "Hermeneutisches Manifest", n. 80-82; HECK, *Gesetzesausleg.*, 236 (*Frage, ob heute ein soziales Bedürfnis die Fiktion der Vollständigkeit des Gesetzes fordert*).

aquí como en cualquier parte, la exigencia de una integración y de un ulterior despliegue[618].

La perspectiva estática e inmovilizante, puesta delante de casos por lo demás diversos de aquellos previstos, se limita a constatar la diversidad, y a rechazar su conocimiento, juzgándolos carentes de relevancia jurídica por el solo hecho de no comportar una "subsunción" en el supuesto de hecho legal, o sea en el campo de previsión de la norma. En tal modo que, ella ignora todo tipo de lagunas: sean esas lagunas de previsión o de valoración, dependientes de defectos totales o parciales de la disciplina legal[619] o de su inadecuación[620], o sean en cambio lagunas de colisión, dependientes de alternatividad o de contraste originario o sobrevenido, entre normas discrepantes[621]. Lo que la lleva a desconocer la exigencia de integración, de adaptación o de adecuación que tales lagunas proponen en sede de interpretación[622], y a considerarlas solo como problema de política legislativa, para remitirlo a la mera discrecionalidad del poder legislativo, o tal vez, del órgano jurisdiccional en vista de una apreciación equitativa, cuando no nos satisfaga una valoración jurisdiccional negativa[623].

---

618 Ver además: *Categorie civilistiche*, "Riv. sc. giur.", 1948, 46, 56; "Riv. int. fil. dir.", 1949, 38. Cfr. Mt V, 17-20; 43-48: a propósito CARNELUTTI, *Chiose al vang. di Matteo*, 55-60.

619 Laguna verdadera y propia (*echte Lücken*) en la terminología de ZITELMANN, *Lücken*, 27 ss. En caso de defecto parcial, VERDROSS, *Verfassung d. Völkerr. gemein.*, 73, habla de "laguna técnica de aplicación".

620 Laguna impropia (*unechte Lücken*) para ZITELMANN, *Lücken*, 18 ss., "Riv. int. fil. dir.", 1925, 56 ss.: cfr. 64 s. Admisión desviada a una 'plenitud hermética' en RECÁSENS SICHES, *N. filosofia de la interpretación del derecho*, 1956, 22 s., 240 s.

621 HECK, *Gestzesauslegung und Interessenjurisprudenz*, 1914, 169; *Begriffsbildung*, 1932, 110.

622 Sobre eso, HECK, *Gesetzesausleg.*, § 14: 173-75, 176-90, 189-91; § 16: 224-250 (Lückenergänzung); *Begriffsbildung*, 88, 124, 202; y, contra el malentendido sobre el que se basa la crítica de KRETSCHMAR (Grundfragen der Privatrechtsmethoden, en "Jherings Jahrbücher", 67, 233 ss., 294), HECK, *Begriffsbild.*, 136 s.; cfr. nuestra "Interpretaz. d. legge", § 12, note 37, 38, 39.

623 En sentido contrario v. HECK, *Gesetzesausleg.*, 155 s., 200 s.

Al discutir el problema propuesto por la deficiencia de una precisa regulación legislativa, tendremos, de ahora en adelante, relativamente a la solución que señala el ordenamiento positivo italiano en el sentido de una interpretación integradora (disp. prel. cod. civ. 12), como aquella que pareciera ofrecer mayor interés para una teoría hermenéutica general.

Una vez rechazada la antedicha perspectiva intelectualista, estática e inmovilizante, el intérprete que advierta la insuficiencia o deficiencia de la regulación legislativa respecto al caso no previsto textualmente, puesto bajo decisión, es por este mismo conducto que reconoce en él un "caso dudoso" en el sentido del artículo 12 capv. disp. prel.

No se trata de una duda lógica —puesto que se debe apreciar, en hipótesis, si "la controversia no puede ser decidida con una precisa disposición"–: se trata, más bien de una duda *diagnóstica*, atinente a la incerteza de la diagnosis y valoración jurídica del caso[624]: duda, en este sentido, no lógica, sino axiológica.

La razón del dudar debe ser tomada por el intérprete de la similitud o afinidad del caso con aquellos regulados por disposiciones precisas, de la analogía de la materia con otra que es objeto de regulación jurídica, en suma, de la cercanía del caso con aquellos casos y materias cuya relevancia jurídica es indudable: cercanía que él, en defecto de otros criterios, debe examinar a la luz de los principios generales del

---

624 BRUNETTI, *Le fonti e la funzione del dubbio nella giurisprudenza* (1923), § 6, 7, en "Scritti giur. varii", IV, 129 ss., 140-43. Bien advierte BRUNETTI (140), tratarse de un "juicio de valoración", y ser explicable (143) que "de la misma fuente, de la cual se deduce el planteamiento del problema, se traen también los medios para resolverlo": en el caso, "la solución negativa choca contra razones deducidas de las disposiciones que regulan casos similares o materias análogas, o de los principios generales del derecho". Cfr. BRUNETTI, *Completezza e incompletezza dell'ord. giur.*, en "Riv. int. fil. dir.", 1925, 607-616. También ENGISCH, *Begriff der Rechtslücke*, en "Festschr. f. Sauer", 1949, 90, habla de un *Anteil der Wertung schon an der Feststellung und nicht erst an der Ausfüllung der Gesetzeslücken*; "Die Idee der Konkretisierung in Recht u. Rechtswiss unserer Zeit" (en "Abhandl. d. Heidelberger Akad. d. Wiss.", 1953), cap. V: 128 ss., perfila la *ganzheitliche Betrachtung* como un aspecto del proceso de la concretización.

derecho, para ver si el "caso dudoso" no caiga más bien bajo el criterio de valoración que se expresa en alguno de tales principios.

En la reforma del Código Civil italiano la fórmula "principios generales del derecho" del artículo 3, del proyecto del código de 1865 fue cambiada por la de "principios generales del ordenamiento jurídico del estado" (disp. prel. 12 ca- pov.): fórmula esta, no feliz, que empeora la primera, pero que no difiere de ella sustancialmente[625], y aparece dictada con oportunidad de aclarar una cosa obvia: que, es decir, no debe haber contradicción o incongruencia entre los "principios generales" invocables y el ordenamiento legislativo entendido en la coherencia de su sistema, que más bien aquellos deben ser inmanentes y latentes en este[626]. Por lo tanto, en defecto de una precisa regulación legislativa se propone al intérprete, que no se satisfaga con inferir, por *argumentum a contrario,* una valoración jurisdiccional negativa del caso no regulado, un doble orden de cuestiones. Una primera duda le vendrá sugerida de la similitud del caso o de la analogía de la materia con casos o con materias reguladas por disposiciones precisas: se tratará, entonces de indagar si existe alguna congruencia de *ratio,* o sea una correspondencia de valoración normativa tal que haga reconocer una *analogia legis*[627], y justifique la extensión del mismo tratamiento al caso

---

625 DEL VECCHIO, *riforma del cod. civ. e principi gener. di dir.,* 2ª ed., 1938, 6 ss., 9 s.; de otra opinión, GROPPALI, en "Riv. dir. priv.", 1939, 249-258, cuyo dilema (256 s.) emana de un planteamiento que, en nuestra opinión, no es riguroso ni satisfactorio.

626 Aclaración, por lo demás, que no es nueva: vid. DEL VECCHIO, *Sui principi generali del dir.,* en "Arch. giur.", 85, 1921, 17 s.; VERDROSS, *Verfassung der Völkerrechtsgemeinschaft,* 67; SPANNER, en "Oesterr. Zschr. f. öffentl. Recht", 1950, 45, 65 (con referencia a THOMA).

627 Es de recordar como HECK, *Gesetzesausleg.,* 194, caracteriza la analogía *"eine Lückenergänzung nach gesetzlichen Werturteilen".* Cfr. los escritos por él citados: RÜMELIN, *Werturteile u. Willensentsch.,* 15 ss.; BRÜTT, *Kunst der Rechtsanwendung,* 154 ss.; RIEZLER, *Venire contra factum propr.,* 125 ss. V. además SEGOND, *Traité de psychologie,* nr. 127, sobre el carácter teleológico de la argumentación analógica, y ahora SAX, *Das strafrechtliche Analogieverbot,* 1953, donde es puesto a la luz el nexo indisoluble de la analogía con la *hermenéutica iuris*: 45 ss.; 54 ss.: grave reserva crítica exprime justamente TONDO, en "Riv. it. sc. giur.", 1954, 501-503.

no contemplado, según el canon hermenéutico de la *convenientia rationis "ubi eaden (congruens) ratio, ibi eadem dispositio"*.

Pero puede darse que, no pudiéndose resolver esta primera duda en el sentido de admitir la supuesta *analogia legis*, "el caso quede todavía dudoso", puesto que no aparece justificado el *argumentum a contrario*, que llevaría a una solución negativa[628].

Y entonces la resolución de la duda ulterior que permanece, puede buscarse, abstractamente hablando, en dos directivas diversas y, en cierto sentido, antitéticas o alternativas: sea en la directiva de una autointegración que opere según un diseño de racional coherencia reconocible en el orden jurídico gracias al canon hermenéutico de la totalidad y aquel de la adecuación del entender; sea en la directiva de una hetero-integración, que supla a la deficiencia de la regulación legislativa alcanzando a una fuente situada al margen del *ius conditum*, y en este sentido, extraña a las fuentes del derecho reconocidas[629].

En la directiva de la auto-integración, se lleva a la máxima potenciación la interpretación analógica para la indagación de una más profunda *analogia iuris,* que justifique una resolución positiva de la duda[630].

---

628 BRUNETTI, *Le fonti e la funzione del dubbio*, § 6, en "Scritti giur.", IV, 141. Cfr. BOBBIO, *L'analogia nella logica del diritto* (Memorie Torino, 36, 1938), 101 ss.

629 Para la distinción, CARNELUTTI, *Sistema dir. proc. civ.*, I, 116-17; *Teoria gener. dir.*, n. 37-39; *Categorie civilistiche d. interpr.*, 18, 22, 28, n. 79 ("Riv. it. sc. giur.", 1948, 62 = "Hermeneut. Manifest", notas 40 & 79); "Festschrift Raape", 396; GIANNINI, *L'analogia giuridica*, in "Jus", 1941, 516; 1942, 41; BOSCARELLI, *L'analogia giuridica*, en "Riv. trimestr. dir. & proc. civ.", 8, 1954, 623-59.

630 Entre integración dirigida a colmar lagunas y procedimiento por analogía es advertible una relación de género a especie, que HECK, *Gesetzesauslegung*, 194, caracteriza como sigue: *"jede Rechtsfindung durch Analogie muss eine Lückenergänzung nach gesetzlichen Werturteilen sein. Dagegen gibt es Formen der richterlichen Gebotsbildung, die sich nicht unter den herkömmlichen Begriff der Analogie einordnen".* El concepto de la autointegración se remonta a SAVIGNY, *Methodenlehre*, 42 (a recordar a ESSER, *Interpr. d. R.*, en "Studium generale", 7, 1954, 376).

En la directiva de la hetero-integración, el intérprete es llevado a ser cuidadoso, sobre todo, de aquellas que son las exigencias de una solución justa del caso dudoso, además, a someter el tratamiento jurídico que corresponda a tales exigencias en correlación y en armonía con la íntima coherencia del orden jurídico en el cual debe insertarse. Ahora, la directiva de una hetero-integración está permitida al juez solo por vía excepcional: cuando, es decir, la decisión es remitida a una apreciación según equidad[631]. En vía normal, la integración de una regulación legislativa insuficiente o deficiente en la hipótesis que, probada en vano la vía de la *analogia legis*, "el caso permanezca todavía dudoso", debe seguir una diversa dirección (disp. prel. 12 capov.): volver a subir, es decir, a los principios generales del derecho.

He aquí el problema que la duda, cuando permanece (deviniendo, se podría decir, una duda de segundo grado), propone al intérprete.

Resta por ver si la integración de la normativa lagunosa bajo la guía de los principios generales, de acuerdo al artículo 12 disp. prel., reviste sin embargo siempre el carácter de una auto-integración dirigida a la *analogia iuris*, o asume en algunos aspectos una función hetero-integradora. La respuesta a esta pregunta o propósito depende esencialmente del modo de concebir los principios generales.

---

631 Cfr. además ROTONDI, *Equità e principi gener. di dir.*, en "Riv. dir. civ.", 1924, 266-77; a propósito, nuestra "Interpretaz. della legge", § 13 bis.

§ 12. Los principios generales del derecho

I. Del modo de concebir los principios generales del derecho. II. De la competencia para identificar los principios generales del derecho. III. De la tarea de la jurisprudencia como órgano de la conciencia social.

I. Del modo de concebir los principios generales del derecho

La perspectiva logicista tradicional, que los identifica con los principios fundamentales de la legislación positiva, extraídos de cada norma mediante un proceso de abstracción y de generalización creciente[632], ha sido sometida a una crítica radical, que puede considerarse definitiva bajo el aspecto negativo, en instructivas discusiones suscitadas entre juristas italianos acerca del modo de concebir los principios generales del derecho en sede de interpretación[633].

De tales discusiones ha resultado que, si bien en abstracto es concebible una perfecta coherencia y continuidad entre cada norma y los principios generales, sin embargo, en concreto, los casos de la experiencia jurídica que son objeto de la regulación legislativa, no representan sino esparcidos fragmentos de esa experiencia: así que esa regulación es idónea, tal vez, para comenzar una reconstrucción sistemática del todo, pero no es suficiente para conducirla a término.

---

632 Por todos, COVIELLO, *Man. dir. civ.*, § 29; ENNECCERUS, *Lehrb.* (7ª ed.), I, § 53, II: 122 (14ª ed.), § 53, II: 122 (14ª ed.), § 58: 210, nt. 35 (con literatura).

633 Una primera discusión es promovida de la prolusión de DEL VECCHIO, *Sui principi generali del dir. e il dir. naturale*, en "Arch. giur.", 90, 1923, 160-66 (cfr. también el artículo sobre la analogía del derecho, en la revista "Il commerc.", 1916, 262); GANGI, *Il problema della lacune nel dir. priv.*, en "Arch. giur.", 89, 1923, 137 ss.; *Ancora sul problema delle lacune nel dir. priv.*, en "Studi sc. giur. soc. Pavia", IX, 1925; PACCHIONI, *I principi gener. di dir.*, en "Arch. giur.", 91, 1924, 133-149; ahí, 134 en nota, otra bibliografía; ASQUINI, *La natura dei fatti come fonte di dir.*, en "Archivo giur.", 86, 1921, 129 ss.; MICELI, *I princ. gener. di dir.*, en "Riv. dir. civ.", 1923, 33 ss.; BRUNETTI, *Scritti giur.*, IV, 129-159, otras referencias en "Studi in on. di Romano", I, 679-683. Una segunda discusión es la originada por el anunciado propósito de una formulación de principios generales en el nuevo código: la bibliografía relativa será señalada más adelante, en la nota 40.

También la estructura dogmática, de la cual cada legislación positiva tiene necesidad para sostener sus propios enunciados, logra captar ciertas exigencias político-legislativas, y a expresarlas de modo definitivo, solamente en soluciones particulares de problemas prácticos que se han planteado, pero no ya para absorberlo y para desarrollarlo completamente en su potencialidad respecto a problemas afines o contiguos, que la vida social, en su incesante renovarse, propone.

Y si algún espíritu conservador se retrasa también hoy para sostener que "los principios (generales) están en las normas particulares como el más está en el menos, como aquello que es anterior y superior, a aquello que es posterior y consiguiente", y no duda de afirmar que "los principios son las normas, escritas y no escritas, desde las cuales lógicamente derivan las normas particulares (también estas, escritas y no escritas) y a las cuales, inversamente, se llega remontándose desde estas últimas"[634], también la opuesta verdad ha emergido bien clara desde las recientes discusiones: y es que, como desde los principios generales no se pueden extraer *a priori*, por simple deducción, las disposiciones particulares que resuelven problemas prácticos y contingentes, asimismo, de las solas disposiciones particulares no es posible recavar, por inducción, una cognición apropiada a esos principios, que en su generalidad superan a cada una de sus aplicaciones, y en su potencialidad indefinida no se captan ni se agotan en específicas formulaciones[635].

Cada norma no refleja sino en parte los principios generales en los cuales se informa y se conecta: lo que basta para excluir una mecánica

---

634 Así, CRISAFULLI, *Per la determinaz. del concetto dei principî generali del dir.*, en "Studi sui principî generali dell'ordinamento giur." (Prisa, 1941), 240; v. también 185, 189 s., 201, 242 s.; con una incoherente admisión, ahí, 260 s.; y antes en "Studi in on. di Romano", I, 682, con análoga admisión, ahí, 688 s. y en "Jus", 1940, 210-11. Y así también AGO, en "Atti e comunicazioni", III, 1950, en la recensión a nuestro libro sobre la interpretación de la ley, 340-41, en disenso de nuestra concepción de los "principios generales del derecho reconocidos por las naciones civilizadas".

635 DEL VECCHIO, *Sui principi generali*, 19-20; già, "Il sentimento giur.", 2ª ed., 1908, 16, 20 ss.

equivalencia y convertibilidad de dos términos: aquella equivalencia, a la cual se inclina la abstracta concepción normativista, obsesionada en el postulado, o más bien en el preconcepto, de una autosuficiencia y "plenitud" lógica del orden jurídico (= legislación) y, en consecuencia, llevada a negar toda influencia de exigencias y tendencias que estén de cualquier modo fuera del mismo, en el sentido que en la legislación no sean del todo captados y absorbidos sin residuos[636].

En verdad, "principio" designa algo que se contrapone conceptualmente a compleción, a consecuencia que de ahí se desprende, y así a la norma completada y formulada: es la idea germinal, el criterio de valoración, del cual la norma constituye la puesta en obra, concretizada en una formulación preceptiva específica[637]. Esto se enfrenta al problema práctico resuelto por la norma: que inspira la *ratio iuris* bajo el aspecto teleológico, en cuanto no entrega el criterio de solución.

Ahora, sin embargo, precisamente aquí uno se debate en una insuperable antinomia, entre, de un lado, la exigencia, que cada precepto jurídico presupone, de ser formulado en términos normativos, tales de permitir una interpretación jurídica y una construcción dogmática, y del otro, la repugnancia que los principios generales oponen a una precisa formulación preceptiva, en cuanto afirman orientaciones e ideales de política legislativa, capaces de una indefinida y, casi se diría, inagotable potencialidad.

A decir verdad, tales orientaciones e ideales político-legislativos, en los cuales todo derecho positivo históricamente determinado si bien encuentra sus matrices pero no sus fuentes[638], comportan una acentuación variable según los tiempos, las situaciones históricas y la

---

636 SCHMITT, *Ueber d. drei Arten des rechtswiss. Denkens*, 13 ss., 30 ss. Interesante sobre este aspecto, es la divergencia de concepciones de los principios generales del derecho entre SALVIOLI, *La corte permanente di giust. Internaz.*, 1923-24, 124-26 (conforme en sustancia con la doctrina de ANZILOTTI, *Lehrbuch*, 1929, 85 s.) y VERDROSS, *Verfassung der Völkerrechtsgemeinschaft*, 1926, § 17: 63-67.

637 CARNELUTTI, *Sistema dir. prov. civ.*, I, 116; BOBBIO, *Analogia*, 107.

638 A propósito, nuestra "Interpretaz. della llegge", § 44.

conciencia social llamada a apreciar el valor[639]: y no admiten otra cosa –salvo en períodos revolucionarios[640]– sino una actuación gradual y una progresiva recepción del derecho positivo. En consecuencia, cada tentativa de fijar, reducir y traducir en términos preceptivos los principios generales que los afirman, cuando se haya hecho desde una fuente del derecho antes que el proceso histórico de maduración haya llegado a término, es, por necesidad de las cosas, ilusorio y destinado a fracasar[641]. Eso de hecho no alcanza a conferir a esos principios una eficacia obligatoria bien definida, que se imponga una plena, rigurosa y controlable observancia, sino que vale a confirmar el valor de los criterios directivos para la interpretación y de los criterios programáticos para el progreso de la legislación[642] o a lo más sirve para traducirlos en reglas generales derogables, prontas a ceder de frente a precisas disposiciones contrarias[643].

Ciertamente las finalidades generales del orden jurídico tocan los más profundos problemas éticos y políticos de la vida social; y una legislación genial es aquella que sabe encontrar y apreciar los verdaderos valores de la cultura en el momento histórico en el cual entra en vigor. Sin embargo, no menos importante que la sensibilidad para tales valores es la idoneidad de los medios escogidos para asegurar la tutela: y aquí entran en juego los cánones atinentes a la técnica de la actividad

---

639 Cfr. nuestra opinión en "Riv. int. fil. dir.", 1949, 15 s.; RIEZLER, *Rechtsgefühl*, 141 ss., y en "Festschrift f. Wender", I, 29 s.; BIONDI, en "Mélanges De Visscher", III (Revue des droits de l'antiquité, 1950), 141.

640 Nuestra "Interpretaz. d. legge", § 48; ROMANO, *Fr. dizion. giur.*, 220-233. BRINKMANN, *Soziologische Theorie der Revolution*, 1948.

641 SCIALOIA, *L'arbitrio del legislatore n. formazione del dir. positivo*, 1909, en "Scritti", III, 37-45; 42 (arbitrio como desviación de aquello que sería el curso normal).

642 Cfr. nuestra opinión en "Riv. dir. comm.", 1940, 219.

643 ESPOSITO, *La validità delle leggi*, 1934, 197 ss., 237 ss.; en "Giur. it.", 1948, III, 81; 145; La costituzione ital.: Saggi, 1954, 263 ss., 283 ss.

legislativa, que esta no puede descuidar sin rendir ilusoria la eficacia vinculante de sus propios enunciados[644].

Así, por ejemplo, no pocas enunciaciones de la reciente "constitución" italiana, si son examinadas a la luz de esa técnica, se manifiestan: o meras enunciaciones programáticas, carentes de contenido preceptivo y por lo tanto como tales de dejar el tiempo que encuentran; o ilusorias fórmulas de compromiso entre partidos[645].

Pero el fenómeno de la discrepancia entre la norma constitucional, que debería ser verdadera norma jurídica dotada de eficacia vinculante, y el ideal de política legislativa, que se decida asumir de captar, de fijar y de expresar en aquella con fórmula adecuada, es un hecho aislado: ello se confronta también en las "declaraciones de derechos" y en las "cartas constitucionales" emanadas el día después de auténticas revoluciones, como aquellas de 1789 y de 1848. En la perenne dialéctica entre eternidad de valores y contingencia de situaciones históricas, que está en la base de la dinámica del derecho, juristas e historiadores asisten y participan en la recurrente ilusión de señalar a la humanidad el rumbo definitivo de su trabajoso camino. Lo que a nosotros nos resta por augurar, de frente a estas y a otras tentativas de fijar en dogmas y en meditadas directivas el curso de la vida social e internacional, es que no se erijan instituciones las cuales conducen prácticamente a cristalizar el desarrollo histórico y a interponer barreras irremontables a la espontánea evolución de la humanidad[646], ni se acrediten oficialmente fórmulas y dogmas que, creando nuevas formas de intolerancia

---

644 Nuestra opinión en "Riv. int. fil. dir.", 1925, 69 ss., concerniente a la técnica de la legislación según el pensamiento de ZITELMANN; y en "Nuova riv. dir. comm.", VI, 1953, 51 con referencias a WIEACKER, *Priv. R-gesch. d. Neuz.*, 327.

645 Cfr. SPANNER, en "Oesterr. Zschr. f. öffentl. Recht", 1950, 45; 72: *nur ein Uebereinkommen über eine Formel, nich aber in der Sache selbst*; SCHMITT, *Verfassungslehre*, 31 ss.; ESPOSITO, *La costituzione ital.*: Saggi, 263 ss.

646 Cfr. nuestra "Confer. sulla riforma dello statuto della lega delle nazioni", reproducida en parte en "Studi Pacchioni" (1939), 32 ss. ZIZAK, *La coscienza del diritto*, 1953, 25. (También un apunte: STAMMLER, CHARMONT, ROUBIER, DU PASQUIER n.d.c.).

ideológica, impidan y obstaculicen la plena libertad de la discusión científica.

En especial los cultores de las ciencias jurídicas están hoy llamados a dar ejemplo de tolerancia y a mantener una apertura mental y moral que, de un lado, los libere de todo servil conformismo a ciertas tendencias oficiales de naturaleza contingente, y del otro, rinda el estudio del derecho accesible al movimiento de opuestas tendencias valorativas, tanto en sentido conservador como en sentido evolutivo.

Bajo este aspecto es siempre digno de atención y de respeto el intento de identificar los principios generales del derecho, emprendido con una muy consciente seriedad de intención y pureza de corazón por quienes sostienen poder recurrir nuevamente a las doctrinas del "derecho natural"[647], y de obtener de su renovación en sentido moderno la reflejada conciencia histórica de los problemas éticos y políticos a proponerse y de los valores de la cultura que hoy hay que tutelar[648]. Las obvias y demasiado fáciles objeciones, que a la íntegra concepción de un derecho "ideal" han sido hechas, y continúan siendo dirigidas, desde el punto de vista de la fenomenología del derecho, la cual da

---

647 A ello se refiere, entre otros, el art. 7 cod. civ. austr. de 1811, y el art. 22 de la ley sobre fuentes del derecho objetivo de la ciudad del Vaticano. Cfr. para otras referencias históricas, DEL VECCHIO, en "Arch. giur.", 85, 1921, 32 s. INVREA, *Parte generale del dir.*, 1934, n. 154: 216 s., distingue entre derecho natural y derecho cultural, como elementos de un "derecho fundamental" constituido de los principios generales "anteriores a la legislación positiva que los presupone".

648 Cfr. además DEL VECCHIO, en "Arch. giur.", 1921, 47 ss., y entre otros, las recientes reconstrucciones y propuestas: de ROMMEN, *Die ewige Wiederkehr des Naturrechts*, 1947, 54 ss.; en él, otras referencias a MOSSA, en "Nuova riv. dir. comm.", II, 1949, 77-86; de CABRAL DE MONCADA, *Hacia un nuevo derecho natural*, 1945, recensión en "Riv. int. fil. dir.", 1949, 129; GUIDI, *La legge ingiusta*, 1948, 103 ss. Contra el desesperado relativismo afirmado por algunas corrientes de la teología protestante (ELLUL, *Le fondement théologique du droit*, 1945) cfr. WELZEL, *Naturrecht u. materiale Gerechtigkeit*, 1950, 184 s.; WIEACKER, *Privatrechtsgesch. d. Neuzet*, 1952, 349, 339 n. 10, 145; WOLF, en "Jus", 1950, 72; nuestra opinión en "Studi A. Scialoja", IV, 82. VILANOVA, *Idea y realidad del derecho natural*, en "Revista de la fac. de derecho y c. soc.", VI, 1952, nr. 27, 1475-1517. Reciente, ANTONI, *Ritorno al diritto naturale*, 1959.

cuenta de que el solo derecho que se califica "positivo" –tener, es decir, el vigor del derecho sujeto a una ley diversa de la moral y tener una existencia que no depende de su respuesta a justicia, y ser, de otra parte, el llamado derecho natural nada más que una hipóstasis metafísica, en realidad una simple representación dependiente del juicio de valor teniendo carácter más o menos subjetivo[649]– estas obvias y demasiado fáciles objeciones del positivismo jurídico, decimos, desconocen en el orden jurídico el carácter de totalidad espiritual, y no tienen en cuenta un dato de hecho no menos fundamental e incontrovertible, que de tal carácter deriva. Y es que, puesto que cada norma no refleja sino en parte los principios generales (lo que excluye una mecánica equivalencia y convertibilidad de los dos términos), así los principios generales, en cuanto criterios de valoración inmanentes al orden jurídico[650], están caracterizados por *un exceso de contenido deontológico* (o *axiológico*, como se quiera decir) en contraposición con cada norma, también reconstruida en su sistema.

El hecho de este exceso encuentra confirmación en un fenómeno paralelo, que le hace perfecta comparación, en el campo del lenguaje: donde a su tiempo ha sido puesto de relieve por W. Humboldt[651] por ejemplo, el significado que excede la expresión, en cuanto no es manifestado de modo absolutamente definido, y por más recientes estudiosos ha sido acentuado el carácter necesariamente elíptico de todo

---

649 CROCE, *Fil. della pratica* (1909), 374, 381; PACCHIONI, en "Arch. giur.", 1924, 138; RIEZLER, *Rechtsgefühl*, 89 s.; también RITTLER, en "Schweiz. Zschr. f. Strafrecht", 63, 1948, 470-72.

650 BRÜTT, *Die Kunst der Rechtsanwendung: zugleich ein Beitrag zur Methodenlehre der Geisteswiss.*, 1907, 57 s., 62; HECK, *Das Problem der Rechtsgewinnung*, 1912, 32; *Gesetzes-auslegung*, 230 ss., 291. Cfr., según otra perspectiva, MICHELI, *Contributo allo studio della formazione giudiziale del dir.*, 1938, 39, 45 s.; DAVID, *Les grands systèmes de droit contemporains*, 64, 95, 102; ROMANO, *Dir. costit.*, 6ª ed., 40; 351. De acuerdo, en sustancia, CARNELUTTI, *Bilancio del positivismo giur.*, en "Riv. trim. dir. publ.", 1951, 288-91; 298.

651 HUMBOLDT, *Werke*, VII, 176 s.; cfr. "Riv. int. fil. dir.", 1949, 38; "Riv. it. sc. giur.", 1948, 66, nota 96. Cfr. BARATONO, *Arte e poesia*, 87, 111, 138, 145, sobre el contenido que desborda la forma.

lenguaje[652]. Un análogo "exceso de contenido representativo" ha sido advertido también, por otra parte, en la teoría hermenéutica a propósito de la interpretación arqueológica[653].

Ahora, los juristas que en cada época han elaborado doctrinas y enseñanzas del "derecho natural", que trascienden los confines del derecho positivo dado, y aquellos que en tiempos recientes han creído tener que convertirse a tales enseñanzas y doctrinas para identificar los principios generales de derecho, han precisamente intuido el señalado exceso de contenido axiológico, que caracteriza a los principios generales, y da razón de su repugnancia a una formulación en términos preceptivos: la cual comprometería en éstos el carácter de racionalidad y terminaría por reducirlos al rango de otra norma cualquiera. En esos principios opera una potencialidad y una fuerza de *expansión*, no ya de índole lógica y dogmática, sino más bien de índole valorativa y axiológica: fuerza no ya de "verdad" y de razón teorética, sino de valores éticos y de sus valoraciones, que gradualmente maduran y se afirman en base a situaciones históricas contingentes[654].

Diferente es naturalmente el punto de vista que adopta el positivismo lógico en una revisión crítica del concepto de *interpretación*[655]. Sometiéndolo a un análisis crítico, se descubre que, cuando hablamos de interpretación, se presume que más allá de las proposiciones normativas (objeto de la búsqueda jurídica) hay algo que no es del todo reducible a las proposiciones mismas y este *algo* es llamado con expresión ingenuamente realística: espíritu, voluntad, pensamiento, intención del legislador. La interpretación sería, por lo tanto, un procedimiento que permitiría ver este *algo* más allá, a través de las proposiciones

---

652 URBAN, *Language and reality*, 125, 196 s., 201, 234, 242, 250 n. 1, 737 (*"so much more is understood than is expressed"*). Observa HECK, *Gesetzesausleg.*, 141, que los redactores de la ley movidos por asuntos y presupuestos que no son comunicados a quien deberá leer el texto legislativo.

653 VOLKELT, cit. en WACH, *Verstehen*, II, 28; cfr. "Riv. it. sc. giur.", 1948, 80, = *Hermeneut. Manifest,* nota 125.

654 Proleg. § 4: antes en "Riv. int. fil. dir.", 1949, 14 s.

655 BOBBIO, Sc. d. dir. e analisi del ling., en "Riv. trimestr.", 1950, 358-64.

lingüísticas, como saltar más allá del lenguaje. Este modo de ver, por lo tanto, es, según Bobbio, ilegítimo (de otra manera caería la misma asimilación de la ciencia del derecho al análisis del lenguaje), porque cuando se va más allá de una proposición para buscar el sentido, se encuentran otras proposiciones, y así de continuo[656].

Si se llega a un punto en el cual no nos socorremos en otras proposiciones para darle un sentido a la proposición inicial, no se debería de ningún modo ir más allá, porque no habría nada más. Los así llamados pensamientos, voluntad, etc. serían alcanzables solo en el momento en el cual se expresan en palabras o de cualquier modo en signos, es decir cuando se inicia su vida en el mundo de la comunicación intersubjetiva. Un acto psíquico inexpresado no sería incluido en ningún sistema científico. Por lo tanto el pasaje de las palabras a la *mens* no representa otra cosa que la extensión de las indagaciones sobre del uso de la palabra en cuestión en el contexto de proposiciones siempre más numerosas y de mano en mano siempre menos afines al contexto inicial. El descubrimiento de la llamada intención sería en realidad un descubrimiento de proposiciones nuevas con las cuales siempre se logra determinar mejor el significado de una determinada palabra o frase.

La llamada interpretación histórica consistiría en el análisis de proposiciones normativas que tenían vigor en tiempos pasados; aquella sistemática estudia, en cambio, la conexión de las proposiciones normativas en examen con otras concernientes a instituciones afines, asumibles las unas y las otras en la misma categoría general. En sustancia también la interpretación de la intención del legislador comúnmente llamada lógica, no sería otra cosa que interpretación gramatical, en cuanto con ella el intérprete busca fijar los medios lingüísticos, los únicos a su disposición, la regla del uso de la palabra o proposición de la cual se trata, busca en cambio fijar —como dirían los neopositivistas— la *gramática* de ese particular lenguaje que es el lenguaje de ese dado

---

656 BOBBIO, Sc. d. dir. e analisi del ling., p. 358.

legislador[657]. Análogamente[658], la distinción entre interpretación según la voluntad de los contrayentes e interpretación según la declaración se deduciría a esto: la teoría de la declaración conocería un solo lenguaje, el técnico o el común; la teoría de la voluntad, en cambio, admitiría la multiplicidad de lenguajes y, por lo tanto, de reglas que determinan el uso de cada uno de ellos; de lo cual se concluye que la palabra no tiene un solo significado sino que muchos, tantos como son las lenguas en las cuales se usa.

Por *no plenitud* [incompletitud] se entiende el hecho de que el legislador no trae en la proposición normativa expresa todas las consecuencias que son posibles de sacar mediante la pura y simple combinación de las proposiciones en base a las reglas de transformación admitidas como lícitas. Puesto que para Bobbio un lenguaje constituiría un sistema científico, cuando son dadas las reglas de uso de las palabras y también las reglas que deben presidir la transformación de las proposiciones, y el desarrollo del discurso se opera no usando otras reglas de transformación que aquellas admitidas. Un discurso científico contendría en sí mismo la propia peculiar posibilidad de *desarrollo*, y en tal sentido constituiría una *lengua cercada*. El ejemplo más destacado sería el discurso matemático, lengua cercada por excelencia. Ahora bien, en la medida en la cual las varias proposiciones normativas se puedan comprender en un *todo cercado*, sería posible determinar la figura del *ordenamiento*. En la base de todo esto estaría una regla fundamental —regla de clausura— que presidiría al proceso de unificación, y más bien sería precisamente ella, la que, según el concepto corriente de los juristas, haría de un conjunto de proposiciones un ordenamiento[659].

Ahora gracias, precisamente a tales reglas de transformación el ordenamiento sería, si no completo ciertamente *completable*. La obra de completamiento correspondería al jurista, y constituiría la parte más

---

657 Bobbio, Sc. d. dir. e analisi del ling., pp. 358-359.

658 Bobbio, Sc. d. dir. e analisi del ling., p. 359, nota 8.

659 Así, siempre Bobbio, loc. cit., 360.

vasta e interesante de su actividad. Ella cumpliría el desarrollo del discurso legislativo, siempre que se dé en conformidad con la regla. Entre estas se encuentra la regla de la extensión *analógica*, acogida expresamente al menos por las legislaciones modernas. Esta regla confiere un aspecto característico al lenguaje jurídico, distinguiéndolo de otros que no admiten la misma regla, o la admiten solo entre ciertos límites de eficacia, como sucede en el lenguaje de las ciencias físicas y biológicas. Esto sería también una nueva prueba del elemento de convencionalidad que está ínsito en todo lenguaje característico. Que el similar esté regulado como el similar, sería una convención del lenguaje jurídico. Un razonamiento por analogía válido en sí y por sí no existiría: sería válido allí donde la regla fundamental de un determinado discurso le reconoce la licitud y la impone como uso. Para un físico la analogía es un razonamiento débil; en cambio para un jurista es un razonamiento seguro porque sería, por decirlo así, una regla del juego (!).

Considerando más específicamente la tercera parte, aquella sistemática de la tarea del jurista, Bobbio subraya la tendencia de la actividad sistemática del jurista moderno a desligarse de los esquemas romanísticos y sin mencionar el tono despreciativo hacia los tiempos en los cuales el romanista y el civilista no se distinguían. Según él, sería necesario que el jurista no hiciera concesiones a la tradición, y teniendo en cuenta la pluralidad de los significados que las palabras asumen según los contextos o las lenguas en las cuales están insertas, no se deje guiar por otras reglas que no sean aquellas del lenguaje tomado en examen, alcanzando así una elaboración de una lengua coherente y unitaria que elimine lo más posible los peligros de la incomprensión.

Hemos querido referir con precisión y minucia esta toma de posición del positivismo lógico en el campo de la interpretación jurídica, no ya para someterla a una refutación que desciende antes a todas las premisas y las deducciones de la presente teoría, sino para indicar con qué dificultades se encuentra una teoría del lenguaje que se rehúsa de partida a mirar en esto una objetivación del espíritu y del pensamiento. Lo menos que puede decirse de la ingeniosa doctrina hermenéutica elaborada por Bobbio, es que ella ignora los principios hermenéuticos fundamentales y que, en esta resuelta prescindencia, aparece también aquí de la misma manera complicada cuanto inconcluyente[660].

En conclusión, los principios generales del derecho hay que concebirlos no ya como el resultado, recabado *a posteriori*, de un árido procedimiento de sucesivas abstracciones y generalizaciones, sino como suma valoración normativa, principios y criterios de valoración constitutivos del fundamento del orden jurídico y teniendo una función genética respecto de cada norma. Ellos deben considerarse no solo bajo el perfil dogmático, como criterio que está en la base de las soluciones legislativas, en la medida en la cual el derecho positivo es por ellos informado, sino además bajo un aspecto dinámico, como exigencia de política legislativa, que no se agotan en las soluciones acogidas, sino que más bien cabe tenerlos presente sea como directivas e instrumentos de la interpretación respecto a los casos "dudosos", sea como direcciones y orientaciones a perseguir en el progreso de la legislación[661-662].

---

660 V. también supra, § 55, nota 55. Ahora, distinto es el punto de vista de los decisionistas, como Ascarelli, en "Riv. dir. proc.", 1958, 15 ss.

661 Para una particular acentuación de este aspecto dinámico, nuestro análisis en "Riv. dir. comm.", 1940, 218 s. (no bien entendido por Crisafulli, en "Studi sui princ. gen.", 195 s.); Crosa, *Osservazioni sui princ. gener. come fonte del dir. pubbl.*, 1926; Gueli, *Dir. singolare*, 68-69; Esposito, *Costituzione ital.*, 87 ss., 103 ss., 287. Los principios pueden devenir en norma jurídica si son recibidos como derecho consuetudinario, en la constitución o respectivamente en una ley (Esposito en "Studi Betti", I, 598 s.). Del mismo modo, Germann, *Probleme und Methoden der Rechtsfindung*, 152: a continuación de la recepción en la constitución o en la ley se crea cada vez del principio jurídico una norma de derecho positivo a la cual el juez queda vinculado. Al contrario, no es siempre claro, a causa de su generalidad, si un caso concreto se pueda "subsumir" bajo un principio; por ser aplicable a tal caso ello necesita de la "concretización" a través de una norma más particular sobre la base de una aplicación integrativa *intra legem*.

662 Stein, *Die verfassungsrechtlichen Grenzen der Rechtsfortbildung durch die Rechtsprechung*, en "Neue Juristische Wochenschrift", 17, 1964, quad. 38/39, 1745-1752: el juez debería, con cautela, intentar aplicar evolutivamente la norma. Pero, al hacer esto, no puede superar el sentido inmanente y el alcance de la ley para conseguir absoluta paridad de tratamiento o ausencia de excepciones o más bien, como propone Larenz (*Methodenl.*, 256, 173, 309), para desarrollar el derecho, en atención a una necesidad ineludible de

Queda ahora por examinar quién sea llamado a advertir su presencia, es decir, quién sea competente para identificarlos.

II. *De la competencia para identificar los principios generales del derecho*

Surge precisamente en este punto la cuestión de a quién deba corresponder la tarea de valorar la racionalidad o generalidad de un principio del derecho o sea –como algunos prefieren decir– su pertinencia al "derecho natural", o –con una formulación más correcta, porque es apta a prevenir el equívoco de una hipóstasis metafísica– su conformidad al orden natural de las cosas y su correspondencia a la justicia o a otras exigencias sociales.

Cuestión, esta, de competencia o de legitimidad, que se asume de frente a un doble peligro que cabe evitar: el peligro, sobre todo, del subjetivismo personal, que en el tema de los valores éticos es bastante más próximo que en el tema de las categorías lógicas[663]; el peligro, además, de unilateralidad en la presentación de los problemas dado el inevitable contraste entre una tendencia conservadora y una tendencia evolutiva, que se agita en la órbita de toda sociedad, y que en tiempos normales ponen la exigencia de un justo equilibrio histórico de la una con la otra.

La solución de la cuestión de competencia depende esencialmente del modo de concebir los principios generales que se trate de

---

la vida jurídica de la cual no se puede prescindir o por respetar principios ético-jurídicos o por respeto a la idea misma del derecho (cfr. HIRSCH, en "JZ", 1962, 329). Límites: a) una definición jurídica, en el caso de diversas posibles interpretaciones, está puesta en modo tal de estar en acuerdo con los principios de fondo de la constitución; b) otros límites constitucionales están constituidos por los derechos fundamentales que despliegan una "Ausstrahlungswirkung" sobre cada sector de la convivencia social; c) vínculos con el ordenamiento de base liberal-democrático, con los principios elementales de la constitución y las decisiones de principios de la constitución; no se pueden aislar particulares valores fundamentales de la totalidad del orden constitucional.

663 Nuestra opinión en "Riv. int. fil. dir.", 1949, 6-8: proleg., notas 17-25.

identificar; y, por lo tanto, cuando venga puesta sobre el terreno de un determinado derecho positivo, es correlativa a la solución que se deba dar a la cuestión concerniente a su contenido.

Correlación, también esta, que viene advertida en la más reciente discusión tenida entre nuestros estudiosos del derecho[664].

La cuestión de las competencias en análisis reafirma la exigencia de remontarse de la norma positiva a su viva fuente, y así reproponer el arduo problema de las relaciones que interceden entre sociedad y estado, en cuanto a la producción del derecho: problema que, a su vez, sugiere la comparación entre la sociedad que se considera, y otra sociedad políticamente organizada, las cuales hayan alcanzado el mismo grado de cultura o se presenten de una cultura afín[665]. No es esta la sede apta para discutir *ex professo* sobre este tan amplio problema; aquí bastará con señalar la importancia y subrayar cómo la exigencia ahora advertida se traduce en la otra de anclar el derecho a aquella realidad histórica y sociológica que constituye el *humus* de ella, y de extraer los principios generales (entendidos como *sumas de criterios de valoración*)

---

664 Véase comunicaciones realizadas al "Convegno naz. universitario sui principî generali dell'ordinam. giur." (Pisa, 1941) entre las cuales son notables las siguientes: CRISAFULLI, *Per la determinaz. del concetto dei principî gener. del dir.* (ahí, 175-271); BIGGINI, *Dei princ. gener. dell'ordinam. giur. fasc.: contrib. alla loro formulaz.* (ahí, 381-423); GROSSO, *Princ. gener. dell'ordinam. giur. o dichiaraz. politica?* (ahí); CHIARELLI, *I princ. gener. dell'ordinam. giur. fasc.*, en "Stato e diritto", 1940, 89 ss.; además, PERTICONE, *Sui principî gener. del dir. positivo, y Ancora sui princ. gener. dell'ordinam. giur.*, en "Arch. giur.", 1940; nuestra opinión en "Riv. dir. comm.", 1940, 217 ss.; CRISAFULLI, *A proposito del princ. gener. del dir. e di una loro enunciaz. Legislativa*, en "Jus", 1940, 193-214, spec. 210-11 (supra, nota 20); BIGGINI, en "Arch. di studi corpor.", 1940, 149 ss.; GUELI, *Il "diritto singolare" e il sistema giur.* (1942), 68-69, que advierte la afinidad entre la concepción institucional de los principios generales como principios fundamentales (ROMANO, *Dir. costit.*, 6ª ed. 40, 351), y la concepción dinámica de ellos, como constitutivos de iguales exigencias de política legislativa. Reciente BOULANGER, *Principes généraux du droit et droit positif*, en "Études Ripert", I, 51, cit. en RIPERT, *Les forces créatrices du droit*, n. 32.

665 PACCHIONI, en "Arch. giur.", 91, 1924, 137 ss.; cfr. RIEZLER, *Rechtsgefühl*, 2ª ed., 156 ss.; VERDROSS, *Verfassung der Völkerrechtsgemein.*, 57-59. FIKENT-SCHER, *Gedanken zu einer rechtsvergl. Methodenlehre*, en "Recht und Wandel", 1966, 141-158.

al fondo común del derecho positivo y del *ethos*, como se evidencia en la costumbre social generalmente observada (en los "*moeurs*", diría Tocqueville[666]) y en los ideales de vida que ella sugiere[667].

La piedra de parangón de la competencia para la identificación de los principios generales es ofrecida, a nuestro juicio, por aquel recurso o reenvío a la "naturaleza de las cosas", que, según algunos, estaría implícito en los mismos principios generales, "en cuanto dictados por la razón humana" y derivados de esa naturaleza[668], o vendrían a ser postulados por vía supletoria, en cuanto resulten insuficientes para proveer el criterio sustancial de decisión del caso dudoso[669].

A uno y otro modo de justificar el recurso a la naturaleza de las cosas, cabe objetarles que esa naturaleza, como la "*naturalis ratio*" [razón natural] a la cual se remontan los juristas romanos, no es una entidad que opere directamente por una suerte de mágico automatismo (la naturaleza de las cosas, *per se*, es muda e indiferente)[670], sino opera siempre a través de una representación que de ella se hace la conciencia social históricamente determinada[671], por lo tanto a través de una visión y una valoración históricamente condicionada, que procede guiada por ciertos criterios (dados precisamente desde principios

---

666 Tocqueville, *De la démocratie en Amérique* (12ª ed., 1848), II, 198 s. (*habitudes du coeur, habitudes de l'esprit*); IV (parte 3ª, sobre la influenza de la democracia sobre las "*moeurs*" propriamente dichas).

667 Cfr. Nietzsche, *Menschliches*, II, 86, 271; *Morgenröthe*, 377; *Frl. Wiss.*, 43; Schindler, *Verfassungsrecht u. soz. Strukt.*, 1932, 71-73.

668 Gangi, *Problema delle lacune*, n. 10 e 19, en "Arch. giur.", 89, 1923, 157, 166; *Ancora sul problema etc.*, 23 ss.; "Studi Pavia", IX, 1925.

669 Del Vecchio, *Sui principi* etc., 49; Asquini, en "Arch. giur.", 86, 1921, 138 s.; cfr. observaciones críticas de Gangi, en "Arch. giur.", 89, 166 s., y de Pacchioni, ahí, 91, 1924, 142 s. A propósito, Nipperdey (Enneccerus), *Allgem. Teil*, 343, nt. 41.

670 'Denn unfühlend ist die Natur: es leuchtet die Sonne über Bös' und Gute' (Goethe, en la poesía 'das Göttliche', 3ª estrofa).

671 Pacchioni, en "Arch. giur.", 91, 142 s.; Riezler, Rechtsgefühl, 89; 156. Aquí se hace reenvío al concepto-guía de la 'racionalidad formal' de Weber (*Soziologie des Rechts: Wirtschaft u. Gesellschaft*, 394 ss.); a propósito "Verhandlungen d. 15. Soz. tag: Max Weber und die Soziologie heute", 1966, 55. (También un apunte: Beitzke, en "Festg. Smend", 19 *n.d.c.*).

generales) y aprecia en conjunto la función de las relaciones sociales. La "naturaleza de las cosas" –vale decir, la lógica de la materia que el derecho está llamado a regular– es, ella misma, objeto de una interpretación histórica y técnica, la cual no puede no expresarse diversamente de acuerdo al ambiente social y a los criterios de las visiones corrientes entre los hombres que en ella viven.

Por ejemplo, en un ordenamiento que reconozca la propiedad individual y las relaciones económicas y las de trabajo se valoran en su "lógica" y "naturaleza" de modo esencialmente diferente que en un ordenamiento comunista; en un régimen liberal, que no admita sino un mínimo de frenos a la iniciativa de cada cual, esas relaciones vienen reconocidas en su exigencia económico-social diversamente que en un régimen de economía controlada, en el cual la iniciativa individual sea subordinada a los superiores intereses de la producción y las exigencias de la solidaridad social sean prevenidas con mayor energía[672].

En suma, en una sociedad, cuya sensibilidad moral sea orientada hacia algunos de estos ideales éticos, políticos o económico-sociales más bien que hacia otros, las relaciones de la vida vienen reconocidos y valorados de modo necesariamente diverso que en otra sociedad, cuya sensibilidad lleve a una diversa acentuación comparativa de los unos y de los otros.

De donde es fruto de una ilusión ingenuamente objetivista creer que "las relaciones de la vida, cuando sean escrutadas atentamente y analizadas minuciosamente en todos sus elementos, entre los cuales tienen particular importancia su finalidad, las exigencias económico-sociales y los intereses en juego, descubren, o sea revelan ellas mismas a la razón humana la norma más apta para su regulación"[673]. No es, ni puede ser, así: porque no se trata de registrar datos naturales *ab extra*,

---

672 Cfr. RIPERT, *Aspects juridiques du capitalisme moderne*, 1946, nr. 96-118: nuestras observaciones en "Studi Cicu", II, 592-600, y en "Studi A. Scialoia", IV, 81 s.

673 Así, GANGI, *Problema d. lacune*, n. 19, en "Arch.", 89, 165; *Ancora sui problema etc.*, 26.

sino de apreciar exigencias de la vida social: y aquí es precisamente verdad que cada sociedad históricamente determinada ve aquello que tiene en el corazón, o sea aquello que más le importa y está en el corazón[674], y de la misma manera cada época histórica ve la misma "cosa" con ojos diversos[675].

Análogas diferencias de apreciación caracterizan la toma de posición de las varias sociedades nacionales respecto a criterios de decisión aparentemente uniformes, con los cuales la ley reenvía algunos conceptos de valor ético (por ejemplo, a la buena fe o a la culpa) o de valor político (por ejemplo, al orden público), o a conceptos económico-sociales elásticos —llamados "conceptos-*válvula*"— que viven en la conciencia social[676]. También aquí el reenvío —que no tiene carácter recepticio— a categorías de orden extrajurídico, destinadas a permanecer extrañas, como tales, a la órbita del derecho[677], haciendo llamado a concepciones axiológicas diferentes, conduce también a decisiones divergentes en el uno o en el otro ambiente jurídico, y por lo tanto lleva, en definitiva, a elaborar un derecho vivo que es diverso no obstante la identidad de formulaciones legislativas.

---

674 *Categorie civilistiche*, 21 s.: "Riv. it. sc. giur.", 1948, 55, nota 53.

675 TRIEPEL, *Vom Stil des Rechts*, 1947, 67 ss.; RITTLER, *Gesetz u. Wirklichkeit in der Rechtswiss.*, en "Schweiz. Zschr. f. Strafrecht", 63, 1948, 469 s.

676 ZITELMANN, *Irrtum und Rechtsgeschäft*, 1879, 17-20; *Lücken im Recht*, 1903, 45, n. 18 (cfr. "Riv. int. fil. dir.", 1925, 65, n. 3); TRIEPEL, *Völkerrecht u. Landesrecht*, 1899, 163, 164; HELLWIG, *Lehrb. d. deut Civilprozessr.*, II, 165, n. 3-4; 174, n. 44; JELLINEK, *Gesetz, Gesetzesanwendung*, 1913, 178-188, spec. 180; nuestro "Dir. proc. civ. it." n. 5: 19 s., n. 117: 402 s.; GIANININI, *Potere discrezionale d. pubbl. Ammin.*, 1939, 82; CODACCI-PISANELLI, *L'invalidità come sanzione di norme non giur.*, 1940, 57 ss., 122 s.; DENTI, *Contrib. a. studio d. giudizio di equità nel proc. civ.*, 1944, 22-26; MESSINA, *La discrezionalità nel diritto penale*, 1947, 201 ss., cfr. 191 ss. (Festschr. Raape, 384, n. 25); WURZEL, *D. jurist. Denken*, 86 ss.

677 La diferencia entre simple reenvío y proceso de recepción (KOHLER, *Shakespeare vor dem Forum der Jurisprud.*, 1883, 86 s.; ZITELMANN, *Unvollkommenheit des Völkerrechts*, 1919, 24) no es siempre claramente advertida: nuestro análisis en "Riv. int. fil. dir.", 1925, 65, n. 3; "Festg. M. Gutzwiller", 1959, 246; Istituzioni di diritto romano, II, 1960-62, 48 (§ 133); BRUGI, en "Arch. giur.", 90, 1923, 165: cfr. 163; CODACCI-PISANELLI, op. cit., 57, n. 6. Cfr. supra § 55, sub 3 y 4.

Con esto no se quiere negar la razón de ser de una comparación entre las visiones de sociedades diversas de frente a idénticos problemas prácticos, ni ignorar la concordancia y convergencia, que el estudio sociológico destaca del modo de reaccionar de las sociedades diversas (pero de afín grado de cultura) a idénticas o similares situaciones de hecho[678]: concordancia, que ya los juristas romanos advierten, cuando hablan de una *"naturalis ratio"* [razón natural][679]. Se quiere únicamente poner en guardia contra el peligro de una conclusión apresurada, que una concepción extrínseca y, en el fondo, materialista podría sugerir, argumentado de la presunta identidad de ciertos datos sociológicos (como la "naturaleza de las cosas") o de la coincidencia literal de ciertos criterios para inferir una univocidad de decisiones y una consiguiente uniformidad del derecho y de la nomogénesis, que, bien vistas, se revelan puramente ilusorias.

En la piedra de parangón ahora vista se mide, por lo tanto, la importancia de la pregunta, a la cual se reduce la cuestión de legitimidad: *quién* sea competente para identificar, en orden a la interpretación jurídica, los principios generales. Si éstos no son normas, sino principios de normas, sacados del fondo común del derecho y del *ethos*, si son directivas históricamente condicionadas, determinantes de las valoraciones normativas que están en la base de la nomogénesis de las instituciones y de cada norma jurídica, y son tales que no se agotan en esta, sino que abrazan además exigencias de justicia afirmadas *de iure condendo*, es bastante claro quien tenga que ser competente y advertir su presencia.

La respuesta, que a la pregunta planteada ha dado a su tiempo la escuela histórica del derecho con la doctrina romántica de una común

---

678 KOSCHAKER, en "Deut. Rechtswiss.", IV, 1939, 69; DE FRANCISCI, *Arcana imp.*, I, 29-37; nuestros Categorie civilistiche d. int., 45 = "Hermeneut. Manifest", n. 124.

679 LOMBARDI, Sul concetto di "ius gentium", 1947, 366 ss.; cfr. KASER, en "Bull. dir. rom.", 1949, 426 s.; DE VISSCHER, *Recherches*, 1949, 11 s.; PUGLIESE, en "Riv. it. sc. giur.", 1948, 459.

espiritualidad que tiene sus raíces en toda sociedad nacional históricamente dada, y genera en los miembros de esta una convicción común en torno al derecho[680], esta respuesta, decimos, ha podido ser objeto de obvias y demasiado fáciles críticas dirigidas a presentarla como una suerte de hipóstasis mitológica que no explicaría aquello que debería explicar[681]; sino que, vista así, ella obedece a una doble exigencia de positividad y de objetividad: la de afirmar la totalidad espiritual del derecho a la realidad histórica y sociológica que constituye el *humus*, y junto a ella sustraer los principios al arbitrio subjetivo y a la inspiración personal de cada uno[682]. Ciertamente justa es la intuición que, en la cuestión de que se trata, cada uno debe ser tenido en cuenta no ya como átomos desarraigados del *humus* social, sino más bien como miembros de la comunión de la cual hacen parte[683], y a decir así, como portavoces y gestores de la conciencia social del tiempo: institución, esta, que está presente también en el pensamiento de Rousseau, cuando contrapone a la voluntad de todos y cada uno una *"volonté générale"* [voluntad general] (l. II, cap. 3).

Pero el punto delicado de la cuestión es ver de qué modo y por medio de cuáles órganos deba manifestarse la conciencia social del

---

680 La doctrina responde adecuadamente al problema –estrechamente afín al que se discute– que concierne al fundamento del derecho consuetudinario: PUCHTA, *Das Gewohnheitsrecht*, I, 1828, 134, 144, 152, 161, 167 s.

681 Vid. literatura citada por RIEZLER, *Rechtsgefühl*, 2ª ed., 156, nota 46, y la crítica del R., 157 ss. Que a continuación la espiritualidad de un pueblo no sea una entidad que se encuentre en desarrollo, es la objeción que pudo ser tomada en serio, y de que sea víctima del prejuicio materialista: cfr. HARTMANN, *Problem d. geist. S.*, 254-55; "Riv. int. fil. dir.", 1949, 23 s.; supra, proleg. § 6.

682 A esta doble exigencia obedece también la concepción institucional de ROMANO, *Dir. costit.*, 6ª ed., 40, 351; cfr. *Frammenti di dizion. giur.*, 142. La exigencia de objetividad es reafirmada bajo varios perfiles por BRUSIIN, *Ueber die Objektivität der Rechtssprechung*, 1949, 27 ss., 85.

683 Intuición, que es uno de los motivos predominantes en la concepción de PUCHTA, Gewohnheitsrecht, I, 155, 157, 165 s., 168; II (1837), 18, 20, 144.

tiempo[684]: conciencia, que –según cuanto se ha dicho– está naturalmente llamada a representarse la función de las relaciones de la vida
y a valorar las exigencias sociales, en cuanto postulen una regulación
jurídica a elaborar ulteriormente. Ahora bien, nosotros decíamos,
respondiendo a la pregunta hecha, que como órgano de la conciencia
social para el cumplimiento de tal tarea debe hoy reconocerse a la jurisprudencia, entendida en el sentido más lato de jurisprudencia tanto
teórica (ciencia jurídica) como práctica[685].

La jurisprudencia así entendida es competente para identificar y
para elaborar aquellos principios generales del derecho que, ofreciendo
directivas de valoraciones no agotables en cada norma, constituyen
los indispensables instrumentos de una interpretación integradora del
orden jurídico que sobrepasa los confines de la *analogia legis*. Pero la
competencia aquí reivindicada a la jurisprudencia como órgano de la
conciencia social del tiempo, necesita ser todavía precisada y aclarada
para prevenir posibles equivocaciones y objeciones demasiado fáciles, a
las cuales se inclinan los seguidores del positivismo jurídico, domina-
dos del tenaz prejuicio *"quod non est in lege, nec in iure"*.

**III. *De la tarea de la jurisprudencia como órgano de la con-
ciencia social.*** Que en el ambiente social moderno la jurisprudencia,
teórica y práctica, se deba considerar como el órgano competente de la
conciencia social del tiempo[686] para identificar los criterios de valoración que se manifiestan en los principios generales del derecho[687], es

---

684 La cuestión es conocidamente propuesta por RIEZLER, *Rechtsgefühl*, 160 ss.;
cfr. BRUGI, en "Arch. giur.", 90, 1923, 166.

685 Solución afirmada por PACCHIONI, *I principi gener. di dir.*, en "Arch. giur.",
91, 1924, 139 ss. Cfr. CHECCHINI, en "Arch. giur.", 90, 1923, 167 ss.

686 Cfr. PUCHTA, *Gewohnheitsrecht*, I, 146 s., 165-66; II, 18-20; HATSCHECK,
Engl. Staatsrecht, I, 96 s.; ARNOLD, *Cultur und Rechtsleben*, 1865, 388 ss.;
VERDROSS, *Verfassung der Völkerrechtsgemeinschaft*, 68 s.; por último, ESSER,
Metodo e tecnica d. interpretaz. n. giurispr., en "Nuova riv. dir. comm.", VII,
1954, 249 s.; *Interpretation d. Rechts*, en "Stud. generale", 7, 1954, 377-78.

687 PACCHIONI, *Sui principii*, n. 6, en "Arch. giur.", 91, 139 ss. Cfr. sobre el
particular aspecto del vigor del derecho común, CHECCHINI, *Storia d.*

negado por quien se limita a atribuirle la modesta tarea de "iluminar la razón individual o la conciencia colectiva" y extraer la máxima de las decisiones de la "naturaleza de las cosas"[688].

Pero, es equivocado: la negación —como aparece ya claro— es fruto de una visión ingenuamente realista y atomística, que al considerar decisiva *per se* la llamada "naturaleza de las cosas", desconoce la importancia de la valoración de la conciencia social que está llamada a hacer, y al considerar a cada juzgante como átomos desarraigados del todo del cual son parte, pierde de vista el nexo espiritual que en toda sociedad organizada intercede entre conciencia social y jurisprudencia, siempre que los juristas sean conscientes de la visión y de la responsabilidad que a ellos les incumbe como representantes de la sociedad[689].

Se trata, ciertamente, de una representación de índole moral y no legal, conforme a la altura y a la perennidad de la visión confiada a los juristas[690]. Perenne, en verdad, y nunca llevada a término, es la tarea de la interpretación[691]; y el perenne proceso de discusión entre juristas sirve, de un lado, para garantizar contra una indebida intrusión de

---

giurisprudenza e interpret. della legge, en "Arch. giur.", 90, 1923, 167 ss. y el escrito de BRUGI, ahí citado. De la señalada cualidad de órgano de la conciencia social, que además da garantías jurídicas, deriva la tendencia de la jurisprudencia a conseguir un grado de objetividad siempre más elevado: tendencia notada por BRUSIIN, *Ueber die Objektivität der Rechtssprechung*, 27 ss., cfr. 42 s., 54 s., 77 ss.; cfr. otros escritos citados en "Hermeneut. Manifest", nota 77.

688 Así, GANGI, *Ancora sul problema delle lacune nel dir. priv.* (St. Pavia, IX, 1925), 26 s. Pareciera ser que GANGI entiende la jurisprudencia en el sentido corriente de complejo de máximas y precedentes jurisprudenciales. A contrario, ahora NIPPERDEY (ENNECCERUS), *Allgem. Teil*, 343, nt. 41.

689 Calificación justamente acentuada por PUCHTA, *Gewohnheitsrecht*, I, 166; II, 20.

690 Para meditar, después de los escritos de ZITELMANN cit., en "Riv. int. fil. dir.", 1925, 80, nota 3, KISCH, *D. deutsche Rechtslehrer*, 1939, 35 ss.; BADER, *Die deutschen Juristen*, 1947, en "Recht u. Staat in Gesch. u. Gegenwart", 131; CARNELUTTI, *Metodologia d. dir.*, 1939, 35 s.; *Arte del diritto*, 1949, 63 ss., 104 ss.; WIEACKER, *Privatrechtsgesch. d. Neuzeit*, 260, 327.

691 Categorie civ. d. interpretaz., en "Riv.", cit., 84: "Hermeneut. Manifest", nota 146-*a*.

subjetividad, sea contra el cristalizarse de opiniones incontrovertidas, sea contra la persistente tendencia unilateral que conlleva un indolente conformismo; del otro, vale para poner a prueba y verificar los criterios de decisión según su correspondencia a las exigencias sociales, rindiendo razón en un justo equilibrio así a las tendencias conservadoras como a las evolutivas[692].

En dicha discusión, los criterios de valoración que se manifiestan en principios generales del derecho, son no ya objeto de interpretación jurídica –puesto que no son normas que tengan un contenido preceptivo definido[693]– sino instrumentos de ella, criterios directivos en cuya medida se deben valorar las exigencias sociales de las relaciones de la vida, en cuanto postulan una regulación jurídica.

Por lo tanto, ellos tienen para los juristas solo una función heurística y hermenéutica en la indagación de aquella que es la justa máxima de decisión del caso dudoso: indagación, que se mueve no ya de una comparación entre casos y materia, como en la *analogia legis*, sino de encuadrar el mismo orden jurídico a una más amplia concatenación, de encuadrarlo, es decir, en el *ethos* de la sociedad en la cual vive, en su ambiente histórico y sociológico. A este *humus* productivo, que el perenne fluir de la vida social conserva y renueva sin pausa, la jurisprudencia extrae motivos, incitaciones, directivas[694]: opera en este caso como un filtro depurador gracias a la consideración *sub specie iuris*, extrae exigencias de políticas legislativas, recava con perseverante

---

692 Cfr. nuestra "Interpretaz. d. legge", § 38 bis.

693 Supra, cap. X, n. 2; RIEZLER, en "Festschrift f. Wenger", I, 29. Es bien posible, empero, respecto a ellos como respecto a doctrinas y enseñanzas de otras ciencias, una interpretación científica o especulativa en el cuadro de una historia de la jurisprudencia, a continuar según el planteamiento delineado supra en § 35.

694 ZITELMANN, *Die Unvolkommenheit des Völkerrechts*, 1919, 23-24: "*Das Zusammenleben der Menschen wird durch eine Reihe allgemeiner Ordnungen beherrscht…, durch Grundsätze und Forderungen der Sittlichkeit, der Billigkeit… Die Ordnung des Rechts wird aus jenen höheren Normengruppen gespeist, dort ist ihre Nährstätte*". Cfr. D'EMILIA, *Sulla dottrina quale fonte del dir.*, en "Studia et docum.", 1945, 26-32.

elaboración crítica[695] doctrinas, enseñanzas, principios generales, destinados a servirle de orientación como instrumento de la *analogia iuris*.

Elaborados de tal modo, los principios generales se colocan al margen del derecho positivo: dentro de su círculo, en la medida en la cual consiguen determinar las decisiones y configurar *sub especie iuris* las relaciones de la vida; en los límites de su círculo, en la medida en la cual restan insatisfechas las exigencias aseguradas *de iure condendo*.

Realizados, así, en partes sí y en partes no aún, ellos asumen una posición intermedia, paralela a aquella de la equidad, la cual, según la concepción aristotélica, está también al margen del derecho positivo. Pero precisamente por este paralelismo sucede que ellos, en las manos de la jurisprudencia, se comportan como instrumentos fungibles de interpretación: donde pueden ser usados los principios generales, ya no hace falta la equidad, y donde, viceversa, funciona la equidad como justicia del caso concreto, allí ya no hacen falta los principios generales[696]. Puede también notarse que los instrumentos interpretativos de los principios generales y de la equidad presentan algunas analogías con la discrecionalidad administrativa: también en esta la aplicación de máximas de experiencia y de reglas extrajurídicas (técnicas en amplio sentido)[697], se alterna con la apreciación de la justicia en el caso concreto. Pero la diferencia esencial es que, para el administrador, se trata de identificar qué cosa exija el interés público, por él libremente apreciado; para el juez, en cambio, se trata de descubrir cuál sea la decisión única correspondiente a la coherencia de los criterios de valoración ya inmanentes y latentes en el orden jurídico, salvo —cuando

---

695 La función crítica a la que la jurisprudencia está llamada respecto a los cambios corrientes de la opinión pública, con frecuencia no preparada para hacer frente a problemas de política social o económica, justifica también la exigencia de las valoraciones autónomas que Heck, *Gesetzesausleg.*, 238 s., reivindica al juez. A propósito, Esser, *Wertung, Konstruktion und Argument im Zivilurteil, Karlsruhe*, 1965, 6 ss., con iluminadores ejemplos.

696 Vid. todavía, Rotondi, *Equità e princ. gen.*, en "Riv. dir. civ.", 1924, 270-74.

697 Codacci-Pisanelli, *L'invalidità come sanzione di norme non giur.*, 1940, 57 ss., 122 s. Pero ver nuestra "Interpr. d. legge", cap. IV.

sea admitido— la apreciación equitativa de la regulación jurídica más adaptada a la naturaleza individual de la relación, no siendo consentido sino en vía supletoria o excepcional el recurso o la equidad, como última *ratio* (c.civ. it. 1374; c.p.c. 113, 114).

El resultado del proceso interpretativo, que la jurisprudencia conduce con el instrumento, por ella elaborado, de los principios generales del derecho, es aquel de descubrir las máximas de decisiones con la guía de aquellos principios. A este propósito es bueno recordar, puesto que a menudo es olvidado[698], que las máximas de decisiones no son normas jurídicas: ellas, como los mismos principios en los cuales se inspiran, restan siempre sujetas al proceso de discusión de donde se han generado, sujetas por lo tanto a control y a revisión crítica. Puede darse, sin embargo, que las máximas de decisiones, una vez afirmadas recojan a continuación la aprobación y el consenso de otros jueces en decisiones conformes de casos del mismo género y que, examinada así en una interpretación usual, se imponga a la observancia de la generalidad de los coasociados, sea por su espontáneo reconocimiento, sea en virtud de una ley que la haga propia y la codifique. Entonces solamente las máximas de decisiones se convierten en norma jurídica (de costumbre o de ley).

Para evaluar exactamente la obra de la jurisprudencia importa distinguir bien, aunque sea con un esfuerzo de abstracción, las sucesivas fases. De partida las exigencias actuales del *ethos* y las tendencias doctrinales de la tradición son elaboradas y transfundidas en criterios de valoración jurídica expresados en principios generales, que los hacen entrar en el círculo del derecho[699]: y esta es más bien una obra de reconocimiento meta-jurídica, ético-política o científica[700]. Los crite-

---

698 Lo ha recordado justamente GANGI, *Problema d. lacune*, n. 21: 170 s.; *Ancora sul problema*, 23 s.

699 Cfr. BRUGI, en "Arch. giur.", 90, 1923, 163; nuestras observaciones en "Riv. int. fil. dir.", 1925, 65, nota 3.

700 V. a propósito "Categorie civilistiche dell'int.", 26, 38, 43 (Riv. sc. giur., 60, 72, 78). BOULANGER, *Le pouvoir créateur de la jurisprudence civile*, en

rios basilares así elaborados paso a paso inspiran las máximas de decisiones conformes e informan, a través de estas, las soluciones positivas de casos dudosos. A continuación, a través de un ulterior proceso de maduración, de recepción o de absorción[701], las máximas de decisiones que hayan tenido buena prueba, vienen a su vuelta convertidas en norma jurídica.

Ahora, para comprender bien la tarea que corresponde a la jurisprudencia como órgano de la conciencia social, es necesario cuidarse igualmente de dos opuestos modos de considerarla. Es necesario evitar la visión estática, que lleva a desconocerla del todo, considerando solo "aparentes" las lagunas, solo porque está preparado el modo de remediarlo con la interpretación que reencuentra la máxima de la decisión con la guía de los principios generales[702]: como que la presencia de una norma instrumental (que regula la interpretación) anulase la ausencia de una regulación sustancial de los casos dudosos. Pero es necesario del mismo modo evitar caer en la perspectiva opuesta, que, perdiendo de vista la esencial diferencia entre máximas de decisiones y norma jurídica, lleva a calificar como "fuente del derecho" la actividad interpretativa de la moderna jurisprudencia[703] y a desconocer la fundamental diferencia de estructura que media entre el ambiente social moderno y aquel de la Roma antigua y del derecho romano clásico[704].

"Revue trimestr. de droit civil", 1961, 420 ss., 439; *Le précédent judiciaire dans le droit privé français*, en "Revue du barreau", Montréal, 1961, 80 ss.

701 De un "Absorptionsprocess" habla KOHLER, *Shakespeare vor dem Forum d. Jurisprud*, 1883, 86 s.; cfr. *Lehrb. d. bürg R.*, I, 124.

702 ROMANO, *Osservaz. s. completezza d. ord. statale*, 6; el problema (ahí, 8 s.) de una exigencia de restauración puesta a la estructura del ordenamiento es sobre todo un problema de fenomenología jurídica sobre el cual ROMANO (*Frammenti*, 224-226 s.) retorna, tratando de revolución y derecho.

703 PACCHIONI, *I poteri creativi della giurisprudenza*, en "Riv. dir. comm.", 1912, 40 ss.; *I principî*, n. 9, en "Arch. giur.", 91, 143: Delle leggi, 107; PUIG BRUTAU, *La jurisprudencia como fuente del derecho*, 1950, Barcelona, pr. Bosch.

704 ARANGIO-RUIZ, *Tipicità d. servitù e poteri d. giurispr. rom.*, en "Foro it.", 1934, IV, 56-64.

En un ambiente como el de la Roma antigua, empernado sobre el estrecho círculo del estado-ciudad, quedado en prevalencia consuetudinario y pobre de normas formuladas en términos abstractos y generales, es deferida a la *"interpretatio prudentium"*, si bien en el respeto de la tradición y de sus principios, una valoración discrecional de las necesidades emergentes de la vida social y de aquellas configuraciones jurídicas de las relaciones, que a ello mejor responda[705]: una clara distinción entre norma y máximas de decisiones no tiene todavía razón de ponerse. Por el contrario, en el ambiente moderno la estructura social de masa, las aumentadas dimensiones de la sociedad y del Estado, imprimen otro tono a la vida colectiva, que el derecho debe regular: en este la necesidad de certezas del derecho predomina decisivamente sobre aquello de una justicia diferenciada de acuerdo a la concreta naturaleza de las relaciones, y conduce a reservar a la soberanía estatal la función normativa ordinaria, sin consentir sino en vía excepcional una formación de normas en régimen de autonomía.

Es bien natural que en un semejante ambiente la actividad interpretativa de la jurisprudencia, con el carácter opinable y controvertido que le es inseparable, no pueda constituir una fuente del derecho, como en los tiempos en los cuales ella se contraponía a las *"leges"*, como conjunto de *"iura"*, sino deba restar en el ámbito de la pura interpretación, siempre subordinada a valoraciones inmanentes y latentes en el mismo orden jurídico, estando este también encuadrado en el *ethos* social del tiempo[706].

Si también el contraste dialéctico entre *leges* y *iura* no ha desaparecido (ni podría desaparecer, sino con el venir a menos de la perenne tarea de la jurisprudencia), también ha adquirido un significado bien diverso: conservando la jurisprudencia la posición de órgano de la

---

705 Nuestra "Comunicaz. al congr. di Verona", sett. 1948: "Atti", II, 103-120, especialmente III s.; "Forma e sostanza della interpretatio prudentium": ahí, literatura. Concuerda WIEACKER, *Vom röm. Recht*, 1944, 27. Cfr. LÓPEZ DE OÑATE, *La certezza del diritto*, cap. X.

706 A propósito, RIEZLER, *Rechtsgefühl*, 141, 149 ss.

conciencia social, se mantiene un círculo de recíproca y continua correspondencia entre el vigor de las fuentes del derecho y el proceso interpretativo dirigido a recavar las máximas de decisiones con la compañía de la analogía y de los principios generales[707]. No es sino por una profunda razón histórica que el vigoroso florecer del "derecho de la jurisprudencia" (*Juristenrecht*)[708] caiga en épocas del derecho no codificado. Y también hay una clara correlación histórica entre el advenimiento de las codificaciones modernas y la decadencia de las sistematizaciones de enseñanzas y doctrinas del "derecho natural", ya así tan florecientes antes de aquellas en los siglos XVII y XVIII[709]. Todavía hoy, en régimen del derecho codificado, se advierte menos, de la ciencia jurídica, la necesidad o la oportunidad de construir un sistema de tales enseñanzas y doctrinas: sistema, que luego no podría tener ninguna pretensión de plenitud ni siquiera aproximativa, o de relativo carácter definitivo. Las recientes tentativas de renacimiento no deben llevar a engaño: su interés está más bien en el terreno de una interpretación especulativa de las doctrinas[710], que sobre aquel de la interpretación de la ley. La dirección evolutiva de esta no depende de dichas sistematizaciones, sino de la fuerza de expansión axiológica de los principios generales ya inmanentes a varios ordenamientos; y confía, más que en la capacidad

---

707 *Categorie civilistiche dell'int.*, en "Riv. it. sc. giur.", 1948, 66: "Hermeneut. Manifest", n. 96.

708 Sobre lo cual véase el sobresaliente examen histórico de KOSCHAKER, *Europa u. das römische Recht.*, 1947, 164 ss.; "Atti congr. Verona", II, 117, n. 39.

709 Cfr. THIEME, *Das Naturrecht u. die europäische Privatrechtsgeschichte* (Basel, 1947); rec. COING, en "Arch f. civ. Prax., 150, 1948, 86; CHECCHINI, *Storia d. giurisprudenza* etc., en "Arch. giur.", 90, 167 ss. El problema histórico aludido en el texto es objeto de profundos análisis en el libro de WIEACKER, *Privatrechtsgesch. der Neuzeit*, 197 ss., sobre el cual cfr. nuestra recensión en "Studia & docum. historiae & iuris", 18, 1952, 291-99; también AUFSTIEG, *Blüte u. Krisisder Kodifikations idee*, en "Festschrift Boehmer" 34-50.

710 Nuestros *"Prolegomeni"*, § 8, b, en "Riv. int. fil. dir.", 1949, 36 s.; HECK, *Begriffsbildung und Interessenjurisprudenz*, 130-137.

de construcción sistemática de los juristas, en su sensibilidad para la ética del derecho y para las exigencias sociales[711].

Sobre la función hermenéutica reconocida en el artículo 38, n. 4, del estatuto de la corte permanente de justicia internacional, a "la autoridad de las decisiones judiciales y a la doctrina de los publicistas más calificados", así como "a los medios auxiliares de determinación de las reglas de derecho", véase Verdross[712].

Dejando de lado nuestra reserva acerca de los malentendidos de que ha sido blanco la jurisprudencia dirigida a una valoración comparativa de los intereses, debemos destacar que quedan fuera de camino, tanto la antítesis aseverada por Allorio[713] entre una pretendida *"interpretatio ad finem"* como una pretendida *"interpretatio sub lege"*, que se piensa a ella contrapuesta; como la calificación de *"hetero*-interpretación", por él propuesta para el momento teleológico que nosotros divisamos ínsita en la interpretación de la ley como integrante del momento lógico en un proceso inescindible. La posición de Allorio nos parece "de fundamental incerteza" (por tomar una expresión suya), en especial la polémica que ha dirigido contra la noción del interés a actuar, como noción de alcance general que caracteriza el contenido del derecho de acción en correspondencia con su naturaleza de poder procesal[714]. En su crítica es ciertamente infundada la objeción tendente a divisar en el interés a accionar una inútil duplicación de aquel otro

---

711 Koschaker, *Europa u.d. römische Recht*, 166; nuestras observaciones en "Riv. int. fil. dir.", 1949, 17 s.

712 V. Verdross, *Verfassung der Völkerrechtsgemein.*, § 18; nuestra "Interpretaz. d. legge", § 77; "Studia & docum.", 1952, 298 s. Cfr. ahora Esser, *Wertung, Konstruktion u. Argument im Zivilurteil*, 10, 20 s.

713 Allorio, en "Jus", 1950, 59, 66, 70.

714 Allorio, en "Giur. it.", 1950, IV, 51, n. 5. Sobre el tema, v. además: Dominedò, en "Riv. dir. comm.", 1950, 382 ss., sp. 386 s.; Coing, en "Nuova riv. dir. comm.", IV, 1951, 177 ss. sp. 182 ss. (cfr. Müller-Erzbach, en "Juristenzeitung", 1952, 198). Nuestro ensayo "Studien zum kausalen Rechtsdenken" (Festgabe f. Müller-Erzbach, 1954); López de Oñate, *La certezza del dir.*, 2ª ed., 1950, al cuidado de Capograssi, cap. X: 173 ss.; Allorio, "Bisogno di tutela giuridica", en "Jus" 1954, 547 ss.; y nuestro "Dir. proc. civ. it.", nr. 37: 159.

interés que constituye el contenido del derecho subjetivo. En verdad, sin la noción de interés –sea ello a considerar en conflicto con otro, sea ello un interés superior, o sea un interés dirigido a la composición del conflicto– resta incomprensible no solo la función de la tutela de los intereses, sino toda la vida del derecho como fenómeno social[715]. Una hermenéutica *iuris* que abandonase aquella noción para quedar dentro de las abstracciones de Kelsen, demostraría no haber aprovechado la gran enseñanza de Ihering[716].

---

715 Cfr. nuestra "Interpretaz. d. legge", §§ 52-55.

716 Sobre el cual, v. WIEACKER, *Rudolf von Jhering: eine Erinnerung zu seinem 50. Todestage*, 1942, 3149; en disenso a una apreciación de WIEACKER, *Privatrechtsgesch. d. Neuzeit*, 341 s., cfr. "Stud. & doc. historiae & iu." 18, 298, n. 3.

Índice de conceptos

A

Acción: 149, 150, 169, 221, 224, 234, 237, 238, 308
 _ delictual 91, 181
Actualidad del entender: 74, 95, 113, 129, 130, 172, 186, 201, 202, 216, 221
 _ del espíritu y de la acción: 234
Adaptación: 98, 99, 101, 213, 233, 241, 242, 266, 274, 277, 278, 280, 281, 282, 283, 285, 286, 287, 299, 308, 310, 311, 312, 314, 320, 328
 _ y adecuación de la norma: 94, 240
Adecuación del entender: 97, 99, 100, 106, 126
Agere in fraudem legis: 88, 176, 251
Apertura mental: 98, 190, 338
Amnesis platónica: 98
Analogía: 93, 101, 106, 113, 122, 162, 163, 195, 197, 217, 274, 287, 313, 317, 319, 329, 330, 331, 332, 343, 352, 354, 359
Antinomia entre la actualidad del entender y objetivación: 85
 _ entre autonomía del objeto y actualidad del entender: 85, 199
Aplicación de la ley: 242, 245, 248
Autonomía: 151, 152, 172, 173, 174, 175, 185, 189, 190, 195, 199, 200, 202, 241
 _ del objeto: 96, 171, 189
 _ hermenéutico: 86, 88, 174, 199, 218

C

Canon de la adecuación del entender: 96, 99, 101, 192
 _ de la autonomía del objeto: 173, 189
 _ de la correspondencia y consonancia hermenéutica: 190, 192
 _ elíptico del lenguaje: 207, 228, 241, 339

Cánones hermenéuticos fundamentales: 74, 84, 85
_ de la autonomía hermenéutica: 86, 87, 174, 199, 218
_ de la inmanencia: 87, 174
_ de la totalidad y la coherencia: 74, 88, 176, 177, 183, 205, 312
Causalidad: 84
_ psicológica: 123
Círculo de correspondencia: 109, 358
Círculo de reciprocidad hermenéutica: 89, 178, 179
Coherencia intrínseca del orden jurídico: 266, 282, 302, 310, 314, 331, 332
Colaboración del intérprete: 186, 293, 316
Concatenación productiva: 92, 106, 130, 300
_ del ordenamiento jurídico: 183, 243, 279
Concepto humboltiano de la forma interior y del lenguaje como perenne proceso creativo: 122
Conocimiento científico: 75, 133
Construcción dogmática: 69, 80, 82, 83, 84, 140
Continuidad: 123, 124, 304, 305, 333
Coordinación interlocal entre los sistemas: 285, 314
Correspondencia y consonancia hermenéutica: 190, 192
Cosmos de valores: 16
Costumbre (jurídica): 79, 232, 241, 269, 277, 285, 299, 312, 347, 356
_ Interpretación de la: 167
Croce, objeciones de: 127, 128, 129, 130, 131

D

Declaración: 158, 159, 163, 165, 168, 174, 240, 275
Docere e iubere: 222
Documento: 75, 76, 158, 174, 240
_ jurídica: 91 ,182, 255, 204, 209
Dramaturgo: 104, 115
Duplex interpretatio: 108, 227, 232, 280, 307, 308, 309, 310

E

Enriquecimiento: 90, 293, 316
Entenderse a sí mismo y entender a los demás: 77, 162
Espontaneidad del intérprete: 78, 83, 84, 97, 152, 164, 170, 189, 190, 203
Evento: 81, 170, 229

Evolución de la ley: 294, 317

F

Fidelidad del intérprete: 112, 113

Forma representativa: 74, 76, 80, 81, 83, 87, 96, 111, 119, 158, 159, 160, 161, 162, 168, 183, 188

Fuentes representativas: 80, 111, 168

H

Heterogénesis de los propósitos: 278

_ del significado: 252, 236

Historia de la civilización: 119, 121

Historicismo: 127, 255

Historiógrafo: 187

I

Intención del legislador: 269, 340, 341

Interpretación

_ dramática: 89, 112, 113, 115, 118, 179, 198

_ filológica: 89, 116, 179, 231, 232, 234

_ función normativa: 208, 220, 222, 223, 224, 233, 235, 237, 243, 245, 247, 255, 256, 268, 282, 289

_ reproductiva: 116, 117, 144, 150, 220

_ histórica: 74, 95, 97, 99, 100, 107, 111, 116, 186, 189, 193, 194, 201, 205, 209, 219, 230, 240, 257, 266, 309, 341, 347

_ en función histórica: 74, 119, 120, 124, 125, 126, 204, 209, 213, 214, 216, 220

_ jurídica: 100, 109, 118, 189, 220, 221, 222, 230, 231, 237, 241, 243, 245, 247, 249, 257, 277, 292, 299, 315, 350

_ musical: 112, 114, 115, 118

_ objeto de la: 87, 174, 272

_ psicológica: 79, 92, 104, 119, 123, 167, 198 196, 246

_ reproductiva: 104, 113, 198, 220, 241

_ sujeto de la: 86, 94, 101, 173

_ teológica: 89, 118, 142, 179, 233, 240, 268

Intolerancia: 75, 131, 337

J

Juez: 103, 228, 229, 246, 267, 271, 272, 283, 284, 287, 298, 301, 302, 303, 304, 306, 324, 354

Juicio de valor y presupuesto axiológico: 217, 218, 329, 339

Jurista: 223, 228, 231, 232, 240, 246, 256, 257, 276, 293

L

Legem probare: 105, 240, 290

Lenguaje: 158, 159, 165, 173, 197, 202, 220, 224, 226, 228, 230, 231, 233, 241, 244, 250, 274, 283

_ legislativo: 230, 231, 232, 282

Lex anterior, posterior: 288

_ *generalis, specialis*: 288

Lógica: 92, 202, 229, 231, 248, 250, 253, 326, 327, 329

_ naturalista: 127

O

Orden público: 282, 285, 286, 314, 349

N

Neopositivismo: 229

P

Pensamiento legislativo: 103

Precedente: 203, 244, 249, 286

Principios generales del derecho: 286, 313, 317, 326, 330, 332, 333, 338, 344, 345, 352, 354, 355, 356

Problema del entender: 82, 220, 237

Problemas técnicos: 120

Prueba crítica: 80, 168

R

Ratio iuris: 104, 105, 277, 298, 335

Recepción: 77, 162, 229, 297, 357

_ de los códigos: 108, 280, 309, 310, 311,

S

Significado del texto: 172, 174, 179, 185

Sociólogo: 126

V

Verdad: 74, 75

Índice onomástico[1]

A

Affolter, Friedrich Xavier: 208

Ago, Roberto: 182, 282, 334

Albers, Bruno: 80, 168

Allorio, Enrico: 231, 360

Allport, Gordon W.: 182

Anderle, Othmar: 178, 179

Antoni, Carlo: 148, 190, 191, 192, 338,

Anzilotti, Dionisio: 335

Arangio-Ruiz, Vincenzo: 357, 211, 214, 215, 218, 230, 254, 257

Arnold, Wilhelm: 242, 352

Artaud, Antonin: 113

Ascarelli, Tullio: 160, 161, 285, 296, 301, 302, 305, 307, 344

Ascoli, Max: 94, 271

Asquini, Alberto: 333, 347

Ast, Friedrich: 89, 134, 178, 179

Agustín de Hipona [Augustinus]: 162, 192

B

Bader, Karl Sigfried: 353

Balladore-Pallieri, Giorgio: 282, 327

Banfi, Antonio: 147

Baratono, Adelchi: 124, 128, 147, 148, 150, 156, 157, 161, 162, 163, 339

Baratta, Alessandro: 197

---

1   Los autores citados por Betti se indican según su número de página, en redondas. Los autores citados en el estudio preliminar o en las bibliografías iniciales, se citan según su número de página, en *cursivas*.

BARIE, Giovanni Emanuele: 151, 157
BATTAGLINI, Giulio: 293
BEITZKE, Günther: 347
BELOW, Georg von: 96, 188
BENTIVOGLIO, Ludovico Matteo: 244
BENSA, Paolo Emilio: 326
BERENSON, Bernard: 156, 157, 188, 191
BERNARDINI, Antonio: 83, 89, 116, 178
BERNHEIM, Ernst: 80, 85, 88, 95, 96, 97, 98, 99, 110, 123, 168, 175, 187, 188, 189, 190, 192, 193, 201, 223, 225, 227, 242
BETTI, Ugo: *56, 66, 153*
BIERLING, Ernst Rudolf: 100, 194
BIGGINI, Carlo Alberto: 346
BINDING, Karl: 272
BIONDI, Biondo: 227, 336
BIRT, Theodor: 89, 179
BLOCH, Marc: 161
BLONDEL, Maurice: 149
BOBBIO, Norberto: *13, 21, 22, 24,* 94, 102, 104, 110, 229, 231, 238, 239, 241, 242, 267, 268, 273, 283, 284, 331, 335, 340, 341, 342, 343, 344
BOECKH, August: 83, 84, 89, 91, 98, 99, 121, 125, 129, 135, 175, 177, 179, 181, 190, 193, 202, 214
BOLLNOW, Otto Friedrich: 149, 159, 191
BONFANTE, Pietro: 215, 227, 242, 280
BOSCARELLI, Marco: 331
BOULANGER, Jean: 346, 356,
BLANSHARD, Brand: 154
BRETSCHNEIDER, Karl Gottlieb: 235
BRINKMANN, Carl: 336
BROCK-SULZER, Elisabeth: 179, 189
BRUGI, Biagio: 349, 352, 353, 356
BRUNETTI, Giovanni: 240, 326, 329, 331, 333
BRUNNER, August: 191
BRUSIIN, Otto: 351, 353
BRÜTT, Lorenz: 106, 277, 278, 330, 339
BUHLER, Karl: 171
BÜLOW, Oskar: 81, 110, 169
BULTMANN, Rudolf: 185, 189, 325

BURCKHARDT, Jacob: 175
BURDACH, Konrad: 122, 133
BURDESE, Alberto: 257, 258
BUCHER, Eugen: 268
C
CABRAL de Moncada, Luis: 338
CAIANI, Luigi: *60*, 270, 273
CALAMANDREI, Piero: 103
CALASSO, Francesco: 292
CALOGERO, Guido: 240
CAMMEO, Federico: 109, 235, 248,
CANSACCHI, Giorgio: 92, 282
CAPOTORTI, Francesco: 327
CAPOGRASSI, Giuseppe: 88, 93, 101, 102, 107, 175, 241, 360
CARDOZO, Benjamín: 296
CARNELUTTI, Francesco: 77, 78, 83, 84, 92, 95, 103, 105, 106, 110, 111, 115, 159, 160, 162, 163, 164, 165, 167, 168, 171, 176, 177, 182, 183, 185, 188, *192*, 228, 241, 243, 251, 252, 270, 273, 282, 293, *302*, 307, 315, 328, 331, 335, 339, 353
CASOTTI, Mario: 150
CASSANDRO, Giovanni: 213
CASSIRER, Ernst: 159, 178, 189
CELSO: 86, 88, 174, 176
CHECCHINI, Aldo: 205, 257, 352, 359
CHIARELLI, Giuseppe: 346
CICERÓN: 162, 176
CIONE, Edmondo: 84, 91, 97, 121, 125, 131, 181, 188
CIRNE LIMA, Ruy: 312, 313
CODACCI-PISANELLI, Giuseppe: 349, 355
COHEN, Boaz: 173
COHN, Jonas: 147, 148, 203,
COING, Helmut: 359, 360
COLLINGWOOD, Robin George: 187
COPEAU, Jacques: 113, 135, 193
COSACK, Konrad: 105
COSSIO, Carlos: *54*, 321
COUTURE, Eduardo: 246
COUTURAT, Louis: 290
COVIELLO, Nicola: 251, 333

CRISAFULLI, Vezio: 248, 334, 344, 346

CROCE, Benedetto: 83, 91, 96, 97, 98, 100, 112, 114, 116, 117, 121, 125, 126, 127, 128, 129, 130, 131, 149, 169, 181, 187, 188, 189, 190, 194, 198, 202, 212, 339

CROIZA, Claire: 114

CROSA, Emilio: 344

CROSS, Rupert: 244, 296

CURTIUS, Ernst Robert: 156, 218, 288

D

D'EMILIA, Antonio: 354

DAVID, René: 244, 296, 339

DE FLORENTIIS, Giuseppe: 244

DE FRANCISCI, Pietro: 49, 126, 133, 210, 219, 254, 350

DE MARTINO, Ernesto: 175, 179, 189, 246

DE NOVA, Rodolfo: 240

DE RUGGIERO, Guido: 88, 110, 133, 176

DE SANCTIS, Francesco: 84, 125

DE SAUSSURE, Ferdinand: 147, 160, 197

DE VISSCHER, Fernand: 336, 350

DEGNI, Francesco: 78, 110, 235, 288, 293

DEL VECCHIO, Giorgio: 106, 107, 148, 330, 333, 334, 338, 347

DENTI, Vittorio: 84, 249, 250, 251, 349

DESSOIR, M.: 181

DEVOTO, Giacomo: 254

DIDEROT, Denis: 113

DILTHEY, Wilhelm: *21*, 80, 83, 89, 92, 95, 96, 97, 98, 106, 111, 122, 123, 127, 130, 135, 149, 162, 168, 178, 180, 183, 185, 188, 189, 191, 200, 227, 279, 280, 287, 300,

DITTRICH, Ottmar: 166

DOMINEDÒ, Francesco Maria: 360

DONATI, Donato: 107, 326, 327

DROYSEN, Johann Gustav: 80, 81, 88, 91, 95, 96, 98, 99, 102, 103, 104, 117, 120, 122, 123, 129, 134, 147, 150, 165, 168, 170, 172, 173, 175, 181, 187, 190, 191, 193, 196, 199, 200, 201, 202, 217, 226

DULLIN, Charles: 192, 193

E

EBELING, Gerhard: 233

ECCIUS, Max Ernst: 242

Eisele, Fridolin: 169, 254,

Ellul, Jacques: 158, 334

Ehmke, Horst: 250, 251

Engisch, Karl: 166, 183, 248, 252, 253, 272, 273, 288, 329,

Enneccerus, Ludwig: 104, 272, 287, 288, 333, 347, 353

Ernesti, Johann August: 118

Esposito, Carlo: 251, 289, 336, 337, 344

Esser, Josef: 229, 255, 270, 272, 304, 331, 352, 355, 360

F

Fabi, Bruno: 258

Fadda, Carlo: *28*, 326

Farber, Marvin: 155,

Feenstra, Robert: 205, 219, 280, 307

Feldkeller, Paul: 153, 170, 171

Ferrara, Francesco: 110, 293

Fiocco, Achille: 153

Flacius [Fralcio]: 179

Forsthoff, Ernst: 215, 230, 250

Forster, Franz: 242

Fowler, William Warde: 227, 280,

Frey, Dagobert: 181,

Freyer, Hans: 88, 125, 149, 158, 170, 171, 175, 197, 308

Friedrichs, Karl: 77, 81, 159, 169

Fuchs, Ernst: 325

Funaioli, Gino: 116

G

Gadamer, Hans Georg: *13, 19, 21, 23, 49, 53, 59, 71, 72,* 172, 173, 191, 249,

Gallo, Marcello: 257, 258

Gangi, Calogero: 333, 347, 348, 353, 356,

Gardiner, Alan: 161, 162, 168, 169

Gaudemet, Jean: 223, 235, 242

Gehlen, Arnold :149, 178

Gemelli, Agostino: 147, 149, 178, 182

Gentile, Giovanni: 150

Geny, François: 94, 254, 296

Georgesco, Valentin: 122, 126, 205

Gerhard, Dietrich: 127

Germann, Oskar Adolf: 257, 344

GERMAR, Fr. H.: 225, 226

GERVINUS, Georg Gottfried: 191

GEYMONAT, Ludovico: 283

GIANNINI, Massimo Severo: 93, 94, 159, 248, 250, 251, 331, 349

GIOFFREDI, C.: 205, 211

GIORDANO, Alessandro: 232

GNEIST, Heinrich Rudolph: 162

GOEDEL, Kurt: 283

GOETHE, Johann Wolfgang von: 80, 89, 99, 118, 123, 125, 149, 156, 164, 168, 191, 227, 347

GORDON CRAIG, Edward: 113, 179

GORLA, Gino: 100, 101, 110, 121, 126, 194, 243, 246, 247, 248, 255, 258

GRASSETTI, Cesare: 81

GRAZIOSI, Giorgio: 95, 114, 115, 185

GRISPIGNI, Filippo: 92, 102, 105, 106, 107, 182, 183, 251, 271, 279, 287, 289, 300

GROPPALI, Alessandro: 240, 330

GROSSO, Giuseppe: 205, 346

GRUNDMANN, Herbert: 90, 180, 223

GUELI, Vincenzo: 344, 346

GUIDI, Dario: 338

GUNDOLF, Friedrich 123, 125, 168

H

HÄGERSTRÖM, AXEL: *28*, 169

HAMPSHIRE, Stuart: 196

HANSLICK, Eduard: 77, 114, 163

HÄRING, Theodor L.: 178

HARTMANN, Nicolai: *21*, 78, 83, 91, 95, 97, 98, 99, 102, 106, 108, 122, 123, 129, 132, 133, 135, 147, 148, 149, 150, 151, 152, 153, 154, 155, 156, 157, 161, 163, 164, 166, 167, 168, 181, 185, 188, 189, 190, 191, 192, 193, 194, 196, 200, 202, 203, 222, 224, 239, 240, 243, 273, 281, 294, 296, 304, 351

HATSCHECK, Julius: 79, 167, 352

HECK, Philipp: 77, 105, 106, 107, 182, 223, 224, 231, 233, 240, 253, 267, 268, 269, 270, 272, 273, 274, 276, 277, 278, 279, 287, 288, 289, 291, 327, 328, 330, 331, 339, 340, 355, 359

HEDICKE, Robert: 147, 191

HEGEL, Georg Wilhelm Friedrich: 75, 78, 88, 89, 94, 99, 100, 110, 118, 132, 133, 148, 149, 151, 161, 163, 168, 173, 174, 175, 176, 178, 182, 190, 192, 194, 228, 233, 240, 258

HEIDEGGER, Martin: *21*, 189, 191

HEIMSOETH, Heinz: 149, 156, 191

HEINITZ, Ernst: 182

HEISS, Robert: 198

HELLPACH, Willy: 233

HELLWIG, Konrad: 106, 110, 349

HERDER, Johann Gottfried von: 88, 175

HERMANN, Erich: 195

HERRNRITT, Rudolf Herrmann von: 273

HEUSS, Alfred: 188, 205, 211, 214

HEUSSI, Karl: 96, 187

HINTZE, Otto: 175

HIRSCH, E.E.: 345

HOBBES, Thomas: 235, 295

HOETINK, Hendrik Richard: 205, 209, 217, 223, 268, 295

HÖFFDING, Harald: 89, 123, 178, 197

HÖLDERLIN, Johann Christian Friedrich: 191

HORN, Dieter: 230, 231, 248, 267, 296

HRUSCHKA, Joachim: 249

HUMBOLDT, Wilhelm von: *21*, 78, 82, 88, 89, 98, 99, 122, 125, 129, 134, 147, 148, 150, 159, 160, 162, 163, 164, 175, 178, 184, 187, 190, 193, 196, 197, 198, 202, 228, 294, 316, 339

HUME, David: 153

HUSSERL, Gerhart: 153, 155, 159, 169, 188, 192, 203, 304

HYPPOLITE, Jean: 151

I

IHERING, Rudolf von: 85, 204, 361

IMMINK, Petrus Wernerus Adam: 209, 217

INVREA, Francesco: 338

IPSEN, Günther: 160

J

JAENSCH, Erich Rudolf: 123

JÄGER, Werner: 91, 181

JASPERS, Karl: 196, 224

JELLINEK, Georg: 280

JELLINEK, Walter: 103, 108, 280, 349

JOLLES, André: 197, 246

JORS, Paul :27, 242

JUAN, Evangelista: 165, 198

JUNG, Carl Gustav :106, 110, 149, 166, 168, 171

K

KAERST: 88, 105

KAHLER, Erich: 166

KANT, Immanuel: *21*, 75, 59, 100, 146, 147, 151, 152, 156, 187, 194

KANTOROWICZ, Hermann: 223

KASER, Max: 350

KAYSER, Wolfgang Keil: 168

KELSEN, Hans: *13, 19, 21, 22, 24*, 94, 110, 149, 229, 247, 270, 271, 274, 275, 277, 295, 296, 301, 302, 303, 361

KERN, Fritz: 234

KIPP, Theodor: 326

KISCH, Wilhelm: 353

KLEIN, Franz: 288

KOHLER, Joseph: 274, 275, 277, 278, 279, 300, 349, 357

KONIG, Eduard: 224

KOSCHAKER, Paul: 108, 126, 133, 202, 205, 210, 216, 223, 242, 253, 279, 281, 350, 359, 360

KRELLER, Hans: 243, 299

KRETSCHMAR, Ernst: *27*, 328

KRONSTEIN, Heinrich: 321, 322, 323

KRUEGER (KRÜGER), Felix: 123, 178, 182

KÜBLER, Bernhard: 202

KUNKEL, Wolfgang: *71*, 242

L

LA PIRA, Giorgio: 206

LARENZ, Karl: 344

LAUSBERG, Heinrich: 200

LAZARUS, Moritz: 91, 96, 99, 122, 123, 124, 135, 181, 187, 189, 192, 234

LEHMAN, Liane: 114

LEIBNIZ, Gottfried Wilhelm: 105, 240, 290

LEISEGANG, Hans: 153

LENEL, Otto: *27,* 86, 94

LEONE, G.: 269

Leoni, Bruno: 105

Levezow, Konrad: 127

Less, Günther: 296

Lipartiti, Ciro: 283

Lipps, Hans: 148, 149, 158, 161, 164, 166, 167, 169, 175, 184, 191, 193, 195, 247

Litt, Theodor: 78, 90, 91, 96, 98, 123, 124, 125, 130, 135, 150, 166, 179, 181, 185, 187, 188, 196, 202, 288

Liver, Peter: 221, 226, 240, 258, 268

Loebell, Johann Wilhelm: 97, 189

Lombardi, Gabrio: 350

López de Oñate, Flavio: 358, 360

Löwith, Karl: 166

Lübtow, Ulrich von: 280

Lucas, Evangelista: 132, 165

M

Mac-Dougall, William: 110

Maeterlinck, Maurice: 162

Magalhâes-Collaço, Tello de: 249

Magni, Cesare: 324

Malinowski, Bronislaw: 178

Manigk, Alfred: 80, 85, 167, 168, 267

Marcos, Evangelista: 164, 165

Marongiu, Antonio: 242

Marrou, Henri-Irénée: 190

Martin, Alfred von: 221

Martinetti, Piero: 152

Mateo, Evangelista: 164, 165, 328

Mauthener, Fritz: 229

Meinecke, Friedrich: 99, 122, 123, 193

Merkl, Adolf Julius: 94, 270, 271

Messina, Giuseppe: 74, 254, 349

Meusel, Anton: 75, 78, 88, 100, 132, 163, 175, 178, 194

Miceli, Vincenzo: 333

Micheli, Gian Antonio: 282, 339

Miele, Giovanni: 94

Mila, Massimo: 115

Milani, Antonio: 293

Mitteis, Heinrich: 281

Mollat, Georg: 290

Montaigne, Michel Eyquem de: 110, 293, 316

Morelli, Gaetano: 327

Morris, Charles: 161, 193

Mossa, Lorenzo: 338

Müller, Adam: 125

Müller-Armack, Alfred: 181, 185

Müller-Erzbach, Rudolf: 252, 253, 267, 272, 273, 278, 289, 323, 360

Müller-Freienfels, Richard: 130

Münsterberg, Hugo: 85

N

Natorp, Paul: 191

Nawiaski, Hans: 246

Nicolini, Fausto: 120

Niederer, Werner: 248

Nietzche, Friedrich: 98

Nipperdey, Hans Carl: 288, 347, 353

Nohl, Herman: 122

O

Odgers, Charles Edwin: 93, 183

Oertmann, Paul: 85

Ogden, Charles Kay: 161, 178

Olshausen, Hermann: 235

Oppo, Giorgio: 79, 167

Ormanni, A.: 162

Ortega y Gasset, José: 134

Otto, Walter: 234

P

Pacchioni, Giovanni 333, 337, 339, 346, 347, 352, 357

Pagliaro, Antonino: 160

Parente, Alfredo: 114,

Paulo: 93, 159, 176,

Pablo, Apóstol: 164, 173, 246

Peguy, Charles: 191

Penido, Maurílio Teixeira-Leite: 197

Pereira dos Santos, Carlos Maximiliano: 319

Persico, Luigi: 244, 245

Petersen, Peter: 233

PIERANDREI, Franco: 289

PIERCE, John R.: 244

PINCHERLE, Marc: 114, 135

PIOVANI, Pietro: 238, 258

PIPER, O.: 127

PIRANDELLO, Luigi: 153, 198

PITAMIC, Leonidas: 280

PORTALIS, Jean-Etienne-Marie: 279

PORZIG, Walter: 159, 165, 197

POUND, Roscoe: 183, 296, 326

PRELLER, L.: 127

PRINGSHEIM, Fritz: 242

PUCHTA, Georg Friedrich: 351, 352, 353

PUGLIATTI, Salvatore: 92, 95, 114, 253

PUGLIESE, Giovanni: 350

PUIG BRUTAU, José: 357

Q

QUADRI, Rolando: 327

QUINTILIANO: 88, 94, 176

R

RANIERI, Silvio: 182

RANKE, Leopold von: 87, 95, 175, 187

RASELLI, Alessandro: 273

RAVÀ, Anna: 326

RECASÉNS SICHES, Luis: 320 328

REGELSBERGER, Ferdinand: 110, 326

REINHARDT, R.: 272, 290

RENTSCH, Bernhard: 178

RICCOBONO, Salvatore: *28, 29*, 108

RICHARDS, Ivor Armstrong: 161, 178

RIEZLER, Erwin: 106, 175, 182, 248, 256, 267, 270, 281, 330, 336, 339, 346, 347, 351, 352, 354, 358

RIGHI, Gaetano: 83, 89, 116, 178

RILKE, Rainer Maria: 149, 159, 161, 162, 179

RIPERT, Georges: 282, 346, 348

RITTLER, Theodor: 339, 349

ROBERT, Carl: 127

ROBLEDA, Olis: 296

ROLAND-MANUEL, Alexis: 161

ROMANO, Santi: 92, 94, 102, 109, 110, 182, 183, 243, 248, 282, 292, 294, 295, 315, 316, 317, 327, 333, 334, 336, 339, 346, 351, 357

ROMMEN, Heinrich: 293, 338

ROSE, Hans: 153

ROSTAGNI, Antonio: 116, 125

ROTHACKER, Erich: 85, 87, 88, 98, 103, 122, 125, 129, 147, 159, 160, 175, 202, 211, 214, 223, 234, 254

ROTHE, T.: 150,

ROTHENBÜCHER, Karl: 108, 280

ROTONDI, Mario: 332, 355

ROUBIER, Paul: 282, 337

RÜDIGER, Horst: 118

RÜMELIN, Gustav: 273, 330

RUMPF, Max: 271

S

SACCO, Rodolfo: 77, 100, 110, 159, 231, 257, 258, 268, 299

SALEILLES, Raymond: 279

SALVIOLI, Giuseppe: 335

SAVEKOULS, Hermann: 79, 167

SAVIGNY, Friedrich Carl von: *13*, *24*, 92, 182, 243, 254, 287, 331

SAX, Walter: 245, 330

SCARPELLI, Uberto: 229, 232, 267

SCHEIER, Fritz: 110

SCHELER, Max: 129, 154, 155, 156, 196, 202, 224, 246

SCHERILLO, Gaetano: 208

SCHEUERLE, Wilhelm Alexander: 245, 273

SCHINDLER, Karl-Heinz: 347

SCHLEIERMACHER, Friedrich Daniel Ernst: *21*, 84, 89, 90, 91, 110, 118, 119, 121, 134, 167, 175, 177, 178, 180, 181, 184, 191, 195, 196, 197, 199, 200, 208, 225, 226, 234

SCHLOSSMANN, Siegmund: 77, 159

SCHMITT, Carl: 109, 235, 272, 296, 297, 326, 335, 337

SCHNEIDER, Peter: 250, 251, 272, 289

SCHREIER, Fritz: 79, 80, 81, 92, 100, 110, 167, 168, 169, 182, 238, 242, 274, 275, 276

SCHULZ, Fritz: 88, 176, 207

SCHWARZ, Andreas Bertalan: 77, 108, 205, 281, 309

SCHWARZ, Fritz: 213, 215, 219

SCHWEIZER, Otto: 268
SCHWINGER, Reinhold: 122, 178
SCIALOJA, Antonio: 248, 338
SEGOND, Joseph: 161, 162, 170, 188, 195, 197, 330
SELVAGGI, Filippo: 197
SENECA: 156, 159,
SHAKESPEARE, William: 89, 118, 156, 201
SIEBERT, Wolfgang: 325
SILBERSCHMIDT, W.: 296
SILVEIRA, Alipio: 296
SIMMEL, Georg: *21*, 83, 91, 95, 96, 98, 99, 103, 123, 124, 125, 130, 135, 147, 181, 185, 187, 188, 191, 192, 193, 201
SITTL, Karl: 127
SMEND, Rudolf: 110, 347
SNELL, Bruno: 158, 160, 161, 166, 171, 246
SOLAZZI, Siro: 208
SOMENZI, Vittorio: 244
SPANN, Othmar: 150, 178
SPANNER, Hans: 251, 330, 337
SPRANGER, Eduard: 96, 123, 150, 159, 165, 168, 169, 178, 188, 191, 196, 203
STAMMLER, Rudolf: 85, 148, 278, 337
STANISLAWSKI, Constantin: 100, 113, 180, 193
STEIN, Lorenz von: 251, 344
STEINHAL, Heymann: 78, 83, 96, 98, 122, 132, 135, 148, 163, 187
STENZEL, Julius: 166
STEPHEN, Henry John: 93, 183
STERN, William: 123, 178
STÖSSINGER, Felix: 278

T
TARELLO, Giovanni: 244
TERMAN, Lewis Madison: 182
TERTULIANO: 94
THIBAUT, Anton Friedrich: 226
THIEME, Hans: 359
TITZE, Hans: 81, 132, 169
TOCQUEVILLE, Alexis de: 347
TOMÁS de Aquino: 150
TONDO, S.: 245, 330

TONINI, Valerio: 244

TRIEPEL, Heinrich: 151, 159, 163, 168, 242, 349

TROELTSCH, Ernst: 88, 89, 99, 121, 123, 130, 175, 178, 193

U

UNGER, Rudolf: 191

URBAN, Wilburn Marshall: 149, 153, 154, 156, 160, 161, 163, 165, 171, 172, 178, 179, 196, 225, 228, 230, 241, 257, 294, 340

UTITZ, Emil: 97, 98, 120, 122, 124, 125, 126, 132, 147, 178, 191

V

VASSALLI, Filippo: 205

VERDROSS, Alfred: 247, 328, 330, 335, 346, 352, 360

VENDRYES, Joseph: 233,

VICO, Giambattista: 120, 312

VIGIÉ, A.: 279

VILANOVA, José: 338

VILLEY, Michel: 215

VITTA, Edoardo: 281, 283

VOLKELT, Johannes: 150, 159, 169, 178, 191, 196, 340

W

WACH, Joachim: 78, 81, 84, 85, 87, 88, 89, 92, 98, 99, 102, 104, 118, 120, 122, 127, 135, 148, 150, 162, 165, 170, 175, 177, 178, 179, 181, 182, 184, 185, 191, 193, 195, 196, 201, 203, 221, 222, 223, 224, 225, 226, 233, 234, 235, 240, 268, 275, 340

WAGNER, Richard: 114, 197

WALZEL, Oskar: 122, 125, 147

WARTBURG, W. von: 160

WEBER, Max: *21*, 88, 103, 123, 124, 125, 126, 175, 178, 185, 191, 192, 219, 227, 234, 243, 280, 304, 347

WEINBERG, Julius Rudolph: 166

WEINHANDL, Ferdinand: 178

WEIPPERT, Georg: 178

WELCKER, Karl Theodor: 127

WELLEK, Albert: 179

WELZEL, Hans: 154, 253, 338

WENGLER, Wilhelm: 182, 276, 280, 281, 282, 24, 288, 291, 295, 315

WIEACKER, Franz: 202, 223, 228, 229, 240, 280, 281, 285, 291, 337, 338, 353, 358, 359, 361

WIENER, Norbert: 244

WILAMOWITZ-MÖLLENDORF, Ulrich von: 116, 118, 234

WILDE, Oscar: 149, 192

WILLIAMS, Glanville: 229, 267

WINDELBAND, Wilhelm: 191

WINDSCHEID, Bernhard: *28, 326*

WOLF, Erick: 255, 338

WOLFF, Friedrich August: 127

WÖLFFLIN, Heinrich: 122

WORRINGER, Wilhelm: 122

WUNDT, Wilhelm: 233

WURZEL, Karl Georg: 280, 349

Z

ZITELMANN, Ernst: 92, 104, 182, 240, 253, 326, 328, 337, 349, 353, 354

ZIZAK, Giovanni: 337

ZUNINI, Giorgio: 147, 149, 178